U0517968

国家社科基金
GUOJIA SHEKE JIJIN HOUQI ZIZHU XIANGMU
后期资助项目

政府财务信息披露质量提升研究

Research on Quality Improvement of Government Financial Information Disclosure

张曾莲 著

中国财经出版传媒集团

经济科学出版社
Economic Science Press

图书在版编目（CIP）数据

政府财务信息披露质量提升研究/张曾莲著．—北
京：经济科学出版社，2018．12
ISBN 978－7－5218－0041－8

Ⅰ．①政⋯　Ⅱ．①张⋯　Ⅲ．①国家行政机关－财务信
息－财务分开－研究－中国　Ⅳ．①F812

中国版本图书馆 CIP 数据核字（2018）第 282964 号

责任编辑：谭志军　李　军
责任校对：王肖楠
责任印制：王世伟

政府财务信息披露质量提升研究
张曾莲　著
经济科学出版社出版、发行　新华书店经销
社址：北京市海淀区阜成路甲 28 号　邮编：100142
总编部电话：010－88191217　发行部电话：010－88191522
网址：www. esp. com. cn
电子邮箱：esp@ esp. com. cn
天猫网店：经济科学出版社旗舰店
网址：http://jjkxcbs. tmall. com
北京季蜂印刷有限公司印装
710×1000　16 开　27. 75 印张　480000 字
2019 年 3 月第 1 版　2019 年 3 月第 1 次印刷
ISBN 978－7－5218－0041－8　定价：78. 00 元
（图书出现印装问题，本社负责调换。电话：010－88191510）
（版权所有　侵权必究　举报电话：010－88191661
电子邮箱：dbts@ esp. com. cn）

国家社科基金后期资助项目
出版说明

后期资助项目是国家社科基金项目主要类别之一，旨在鼓励广大人文社会科学工作者潜心治学，扎实研究，多出优秀成果，进一步发挥国家社科基金在繁荣发展哲学社会科学中的示范引导作用。后期资助项目主要资助已基本完成且尚未出版的人文社会科学基础研究的优秀学术成果，以资助学术专著为主，也资助少量学术价值较高的资料汇编和学术含量较高的工具书。为扩大后期资助项目的学术影响，促进成果转化，全国哲学社会科学规划办公室按照"统一设计、统一标识、统一版式、形成系列"的总体要求，组织出版国家社科基金后期资助项目成果。

全国哲学社会科学规划办公室

前　　言

本书基于基本要求模型，采用省级政府的面板数据，从政府财务信息披露质量的评价、后果、动因与治理四个角度提升政府财务信息披露质量。

第 1 章为绪论。阐述三个基本问题：引言、文献综述和核心概念界定。

第 2 章为理论基础：基本要求模型。包括六个部分：介绍基本要求模型；将基本要求模型作为政府财务信息披露质量提升的理论框架；基本要求模型下政府财务信息披露质量的评价；基本要求模型下政府财务信息披露质量的后果，包括对政府自身的影响和对政府外部的影响；基本要求模型下政府财务信息披露质量的动因，包括激励因素、信息使用者因素、信息提供者因素和实施障碍因素；基本要求模型下政府财务信息披露质量的治理，包括激发激励因素，提升信息使用者因素，促进信息提供者因素，克服实施障碍因素。

第 3 章是政府财务信息披露质量的评价。包括两个部分：自行构建指标体系进行省级政府财务信息披露质量的评价；采用"财政透明度指数"进行省级政府财务信息披露质量的评价。

第 4 章为政府财务信息披露质量的后果。在第 2 章后果理论分析的基础上，实证检验政府财务信息披露质量的内外后果：对政府自身的影响（防范腐败、控制政府债务风险、促进公共服务均等化、提高政府效率、降低财政风险、提升财政科技资金使用效率等）；对政府外部的影响（优化企业现金持有量；促进 FDI、控制隐性经济规模等）。采用省级政府的面板数据进行实证分析。

第 5 章为政府财务信息披露质量的动因。在第 2 章动因理论分析的基础上，实证检验省级政府财务信息披露质量的各种内外动因，结合我国实际情况，分别分析政府财务信息披露质量的四类动因：激励因素（财政赤字、对外开放、制度环境、制度变迁、城镇化、预算科学性）；信息使用者因素（媒体监督、财政幻觉、公众集聚度）；信息提供者因素（创新驱动、政府审计、官员特征、政府竞争、政府规模、土地财政）；实施障碍因素（财政分权、资源依赖、行政成本、产业结构、转移支付）。采用省级政府的面板数据进行实证分析。

第 6 章为政府财务信息披露质量的治理。按照基本要求模型（BRM）的框架，根据第 5 章的研究发现，从四个方面提出政府财务信息披露质量治理的措施：激发激励因素、提升信息使用者因素、促进信息提供者因素、克服实施障碍因素。

本书为国家社科基金后期资助项目"政府财务信息披露质量提升研究"（17FGL007）的结题成果，感谢国家社科基金的资助。

2018 年 11 月

目　　录

1 绪　论

本章阐述三个问题：引言、文献综述和核心概念界定。

1.1　引言

1.1.1　研究背景

公开政府财务信息是打造"透明政府"和"公信政府"的必要条件，也是实现公众的知情权、参与权与监督权的重要保障。自 21 世纪以来，我国政府为了政府自身效率和治理能力，积极推进各种改革，特别是预算公开改革，目前已经有了明显的成果。从省级政府视角来看，自 2012 年起，我国 31 个省、自治区和直辖市已经全部实现了省级政府财政总预算公开披露。从中央政府视角来看，2014 年 7 月 18 日，95 家中央部门同步公开了公共预算收支决算总表等预算报表。同年，新修订的《中华人民共和国预算法》明确规定了"预算公开"的概念。新颁布的预算法对预算公开形成刚性的法律束缚，有利于保障人民群众知情权、参与权和监督权，提高财政管理水平，从根源上预防和治理腐败，从经济宪法、法律层面为中国政府财务信息公开的制度化与常态化确立了法律基础。这标志着我国政府财务信息公开取得了一定的成效。

当然，政府财务信息公开改革不断推进，其信息质量问题也逐渐暴露出来。在各级人大或政协的会议期间，很多代表或委员常常向媒体反映，政府财务信息的质量还需大幅提升。在张琦、张娟、吕敏康（2013）的案例分析中发现，社会公众认为政府财务信息的及时性、明晰性、真实性、可读性等质量特征还需不断改进。这表明政府财务信息披露质量的不足阻碍了立法监督、媒体监督和公众监督作用的发挥，使政府财务信息披露没有达到预期的效果。政府财务信息披露质量的高低成为我国政府会计改革的关键。

近年来，财政部在不断推行政府会计改革，通过制定政府会计准则，构建政府综合财务报告等举措，希望不断改进政府财务信息披露质量。但各地区、各级政府、各行政事业单位之间的财务信息披露质量差异很大。因此，政府财务信息披露质量该如何评价？政府财务信息披露质量会产生哪些后果？政府财务信息披露质量的影响因素是什么？如何提升政府财务信息披露质量？对这些问题的研究既有利于政府财务信息披露实践的理解，还能完善政府财务信息披露的相关理论。

1.1.2 研究意义

第一，能加速推进我国政府会计改革进程。在政府会计基本准则已实施，政府会计具体准则不断完善，政府会计制度不断推广，政府综合财务报告改革不断推进的大好时光下，研究政府财务信息披露质量的提升，有利于完善政府财务信息披露体系，改进政府会计系统，更全面地反映政府的财务状况与运营绩效，为各利益相关者提供决策有用的信息。

第二，有助于提升财政透明度，更好地履行公共受托责任。近些年来，社会各界更加关注政府财务信息，希望政府财务信息公开的民众诉求也不断高涨。财政透明度实际就是政府向公众及时、准确、完整地公开财务信息。政府财务信息与各利益相关者的切身利益直接相关，有助于利益相关者做出合理的决策；政府财务信息质量还影响立法监督、司法监督、媒体监督和公众监督的质量。高质量的政府财务信息披露，能缓解政府与各利益相关者的信息不对称，有利于利益相关者评价政府公共受托责任的履行情况。

第三，有利于提升社会资源的利用效率。政府不以利润最大化为目标，政府运营的主要目标是宏观社会效益的最大化，但宏观社会效益即政府绩效通常很难量化，在信息不对称，政府缺乏监督的情况下，可能导致社会资源利用效率下降。政府财务信息披露质量的提升，能为各利益相关者提供监督政府履行受托责任所需的信息，有助于社会资源利用效率的提升。

1.1.3 研究内容

本书从绪论，理论基础，政府财务信息披露质量的评价、后果、动因与治理等方面研究政府财务信息披露质量的提升。

第1章为绪论。阐述三个基本问题：引言、文献综述和核心概念界定。

第 2 章为理论基础：基本要求模型。包括六个部分：介绍基本要求模型；将基本要求模型作为政府财务信息披露质量提升的理论框架；基本要求模型下政府财务信息披露质量的评价；基本要求模型下政府财务信息披露质量的后果，包括对政府自身的影响和对政府外部的影响；基本要求模型下政府财务信息披露质量的动因，包括激励因素、信息使用者因素、信息提供者因素和实施障碍因素；基本要求模型下政府财务信息披露质量的治理，包括激发激励因素，提升信息使用者因素，促进信息提供者因素，克服实施障碍因素。

第 3 章是政府财务信息披露质量的评价。包括两个部分：自行构建指标体系进行省级政府财务信息披露质量的评价；采用"财政透明度指数"进行省级政府财务信息披露质量的评价。

第 4 章为政府财务信息披露质量的后果。在第二章后果理论分析的基础上，实证检验政府财务信息披露质量的内外后果：对政府自身的影响（防范腐败、控制政府债务风险、促进公共服务均等化、提高政府效率、降低财政风险、提升财政科技资金使用效率等）；对政府外部的影响（优化企业现金持有量；促进 FDI、控制隐性经济规模等）。采用省级政府的面板数据进行实证分析。

第 5 章为政府财务信息披露质量的动因。在第二章动因理论分析的基础上，实证检验省级政府财务信息披露质量的各种内外动因，结合我国实际情况，分别分析政府财务信息披露质量的四类动因：激励因素（财政赤字、对外开放、制度环境、制度变迁、城镇化、预算科学性）；信息使用者因素（媒体监督、财政幻觉、公众集聚度）；信息提供者因素（创新驱动、政府审计、官员特征、政府竞争、政府规模、土地财政）；实施障碍因素（财政分权、资源依赖、行政成本、产业结构、转移支付）。采用省级政府的面板数据进行实证分析。

第 6 章为政府财务信息披露质量的治理。按照基本要求模型（BRM）的框架，根据第五章的研究发现，从四个方面提出政府财务信息披露质量治理的措施：激发激励因素、提升信息使用者因素、促进信息提供者因素、克服实施障碍因素。

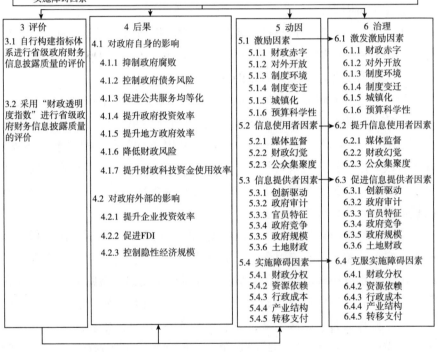

图 1-1 研究结构

1.1.4 研究方法

由于研究问题具有系统性与复杂性，本书综合采用多学科的研究方法，将定性与定量分析相结合，将理论与实证相结合，最终目标是政府财务信息披露质量的提升。

第一，文献理论分析法。通过阅读大量与本节相关的文献资料，对已有的研究成果进行归纳整理，梳理出本书研究的理论框架，并明确了政府财务信息披露质量等相关概念，进而确定了本书的研究思路与研究框架。

第二，理论分析法。根据公共选择、信号传递、媒体有偏等理论系统地分析政府财务信息披露质量的动因与后果。

第三，统计分析法。它是通过分析研究对象所涉的各种数量关系，来描述与揭示事物的相互关系与变化规律，从而解释与预测研究对象。本书主要运用STATA13.0统计软件来刻画政府财务信息披露质量的动因与后果，以客观地反映政府财务信息披露质量的作用机制和规律。

由于第4章和第5章可能会运用到各种具体的面板回归方法，例如，静态与动态回归、空间效应模型、门槛效应模型等，为避免重复解释，出现多次的面板回归方法将在本书统一介绍。

（1）空间效应模型。

首先进行数据空间性判断，即判断数据在空间上是否存在关联性。包括构建空间权重矩阵，计算全局空间自相关与局部空间自相关，识别空间关联等。

目前，空间模型中的空间交互关系分为三种：因变量间的相互影响，自变量间的相互影响和误差项间的相互影响。目前主要有以下空间模型来刻画这三种互动效应：刻画第一种效应的空间滞后面板模型（SAR）；刻画第三种效应的空间面板误差模型（SEM）；刻画第一种和第二种综合效应的空间杜宾模型（SDM）；刻画第一种和第三种的综合效应的空间自回归混合模型（SAC）；单独刻画第二种效应的空间自变量滞后模型（SLX）；刻画第二种和第三种的综合效应的空间杜宾误差模型（SDEM）；同时刻画三种效应的一般化的空间嵌套模型（GNSM）。

本书侧重研究某一地区受相邻地区的影响效应，考察政府财务信息披露质量在各省的潜在相互作用，所以选择空间线性回归模型。利用 Stata 进行空间数据计量的处理，主要包括莫兰全局指数的计算，局部莫兰指数散点图的绘制以及空间计量回归分析。

空间权重矩阵的设定。空间计量模型的前提是在传统计量模型的基础上引入空间权重矩阵来表达空间单元之间的空间相互作用。空间权重 W 构造方法很多，有空间邻接权重矩阵、反距离空间权重矩阵、K 最近点权重矩阵等。本书主要采用二元相邻空间矩阵：若 i 省与 j 省有共同边界，称为相邻省，其矩阵元素 $w_{1,ij}$ 设为 1，否则为 0，若 i = j，$w_{1,ij}$ 设为 0。本书采用空间距离权重矩阵 W_2 进行稳健性检验，该矩阵考虑两省的空间距离；若 i 省与 j 省的空间距离为 d_i，则矩阵元素 $w_{2,ij} = 1/d_{ij}$；若 i = j，$w_{2,ij}$ 为 0，本书采用省会城市或直辖市之间的公路里程作为两省的空间距离 d_{ij}。

（2）门槛效应模型。

门槛效应模型（Panel Threshold Model）。该模型最早可见 1999 年

Hansend 的一篇文章。该模型的基本思路是估计出可能存在的门槛值，然后进行显著性检验，估计出对应的置信区间。门槛面板模型可以根据估计得到的门槛值将数据划分为多个区间，在此基础上探讨各个区间内自变量与因变量之间的关系，在不同部分，成果和时间的回归联系都不同。这个效应被称为门槛效应或门限效应。

首先单重的门槛面板模型如下：$y_{it} = u_i + x'_{it}\beta_1 \times I\ (q_{it} \leq \gamma)\ + x'_{it}\beta_2 \times I\ (q_{it} \geq \gamma)\ + \varepsilon_{it}$。其中，i = 1, 2, …, N 代表不同的个体，t = 1, 2, …, T 代表时间，q_{it} 代表门槛变量，y_{it} 为被解释变量，X_{it} 代表解释变量，I (.) 代表一个指标函数，相应的条件成立时取 1，反之取 0。为了消除个体效应的影响，我们采用的方法是去掉组内平均值，上式中所有截面取组内平均得到：

$$\bar{y}_i = \mu_i + \bar{x}_i\ (\gamma)\ + \bar{\varepsilon}_i$$

其中，

$$\bar{y}_i = \frac{1}{T}\sum_{t=1}^{T} y_{it}$$

$$\bar{\varepsilon}_i = \frac{1}{T}\sum_{t=1}^{T} \varepsilon_{it}$$

$$\bar{x}_i = \frac{1}{T}\sum_{t=1}^{T} x_{it}(\gamma) = \begin{pmatrix} \frac{1}{T}\sum_{t=1}^{T} x_{it}I(q_{it} \leq \gamma) \\ \sum_{t=1}^{T} x_{it}I(q_{it} > \gamma) \end{pmatrix}$$

累叠后得到 $Y^* = X^*\ (\gamma)\ \beta + \varepsilon^*$。

当确定某一指标存在门槛效应时，还要进一步确定其门槛值所对应的置信区间。即对零假设 H0: $\hat{y} = y$ 进行检验，"似然比统计量"可表示为：$(\gamma) = \dfrac{(\gamma)\ -\ (\hat{\gamma})}{\hat{\gamma}}$；Hansen (2000) 认为，当 $(\gamma) \leq c\ (\alpha)\ = -2\ln\ (1 - \alpha)$ 时，不能拒绝零假设（α 表示显著性水平）。

双重门槛模型的设定如下：

$y_{it} = u_i + x'_{it}\beta_1 \times I\ (q_{it} \leq \gamma_1)\ + x'_{it}\beta_2 \times I\ (q_{it} > \gamma_2) + x'_{it}\beta_3 \times I\ (\gamma_1 < q_{it} \leq \gamma_2)\ + \varepsilon_{it}$

其中 $\gamma_1 \leq \gamma_2$。由于双重门槛面板模型的参数估算和假设检验过程与上述模型建立的过程十分相似，所以不再细说。

1.2 文献综述

1.2.1 政府财务信息披露质量的评价的文献

政府财务信息披露质量评价的逻辑起点是构建一套科学、可行的评价指标体系。政府财务信息披露本来就是一个定性指标，只有高低与好坏之分，而要衡量它的质量，使其披露程度量化，常用的方法就是指数法。

华莱士（Wallace）（1984）提出利用准则遵循来评价政府财务信息披露质量。政府审计报告是评价政府财务信息披露质量的一个有用的文件性资料，而审计报告的准确性与真实性是需要经过注册会计师审计的，那么注册会计师事务所的规模与出具的审计意见就会影响财务信息的披露质量。

美国政府会计准则委员会（GASB）（1987）在其第一号公告中指出，政府财务报告的质量要求包括：明晰性、相关性、可靠性、一致性、及时性、可比性等。

澳大利亚公立部门会计准则委员会（1998）在其第三号会计概念公告中提出，政府会计信息的质量特征分为三类：相关性、可靠性与重要性服务于财务信息选择；可比性与可理解性服务于财务信息列报；及时性与成本效应原则是相关性与可靠性的约束条件。

国际公共部门会计准则（IPSAS$_s$）（2001）界定了公共部门会计信息质量特征：会计信息质量特征是一种属性，使得提供的财务报告对信息使用者有用。IPSAS$_s$按照重要性程度将会计信息质量特征分为两类：四个主要质量特征（可理解性、相关性、可靠性与可比性）；八个次要质量特征（重要性、如实表述、实质重于形式、中立性、完整性、审慎性、效益大于成本、及时性）。

意大利财政学专家尼奇提出了预算的六个原则：公开性、统一性、确定性、总括性、年度性和分类性。为了满足这六个原则，预算会计信息质量特征也需不断改进。例如，确定性要求预算信息尽量准确；公开性要求预算信息通俗易懂；总括性要求预算信息具有完整性；统一性要求预算信息需统一标准。

德国财政学专家诺玛提出了预算会计的八大原则：公开性、事前性、明晰性、严密性、单一性、界限性、不相属性、完整性。

德国财政学家诺玛可对预算会计提出了八个原则，包括公开性、明晰性（预算信息是清晰的）、事前性、严密性、界限性、单一性（包括总括性与一致性）、不相关属性以及完全性（预算信息应该完整而全面）等。

斯坦色（Stasser）认为，欧盟各国普遍遵循四项基本的预算原则：普遍性（不得事前将收入与特定支出进行匹配，收支不能抵消）、统一性（包括政府所有的财务交易）、明细性（政府各项支出应尽量详细）、年度性。

美国管理和预算办公室（1993）、利克曼（Liekerman，1993）和普列姆昌德（Premchand，1993）均认为，预算信息应该具备完整性、可靠性（信息能够经得起审核、不带偏见，但在不确定情况下，可以适度预测信息）、用户友好性（报告应尽量通俗易懂以方便用户更好的使用信息）、相关性、可比性、及时性、实用性（对使用者的决策有用）等质量特征。

华莱士（Wallace，1984）、费罗斯（Feroz）和威尔逊（Wilson，1992）提出美国许多地方政府聘请会计师事务所进行财务报告审计，因此会计师事务所的规模或出具的审计意见也成为衡量政府财务信息披露质量的有用指标。由于不同国家或者不同地方的经济、社会与文化不同，所以披露政府财务信息的方式不同，英格拉姆（Ingram，1984）和罗宾斯（Robbins，1986）认为一些学者可以通过尝试调查地方政府会计和报告活动，自行设计出一套会计信息披露指数作为政府财务信息披露质量的衡量指标。

高倚云（2007）认为，财政透明度是政府向公众公开相关信息（政府的结构与职能、公共部门账户、财政政策目标、财政筹划与预算信息）的程度。

张月玲（2009）提出，当前我国政府会计目标处于合规性阶段，为了实现这一目标，必须依靠真实可靠的会计信息，来检验政府业务行为是不是合规，所以可靠性是最为重要的，相关性次之。另外，可比性、谨慎性、实质重于形式也都是比较重要的质量特征。这些质量特征都需要以重要性、效益大于成本、专款专用为约束条件。

丁一文（2009）通过分析财政透明度的评价结果，提出财政透明度应该遵循循序渐进地提升，既要积极推进同时也要全面衡量财政透明度工作的利弊，更好地为建设公共财政服务。

葛永波等（2009）构建了指标体系来评价财政透明度：信息披露范围、信息披露对象、信息披露方式、信息披露内容、信息披露具体化程度。

杜方（2009）按照国际财政透明度标准，中国财政透明度仍然很低，这主要是由于财政信息的供需意愿和供给能力均存在不足。建议重点提升供给的意愿与能力来提升财政透明度。

赵西卜等（2010）通过问卷调查政府财务信息的有用性与需求情况，建议政府财务报告重点完善两个方面：改进预决算报告；构建完整的政府资产负债表。

池昭梅（2010）分析了政府财务信息使用者后，认为效益大于成本是政府财务信息质量的约束条件，主要质量特征是可靠性，政府财务信息质量特征另外还包括可理解性、相关性、谨慎性和可比性。

崔永红和张玉娟（2011）从政府财务信息的公开性、遵守法规、资源控制、运行效果和财政状况五个方面来进行分类的，同样分别再设置二级与三级子项目，评分汇总最后得出政府财务信息披露质量。

何玉、杜威（2012）从财务信息内容、信息质量特征以及财务信息获取的便捷性这三个方面来分配分数，每一个大项目包含几个子项目，子项目下属具体指标，若某政府网站披露了相应指标的内容，则在对应的指标中计入相应得分，否则为 0 分，政府财务信息披露质量总分由所有指标的得分相加得到。

常丽（2012）提出政府财务信息披露的全景图：既要反映政府对公共财务资源使用的效率与效果，又要反映政府经济活动的合规与公平。

杨丹芳（2012）通过调查进行中国财政透明度评估，结果显示，中国财政透明度总体水平仍然较低。但是分省份（部门）、分项目、分年度观察透明度状况可以发现，一是省际（部门）之间、项目之间的透明度状况有较大差异，分年度观察的透明度状况也有一定的变化；二是中国财政信息公开的趋势是向好的。

辛兵海、尚晓贺和陶江（2014）利用在中国软件测评中心连续发布的政府信息公开指数和互动交流指数两个指标来反映政府信息的公开情况。

周咏梅（2015）基于国内外关于政府财务信息质量特征的研究成果，明确了政府财务信息质量特征的规范对象、体系结构和前置性会计信息质量特征等问题。提出以透明度为政府财务信息的前置性质量特征，在成本收益的普遍原则下，构建了包括结果透明和过程透明的政府财务信息质量特征体系结构，将政府财务信息质量特征概括为可靠性、全面性、可理解性、相关性、可比性和易得性。

陈隆近等（2015）突破以往国家、省级政府层级的研究界限，首次将财政透明度的分析扩展到基层县政府，并以四川省 181 个县（市辖区、县级市、自治县）为调查对象，深入分析作为地方公共品供给载体与地区治理主体的县级政府的财政透明度现状与影响因素。结果表明，四川省县级财政透明度平均得分不高，地区差异显著。

刘佳（2015）利用《中国财政透明度报告》中的"省级政府财政透明度指数"数据，并假定政府财政透明度指数越大，政府财务信息披露质量越高。

彭启发等（2015）以江苏省117个市级地方政府为样本，考察中国地方政府财务信息披露状况。结果表明：地方政府信息披露处于初级阶段，公开披露的财务信息太概括、太笼统，信息披露的完整性、相关性与充分性也存在明显不足。

温姣秀（2015）通过调查和评估2009年至2013年省级政府的财政透明度后指出：省级政府的财政透明度不断提升，但整体水平依然很低；各省的年度排名波动较大，尤其是综合排名靠前的省份波动更大；省际财政透明度差距较大，且呈现出先缩小后扩大的趋势。这主要是由于与财政透明相关的法律法规制度的不完善。

邓淑莲（2016）通过上海财经大学7年来对我国省级财政透明度的一项年度调查和评估发现，目前我国的财政透明度仍然很低，大量财政信息没有公开。在进一步研究中发现，较低的财政透明度源于各种制度障碍。要提高我国的财政透明度，必须主要通过制度建设，破除财政公开透明的制度障碍，提供财政公开透明的制度保障，将纳税人的资金筹集和使用信息完整、详细、确实、及时地呈现在公众及其代表的视野内，为公众及其代表监督和约束政府行为提供依据。

张攀（2016）为了探索我国省级政府社会保障基金的财政透明状况，采用描述性统计从年度变化趋势、子类维度透明状况、省际分布等方面刻画2009～2013年报告年我国社会保障基金的财政透明状况。发现我国省级政府社会保障基金透明程度呈现上升趋势，总体公开程度较好但细类透明程度急需加强，年度资金收支公开状况良好但资金存量及负债状况透明程度减弱，不同省份社会保障基金的财政透明程度差异较大。建议强化制度约束与保障、推进细化分类项目公开、开展财政透明的评估是下一步工作重点。

陈文川等（2016）借鉴现有研究，采用财务信息披露指数DI值法，对广东省政府23个组成部门2012～2014年公开数据进行分析，研究发现：广东省政府部门财务信息披露质量的范围和力度逐年提高，但总体水平依然偏低；广东省各政府部门的"三公"经费披露质量不断改进，但披露程度还需提升；社会关注度越高，部门 DI 值越高。基于此，提出以下建议：健全政府部门财务报告体系，设立财务信息披露考核机制，统一财务信息披露规范，提高工作人员综合素质。

李健等（2016）以政府财务信息网络披露的现有理论为依据，以财政部和 S 省财政厅对网络信息披露的实践为数据来源展开理论和实践研究，进而针对政府财务信息网络披露存在的报告体系不完善、内容不健全、披露形式和范围不确定等缺陷，得出要加强信息公开，建立健全政府财务报告制度。

申亮等（2016）运用 DELPHI - TOPSIS 法对我国 31 个基层政府的财政透明度执行力情况进行测量，数值结果表明该方法的有效性和可行性。

赵瑞芬、董墨菲（2016）认为，我国的财政透明度需要从技术层面和政治意愿两个方面入手，强化预算分类，建立规范的政府综合财务报告制度，引入激励和监督机制。

吕凯波等（2017）发现 2016 年度省级财政透明度最高分、最低分和平均分均呈现稳步上升趋势，首次出现不止一个省份超过及格分的情况，但财政透明度整体水平仍然很低。

余应敏等（2017）采用财务信息披露指数 DI 值法，对北京市政府 26 个组成部门 2012～2015 年的网上公开数据进行分析，发现：北京市政府部门的网络财务信息披露数量和质量逐年提升，但总体水平不高；北京市政府部门"三公"经费总体得分较高；审计报告披露能有效提升政府财务信息的网络披露质量。

潘俊等（2017）根据环境起点论，构建了政府财务信息披露质量评价的整体框架：评价的环境与目标、评价的原则、评价三方（需求方、执行方、监督方）、评价程序与方法。环境是前途和依据，政府财务信息披露质量指数包括内容、特征和运行三个维度。

综上所述，已有文献主要采用三种方法来衡量政府财务信息披露质量。

第一，根据政府财务信息披露多少来评价政府财务信息披露质量。Botosan（1997）基于信息披露越多质量越好的理念，评价信息披露质量时，默认质量与数量正相关，通过信息披露数量评价信息披露质量。后来，很多学者也采用披露多少来评价信息披露质量。当然，这种做法得出的结果与信息质量的内涵并不一样：信息披露多少只描述了信息披露质量的一个维度。

第二，采用权威机构的公开评价结果作为政府财务信息披露质量的替代指标。理由是，由权威机构发布的信息披露评价结果的权威性与客观性较好，而且不易受到研究者主观因素的干扰。例如，普遍采用上海财经大学每年发布的《中国财政透明度报告》来评价省级政府的财务信息披露质量；可以采用俞乔（2014）的《中国市级政府财政透明度研究报告》的数据来评价市级政府的财务信息披露质量。

第三，自行构建政府财务信息披露质量评价指标，通过手工打分来评价。自行构建的优点是指数涵盖面较宽、更好地满足特色化的研究需要；不足是评价标准或多或少带有主观判断。

1.2.2 政府财务信息披露质量的后果的文献

晏晨晖（2006）认为，处于经济转型期的中国，改革开放已历经20余年，局部性的变革已逐渐演化为一场全局性的革命。以市场机制为主导的资源配置方式要求合理划分公共领域和私人领域，公共契约与受托责任呼唤透明财政和高效公共治理。建立以法治为基石，以保障人民当家做主的权利为目的的民主财政，是合理划分公共领域和私人领域、实现透明财政、提高公共治理水平的根本保证。

黄伯勇（2008）探讨了乡镇财政面临的困境与制度方面的原因发现，乡镇债务规模负向影响乡镇财政透明度。他认为，探求乡镇债务问题的解决之道，必须要明晰化解乡镇债务与乡镇财政透明度的关系，进一步完善财政体制，这样才能为最终化解乡镇债务奠定良好的体制基础。

李文（2009）按照国际货币基金组织（IMF）的建议，财政透明度的提升路径包括四个方面：公开预算过程、作用和责任的澄清、对真实性的保证、信息的公众可获得性。纳税人关注财政透明度的权利体系包括：决策参与权、知情权、平等权和依法纳税权。我国应当通过规范预算的编制、公布和执行；规范税收立法；规范税收执法；拓宽为纳税人提供信息的渠道；健全复议和诉讼制度；为纳税人保守秘密；为纳税人提供高效服务等途径保障纳税人权利的实现。

周海彬（2010）认为，较高的财政透明度有利于实现社会公平，提升政府效率，促进对政府的公众监督和立法监督，降低政府腐败。为了提升财政透明度，应建立财政信息披露制度，完善内外监督。

孙琳、方爱丽（2013）分析了财政透明度对政府绩效的影响。借助48个国家"不透明指数"与全球政府治理指标数据，通过政府会计核算基础改革和国际公共部门会计准则的采用情况，实证分析发现：政府会计核算基础改革初期政府治理水平有所下降，但伴随权责发生制的记账基础的改革的深入，信息不对称和财政透明度问题得到了有效改善，对政府治理水平提升具有积极影响。该结论为推进我国政府会计改革，加强财政透明度等财政领域改革重点工作提供了思路和建议。

李影等（2014）运用我国 2006～2010 年省级面板数据，探讨了财政透明度对腐败程度的影响。实证结果表明，总体上财政透明度与腐败之间存在显著负相关，财政透明度的提高可以有效抑制腐败的增长。

刘子怡、陈志斌（2014）在对中国 31 个省级地方政府 2010～2012 年政府财务信息透明度、绩效考评结果和地方政府投资结构的考察基础上，运用面板固定效应模型定量分析政府财务信息披露对政府绩效评价的影响以及政府绩效水平对省级政府投资结构的影响，实证发现：政府财务信息披露有利于提升政府绩效、优化政府投资决策，且政府财务信息越不透明，政府绩效水平越低；财政分权程度既定时，政府绩效程度与政府投资行为显著正相关。

肖鹏等（2015）从理论与实证两个角度探讨了财政透明度对政府性债务规模的影响及其内在逻辑。理论研究表明，基于中国"晋升锦标赛"模式下的官员激励特色和向最优金融结构趋近的银行业发展现实，在财政透明度缺失的情况下，地方政府存在运用债务资金进行过度投资的冲动，因此通过财政透明度的提升能够缩小政府性债务规模。结果发现，财政透明度与地方政府债务规模显著负相关。控制地方债务规模，可以从提升财政透明度入手。

孙琳等（2015）通过收录整理 45 个国家政府预算与会计改革的案例信息，运用 OBI 指标和政府债务占 GDP 的水平作为代理变量，建立面板回归模型进行实证分析。为了解决内生性问题，在实证研究中，考虑了"受国际组织推动"的工具变量。初步的研究结论为：预算和会计记账基础"双权责发生制"改革更有助于增强债务水平披露，适度降低赤字水平；并从收付实现制向权责发生制过渡阶段，从"单权责发生制"向"双权责发生制"发展的过程中，财政透明度与债务水平披露呈现出阶段性不一致的特征。

黄寿峰等（2015）采用模型推导和实证检验两种方法，验证了财政透明度对腐败的影响。结果发现，财政透明度与腐败负相关，但目前由于财政透明度总体水平不高，作用有限。贸易开放度、民营化、公务人员工资及政府规模与腐败显著负相关；经济发展水平和教育水平与腐败没有显著相关关系；夏普里值分解进一步揭示了各变量对腐败的相对贡献度，尤其是财政透明度虽然对腐败的相对贡献度较小，但是贡献程度不断上升，这说明财政透明度的不断改进能更好地抑制腐败。

刘子怡、陈志斌（2015）研究发现：克服委托代理问题是政府治理面临的基本难题，财政透明度的提高可以减少代理问题，而财政透明度的提高应该注重工具的探讨。结合公众的信息需求，选择有效的政府会计治理工具可以显著提升政府治理效率。因此，基于政府会计治理工具选择的可行性与价值性角度，建议从信息工具的强化、甄别和创新三个维度进行优化。

梁城城等（2015）利用 2007 ~ 2012 年的省级面板数据，检验了财政支出分权、财政透明度、两者的交互项对财政支出结构的影响。结果发现：财政透明度与行政管理指出比重负相关；财政透明度与科教文卫支出比重及社保支出比重正相关；财政支出分权与三类财政支出比重都显著负相关；财政支出分权与财政透明度的交乘项显著影响行政管理支出比重与科教文卫支出比重，交乘项不显著影响社保支出比重。而夏普利值分解结果表明，财政透明度对科教文化支出比重和行政管理支出比重的相对贡献度不大，但在逐渐上升。

潘俊等（2016）选取 2012 ~ 2014 年城投债数据为样本，实证考察了财政透明度对城投债信用评级的影响。研究发现：在控制其他因素的影响下，财政透明度越高，城投债信用评级越高。而且，城投债越多，财政透明度与城投债信用评级越呈正相关；存在信用担保的城投债，财政透明度对城投债信用评级的正向影响会降低；城投债的偿债风险越低，财政透明度对城投债信用评级的正向作用越小。研究结论不仅能够提供财政透明度与城投债信用评级关系的经验证据，而且有利于有效防范地方政府债务的信用风险，提升地方政府发行债券的信用评级。

王永莉等（2016）分析了财政透明度对公共服务满意度的影响。利用中国微观调查数据和省级宏观经济数据，运用 ordered probit 等计量模型检验了财政支出分权、财政透明度及两者的交乘项对四类居民相关的公共服务满意度的影响。结果发现：财政支出分权和财政透明度对居民的四类公共服务满意度有不同程度的影响，并且两者的交互效应显著。夏普利值分解分析了各个宏观变量对四类公共服务满意度影响的相对贡献率。结果表明：财政透明度、财政支出分权以及交互项的相对贡献率较高。因此，应通过提高财政透明度以及强化地方政府财政分权对公共服务供给的作用，进一步提升居民的公共服务满意度。

潘俊等（2016）以 2010 ~ 2012 年的省级面板数据为样本，实证检验了财政透明度和财政分权对地方政府债务融资的影响。结果发现：财政分权与地方政府债务融资规模及风险正相关；伴随财政透明度的提升，财政分权对地方政府债务融资风险的正相关程度降低，但财政分权对地方债务融资规模的正相关程度变化不大。从官员任职来源看，相对于本省晋升而言，平调官员更能降低财政分权对地方债务规模的正向影响；外部晋升官员与京官均能降低财政透明度对地方债务风险的负向影响。

李永海等（2016）认为，作为反映政府财政信息公开程度的重要指标，财政透明度也会对隐性经济活动产生重要影响。在准确计算我国2006～2013年省际隐性经济规模和财政透明度后，从理论层面探讨了财政透明度对隐性经济规模的影响效应，并分别采用固定效应模型和系统GMM模型，从实证角度进行了检验，结果发现地区财政透明度的提高可以显著地抑制隐性经济规模的扩张；同时发现税收负担与地区隐性经济规模呈倒"U"型关系，而实际GDP增长率、政府管制及城镇化率与各省隐性经济规模负相关。

李丹等（2016）采用省级政府的面板数据，运用两阶段GMM法及FGLS法，分析了财政透明度对财政资金配置效率的影响。结果表明，财政透明度没有改进财政支出效率；财政透明度影响了财政支出结构，提升了人均社保支出和就业支出，但对其他民生类支出影响不大。总体而言，目前财政透明度对财政资金配置效率的贡献不大，应进一步提高财政透明度，促进财政资金配置效率的提升。

张雷宝（2016）基于DEA评价获取的地方政府支出绩效值，运用2007～2012年的省级面板数据，实证分析我国地方财政信息公开的绩效后果。研究发现，省级财政信息公开的确有助于提升地方政府支出绩效水平。

李春根（2016）基于中国反腐进入"新常态"和预算制度改革的背景，通过省级面板数据分析发现，省级层面的财政预算透明对地区官员腐败程度具有显著的负向影响。

李燕、王晓（2016）首先采用DEA模型测算各地方政府的财政支出效率，而后运用Tobit随机效应模型，检验了财政透明度对财政支出效率影响的总体效应与区域效应，并在此基础上提出了相关的建议。

马海涛、任致远（2016）实证分析后得出，提升预算透明度有利于降低所有类型的地方政府性债务。建议向社会全面、及时地公开预算、决算、预算执行情况、预算调整等预算事项，构建透明、公开的预算制度，能有效控制地方政府负债规模。

段龙龙、董雯（2016）分析了2008～2014年中国省际财政透明度与地方民生性支出之间的动态关联性。研究发现，虽然中国财政透明度水平仍然很低，但逐步提高的财政透明度已经有效助推了地方民生性支出，财政透明度对地方官员实施生产型财政竞争的约束效应初步显现。

张树剑（2016）以 1985～2013 年中国省级面板数据为基础，考察了省级财政透明度对经济增长的影响，结果表明，财政透明度的提升有利于财政治理能力和效率的提升。

潘修中（2017）通过 2009～2014 年 30 个省市的面板数据分析发现，财政透明度的提升在一定程度上减少了地方财政科技投入，这表明科技投入并不属于通常认为的非生产性支出。

梁城城（2017）采用 2006～2014 年 31 个省级政府面板数据，通过面板数据的固定效应模型、随机效应模型与动态 GMM 模型，实证检验了财政透明度对三类（教育、医疗、社保与就业）民生领域的财政资金使用效率的影响。结果发现，财政透明度对三类财政资金使用效率的影响都是正"U"型。考虑到省级政府财政透明度水平偏低，建议进一步加大省级政府财政信息公开力度以促进财政资金使用效率。

邓淑莲、朱颖（2017）从纠正企业主客观投资偏差角度，实证分析了财政透明度对抑制企业产能过剩的两大机制。

杨雅琴（2017）提出了财政透明促进良好的国家治理的理论分析框架：全面、真实、及时地公开全口径政府收支信息、中期滚动预算、政府综合财务报告、政府债务信息，提高财政透明度。

郭月梅、欧阳洁（2017）根据 2011～2015 年省级动态面板数据，运用系统 GMM 回归分析发现，地方政府财政信息的不透明、不公开是导致非税收入过快增长的重要因素。

吴进进、于文玄（2017）采用多层线性模型分析宏微观对接的数据，分析发现，实际财政透明度与市民政府信任度显著正相关。

唐大鹏、常语萱（2018）认为，政府财务信息能直接反映政府治理情况，高质量的政府财务信息能解脱公共受托责任，提升政府的公信力。政府财务数据造假导致了政府公信力的下降，政府需要不断提升政府财务信息质量，以提升政府公信力。

赵合云（2018）采用省级面板数据分析了财政透明度对政府治理的影响。研究发现，财政透明度与政府治理显著正相关。

周咏梅（2018）采用 2011～2016 年地方政府债券的发行数据分析发现，财政透明度与地方政府债券融资成本显著负相关。

1.2.3 政府财务信息披露质量的动因的文献

克里斯蒂安斯（Christiaens）（1999）认为，政府财务信息披露质量与政府财务状况正相关。财务状况越好，进行财务信息网站建设的资源越多；政府财务信息的需求与经济发展水平正相关：经济越发达的地方，各利益相关者采用政府财务信息进行各类决策的需求越多。

穆恩（Moon）、诺里斯（Norris）（2005）发现，城市规模与电子政务实施正相关：城市规模越大，面临的提供公共服务与披露财务信息的压力越大，更可能通过网络披露财务信息；政府规模与信息传播与应用正相关，政府规模越大，越可能更多地采用新技术。政府财务信息披露的已有文献也表明，政府财务信息披露质量与政府规模正相关。

居民人均收入对政府财务信息披露质量的影响并未取得一致结论。英格拉姆（Ingram）（1984）、吉鲁（Giroux）和玛丽兰（McLelland）（2003）发现，居民人均收入越多，其对政府财务信息的需求越多，倒逼政府不断改进其财务信息披露质量。因此，居民人均收入与政府财务信息披露质量正相关。

吉鲁（Giroux）和玛丽兰（McLelland）（2003）实证表明，两者关系在1996年的地方政府样本中显著相关，在1983年的地方政府样本中并不显著相关。

郑素芬（2009）认为，政府财务信息的需求促进了政府财务信息系统的高效、平稳的运行。我国政府财务信息需求主体日益广泛，信息需求日趋多样，这与现行的政府财务信息供给形成了矛盾。其根源在于我国政府会计是供给方导向的供给，忽视了需求方对信息的需求。因此，必须改变观念，实现政府财务信息的按需供给。

曾军平（2011）通过调查各省行政收支和相关信息的透明度，分析了政府信息公开制度影响财政透明度的路径与原因。结果发现，制度主要通过道德感召而非法律强制来影响财政透明度。总体来说，制度有利于财务信息公开，但目前作用还不大。由于各省制度规定的不同，导致各地激励效应不突出。具体而言，制度更有利于态度责任心的改进，制度对实质信息公开的促进作用却不大；对于各主体而言，制度更有利于推动行政单位提升财政透明度，制度对非行政单位财政透明度的促进作用不大；对于各地经济水平差异而言，制度更有利于促进经济发达地区提升财政透明度的态度责任心。基于这些发现，提出了从制度角度提升财政透明度的有效措施。

何玉等（2012）为了分析政府财务信息网络披露的动因，构建了政府财务信息披露评价模型。省级数据的实证分析表明，政府规模、政府类型、政府财务状况与政府财务信息披露显著正相关；居民生活水平、政府预算收入对政府财务信息披露的影响不大。该研究对制定政府财务信息网络披露最优实践指南，进一步提高政府财政透明度有一定的借鉴作用。

张琦等（2013）选择2011年商务部"三公经费"公开案例，剖析了在网络化环境下，我国预算制度变迁对政府财务信息传导机制的影响，以及信息中介对公众需求的引导。培育具备专业财经知识背景的信息中介，有利于改善我国政府财务信息的供求关系，推动我国政府会计改革进程。

肖鹏等（2013）实证分析了省级政府财政透明度的各种影响因素后发现，经济发展水平、居民受教育水平、FDI与省级财政透明度显著正相关；城镇化、老龄化对省级财政透明度的影响不大；省级财政透明度的提升有助于改善省级政府债务状况。从财政信息公开的"度"、地方主体税种构建等方面提出了推进中国财政信息公开需要注意的问题。

潘俊等（2014）认为，政府财务信息披露受制度变迁与公共受托责任履行等环境因素驱动，同时需统筹协调利益、制度、组织及技术等多个层面的矛盾与冲突。采用制度变迁和冲突理论，分析环境因素对政府财务信息需求的影响路径，剖析了各利益相关者的博弈和冲突协调影响政府财务信息不断改进的路径。提出了改进政府财务信息披露的有效措施：改进政府财务信息披露的运行模式；完善政府财务信息披露的标准体系；采用渐进式改革路径；构建政府财务信息披露的监督机制。

李江涛等（2014）基于受托经济责任观和审计的"免疫系统"观认为，政府审计可以通过监督财政透明度相关政策规范的执行、提供财政信息真实可靠的独立保证、完善财政透明度相关政策文件、完善财政透明度相关内控体系以及督促领导干部财政透明度责任的有效履行来提高财政透明度，从而防范财政风险。

辛海兵（2014）采用地级市的横截面数据，实证检验了市级政府的资源依赖对其财政透明度的影响。结果表明，资源依赖程度与财政透明度显著负相关。通过分位数分组回归发现，财政透明度较高时，资源依赖的负向作用更大。回归结论在稳健性检验后仍然成立。这表明，资源依赖程度是财政透明度的一个重要影响因素。建议资源依赖程度较高的城市调整产业结构，进行产业升级，来逐步降低资源依赖程度，以利于财政透明度的提升；同时，建议资源依赖程度较高的城市，借鉴采掘业透明度行动计划的国际做法，建议该市政府披露资源相关的财政收入，减少寻租和腐败对财政透明度的影响。

王芳、张琦（2014）梳理了美国政府财务信息披露相关文献的理论框架，从政府财务信息披露的政治市场与资本市场、影响因素与经济政治后果两个维度评述了美国政府财务信息披露的文献成果，为我国政府财务信息披露体系建设和开展政府财务信息披露研究提供借鉴。

张曾莲（2015）通过研究发现居民人均收入和参与政治监督的积极性与政府财务信息披露正相关，越可能激励政府披露财务信息。

王永莉等（2015）根据2007～2012年31个省份的面板数据，实证分析了社会环境和经济环境对财政透明度的影响。结果表明：社会环境类动因中，失业率与城乡收入差距与财政透明度显著负相关，网络普及率与城镇化水平与财政透明度显著正相关；经济环境类动因中，经济增长与财政透明度显著正相关，非税收入比重、财政自给率、财政支出分权与财政透明度显著负相关。

申亮（2015）认为，公众的行为与态度是财政透明度的重要影响因素，也是推动财政透明度不断提升的根本动力，通过调查数据的结构方程模型来验证公众的行为和态度对财政透明度的影响。结果发现，公众政治态度、社会身份、政策导向、参与环境对财政透明度提升的公众意愿影响较大；政府公信力与公众参与能力对财政透明度提升的公众意愿影响较小。针对研究结论，可从培养公众公共精神、改善公众参与环境、加强政府政策引导、促进农村城镇化建设等方面入手，逐步提高公众的财政透明度意愿，推动财政透明度水平进一步提高。

刘子怡等（2015）采用省级面板数据分析了媒体监督和治理激励对政府财务信息披露质量的影响。结果发现，媒体监督有利于政府财务信息披露，治理激励不利于政府财务信息披露。在治理激励差的省份，媒体监督能缓解治理激励对政府财务信息披露的负向影响。进一步分析发现，基础设施建设和法律制度环境是媒体监督的保障。

张蕊等（2016）认为，地方官员来源、任期等政治激励因素会对地方财政透明度产生影响。通过2008～2012年31个省级面板数据的分析表明，中央调任官员会更积极地公开地方政府财务信息，外省升迁、本地升迁和外省平调官员对省级财政透明度的改进没有明显的不同；省级官员任期、年龄与财政透明度显著负相关；硕士学历官员更倾向于提升本地财政透明度。因此，建议在地方领导干部考核指标体系中量化信息公开考核指标，将其提升为"硬指标"。同时，加强对政府债务，特别是官员任期内举债情况的考核，培养理性公民参与政府预算监督全过程，在地方官员激励制度中突出公开与透明导向。

张琦等（2016）认为，政府财务信息公开是建立透明政府和责任政府，进而实现有效政府治理的前提。但出于其自身利益的考量，政府官员难以自愿提升信息披露的程度。舆论监督与审计监督均能对官员的信息披露动机产生影响，从而发挥信息治理作用。以中央部门为样本，研究审计监督和新闻报道对政府财务信息披露的影响，结果表明，新闻报道与政府财务信息披露质量显著正相关，且其提升作用部分依靠政府审计的介入而实现；含有增量信息的新闻报道不管是否审计都能够起到信息治理的作用，但不包含增量信息的新闻报道则需要依托政府审计介入实现信息治理功能；相对于不具有信息增量的新闻报道而言，具有信息增量的报道更能引发政府审计的介入。

刘玉峰等（2016）在剖析我国政府财务信息披露存在的问题及其成因的基础上，借鉴西方国家政府及国内企业财务信息披露的经验，为网络经济环境下推进我国政府财务信息披露改革提出内外部的总体设想，并从内容、方式和时间层面提出了路径选择的建议。

戚艳霞等（2016）在控制了各国制度环境因素后，通过分析44个国家的政府会计确认基础对财政透明度的影响，探析国际上政府会计制度改革的影响结果以及提升财政透明度的政府会计制度需求。发现应计制政府财务报告及现金制政府预算报告都能促进财政透明度的提升；社会文化是影响财政透明度的重要因素。实证结论有利于客观、全面地评价国际上政府会计改革中制度环境因素、技术因素及其影响结果，从而在研判我国国情基础上适当借鉴国际经验。

樊博等（2016）改进了沃克提出的内部决定因素模型，分析了三公经费透明度的五个内部影响因素：官僚制、领导人（领导学历和领导轮转）、财政盈余、资源财富（资金储备和电子政务）和腐败行为。结果表明，财政盈余与电子政务正向影响三公经费透明度；领导轮转和腐败行为负向影响三公经费透明度；其他因素未得到验证。

朱红灿、陆碧琪（2017）以TOE模型为总体框架，以创新扩散理论、制度理论、资源依赖理论、信任理论和国家文化理论这五个理论为基础，提出公众获取政府信息选择渠道的影响因素概念模型，从技术、组织、环境三个维度考虑影响公众政府信息获取渠道选择的因素，通过回归分析发现，感知有用性、感知易用性等九个变量对公众政府信息获取渠道选择产生显著影响。

张华（2017）依托"省级政府网络理政能力评估"数据，实证分析表明，省级政府网络信息公开的效率不断提升，而在民主层面上的互动、服务、分析、参与、监督等较为稀缺，而且还存在较为普遍的信息孤岛现象。

张曾莲、王卓（2017）通过 2009～2013 年省级政府样本及分地区样本实证分析发现，行政管理成本、环境投入及产业结构与政府财务信息披露质量显著正相关；专利授权与政府财务信息披露质量显著负相关。

柳宇燕等（2018）基于信息采纳理论模型，提出了政府会计信息有用性模型来分析其影响因素：会计信息内容、呈报格式与知识推荐服务。通过实验发现，会计信息内容与知识推荐服务是政府会计信息有用性的主要影响因素，呈报格式是次要影响因素。

陈隆近等（2018）通过四川县级财政自主性的经验数据，分析了资源诅咒对财政透明度的影响。

李燕、陈金皇（2018）采用空间计量模型，分析了省级政府竞争对省级政府财政透明度的影响。

总之，国内外学者研究财政透明度影响因素，既有从宏观层面进行研究，也有从微观角度进行研究的。宏观方面的因素主要是一个国家或一个地区经济因素、政治因素、社会因素等。当然，就变量的可观察性而言，经济因素和社会因素变量更加容易通过数据进行度量，政治因素变量一般不容易被观察，所以大多数学者更多地研究经济因素和社会因素对地方政府财政透明度的影响机制。微观层面，主要探讨个体因素对财政透明度或政府信息公开的影响，这方面的数据则主要通过微观调查数据获得。虽然，不同的学者使用的数据有所差异，但是研究的结果基本是一致的。

1.2.4 政府财务信息披露质量的治理的文献

王庆东、常丽（2004）探讨如何改进政府财务信息披露，认为政府财务信息披露的改革面临较大的政治经济成本上的压力，所以改革只能是一个循序渐进的过程。

王满仓等（2005）提出财政透明度是指政府向社会公众披露政府的结构与职能、公共部门账户、财政政策目标及财政预算等相关信息的程度。随着市场化与法制化进程的加快，公众对政府财务状况的公开透明、财政支出的结构、用途及效果都日益关注。改进政府财务状况与扩大支出规模都对财政管理改革提出了很多新的要求。随着国际化进程的加快，财政管理体系也应按照国际统一的标准，提升财政透明度。

么冬梅等（2006）认为，社会公众对政府财务信息公开的呼声越来高，希望政府财务报告能够解脱政府的公共受托责任的履行情况。政府财务信息披露有很多急需解决的问题，应借鉴国外的经验进行改进。这样就必须从我国政府财务信息披露的现状入手，分析其原因，并从构建政府会计准则体系，明确财务报告的目标、主体和内容，加强会计监督机制等方面来完善。

张美鹅（2006）认为，在国际化背景下，应该按照国际通行规则，完善财政管理体系，提升财政透明度。

石英华（2006）在分析国外政府财务信息披露的背景、主要方式、内容、法律规范和权责发生制的应用等方面的基础上，提出完善我国政府财务信息披露，建立健全政府财务报告制度；构建政府预算信息披露机制；根据我国国情，审慎实行权责发生制会计基础。

陈世军（2008）分析了政府财务信息披露中面临的问题，建议从提升政府财务信息披露质量和内部会计控制效率两个方面改进。

何志浩（2008）认为，广东积极推进财政透明制度，为我国"阳光财政"下诚信政府的进一步完善，提供了可借鉴的成功范例。

朱福兴等（2008）认为，新公共管理运动后，西方国家政府财务信息披露制度不断完善，政府财务与会计改革不断推进，同样对我国政府财务信息披露制度产生了深远影响。

刁节文（2008）探讨了财政透明度的理论基础及财政透明度对政策绩效的影响，并分析了我国财政政策制定及实施方面存在的问题，提出了提高财政透明度的建议。

张月玲（2009）认为，会计师国际联合会公立单位委员会、美国政府会计准则委员会等关于政府财务信息质量特征的研究成果丰硕，而我国关于政府财务信息质量特征的研究尚显薄弱。借鉴国际经验，从我国实际出发来构筑我国政府财务信息质量特征，以便更好地服务于政府会计目标。

刘笑霞（2009）认为，就我国而言，财政透明度距离 IMF 等组织的基本要求尚有较大差距。为了提高公众的知情权和对政府的监督，进而促使政府更好地履行公共受托责任，应该采取强有力的措施来提升财政透明度。

邓集文（2009）认为，政府财务信息主要通过政府预算报告和政府财务报告对外披露。政府财务信息披露必须坚持或遵循及时原则、全面原则、适量原则、真实原则、易用原则和平衡原则。

程瑜（2009）认为，近年来我国财政透明度不断提升，但目前的财政透明度水平还不能满足社会公众对政府财务信息公开的要求。

赵倩（2009）旨在通过财政透明度的视角，就财政信息公开的有关问题进行论述。首先在明确界定财政信息公开的基础上，指出财政信息公开要有一定的"度"，应遵循一定的及时性与频率；然后借鉴财政透明度的国际经验。在此基础上，立足我国国情，分析了财政透明度进一步提升的可行措施。

李延时（2009）认为，财政透明度的有效性包括三个方面：有效地对公开财政信息进行激励和约束；有效地提升财政资源配置效率；有效地提升透明度本身。在财政透明度既定时，这三个有效性取决于相关的文化与制度条件。文化条件是指民主与法制文化状况；制度条件是指政绩评价制度的安排与公共财政治理结构的完善。为了提升财政透明度，应改进文化与制度条件。

白景明（2010）认为，财政透明度近年来已成为全社会关注的热点问题之一，但目前我国全面公开财政收支信息存在着相关法规不配套、行政管理基本制度与财政信息全盘公开存在较大矛盾、公众对财政公开思想认识过于混乱以及财政信息质量欠佳等方面的困难。因此，我国应在逐步创造条件的基础上循序渐进提高财政透明度。

张平（2010）立足国际视角，结合我国实际情况，提高我国财政透明度可从转变政府意识、修订有关法律、加强预算准备、改进政府收支分类系统、发展政府会计和政府财务报告系统、建设政府财政管理信息系统等方面着手。

余应敏等（2010）认为，财政透明是公共财政的本质特征，财政透明度的提升需要财政信息系统的不断完善。构建我国政府财务报告体系，使政府财务报告成为沟通政府与民众间的重要信息源和体现政府财政透明度的重要载体，具有十分重要意义。

潘俊（2011）通过对政府财务信息披露的文献回顾与理论分析，构筑了包含目标、主体、载体和行为的政府财务信息披露理论框架，探讨了政府财务信息披露的实施机制与保障体系，为政府会计改革的顺利推进以及政府信息公开制度建设的不断深化奠定理论基础。

凌岚等（2011）认为，推进财政透明度是一个循序渐进的过程，需要关注披露信息的限度与效率。当前我国社会正处于转型期，财政透明度要避免陷入"过犹不及"的误区。要以改革政府预算制度为契机，通过建立与完善规范的预算报告制度，搭建公民参与的平台，构建高效率的公共财政治理机制。

汪代启（2011）在对政府会计产权关系及产权主体进行分析的基础

上，探讨了我国政府财务信息披露改革道路中的问题，提出了相应的对策与措施。

常丽（2011）揭示公共财政作为一个理财系统与政府财务信息系统之间的内在联系，集中分析了公共财政建设要求政府财务信息在质量与内容上不断完善，政府财务信息的供给存在一定的约束，提出了政府财务信息供求的理论均衡点，并进一步研究了自愿性政府财务信息披露的局限性。

常丽（2012）认为，政府财务信息披露全景图是一个创新性概念，其主旨在于研究政府财务信息整合问题。公共绩效管理的"全景图"要求政府财务报告既要体现政府经济活动的公平与合规，又要体现政府使用公共财物资源的效率和效果。提出了"全景图"的基本架构与核心要素，并分析了"全景图"构建的技术路线。

崔婷（2012）针对政府财务信息披露问题，分析了在政府财务信息中存在的信息使用者方面、信息披露本身及信息监督机制三方面问题，并针对存在的问题，从制定法律法规、建立政府会计体系、综合运用会计核算、建立政府财务报告制度、转变政府和民众观念以及加强政府财务信息监督方面，提出解决问题的建议。

于润雨（2012）系统梳理了理论界关于财政透明、财政透明度的定义，在概念清晰界定的基础上，深入分析了财政透明度的概念，从财政透明度的内容、衡量标准和效应等方面进行界定。

陈洁（2012）通过比较研究企业与政府财务信息表外披露的异同，建议政府会计应当充分借鉴企业表外披露概念框架的构建，在引入权责发生制、确立政府财务会计制度与政府预算会计制度相结合的概念前提下，强化规范表外披露，并提出了改善政府财务信息表外披露改革的初步构想。

齐婷（2014）认为，提高财政透明度，可以有效促进政府办事效率，规范政府行为，改善民生水平，是社会主义市场经济的必然要求，是政府管理法制化的基本步骤，是构建公共财政框架的根本保障。随着我国法制化进程的加快和公共财政体制的日益完善，财政透明度问题显得越来越突出，政府和公众对财政透明度的关注度也越来越高。

姜宏青等（2014）认为，税收型财政要求政府披露财务信息，履行公共受托责任，接受纳税人的监督。建立健全政府财务信息披露体制与机制，不断提升政府财务信息披露质量，有利于向各利益相关者提供决策有用的信息。

邓淑莲等（2015）分析了我国省级政府连续多年的财务信息公开情况，认为省级政府财务信息公开还存在很多问题：公开信息不全面、不详细、不规范、不便利等，导致财政透明度较低，公开的信息占所调查信息的比重不到40%。那些详细地反映政府资产负债信息及具体的项目与基金信息、公共资金分配的经济分类信息、国有企业预决算信息几乎都没有公开。虽然影响政府财政信息公开的因素多且复杂，但调查显示，阻碍财政透明度不断提升的重要原因是相关制度存在缺陷与不足。明确政府财政信息公开的目标及内容，并分步实施，从制度建设入手，近期通过新《预算法》实施条例的制定，远期通过细化财政信息公开的具体内容，制定《政府信息公开法》。

胡振华等（2015）根据国际预算合作组织提供的量化评估（2006～2012年），世界上财政透明度平均水平不高，我国财政透明度更低，因此在政府与公众博弈中双方如何合理利用博弈规则谋求收益最大化是一个具有重要现实意义的研究课题。在完全信息的假设条件下，采用 Rubinstein 的讨价还价模型，采用博弈分析和仿真讨论政府与公众在财政透明度中的行为，从贴现因子、信息时间价值、直接成本、机会成本等几个方面对模型进行了全面分析，提出了有限期和无限期博弈精练纳什均衡公式，对我国提高公众和立法机构的讨价还价能力、增加政府讨价还价成本和提高财政透明度提出了几点建议。

吕俊（2016）在分析新公共管理、信息不对称、委托代理等理论后，发现政府财务信息披露存在很多问题：披露效率低下、披露内容范围狭窄、信息使用者较少等，并以绩效评估为导向剖析其对政府会计的信息需求。最后从健全政府会计体系、兼顾利益相关者的需求和构建畅通的信息反馈机制三方面提出对策建议。

赵瑞芬（2016）认为，如何提升财政透明度是实现责任政府、保障公民知情权和妥善管理公款的关键。中国的财政透明度与国际标准差距较大，国内表现也参差不齐。我国的财政透明度需要从技术层面和政治意愿两个方面入手，强化预算分类，建立规范的政府综合财务报告制度，并引入激励机制和监督机制。

刘隆、张咏梅（2017）认为，政府财务信息披露作为一项政府行为，实际上是信息供求双方（政府和社会公众）博弈的结果。基于博弈论的视角，博弈分析政府财务信息供求双方的行为，分析了政府财务信息披露的影响因素对其作用机制。

1.2.5 文献述评

综上所述，目前国内外对政府财务信息披露质量的评价、后果、动因与治理都有一定的研究，但还不系统、不深入，也未达成一致的结论。本书拟从评价、后果、动因与治理四个方面，通过理论分析和实证检验，促进政府财务信息披露质量的提升。

1.3 核心概念界定

1.3.1 政府财务信息披露质量

从一级政府角度，狭义的政府财务信息界定为政府机构的会计人员根据相关的会计规范和要求编制和出具的数据与资料，是政府提供给公众财务信息的主要载体。如果没有特别强调，本书都采用该狭义定义。政府财务信息具体包括三项内容：政府财务会计信息；政府预算会计信息；其他。

政府财务信息披露是用公开的方式，借助某种传播媒介，通过某种形式把政府的财务状况与财务绩效等会计信息传递给社会公众的行为。

本书认为政府财务信息披露质量是指政府财务信息在确认、计量、记录与报告时应该具有的质量，用来确保政府会计提供的信息能够尽可能准确反映一级政府或政府部门的财务状况与资金运作等情况。政府财务信息披露质量应该具备几个特征：可靠性、可比性、及时性、相关性、全面性、可理解性。

1.3.2 政府财务信息披露质量的评价

根据《政府会计准则——基本准则》第二章的政府会计信息质量要求，作者认为，政府财务信息披露质量具有如下基本特征：可靠性、全面性、相关性、及时性、可比性、明晰性、实质重于形式。所以，政府财务信息披露质量的评价，从会计信息质量特征的角度看，就是评价一级政府或政府提供的财务信息在上述质量特征上的披露质量，包括单项质量特征的质量评价与质量特征总体的质量评价。评价方法可以通过制定质量特征的细化评分标准，手工收集政府官网披露的相关财务信息并进行评分。质量特征总体的质量评价涉及指标权重的设置，可以参考国际通行的标准，也可以通过专家打分，采用模糊综合评价和层次分析法来计算各指标的权重。当然，也可以采用不需要先计算权重的综合评价方法，如主成分分析法来综合评价会计信息质量特征。

1.3.3 政府财务信息披露质量的后果

政府财务信息披露质量的后果是本书第 4 章关注的内容。政府财务信息披露质量的高低会对政府自身和政府外部产生各种影响。本书从对政府内外两方面的影响来分析政府财务信息披露质量的后果。

1.3.4 政府财务信息披露质量的动因

政府财务信息披露质量的动因是本书第 5 章关注的内容。政府财务信息披露质量的动因是指政府财务信息披露质量高低的影响因素，包括内部影响因素和外部影响因素。本书根据路德的权变模型，从激励因素、信息使用者因素、信息提供者因素和实施障碍因素四个方面分析政府财务信息披露质量的动因。

1.3.5 政府财务信息披露质量的治理

政府财务信息披露质量的治理是本书第 6 章关注的内容。政府财务信息披露质量的治理是指为了提升政府财务信息披露的质量所采取的各种对策。根据第五章的研究发现，从激发激励因素、提升信息使用者因素、促进信息提供者因素和克服实施障碍因素四个方面提出政府财务信息披露质量治理的具体措施。

2　理论基础：基本要求模型

本章将基本要求模型作为政府财务信息披露质量提升的理论框架，从评价、后果、动因与治理四个方面展开分析。

2.1　基本要求模型

欧德（Ouda，H. A. 2004）基于新西兰、英国和澳大利亚的经验，提出了公共部门成功应用应计制会计的基本要求模型（如图 2－1 所示），其基本要素包括：刺激、变革的决定、执行框架、克服执行障碍、结果、后果与建议。该模型提出公共部门成功执行应计制会计的因素：AC（ps）= f（MC + PBS + PAS + CS + WC + CC + BAC + SAI + ITC + IFS）。其中，AC（ps）为会计改革（公共部门应用应计制）；MC 为内部管理变革；PBS 为政治家与官僚的支持；PAS 为专家与学者支持；CS 为交流战略（包括小册子、杂志、会议、研讨会等）；WC 为变革意愿（员工的动力、意愿、培训与资格）；CC 为咨询与合作；BAC 为采用应计制所需成本的预算；SAI 为特定会计问题（资产识别与评价等）；ITC 为信息技术能力；IFC 为国际财务支持（主要指发展中国家）。该模型能打开准则执行的黑箱，解释政府会计成功变革的要素。

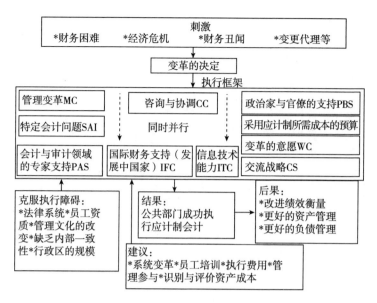

图 2 −1　Ouda 2004 年提出的政府会计变革的基本要求模型

2.2　基本要求模型作为政府财务信息披露质量提升的理论框架

为了提升政府财务信息披露质量，本书基于修正的基本要求模型，对政府财务信息披露质量的评价、后果、动因与治理进行理论分析和档案实证分析。

该模型包含的动因、治理与后果并不全面，根据我国实际情况，对模型进行调整和拓展（如图 2 −2 所示）。

左框（结果：公共部门成功执行应计制会计）对应右框（第 3 章政府财务信息披露质量的评价）。

左框（公共部门成本执行应计制会计的后果）对应右框（第 4 章政府财务信息披露质量的后果的检验）。

左框（公共部门成功执行应计制会计的动因）对应右框（第 5 章政府财务信息披露质量的动因的检验）。

左两个框（克服执行障碍、建议）对应右框（第 6 章政府财务信息披露质量的治理的检验）。

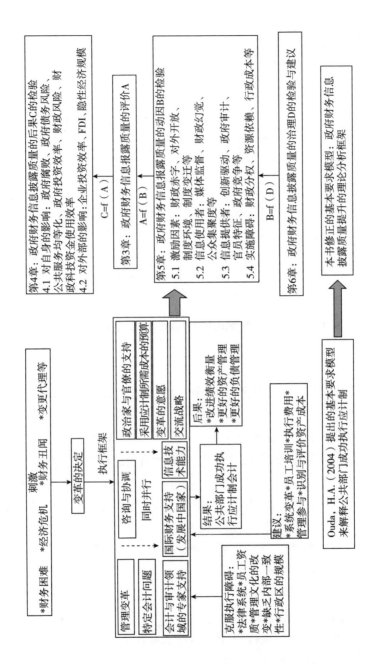

图2-2 基于基本要求模型的研究框架

2.3 基本要求模型下政府财务信息披露质量的评价

基本要求模型最初用于政府会计改革的评价，通常用是否改革，或会计基础是否变更来衡量。

基本要求模型用到解释政府财务信息披露质量的评价时，根据第 1 章的文献综述，目前主要采用两种方法来评价政府财务信息披露质量：自行构建指标体系，通过对政府财务信息披露进行打分来评价；采用公开、权威的指标进行替代，如财政透明度指数。本书第 3 章将同时采用这两种方法来评价政府财务信息披露质量。

2.4 基本要求模型下政府财务信息披露质量的后果

基本要求模型的执行框架（如图 2-2 所示）已经提出了政府财务信息披露质量的多个后果（改进绩效衡量、更好的资产管理、更好的负债管理），但还不系统，主要还只考虑了对政府自身的部分影响。

本书结合其他多重理论，如信号传递理论和财政透明度理论，从对政府自身的影响和对政府外部的影响两大方面，深入分析政府财务信息披露质量的后果。

2.4.1 对政府自身的影响

政府财务信息披露质量对政府自身影响的理论推导，可以借鉴基本要求模型对政府会计改革后果的分析，包括较好的政府财务信息披露质量，能促进政府绩效管理、改进政府资产管理、加强政府债务管理等。

2.4.2 对政府外部的影响

当然，高质量的政府财务信息披露，不仅影响政府自身，对其他政府财务信息各外部使用者都会产生影响，例如，能有利于企业做出正确的投资决策；有利于吸引外资；有利于减少隐性经济规模等。

2.5 基本要求模型下政府财务信息披露质量的动因

基本要求模型的执行框架（如图2-2所示）已经提出了政府财务信息披露质量的多个动因，但动因部分还不系统。因此，同时借鉴路德采用权变模型分析政府会计改革，从信息提供者、信息使用者、激励因素和实施障碍四个方面具体分析政府财务信息披露质量的动因。

权变理论指出一国政府如果面临恰当的环境条件或者受到相关的刺激或诱导时，可能进行政府会计改革。早期的政府会计权变模型包括四部分内容：激励因素、社会环境、变革障碍和政治行政管理系统的类型。当这些内容适合政府会计变革时，再加上适当的诱导事件的发生，就很有可能进行政府会计改革。当然，障碍因素也可能阻碍改革的进行。1994年对早期的权变模型进行了修正，主要是将政府会计信息的供需双方重新分类为：政客、一般公众、行政管理。1996年对1994年的权变模型进行了再次修正，提出了动态的控制式的学习系统的政府会计权变模型，这是由于政府会计改革结果多种多样，结果的不同又对行为或背景变量产生影响。

综合不同阶段的权变理论，学者们认为，影响政府会计变革的因素主要是外部环境变量和自身变量。外部环境变量能够直接借鉴政府权力模型的环境指标，包括一般公众预期、意外刺激事件发生、行政管理者的行为、政客的预期与行为以及社会结构变量。自身变量包括政治结构变量、行政结构变量。

路德政府会计改革的权变模型包括四个模块（如图2-3所示）：刺激性因素、信息使用者因素、实施障碍、社会结构变量。

政府财务信息披露质量动因的分析框架也可以借鉴路德的政府会计改革权变模型的四个方面：激励因素、信息使用者因素、信息提供者因素和实施障碍。由于本书采用省级政府的面板数据进行实证分析，基于数据的权威性和可获得性，对路德权变模型解释政府财务信息披露质量的四类动因，各选取了几个可以获取数据的方面进行验证。如路德的政府会计改革权变模型的激励因素包括：财政管理的需要、资本市场、外部准则机构的设置、财政丑闻和职业团体的兴趣五个方面。由于某些因素不好量化或很难通过非问卷或访谈获得数据，如财政管理的需要；或者由于中国的具体国情有所不同；或者由于政府财务信息披露质量的动因与政府会计改革的动因有所不同等。在本书的动因的激励因素部分，主要选择财政赤字程度、对外开放程度、制度环境状况、制度变迁、城镇化和预算科学性六个方面进行实证分析。

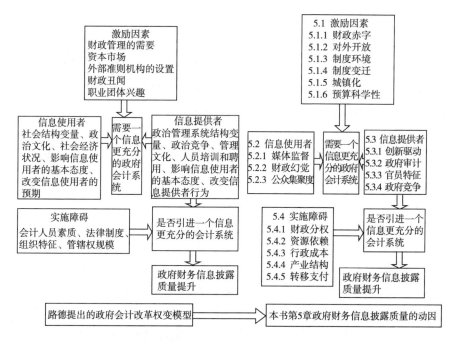

图 2-3 权变模型解释政府财务信息披露质量的动因

2.5.1 激励因素

刺激性因素很多，具体包括：适应财政管理的需要；政府债券在资本市场评级的需要；国际化进程中外部准则机构的设置对本国政府会计改革的需要；财务丑闻后，政府为了重塑形象和提升公信力，需要进行政府会计改革；国内职业团体因参与政府审计而关心政府会计改革。

根据我国具体国情，结合考虑数据的可获取性，本书的激励因素主要考虑财政赤字、对外开放、制度环境、制度变迁、城镇化和预算科学性六个因素。

2.5.2 信息使用者因素

信息使用者因素主要包括：政治文化状况与社会经济发展水平。政治文化水平越高，公众参政议政的意愿越强，公众对政府会计信息的需求越高。社会经济发展水平越高，公众越有意愿和能力关注政府会计信息，以关注自身税负是否合理使用和做出科学的决策。

同样，考虑我国目前政府财务信息使用者的实际情况，并权衡数据的可取得性，本书主要考虑媒体监督、财政和公众集聚度三个因素。

2.5.3 信息提供者因素

政府是信息提供者，其进行政府会计改革受到地方政府财务人员聘用与培训、政府管理文化的影响。政治竞争通常有利于政府会计改革；财务人员的受教育程度越高，经验越丰富，经常接收相关培训，更容易接受政府会计改革；包容性强的管理文化，更容易进行政府会计改革。

同样，考虑我国政府财务信息提供者的特征与实际情况，结合数据的可获取性，本书主要考虑政府创新驱动、政府审计、官员特征、地方政府、政府规模、土地财政这六个因素。

2.5.4 实施障碍因素

政府会计改革的实施障碍包括四个方面：会计人员的综合素质越低，越倾向于阻碍政府会计改革；相对于英美法系的国家而言，大陆法系的国家进行政府会计改革更容易受到阻碍；集权与分权的组织特征也会影响政府会计改革进程，通常分权相对于集权而言，更可能阻碍政府会计改革；通常管辖权规模越大，会计报告和技术难题越多，政府会计改革的阻碍越多。

考虑我国政府会计改革还在稳步进行，还没有严格意义上的一级政府的政府财务报告，推行政府财务会计信息披露，肯定面临很多困难和障碍。结合实际情况，本书考虑财政分权、资源依赖、行政成本等因素的影响。

2.6　基本要求模型下政府财务信息披露质量的治理

本部分主要承接政府财务信息披露质量动因的分析结果，逐一提出具体的对策建议。

由于这些影响政府财务信息披露质量的内外影响因素，均将政府财务信息披露质量作为一个整体，分析各个因素对这个整体的影响。因此，在政府财务信息披露质量的治理部分，也将政府财务信息披露质量作为一个整体，不去打开这个黑箱。而政府财务信息披露质量本身如何去具体提升，例如，如何具体设计政府财务报告的格式，规定具体的披露内容等，通过这些具体措施来提升政府财务信息披露的质量特征（如相关性、可比性、及时性、可理解性、实质重于形式等），则需要在后续研究中继续探讨。

3 政府财务信息披露质量的评价

政府财务信息披露质量的实证分析从维度上说，可以采用时间序列数据、横截面数据和面板数据，目前最多的是面板数据的实证分析；从政府主体而言，既可以是政府部门（行政事业单位）的财务信息披露质量，也可以是一级政府（中央、省、市、县、乡镇的五级政府）的财务信息披露质量，目前研究一级政府财务信息披露质量的实证文献更多；从两个主流（一级政府的面板数据）而言，既可以关注跨国面板，也可以研究省面板、市面板和县面板，目前研究省面板的实证文献最多。

省级政府面板数据的政府财务信息披露质量研究成为主要研究主体，作者认为至少有两个方面的原因：一是省级政府是我国五级政府中级别最高的地方政府，研究具有广泛的代表性，研究结论具有较好的理论意义与实践价值；二是省级政府的数据具有权威性和可获取性，能获取省级政府的年鉴数据、皮书数据、数据库数据和政府官网数据等，这为实证研究提供了数据保障。

基于上段分析，本书也关注省级政府面板数据的财务信息披露质量，第3章、第4章、第5章和第6章分别进行省级政府面板数据的政府财务信息披露质量的评价、后果、动因与治理的实证分析。

由第1章第二节政府财务信息披露质量评价的文献综述可知，政府财务信息披露质量的评价方法分为两类：一类是自行设计指标体系来评价政府财务信息披露质量，并通过手工分析打分获得数据；另一类是直接采用公开的、权威的政府财务信息披露质量的替代指标的数据来源，例如，上海财经大学从2009年开始每年发布一份《中国财政透明度报告》，书中会评价两年前省级政府财政透明度指数得分及排名，以及二级指标的得分。很多进行政府财务信息披露质量的动因或后果的实证文献，都采用该丛书的财政透明度指数来替代政府财务信息披露质量。

本书同时采用这两种主流的方法来评价省级政府财务信息披露质量。由于第一种方法的工作量大、数据的权威性不足，后续第四章、第五章只采用财政透明度指数来衡量政府财务信息披露质量。

3.1 自行构建指标体系进行省级政府财务信息披露质量的评价

3.1.1 政府财务信息披露质量的指标体系与评分规则

借鉴国际惯例，并结合我国现阶段政府财务信息披露的实际情况，本书认为，政府财务信息披露的内容至少应包括五个方面：财务状况、遵守法规、运行效果、资源控制、政府财务信息的公开性（具体指标如表3－1所示）。

政府财务信息披露质量是指政府通过一个公共的平台（如政府官网、财政年鉴等），向社会公众尽可能准确、完整、及时地传递财务信息的能力和落实情况。政府财务信息披露内容包括预算报告、决算报告与审计报告三个部分。

政府财务信息披露的质量特征包括：全面性、及时性、连续性（可比性）、明晰性（清晰性、可理解性）、文本性、便捷性、公开性七个方面。

（1）全面性。全面性是指预算报告、决算报告和审计报告是否都披露了。

（2）及时性。及时性包括是否提供本年的预算报告、决算报告和审计报告，这些报告是否及时更新。

（3）连续性。连续的数据才具有纵向可比性，连续性指标考察省级政府是否近几年均披露了财务信息。

（4）清晰性。由于很多政府财务信息的使用者并不具备专业的财务知识，所以财务信息具有可理解性是财务信息能实际用于使用者决策的前提。因此，近年来出现了有些地方政府通过灵活多样的形式、通俗易懂的语言来传递政府财务信息。本书界定清晰性为政府提供的财务数据除了专业表达之外，是否还采用了图表等形象化的方式来表达，是否开设了公众咨询平台。

（5）文本性。文本性是指政府官网公布的财务信息是否能够提供下载文本数据，不管是WORD数据、EXCEL数据还是PDF数据。可以下载的文本数据通常更方便信息使用者随时阅读，进行组织之间的比较。

（6）便捷性。便捷性是指政府提供的财务信息是否有索引，是否能在政府官网比较醒目的位置找到政府财务数据。

表3—1

政府财务信息披露质量的指标体系与评分

地区	省份	政府财务信息披露			财务信息披露质量特征									得分	百分制
		预算报告	决算报告	审计报告	全面性 预决算、审计报告是否均有披露	及时性 有无本年预算报告/是否及时更新	及时性 有无本年决算报告/是否及时更新	及时性 有无本年审计报告/是否及时更新	连续性 近几年数据是否均有披露	清晰性 数据除专业表达外是否有图表等	清晰性 是否设有公众咨询平台	文本性 是否能下载文本数据	便捷性 相关信息间是否有索引	公开性 链接在搜索引擎中是否排在前列		
华北地区	北京	有	有	有	是	是/否	是/否	否/否	否	否	有	是	是	是	250	60.98
	天津	有	无	无	否	有/是	否/否	否/否	否	否	有	是	是	否	160	39.02
	河北	有	有	有	是	有/否	是/否	否/否	否	否	否	否	是	是	230	56.10
	山西	无	无	无	否	无/否	无/否	无/否	否	否	否	是	是	是	90	21.95
	内蒙古	有	有	无	否	是/否	是/是	否/否	否	否	是	是	是	是	270	65.85
华东地区	上海	有	有	有	是	是/是	是/否	是/否	否	否	是	是	是	是	310	75.61
	江苏	有	有	无	否	有/否	是/否	否/否	否	否	是	是	是	是	210	51.22
	浙江	有	有	有	是	是/否	是/否	是/否	否	是	是	是	是	是	320	78.05
	山东	有	有	无	否	有/否	是/否	否/否	否	否	否	是	是	是	190	46.34
	安徽	有	有	无	否	是/否	是/否	否/否	否	否	是	是	否	否	180	43.90
	江西	有	有	无	否	是/有	是/否	否/否	否	否	否	是	是	是	220	53.66
	福建	无	有	无	否	无/否	是/否	否/否	否	否	是	是	否	是	130	31.71

| 地区 | 省份 | 政府财务信息披露 | | | 财务信息披露质量特征 | | | | | | | | | | 得分 | 百分制 |
		预算报告	决算报告	审计报告	全面性（预决算、审计报告是否均有披露）	及时性 有无本年预算报告/是否及时更新	及时性 有无本年决算报告/是否及时更新	及时性 有无本年审计报告/是否及时更新	连续性（近几年数据是否均有披露）	清晰性 数据除专业表达外是否有图表等	清晰性 是否设有公众咨询平台	文本性（是否能下载文本数据）	便捷性（相关信息间是否有索引）	公开性（链接在搜索引擎中是否排在前列）		
华南地区	广东	有	有	无	否	是/有	是/否	否/否	否	否	是	是	是	是	240	58.54
	广西	有	有	无	否	有/否	是/否	否/否	否	否	是	否	否	是	150	36.59
	海南	有	有	有	是	是/有	是/否	是/否	否	是	是	否	是	是	290	70.73
华中地区	河南	无	有	无	否	无/否	是/否	否/否	否	是	否	是	是	是	140	34.15
	湖南	有	有	有	是	是/有	是/否	是/否	是	否	是	是	是	是	260	63.41
	湖北	有	有	有	是	是/有	是/否	是/否	否	否	是	否	否	是	300	73.17
东北地区	辽宁	无	有	无	否	无/否	否/否	否/否	否	否	是	是	是	是	110	26.83
	吉林	有	无	有	否	是/有	无/否	是/否	否	否	是	是	是	是	240	58.54
	黑龙江	有	有	无	否	有/否	是/否	否/否	否	否	否	是	是	是	190	46.34

地区	省份	政府财务信息披露			财务信息披露质量特征										得分	百分制
					全面性	及时性			连续性	清晰性		文本性	便捷性	公开性		
		预算报告	决算报告	审计报告	预决算、审计报告是否均有披露	有无本年预算报告/是否及时更新	有无本年决算报告/是否及时更新	有无本年审计报告/是否及时更新	近几年数据是否均有披露	数据除专业表达外是否有图表等	是否设有公众咨询平台	是否能下载文本数据	相关信息间是否有索引	链接在搜索引擎中是否排在前列		
西南地区	云南	有	有	有	是	是/否	是/否	是/否	是	否	是	是	是	是	330	80.49
	贵州	有	无	无	否	是/否	无/否	否/否	否	否	是	否	否	否	80	19.51
	四川	无	无	无	否	无/否	是/否	否/否	否	否	是	否	是	是	100	24.39
	重庆	有	有	无	否	是/有	是/否	否/否	否	否	是	是	是	是	240	58.54
	西藏	有	无	无	否	有/否	无/否	否/否	否	否	否	是	是	是	110	26.83
	新疆	有	有	无	否	有/否	是/否	否/否	否	否	是	否	是	是	180	43.90
	陕西	有	无	无	否	是/否	无/否	否/否	否	否	否	是	是	是	170	41.46
西北地区	青海	无	无	无	否	无/否	无/否	否/否	否	否	是	否	否	否	20	4.88
	甘肃	无	无	无	否	无/否	无/否	否/否	否	否	是	是	否	是	80	19.51
	宁夏	有	无	无	否	是/有	无/否	否/否	否	否	否	是	是	否	140	34.15

（7）公开性。公开性是指政府提供的财务数据的链接，在官网的搜索引擎中是否排位靠前。

评分规则。在政府财务信息披露的评价指标中，预算报告、决算报告及审计报告各为 30 分，若三项都有，总分为 100 分。政府财务信息披露质量的评价指标中，全面性为 30 分；及时性中，提供当年的报告为 20 分，如果及时更新，总分为 50 分；连续性、文本性、便捷性与公开性各占 30 分；清晰性的两个二级指标各占 20 分。所有指标的分数加总，满分 410 分。得出评分结构后，再转化为百分制得分。

根据表 3 - 1 的指标体系，对 2013 年我国 31 个省级政府的官网提供的政府财务信息进行打分。

3.1.2 政府财务信息披露质量的评价结果与分析

从各省的情况看，云南省（80.49）得分最高。还有四个省份的得分高于 70 分，分别是：浙江省（78.05）、上海市（75.61）、湖北省（73.17）、海南省（70.73）。在这些得分较高的省份中，既有上海市和浙江这种经济发达地区，也有财政部进行政府会计改革的试点地区海南省，还有政府财务信息披露和政府审计公告等比较靠前的云南省。青海省（4.88）得分最低。其他得分不足 30 分的省份还有 6 个：辽宁省（26.83）、四川省（26.83）、山西省（24.39）、西藏自治区（21.95）、贵州省（19.51）和甘肃省（19.51），这些地区基本属于西部欠发达地区。这说明，各省的政府财务信息披露质量与各地经济发展水平和政府重视程度有较大的关系。

按东中西地区分组来看，计算各地区的得分均值，得分从高到低的地区分别为：华东地区（60.63）、华中地区（56.91）、华南地区（55.29）、华北地区（48.78）、东北地区（43.90）、西南地区（41.95）与西北地区（28.78）。这再次说明，政府财务信息披露质量与该地区的经济发展水平有较大的正向关系。

从政府财务信息的公开渠道来看，政府财务信息披露程度并不高。虽然很多省级政府均拥有官网，并将官网作为公开财务信息的首选平台，由于政府财务信息没有有效管理，分散存储，加之省级政府间没有统一的技术标准和信息组织标准，致使财务信息的检索与获取都很不方便。信息资源分散存储没有有效整合是阻碍政府财务信息获取的重要原因。虽然这些年省级政府的财务信息公开在不断改进，但目前还很难满足社会公众对政府财务信息的基本需求。

从具体指标得分看，在财务信息披露中，25 个省份披露了预算报告，21 个省份披露了决算报告，8 个省份披露了审计报告。这说明目前还主要公布传统的预算会计的预决算信息。

在质量特征的得分上，各省份的各个指标得分差距很大。（1）在及时性上，7 个省及时披露了预决算报告和审计报告，并及时更新；15 个省及时披露了预算报告；1 个省及时披露了决算报告。（2）在连续性上，只有两个省（云南省和湖北省）连续披露了几年的政府财务信息。（3）在清晰性上，2 个省（海南省和浙江省）采用了形象化的图表方式披露政府财务信息；22 个省具有公众咨询平台。（4）在文本性。23 个省份能下载文本。（5）在便捷性。24 个省能相对便捷地获取政府财务信息。（6）在公开性。25 个省份提供了财务数据的链接，财务数据在搜索引擎相对靠前的位置。

由上可知，总体而言，2013 年省级政府的财务信息披露质量总体水平不高，高质量的财务信息太少，地区之间没有太大的差异。大部分省份的政府财务信息披露质量均处于中等偏下水平，担心"枪打出头鸟"。

3.2 采用"财政透明度指数"进行省级政府财务信息披露质量的评价

上海财经大学公共政策研究中心从 2009 年开始出版《中国财政透明度报告》，至 2017 年已经出版了近 10 年。由于历年出版的《中国财政透明度报告》中的省级财政透明度状况数据是根据实际调查年份的省级决算数据为调查对象而得出，所以 2009～2017 年《中国财政透明度报告》（如表 3-2 所示）中分别评估了 2006 年、2007 年、2008 年、2009 年、2011 年、2012 年、2013 年、2014 年和 2015 年的省级政府的财政透明度情况。由于 2010 年的省级财政透明度的数据没有提供，为了观察各个省份财政透明度的变化趋势，采用简单插值法，根据 2009 年和 2011 年的平均值作为 2010 年财政透明度的替代数据。

表 3－2　　省级政府财政透明度（2006～2015）[①]

省份	2006 年	2007 年	2008 年	2009 年	2010 年	2011 年	2012 年	2013 年	2014 年	2015 年	10 年均值
青海	20.58	19.305	18.03	14.19	17.515	20.84	23.36	20.73	25.21	28.8	20.856 0
陕西	18.66	20.940	23.22	22.58	21.675	20.77	19.23	19.76	27.92	27.2	22.195 5
贵州	19.45	17.595	15.74	18.57	19.590	20.61	29.15	19.44	33.96	33.0	22.710 5
吉林	14.79	16.280	17.77	19.10	16.550	14.00	35.22	39.26	35.41	37.8	24.618 0
云南	15.21	17.080	18.95	22.84	23.330	23.82	32.49	22.77	34.74	47.5	25.873 0
浙江	19.03	20.975	22.92	22.66	21.050	19.44	29.70	33.31	33.03	37.2	25.931 5
江西	18.86	22.970	27.08	18.73	21.455	24.18	15.36	32.14	41.65	37.4	25.982 5
天津	23.54	21.760	19.98	20.63	21.255	21.88	24.33	32.72	40.64	40.2	26.693 5
西藏	19.64	18.750	17.86	16.03	33.460	50.89	11.52	41.07	27.94	32.7	26.986 0
四川	22.24	23.410	24.58	20.61	20.735	20.86	24.85	23.60	24.83	66.6	27.231 5
江苏	26.83	26.200	25.57	25.20	25.160	25.12	18.77	22.82	23.71	55.1	27.448 0
重庆	16.46	19.110	21.76	19.56	25.050	30.54	32.98	30.22	41.33	40.8	27.781 0
宁夏	16.32	16.090	15.86	19.11	21.090	23.07	21.89	25.29	65.53	56.3	28.055 0
湖北	19.03	19.820	20.61	45.20	43.950	42.70	33.58	20.34	33.70	25.5	30.443 0

[①]　由于目前大多数年鉴和皮书的省级层面的数据主要是中国的 31 个省级政府，因此，从数据可获得性考虑，本书的数据没有特别说明时，都是指除港澳台外的中国 31 个省级政府。

省份	2006年	2007年	2008年	2009年	2010年	2011年	2012年	2013年	2014年	2015年	10年均值
河南	20.99	21.695	22.40	20.02	28.640	37.26	20.39	36.92	44.62	55.0	30.793 5
湖南	18.93	22.195	25.46	21.15	20.665	20.18	27.41	22.52	65.18	64.9	30.859 0
甘肃	14.79	17.080	19.37	25.23	26.010	26.79	42.56	42.39	38.21	68.2	32.063 0
山西	17.84	18.990	20.14	18.39	19.460	20.53	44.12	51.38	55.39	56.2	32.244 0
广东	20.44	22.610	24.78	25.18	25.150	25.12	30.85	45.13	50.47	52.8	32.253 0
辽宁	27.15	24.010	20.87	19.75	19.220	18.69	39.98	40.39	51.53	61.7	32.329 0
河北	16.92	29.925	42.93	27.67	35.195	42.72	29.39	34.43	29.16	36.4	32.474 0
北京	30.63	25.795	20.96	27.57	29.070	30.57	38.51	39.00	42.96	44.5	32.956 5
上海	19.03	22.810	26.59	24.15	28.125	32.10	30.06	44.23	48.40	55.9	33.139 5
广西	17.01	17.835	18.66	28.51	33.595	38.68	46.81	45.93	42.59	49.4	33.902 0
安徽	32.27	27.430	22.59	17.07	19.820	22.57	23.85	50.78	57.34	65.7	33.942 0
内蒙古	33.96	36.540	39.12	45.04	33.090	21.14	32.93	35.39	38.07	52.8	36.808 0
海南	15.78	17.170	18.56	40.06	58.880	77.70	28.30	44.52	40.88	36.6	37.845 0
黑龙江	16.10	16.070	16.04	45.14	46.135	47.13	54.34	46.83	50.26	52.2	39.024 5
山东	19.35	21.360	23.37	30.83	33.515	36.20	56.16	57.01	56.82	70.0	40.461 5
新疆	18.46	31.010	43.56	43.29	47.625	51.96	59.37	43.38	54.34	49.9	44.289 5
福建	62.66	42.125	21.59	21.10	44.780	68.46	55.76	53.65	53.82	58.2	48.214 5

3.2.1 省级政府财务信息披露质量的描述性统计分析

根据表 3-2 各省各年财政透明度的原始数据，表 3-3 显示了 2006～2015 年中国 31 各省份（不含港澳台地区）财政透明度的描述性统计结果。根据财政透明度平均值可知，我国各省财政透明度总体呈不断上升的趋势，2006 年我国省级财政透明度平均值为 21.71，到 2013 年时增长到了 48.27（这说明我国省级财务信息平均公开了 48.27% 左右，即大约公布了一半的省级政府的财务信息）。由最大值和最小值来看，部分省份财务信息公开的较多，而另一部分省份财务信息公开得较少。

表 3-3 　　　2006～2015 年中国 31 个省份财政透明度统计性描述

年份	N	Minimum	Maximum	Mean	Std. Deviation
2006 年	31	14.79	62.66	21.7081	9.081 85
2007 年	31	16.07	42.13	22.4173	5.996 13
2008 年	31	15.74	43.56	23.1265	6.980 50
2009 年	31	14.19	45.20	25.3277	9.045 37
2010 年	31	16.55	58.88	28.4142	10.455 22
2011 年	31	14.00	77.70	31.5006	15.045 87
2012 年	31	11.52	59.37	32.6845	12.333 11
2013 年	31	19.44	57.01	36.0435	11.094 50
2014 年	31	23.71	65.53	42.2465	11.705 91
2015 年	31	25.50	70.00	48.2742	12.887 85

3.2.2 各省政府财务信息披露质量的年度变化趋势分析

图 3-1 显示了各省近年来财政透明度的变化趋势。根据各省份财政透明度的变化趋势，可以将其分成三种类型：第一种为渐进上升型，包括山西省、吉林省、黑龙江省、上海市、山东省、广东省、广西壮族自治区、重庆市、云南省、甘肃省、新疆维吾尔自治区等 11 个省份；第二种为先降后升型，包括北京市、天津市、吉林省、安徽省、福建省、甘肃省、宁夏回族自治区等 7 个省份；第三种为上下波动型，包括河北省、内蒙古自治区、江苏省、浙江省、江西省、河南省、湖北省、湖南省、海南省、重庆市、贵州省、西藏自治区、陕西省等 13 个省份。

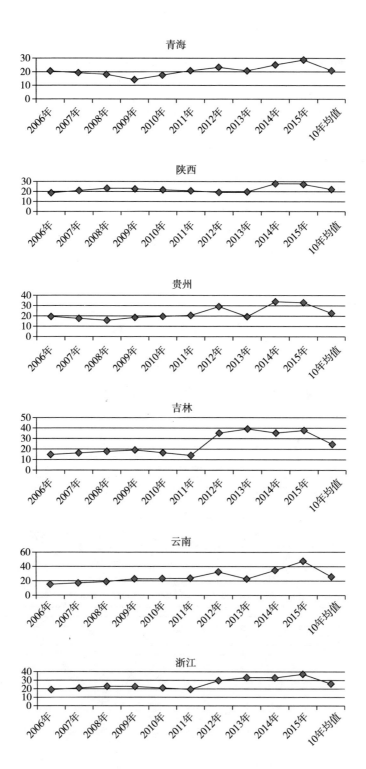

青海

陕西

贵州

吉林

云南

浙江

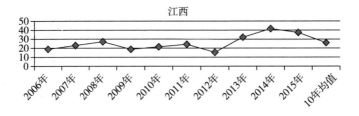

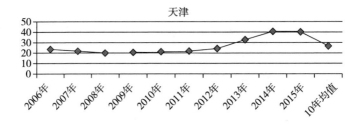

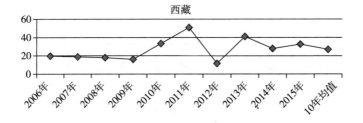

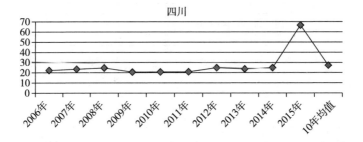

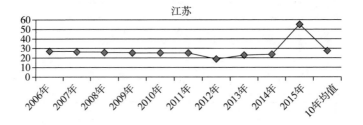

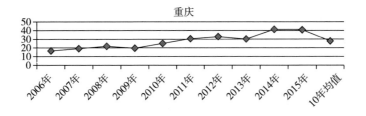

重庆

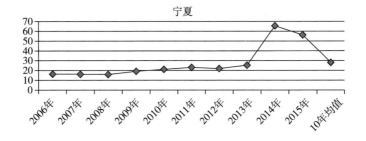

宁夏

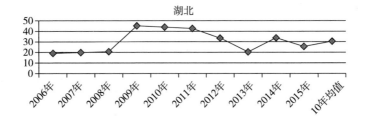

湖北

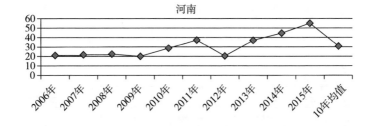

河南

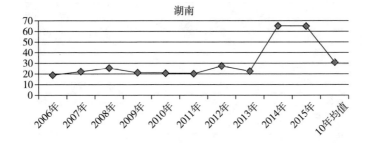

湖南

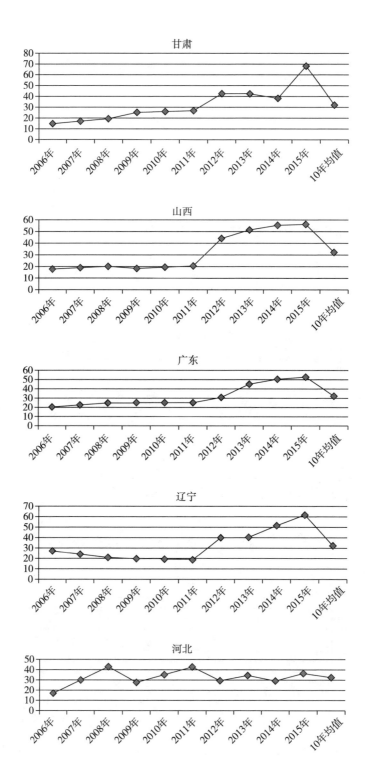

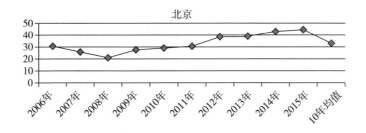

北京

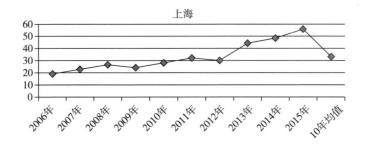

上海

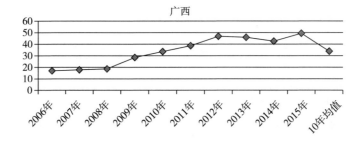

广西

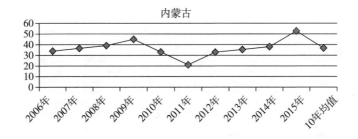

内蒙古

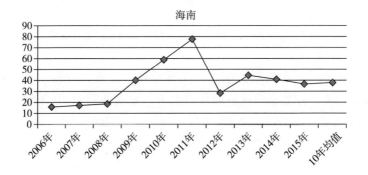

海南

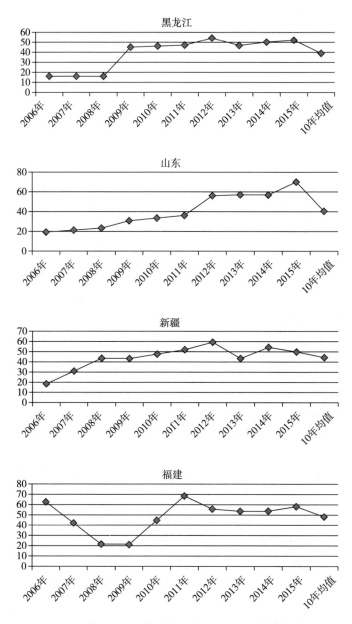

图 3-1 2006~2015 年各省份财政透明度的变化趋势

31 个省份中，政府财务信息披露质量排名前五位省份的平均得分较高。数据说明，排名靠前省份的政府财务信息披露质量 10 年间并不是严格逐步提升的，在 2006~2008 年呈下降趋势；2008~2011 年快速上升；2011~2013 年又缓慢下降；2013~2015 年缓慢上升。政府财务信息披露质量排名靠后的五个省份的质量得分总体趋势是逐年缓慢上升。具体如图 3 – 2 所示。

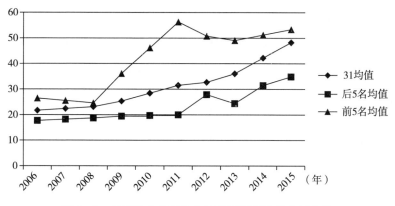

图 3 – 2　省级政府财务信息披露质量平均得分及变化

3.2.3　政府财务信息披露质量的空间相关性分析

（1）政府财务信息披露质量的空间地图分析。

对省级政府财务信息披露质量最近 5 年（2011 ~ 2015 年）的数据取平均值后画出空间分布图，依据样本数量分三层，结果如图 3 – 3 所示。

由图 3 – 3 发现，我国省级政府财务信息披露质量存在明显的空间集聚效应：京津冀及山东省、山西省形成高质量集聚区，5 个省份的得分在全国范围内名列前茅；东北三省及内蒙古自治区处于中等质量区间；地理位置处于长江以南的浙江省、江西省、湖南省、贵州省和云南省形成中等偏下的信息披露质量集聚区；而位于珠三角地区的福建省、广东省、广西壮族自治区和海南省则形成了高质量集聚区。由此可见，我国省级政府财务信息披露质量存在明显的空间集聚效应，在研究时需要考虑其空间关联性，如果基于我国的各个省份为样本个体，不考虑相关变量的空间关联性，其相关结论可能会有所不同。

（2）政府财务信息披露质量的全局莫兰指数分析。

计算政府财务信息披露质量的莫兰指数及其统计量和置信水平，如表 3 – 4 所示。我们不难发现，省级政府财务信息披露质量存在正向的空间正相关性，即高值与高值聚集（低值与低值聚集）。尽管 2010 年、2013 年、2014 年相应的 P 值都大于 10%，但是都没有超过 15%，如果看 2011 年、2012 年的 P 值，在 10% 的置信水平上是显著的，因此，政府财务信息披露质量存在空间正相关性。

表3-4 政府财务信息披露质量的临近莫兰指数

Grade	指标值	2010 年	2011 年	2012 年	2013 年	2014 年
二元相邻权重矩阵	莫兰指数估计值	0.138	0.184	0.171	0.125	0.173
	标准差	0.107	0.108	0.104	0.108	0.110
	Z 统计量	1.608	2.027	2.364	1.001	1.541
	P 值	0.108	0.043	0.058	0.119	0.107
空间距离权重矩阵	莫兰指数估计值	0.135	0.216	0.190	0.138	0.183
	标准差	0.112	0.107	0.033	0.110	0.109
	Z 统计量	1.511	2.343	1.436	0.949	1.374
	P 值	0.131	0.019	0.076	0.171	0.085

（3）政府财务信息披露质量的局域莫兰指数分析。

图 3-3 中的 6 个图分别为 2014 年、2013 年、2012 年、2011 年、2010 年和 5 年均值的政府财务信息披露质量的莫兰指数散点图。由 5 年均值的政府财务信息披露质量的莫兰指数散点图说明，很多省份处于第一象限与第三象限。莫兰指数散点图表明政府财务信息披露质量存在显著的空间正相关性，呈现一定程度上的聚集效应，高政府财务信息披露质量的城市被高政府财务信息披露质量的邻近城市所围绕，低政府财务信息披露质量的城市被低政府财务信息披露质量的邻近城市所围绕。

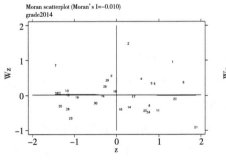 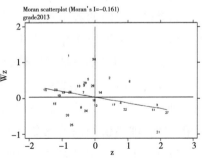

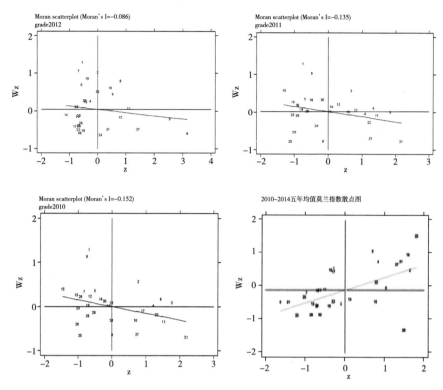

图3-3 2010~2014年各年及5年均值的政府财务信息披露质量的莫兰指数散点图

从2010年至2014年各省具体的局域莫兰指数如表3-5至表3-9所示。由这些表的数据可知，很多省份在各年也均存在空间相关性。

表3-5 2014年各省政府财务信息披露质量的局域莫兰指数

Location	Ii	E(Ii)	sd(Ii)	z	p-value*
1	1.274	-0.034	0.684	1.913	0.028
2	0.418	-0.034	0.684	0.661	0.254
3	0.562	-0.034	0.331	1.801	0.036
4	0.268	-0.034	0.466	0.650	0.258
5	0.268	-0.034	0.303	0.999	0.159
6	0.290	-0.034	0.548	0.593	0.277
7	-1.253	-0.034	0.548	-2.222	0.013

Location	Ii	E(Ii)	sd(Ii)	z	p-value*
8	−0.254	−0.034	0.684	−0.321	0.374
9	−0.071	−0.034	0.684	−0.053	0.479
10	−0.041	−0.034	0.466	−0.013	0.495
11	−0.464	−0.034	0.409	−1.052	0.146
12	−0.066	−0.034	0.365	−0.086	0.466
13	−0.137	−0.034	0.548	−0.186	0.426
14	−0.113	−0.034	0.365	−0.215	0.415
15	0.012	−0.034	0.466	0.100	0.460
16	0.015	−0.034	0.365	0.135	0.446
17	−0.025	−0.034	0.365	0.027	0.489
18	−0.004	−0.034	0.365	0.083	0.467
19	0.077	−0.034	0.409	0.274	0.392
20	0.465	−0.034	0.466	1.071	0.142
21	−1.831	−0.034	0.984	−1.824	0.034
22	−0.175	−0.034	0.409	−0.343	0.366
23	−0.062	−0.034	0.365	−0.075	0.470
24	−0.390	−0.034	0.409	−0.870	0.192
25	0.767	−0.034	0.548	1.462	0.072
26	−0.067	−0.034	0.303	−0.109	0.457
27	−0.321	−0.034	0.365	−0.783	0.217
28	0.510	−0.034	0.548	0.993	0.160
29	−0.095	−0.034	0.548	−0.111	0.456
30	0.130	−0.034	0.684	0.240	0.405

表 3 - 6　　　　　2013 年各省政府财务信息披露质量的局域莫兰指数

Location	Ii	E(Ii)	sd(Ii)	z	p-value*
1	-0.964	-0.034	0.674	-1.379	0.084
2	0.245	-0.034	0.674	0.414	0.339
3	-0.419	-0.034	0.328	-1.173	0.120
4	-0.121	-0.034	0.460	-0.187	0.426
5	-0.111	-0.034	0.300	-0.254	0.400
6	0.480	-0.034	0.541	0.951	0.171
7	-0.051	-0.034	0.541	-0.030	0.488
8	0.125	-0.034	0.674	0.236	0.407
9	-0.117	-0.034	0.674	-0.123	0.451
10	-0.063	-0.034	0.460	-0.062	0.475
11	-0.643	-0.034	0.404	-1.507	0.066
12	-0.004	-0.034	0.361	0.083	0.467
13	-0.166	-0.034	0.541	-0.243	0.404
14	0.023	-0.034	0.361	0.159	0.437
15	0.224	-0.034	0.460	0.562	0.287
16	-0.328	-0.034	0.361	-0.812	0.208
17	-0.119	-0.034	0.361	-0.233	0.408
18	0.003	-0.034	0.361	0.103	0.459
19	-0.140	-0.034	0.404	-0.262	0.397
20	0.436	-0.034	0.460	1.023	0.153
21	-1.925	-0.034	0.970	-1.950	0.026
22	-0.321	-0.034	0.404	-0.710	0.239
23	-0.261	-0.034	0.361	-0.628	0.265
24	0.108	-0.034	0.404	0.354	0.362
25	0.572	-0.034	0.541	1.122	0.131
26	-0.119	-0.034	0.300	-0.282	0.389
27	-0.975	-0.034	0.361	-2.604	0.005
28	-0.024	-0.034	0.541	0.018	0.493
29	-0.130	-0.034	0.541	-0.177	0.430
30	-0.035	-0.034	0.674	-0.001	0.500

表 3 - 7　　　　2012 年各省政府财务信息披露质量的局域莫兰指数

Location	Ii	E(Ii)	sd(Ii)	z	p-value*
1	-0.714	-0.034	0.642	-1.059	0.145
2	-0.013	-0.034	0.642	0.034	0.486
3	-0.634	-0.034	0.316	-1.896	0.029
4	-0.063	-0.034	0.440	-0.064	0.474
5	-0.401	-0.034	0.290	-1.263	0.103
6	0.232	-0.034	0.516	0.517	0.303
7	-0.727	-0.034	0.516	-1.342	0.090
8	-2.055	-0.034	0.642	-3.149	0.001
9	0.637	-0.034	0.642	1.047	0.148
10	0.262	-0.034	0.440	0.675	0.250
11	0.047	-0.034	0.387	0.211	0.416
12	-0.168	-0.034	0.347	-0.384	0.350
13	0.132	-0.034	0.516	0.323	0.373
14	0.151	-0.034	0.347	0.533	0.297
15	-0.325	-0.034	0.440	-0.660	0.255
16	-0.097	-0.034	0.347	-0.181	0.428
17	0.375	-0.034	0.347	1.179	0.119
18	0.412	-0.034	0.347	1.286	0.099
19	0.296	-0.034	0.387	0.854	0.197
20	0.298	-0.034	0.440	0.756	0.225
21	-0.195	-0.034	0.921	-0.174	0.431
22	0.373	-0.034	0.387	1.052	0.146
23	0.103	-0.034	0.347	0.397	0.346
24	-0.062	-0.034	0.387	-0.072	0.471
25	0.285	-0.034	0.516	0.618	0.268
26	0.215	-0.034	0.290	0.858	0.195
27	-0.757	-0.034	0.347	-2.079	0.019
28	-0.118	-0.034	0.516	-0.162	0.436
29	-0.064	-0.034	0.516	-0.058	0.477
30	-0.008	-0.034	0.642	0.042	0.483

表 3 – 8　　　　2011 年各省政府财务信息披露质量的局域莫兰指数

Location	Ii	E(Ii)	sd(Ii)	z	p-value*
1	− 0.976	− 0.034	0.681	− 1.382	0.083
2	0.382	− 0.034	0.681	0.611	0.271
3	− 0.041	− 0.034	0.330	− 0.018	0.493
4	− 0.073	− 0.034	0.464	− 0.082	0.467
5	− 0.231	− 0.034	0.302	− 0.650	0.258
6	0.113	− 0.034	0.546	0.270	0.394
7	− 0.157	− 0.034	0.546	− 0.225	0.411
8	0.124	− 0.034	0.681	0.233	0.408
9	− 0.512	− 0.034	0.681	− 0.701	0.242
10	− 0.010	− 0.034	0.464	0.052	0.479
11	− 0.164	− 0.034	0.407	− 0.318	0.375
12	0.058	− 0.034	0.364	0.253	0.400
13	− 0.263	− 0.034	0.546	− 0.418	0.338
14	0.012	− 0.034	0.364	0.128	0.449
15	− 0.753	− 0.034	0.464	− 1.547	0.061
16	− 0.157	− 0.034	0.364	− 0.336	0.368
17	0.031	− 0.034	0.364	0.179	0.429
18	− 0.000	− 0.034	0.364	0.094	0.463
19	− 0.040	− 0.034	0.407	− 0.012	0.495
20	0.582	− 0.034	0.464	1.328	0.092
21	− 1.786	− 0.034	0.981	− 1.786	0.037
22	− 0.365	− 0.034	0.407	− 0.812	0.208
23	0.104	− 0.034	0.364	0.380	0.352
24	0.141	− 0.034	0.407	0.431	0.333
25	0.938	− 0.034	0.546	1.780	0.038
26	− 0.139	− 0.034	0.302	− 0.346	0.365
27	− 0.929	− 0.034	0.364	− 2.457	0.007
28	− 0.002	− 0.034	0.546	0.060	0.476
29	0.111	− 0.034	0.546	0.266	0.395
30	− 0.055	− 0.034	0.681	− 0.029	0.488

表 3 - 9　　　　2010 年各省政府财务信息披露质量的局域莫兰指数

Location	Ii	E(Ii)	sd(Ii)	z	p-value*
1	-0.898	-0.034	0.681	-1.269	0.102
2	0.431	-0.034	0.681	0.684	0.247
3	0.113	-0.034	0.330	0.448	0.327
4	-0.008	-0.034	0.464	0.057	0.477
5	-0.177	-0.034	0.302	-0.472	0.318
6	0.209	-0.034	0.546	0.446	0.328
7	-0.267	-0.034	0.546	-0.426	0.335
8	-0.003	-0.034	0.681	0.046	0.482
9	-0.854	-0.034	0.681	-1.205	0.114
10	-0.241	-0.034	0.464	-0.445	0.328
11	-0.586	-0.034	0.407	-1.356	0.088
12	-0.140	-0.034	0.364	-0.289	0.386
13	-0.258	-0.034	0.546	-0.409	0.341
14	0.001	-0.034	0.364	0.096	0.462
15	-0.552	-0.034	0.464	-1.116	0.132
16	-0.049	-0.034	0.364	-0.039	0.485
17	-0.113	-0.034	0.364	-0.216	0.414
18	-0.001	-0.034	0.364	0.091	0.464
19	0.004	-0.034	0.407	0.094	0.462
20	0.458	-0.034	0.464	1.061	0.144
21	-1.636	-0.034	0.979	-1.635	0.051
22	-0.293	-0.034	0.407	-0.636	0.262
23	0.067	-0.034	0.364	0.278	0.391
24	0.006	-0.034	0.407	0.101	0.460
25	0.672	-0.034	0.546	1.295	0.098
26	-0.194	-0.034	0.302	-0.528	0.299
27	-0.504	-0.034	0.364	-1.291	0.098
28	0.091	-0.034	0.546	0.230	0.409
29	0.179	-0.034	0.546	0.392	0.348
30	-0.022	-0.034	0.681	0.018	0.493

3.2.4 政府财务信息披露质量的地区分析

将各省、自治区与直辖市的财政透明度根据地区分为东部、中部和西部，分别各地区对应省份的，从 2006～2015 年财政透明度的平均值并进行排名（如表 3-10 所示）。

表 3-10 各省、自治区、直辖市财政透明度指数 10 年平均值以及排名

东部			中部			西部		
省份	10 年均值	排名	省份	10 年均值	排名	省份	10 年均值	排名
福建	48.214 5	1	黑龙江	39.024 5	4	新疆	44.289 5	2
山东	40.461 5	3	内蒙古	36.808 0	6	广西	33.902 0	8
海南	37.845 0	5	安徽	33.942 0	7	甘肃	32.063 0	15
上海	33.139 5	9	山西	32.244 0	14	宁夏	28.055 0	19
北京	32.956 5	10	湖南	30.859 0	16	重庆	27.781 0	20
河北	32.474 0	11	河南	30.793 5	17	四川	27.231 5	22
辽宁	32.329 0	12	湖北	30.443 0	18	西藏	26.986 0	23
广东	32.253 0	13	江西	25.982 5	25	云南	25.873 0	27
江苏	27.448 0	21	吉林	24.618 0	28	贵州	22.710 5	29
天津	26.693 5	24				陕西	22.195 5	30
浙江	25.931 5	26				青海	20.856 0	31

界定排名 1～10 名为财政透明度好，排名 11～20 名为财政透明度较好，排名 21～30 名为财政透明度较差，得到表 3-10 的统计情况。由表 3-11 可知，中部和东部地区财政透明度较好以上省份所占比例较高，分别为 77.78% 和 72.72%，西部地区财政透明度较好以上所占比例较低（45.45%），并且差距较大，这说明中东部地区整体上财政透明度较高，而西部各地区整体上财政透明度较低。

表 3-11 东部、中部与西部地区财政透明度情况

地区	财政透明度/个			比例
	好	较好	较差	较好以上
东部地区	5	3	3	72.72%
中部地区	3	4	2	77.78%
西部地区	2	3	6	45.45%

东中西部各地区的从 2006～2015 年每年财政透明度具体情况如图 3－4 所示。总体而言，各省的财政透明度在逐年缓慢上升，但并不平稳，波动较大。从各地区来看，虽然财政透明度与各地经济发展水平有一定的相关性，但西部经济欠发达地区仍然有财政透明度较高的省份。因此，提升各省的财政透明度，政府的决心和动力比其经济状况可能更重要。

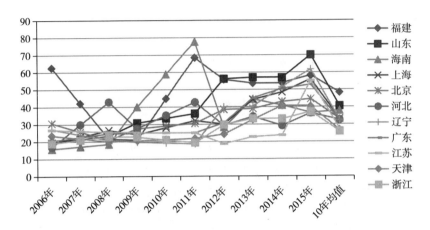

图 3－4a　东部各省、自治区、直辖市 2006～2015 年财政透明度指数情况

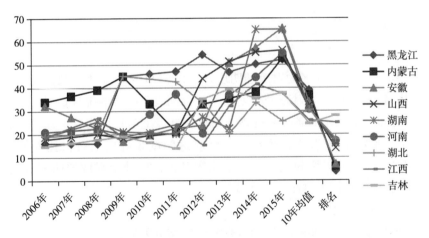

图 3－4b　中部各省、自治区、直辖市 2006～2015 年财政透明度指数情况

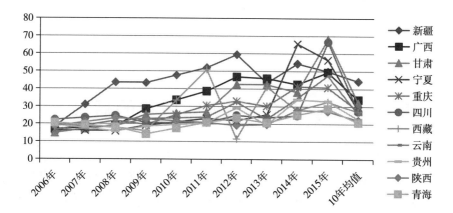

图 3 – 4c 西部各省、自治区、直辖市 2006～2015 年财政透明度指数情况

4 政府财务信息披露质量的后果

本章基于第二章的基本要求模型下政府财务信息披露质量对政府自身的影响和对政府外部的影响，结合我国实际情况和数据的可获得性，分别进行实证分析。分析的方法为省级政府面板数据的实证分析。

4.1 对政府自身的影响

政府财务信息披露质量对政府自身的影响包括：抑制政府腐败、控制政府债务风险、促进公共服务均等化、提高地方政府投资效率、降低财政风险、提升财政科技资金配置效率等。

4.1.1 抑制政府腐败

中共十八大后，"反腐"持续成为中国社会的高热词汇。面对严峻的反腐败形势，中国政府反腐败力度不断增强。党的十八届三中全会通过的《中共中央关于全面深化改革若干重大问题的决定》提出，要强化权力运行制约和监督体系，坚持用制度管权管事管人，让人民监督权力，让权力在阳光下运行，实施全面规范、公开透明的预算制度，而政府财务公开与透明是反腐的一个重要措施。

4.1.1.1 文献综述与假设提出

已有文献从多个角度分析了政府腐败的影响因素。例如，政府审计（宋霞云，陈依晗，2018；刘茜，许成安，2018；李嘉明，杨流，2018；郭芮佳，池国华，程龙，2018；王会金，马修林，2017；周微，刘宝华，唐嘉尉，2017；郑小荣，2017；周泽将，修宗峰，2017；陈丽红，张龙平，朱海燕，2016）；公务员性别（郭夏娟，涂文燕，2017）；土地财政（齐红倩，席旭文，蔡志刚，2017）；制度环境（孙烨，张晶，2017）；财政透明度（李春根，徐建斌，2016）；纪委独立性（田彬彬，范子英，2016）等。李金珊，王郑丰，陈小红（2016）实证分析发现，省域腐败的影响因素包括：公务员薪酬、对外开放、财政分权等。杜晓燕，马瑞光（2016）采用面板数据分析了市场化程度、制度安排和政府治理对腐败的影响。从这些文献可知，财政透明和政府审计是腐败治理的两个重要因素。

（1）政府审计质量对政府财务信息披露质量的影响。

李江涛（2014）认为，政府履行公共受托责任需要提升财政透明度和进行政府审计监督，建议政府财务信息披露需要经过政府审计鉴证。程洁（2003）指出，审计公开出自财政透明度要求，而财政透明度又是公民知情权发展的结果。张曾莲（2013）提到，政府具有管理公共事务、分配公共资源的权力，也要承担这些权力履行情况的报告责任，政府财务信息披露质量是政府履行报告义务的重要内容。而政府审计公告是政府报告的重要内容，政府审计公告能发挥政府审计的监督职能从而提升政府财务信息披露质量。由此本节提出假 H4 - 1 - 1 - 1：政府审计质量与政府财务信息披露质量正相关。

（2）政府财务信息披露质量对地方政府腐败的影响。

孙载夫（2004）认为，公开透明是腐败治理的治本之策。[①] G. 夏博·切莫、李百玲（2006）认为，问责与透明是治理腐败的重要举措。[②]爱德特（Aidt，2009）发现，分析政府腐败的影响因素时，需要考虑政府财务公开的影响，其实证分析发现，政府财务公开能降低政府腐败，因为阳光是最好的防腐剂。哈克（Haque，2009）也认为，向公众提供其关心的财务信息是加强政府治理和防治腐败的重要举措。国际货币基金组织（IMF）、经合组织（OECD）也都通过开发最优的财政透明度实践指标来引导各国提升财政透明度，进而使得各国政府的财务决策更加开放而有效。李春根、徐建斌（2016）采用省级面板数据分析发现，财政预算透明与省级官员腐败显著负相关。[③] 王绍光、马骏（2008）发现，财政透明度是解决浪费与腐败问题的重要举措。胡锦光、张献勇（2011）分析英国和美国的预算制度改革历程后认为，预算公开是预防腐败的重要举措，因为预算公开能将政府的财务细节公之于众。郭剑鸣（2011）通过对比 84 个

---

① 孙载夫．公开透明：反腐败的治本之策［J］．求是，2004（2）．

② G. 夏博·切莫，李百玲．加强廉洁政府建设：以问责和透明打击腐败［J］．经济社会体制比较，2006（9）．

③ 李春根，徐建斌．中国财政预算透明与地区官员腐败关系研究［J］．当代财经，2016（1）．

国家的清廉指数与预算公开指数后发现，财政透明是预防腐败的利器。①②刘希（2013）通过分析透明国际的政府廉洁指数（CPI）与预算合作组织的预算公开指数（OBI）的相关性，也发现预算公开是政府清廉的重要原因。由此提出假设 4-1-1-2：地方政府腐败与政府财务信息披露质量负相关。

（3）政府审计、政府财务信息披露质量与地方政府腐败三者的关系。

由上述分析的层层推进，我们不难看出，国家审计机关公开审计结果，提高政府的审计质量，会促使政府财务信息披露质量的提高，而政府透明核心是财务透明，因此政府审计质量的上升会促进政府财务信息披露质量的提高。与此同时，政府财务信息披露质量与地方政府腐败又有着密不可分的关系。政府财务信息披露质量的提高在一定程度上会抑制地方政府的腐败程度。政府财务信息披露质量在政府审计与地方政府腐败两者之间起到了"纽带"的作用，政府财务信息披露质量作为中介变量，连接政府审计对政府腐败的影响。由此提出假设 H4-1-1-3：政府审计质量越高，地方政府腐败程度越低，政府财务信息披露质量在二者之间起中介作用。

4.1.1.2 研究设计

（1）模型。

基于经典中介效应的做法，本节设置了以下三个模型：

为了验证假设 4-1-1-1，建立模型 4-1-1-1：

$$FTran_{i,t} = \beta_0 + \beta_1 Audit_{i,t} + \beta_2 lgGDP_{i,t} + \beta_3 lnpop_{i,t} + \beta_4 edu_{i,t} + \beta_5 market_{i,t}$$
$$+ \beta_6 fical_{i,t} + \beta_7 urban_{i,t} + \beta_8 struc_{i,t} + \beta_9 fdi_{i,t} + \beta_{10} open_{i,t}$$
$$+ \beta_{11} priv_{i,t} + \beta_{12} decen_{i,t} + \beta_{13} wage_{i,t}$$

其中，被解释变量是政府财务信息披露质量（FTran），主要解释变量是政府审计（Audit）。从两方面考虑政府审计：审计投入（Audin）以及审计问责力度（Audpe）。审计投入的衡量指标为被审计单位数量（Auditee），审计问责力度的衡量指标为两个，相关案件处理率（Audca）、审计报告信息被批示采用率（Audre）。其他控制变量包括人均 GDP（LnGDP）、人口规模（Lnpop）、教育水平（Edu）、市场化程度（Market）、财政支出规模（Fical）、城市化率（Urban）、产业结构（Struc）、外商直接投资（Fdi）、贸易开放度（Open）、民营化程度（Priv）、财政分权程度（Decen）、公务员工资水平（Wage）。

① 郭剑鸣，操世元. 探寻从财政透明走向政府清廉之路 [J]. 政治学研究，2011（4）.

② 郭剑鸣. 从预算公开走向政府清廉：反腐败制度建设的国际视野与启示 [J]. 政治学研究，2011（4）。

为了验证假设 4 - 1 - 1 - 2，建立模型 4 - 1 - 1 - 2：

$$Corr_{i,t} = \beta_0 + \beta_1 FTran_{i,t} + \beta_2 lgGDP_{i,t} + \beta_3 lnpop_{i,t} + \beta_4 edu_{i,t} + \beta_5 market_{i,t}$$
$$+ \beta_6 fical_{i,t} + \beta_7 urban_{i,t} + \beta_8 struc_{i,t} + \beta_9 fdi_{i,t} + \beta_{10} open_{i,t} + \beta_{11} priv_{i,t}$$
$$+ \beta_{12} decen_{i,t} + \beta_{13} wage_{i,t}$$

其中，被解释变量是政府腐败（Corr），主要解释变量是政府财务信息披露质量（FTran）。其他控制变量包括人均 GDP（LnGDP）、人口规模（Lnpop）、教育水平（Edu）、市场化程度（Market）、财政支出规模（Fical）、城市化率（Urban）、产业结构（Struc）、外商直接投资（Fdi）、贸易开放度（Open）、民营化程度（Priv）、财政分权程度（Decen）、公务员工资水平（Wage）。

为了验证假设 4 - 1 - 1 - 3，建立模型 4 - 1 - 1 - 3：

模型 4 - 1 - 1 - 3（1）

$$Corr_{i,t} = \beta_0 + \beta_1 Audit_{i,t} + \beta_2 lgGDP_{i,t} + \beta_3 lnpop_{i,t} + \beta_4 edu_{i,t} + \beta_5 market_{i,t}$$
$$+ \beta_6 fical_{i,t} + \beta_7 urban_{i,t} + \beta_8 struc_{i,t} + \beta_9 fdi_{i,t} + \beta_{10} open_{i,t}$$
$$+ \beta_{11} priv_{i,t} + \beta_{12} decen_{i,t} + \beta_{13} wage_{i,t}$$

模型 4 - 1 - 1 - 3（2）

$$Corr_{i,t} = \beta_0 + \beta_1 Audit_{i,t} + \beta_2 FTran_{i,t} + \beta_3 lgGDP_{i,t} + \beta_4 lnpop_{i,t} + \beta_5 edu_{i,t}$$
$$+ \beta_6 market_{i,t} + \beta_7 fical_{i,t} + \beta_8 urban_{i,t} + \beta_9 struc_{i,t} + \beta_{10} fdi_{i,t}$$
$$+ \beta_{11} open_{i,t} + \beta_{12} priv_{i,t} + \beta_{13} decen_{i,t} + \beta_{14} wage_{i,t}$$

其中，被解释变量是政府腐败（Corr），模型 4 - 1 - 1 - 3（1）的主要解释变量是审计（Audit），模型 4 - 1 - 1 - 3（2）的主要解释变量包括审计（Audit）和政府财务信息披露质量（FTran）。其他控制变量为人均 GDP（LnGDP）、人口规模（Lnpop）、教育水平（Edu）、市场化程度（Market）、财政支出规模（Fical）、城市化率（Urban）、产业结构（Struc）、外商直接投资（Fdi）、贸易开放度（Open）、民营化程度（Priv）、财政分权程度（Decen）、公务员工资水平（Wage）。

此外，要验证政府财务信息披露质量的中介效应，借助温忠麟（2014）对中介作用的逐步检验回归系数法。考虑自变量审计（Audit）对政府腐败（Corr）的影响，如果审计（Audit）是通过影响政府财务信息披露质量（FTran）的，则称政府财务信息披露质量具有中介作用。

首先检验系数 c，即审计（Audit）对政府腐败（Corr）的总效应，再逐步检验系数 a、b，即政府财务信息披露质量（FTran）的中介效应。如果系数 c 显著，a、b 也显著，而 c′ 的显著性和系数变小，即放入政府财务信息披露质量（FTran）后审计（Corr）的显著性不如单独回归审计（Corr）的显著性，则认为政府财务信息披露质量（FTran）的中介效应显著。

（2）变量。

政府审计（Audit）：根据陈丽红（2016）的衡量方法，从两个方面衡量地方政府审计：审计投入（Audin）和审计问责力度（Audpe）。审计投入，采用被审计单位数（Auditee）进行衡量。审计问责力度（Audpe），采用两个指标衡量，即审计报告信息被批示采用率（Audre）；相关案件处理率（Audca），即已处理案件数占移送司法机关、纪检监察部门和有关部门案件总数的比率。

政府财务信息披露质量（FTran）：采用上海财经大学发布的财政透明度指数。

腐败程度（Corr）。通常主要采用两类方法衡量腐败程度：基于主观感知的腐败程度和腐败案件数。第一种方法优点是更广泛、更综合，符合我们习惯中认为的腐败概念，不足之处是缺乏统一的标准，而且主观判断与实际情况也存在差异。虽然第二种方法衡量腐败也有不足，是发现的腐败而不是全部的腐败，但至少数据客观、可获取。为此，本节采用每万公职人员贪污、贿赂和渎职等案件立案数（件）衡量腐败程度。

人均 GDP（lgdp）。用来控制经济发展对腐败治理的影响，人均 GDP 取对数。

人口规模（lnpop）。反映地区人口规模，采用的是地区人口总数的自然对数。

教育水平（Edu）。是各地区每万人中大学生人数的对数值。

市场化程度（Market）。采用地区市场化指数来衡量。

财政支出规模（Fical）。用财政支出占 GDP 的比重衡量。通常认为，财政支出规模越大，政府寻租腐败的可能性也越大。地方政府为了逃避公众指责与上级审查，通常不愿意公开政府财务信息。因此，预期财政支出规模的回归系数为负。

城市化率（Urban）。已有文献表明，随着城镇化进程的加快，公众参政议政的意识会逐步提升，对政府财务信息披露的需求也逐步增加。预期城市化率的回归系数为正。

产业结构（Struc）。产业结构有多个衡量指标，本节采用第三产业人员占比来衡量。已有文献发现，产业结构升级面临很多不确定性风险，不利于政府财务信息披露。预期产业结构的回归系数为负。

外商直接投资（Fdi）。采用外商直接投资额的 GDP 占比来衡量。地方政府为了吸引外资，通常会主动公开财务信息。因此，预期外商直接投资的回归系数为正。

贸易开放度（Open）。是进出口总额与 GDP 之比，反映各地区经济开放度。

民营化程度（Priv）。城镇非国有单位就业人员数与城镇就业人员之比。

财政分权（Decen）。财政分权有收入分权、支出分权和财政自主度等多种衡量方法，本节采用财政收入分权。

公务员工资水平（Wage）。地区公务员平均工资与全国公务员平均工资之比。

表4-1 主要变量及其定义

变量类型	变量名称	变量度量
因变量	腐败程度（Corr）	每万公职人员贪污、贿赂和渎职等案件立案数（件）
自变量	政府审计（Audit）	审计投入（Audin）、审计问责力度（Audpe）
	政府财务信息披露质量（FTran）	上海财经大学发布的财政透明度指数
控制变量	人均GDP（lgGDP）	人均实际GDP的对数值（元）
	人口规模（Inpop）	地区人口总数的自然对数
	教育水平（Edu）	每万人中大学生人数的对数值
	市场化程度（Market）	地区市场化指数
	财政支出规模（Fical）	预算内财务支出占GDP的比重
	城市化率（Urban）	地区城市化率，中国统计年鉴
	产业结构（Struc）	第三产业人员所占比重
	外商直接投资（Fdi）	外商直接投资额除以GDP
	财政分权（Decen）	财政收入分权
	贸易开放度（Open）	进出口贸易占GDP的比重
	民营化程度（Priv）	城镇非国有单位就业人数除以城镇就业人员
	公务员工资水平（Wage）	公务员相对工资水平

（3）样本与数据。

为实证分析政府财务信息披露质量对政府官员腐败的影响效果与程度，本节构建了包含30个省份（西藏自治区数据严重缺失被剔除）的面板数据。政府审计的数据来自《中国审计年鉴》；腐败程度数据来自《中国检察年鉴》。其余控制变量的来源如下：人口规模、教育水平、财政支出规模、城市化率均来自《中国统计年鉴》和《中国劳动统计年鉴》，市场化程度数据来自《中国市场化指数》。

本节样本为2006~2009年和2011年30个省份（西藏自治区除外）的面板数据，共150个观测样本。

4.1.1.3 实证结果分析

（1）描述性统计。

①政府腐败的描述性统计。

将各省、自治区与直辖市按照地理位置划分为东中西部地区，再将各省、自治区与直辖市 2009～2013 年腐败程度的平均值分别按照腐败衡量指标的不同排序，如表 4-2 所示。根据 3 个腐败衡量指标得出各省腐败程度的折线图，如图 4-1、图 4-2 和图 4-3 所示。从这三个图中可以看出各省腐败程度总的趋势是呈逐年提高的，但是变化程度不是很大。图 4-1 与图 4-3 中的曲线走势相似，其中辽宁省、吉林省以及宁夏回族自治区的腐败程度这 5 年来一直处于峰值状态，尤其是吉林腐败程度比较严重，需要着重治理；而处于偏远的西藏自治区，腐败程度一直以来就处于最低的状态，政府比较廉洁；而在图 4-2 中山东省、广东省以及河南省的腐败程度最高，而西藏自治区的腐败程度最低，但是图形的走势与图 4-1、图 4-3 不相同，因此以各省腐败案件数作为衡量一个地区腐败程度的指标得出的结论与指标Ⅰ、指标Ⅲ不相同，它没有考虑各省当地的具体情况；从图 4-1 与图 4-3 分地区来看，东部地区与西部地区腐败程度相对于中部地区来说还比较低，比较稳定。而图 4-2 表现出来的是东部地区腐败程度较高，变化较大，而中西部地区腐败程度较低，较稳定。总之，各省政府腐败程度还是有上升的趋势，因此政府应该加重对腐败的治理，努力降低各省的腐败程度，建立廉洁政府。

表 4-2　　　　各省、自治区与直辖市腐败程度平均值以及排名

地区	省份	腐败Ⅰ	排名	腐败Ⅱ	排名	腐败Ⅲ	排名
东部地区	福建省	9.373 0	30	981.2	19	0.264 3	15
	海南省	20.219 0	23	210.0	29	0.238 9	21
	河北省	21.204 6	21	1 851.2	4	0.256 7	18
	山东省	21.298 0	20	2 286.6	2	0.237 5	22
	北京市	21.603 3	19	401.4	26	0.202 7	26
	上海市	22.115 4	16	422.6	25	0.185 4	30
	江苏省	23.057 3	15	1 582.4	7	0.200 9	27
	广东省	24.266 4	13	2 068.8	3	0.200 3	28
	浙江省	26.574 8	11	1 336.0	13	0.246 9	20
	辽宁省	30.270 9	6	1 552.6	8	0.355 2	4
	天津市	30.521 9	5	386.4	27	0.285 4	8

地区	省份	腐败Ⅰ	排名	腐败Ⅱ	排名	腐败Ⅲ	排名
中部地区	内蒙古自治区	17.689 3	28	687.2	22	0.277 8	12
	湖北省	18.524 5	25	1 642.2	5	0.285 1	9
	黑龙江省	21.675 9	18	1 325.0	14	0.345 7	5
	河南省	21.932 8	17	2 806.6	1	0.297 9	7
	安徽省	26.367 0	12	1 344.0	12	0.223 4	23
	湖南省	28.394 5	10	1 388.6	10	0.211 2	25
	江西省	28.947 3	8	990.0	18	0.220 8	24
	山西省	31.110 3	3	1 267.4	15	0.355 3	3
	吉林省	41.191 7	1	1 351.4	11	0.491 8	1
西部地区	新疆维吾尔自治区	3.643 9	31	613.2	24	0.277 7	13
	西藏自治区	15.730 8	29	36.6	31	0.121 1	31
	广西壮族自治区	17.691 5	27	1 171.6	16	0.249 1	19
	四川省	17.991 3	26	1 586.0	6	0.196 0	29
	重庆市	19.963 4	24	765.8	21	0.262 9	16
	甘肃省	20.917 2	22	676.0	23	0.261 8	17
	陕西省	23.350 2	14	1 069.2	17	0.284 8	10
	云南省	28.469 4	9	1 474.6	9	0.318 4	6
	青海省	29.335 9	7	160.0	30	0.281 6	11
	贵州省	30.965 7	4	977.2	20	0.275 7	14
	宁夏回族自治区	31.622 4	2	271.6	28	0.424 4	2

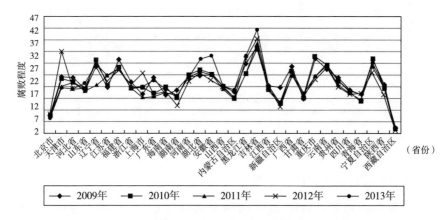

图4-1　各省、自治区与直辖市腐败程度Ⅰ情况

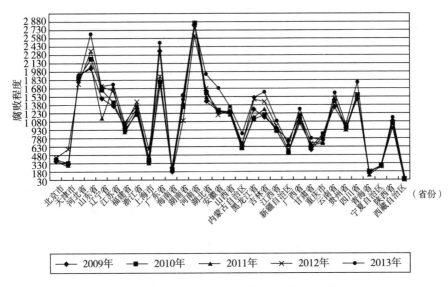

图 4-2　各省、自治区与直辖市腐败程度 Ⅱ 情况

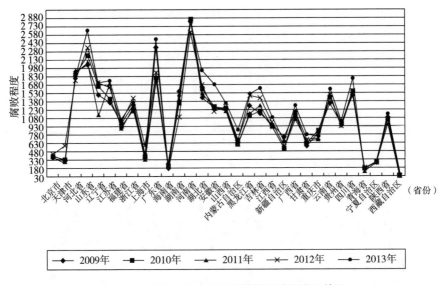

图 4-3　各省、自治区与直辖市腐败程度 Ⅲ 情况

②全部变量的描述性统计。

由表 4-3 可知，腐败程度（Corr）均值约为 25，各省存在较大差异，最大值 42.72，最小值 9.14。被审计单位数（Auditee）的均值和标准差分别为 4851、2911，说明各省被国家审计部门审计的单位在数量上存在较大

的不同。Audre 的均值为 0.61、标准差是 0.13，这表明审计意见得到了相关部门的重视。Audca 的均值是 0.38，表明移送案件中，大约 38% 的案件被处理。这两个政府审计问责指标的均值表明，政府审计发挥了较好的监督作用，也存在很大的改进空间。

表 4 - 3   描述性统计

变量	观测	均值	最大值	最小值	标准差
Auditee	150	4 851.067 000	13 895.000 000	554.000 000	2 911.566 000
Audca	149	0.382 952	1.750 000	0.000 000	0.215 878
Audre	150	0.610 906	0.842 984	0.219 556	0.134 581
ftran	150	24.675 730	77.700 000	14.000 000	10.194 250
Corr	150	25.368 760	42.719 490	9.141 681	6.651 411
Struc	150	0.870 709	0.993 491	0.677 924	0.060 807
Urben	150	0.495 487	0.893 000	0.275 000	0.142 969
fdi	150	348.710 200	2 075.324 000	2.354 870	413.843 600
Inpop	150	4.39E + 07	1.05E + 08	5 477 000.000 000	2.67E + 07
InGDP	150	9.927 314	11.460 820	8.656 955	0.563 428
Market	150	7.423 914	12.896 700	3.250 000	1.988 175
Open	150	34.550 400	172.148 200	3.571 963	42.530 010
Priv	150	69.168 290	171.271 900	24.318 700	25.308 170
Decen	150	29.022 170	63.545 020	3.268 187	15.251 920
Wage	150	1.140 565	1.710 191	0.764 930	0.1715 48
Inedu	150	3.578 148	4.692 370	2.651 010	0.451 156
Fical	150	53.535 340	141.880 000	8.068 653	27.854 850

另一个核心变量为政府财务信息披露质量。各省财政透明度的均值只有 24.67。这说明政府财务信息披露质量较为低下。同时，政府财务信息披露质量在各省之间差异较大，最大值 77.7，最小值 14，标准差为 10.19。

（2）相关性分析。

由表 4 - 4 可知，各变量之间的 Pearson 相关系数的绝对值大部分都低于 0.8，表明各变量不存在严重的共线性问题。

表 4 - 4   相关性分析

变量	ftran	Corr	Audca	Struc	Urben	fdi	lnpop
ftran	1.000 0						
Corr	- 0.079 4	1.000 0					
Audca	- 0.164 6 **	- 0.092 1	1.000 0				
Struc	- 0.014 8	- 0.097 8	- 0.114 8	1.000 0			
Urben	0.101 1	- 0.121 4	- 0.016 5	0.677 3 ***	1.000 0		
fdi	0.057 3	- 0.032 4	- 0.027 9	0.537 1 ***	0.501 2 ***	1.000 0	
lnpop	0.024 5	0.091 6	0.066 8	0.026 0	- 0.261 6 ***	0.412 6 ***	1

（3）回归结果分析。

为实证研究政府财务信息披露质量对政府腐败的影响程度，首先采用静态面板模型进行分析。静态面板模型包括固定效应模型、随机效应模型与混合效应模型。Hausman 检验结果为，chi^2 是 17.17，P 值是 0.001 0，本节选择固定效应模型。

为了检验假设 H4 - 1 - 1 - 1，对模型 4 - 1 - 1 - 1 进行固定效应回归。由表 4 - 5 的回归结果可知，审计投入（Auditee）、相关案件处理率（Audca）、审计报告信息被批示采用率（Audre），这三个主要解释变量，均与被解释变量政府财务信息披露质量（FTran）没有显著关系。即推翻了之前的假设 H4 - 1 - 1 - 1，说明审计收入与审计问责力度均不会对政府财务信息披露质量造成显著的影响。

表 4 - 5   模型 4 - 1 - 1 - 1 的回归结果

Fran	(1)	(2)	(3)
Auditee	- 0.000 152 8		
Audre		- 9.470 815 **	
Audca			- 2.312 548
Struc	- 82.582 5 ***	- 90.190 9 ***	- 82.391 5 **
Urben	- 61.629 1 **	- 63.665 4 **	- 59.042 5 *
fdi	- 0.003 44	- 0.004 93	- 0.003 48
lnpop	7.11E - 08	6.28E - 08	7.10E - 08
lnGDP	20.882 67 ***	20.360 08 ***	20.734 46 **
Market	- 0.962 28	- 0.776 22	- 0.854 21
Open	0.099 794 *	0.110 331 *	0.099 686 *

Fran	（1）	（2）	（3）
Priv	－ 0. 009 04	－ 0. 005 3	－ 0. 007 45
Decen	0. 079 651	0. 123 34	0. 068 593
Wage	2. 924 325	4. 050 328	2. 463 644
lnedu	2. 819 128	4. 096 99	2. 466 315
Fical	－ 0. 110 35	－ 0. 123 94	－ 0. 112 12 *
_cons	－ 86. 876 2 **	－ 78. 681 2 **	－ 84. 869 7 *

为了验证假设 4 - 1 - 1 - 2，本节对模型 4 - 1 - 1 - 2 进行回归，回归结果如表 4 - 6 所示。由模型 4 - 1 - 1 - 2 的回归结果可以看到，主要解释变量政府财务信息披露质量（FTran），与被解释变量腐败程度（Corr）有显著的负相关关系。即验证了之前的假设 H4 - 1 - 1 - 2，说明政府财务信息披露质量与地方政府腐败程度有显著的负相关关系。

表 4 - 6 　　　　　　　模型 4 - 1 - 1 - 2 的回归结果

Corr	Coef.	Std. Err.	t	P > |t|
ftran	0. 098 754	0. 057 054	1. 73	0. 086
Struc	44. 482 290	15. 455 360	2. 88	0. 005
Urben	44. 257 520	15. 069 85	2. 94	0. 004
fdi	0. 001 401	0. 002 828	0. 50	0. 621
lnpop	8. 95E － 08	5. 36E － 08	1. 67	0. 097
lnGDP	－ 11. 339 600	3. 718 590	－ 3. 05	0. 003
Market	2. 453 072	0. 750 983	3. 27	0. 001
Open	－ 0. 079 030	0. 030 652	－ 2. 58	0. 011
Priv	0. 018 763	0. 031 245	0. 60	0. 549
Decen	－ 0. 314 220	0. 146 858	－ 2. 14	0. 034
Wage	0. 658 953	4. 663 127	0. 14	0. 888
lnedu	－ 1. 375 480	1. 843 147	－ 0. 75	0. 457
Fical	－ 0. 000 280	0. 056 088	－ 0. 01	0. 996
_cons	66. 949 190	29. 933 330	2. 24	0. 027

为了验证假设 4 - 1 - 1 - 3，对模型 4 - 1 - 1 - 3 进行回归，回归结果如表 4 - 7 所示。由模型 4 - 1 - 1 - 3 （1.1）的回归结果可知，政府审计

投入（Auditee）的回归系数并不显著，即说明政府审计投入（Auditee）与政府腐败程度（Corr）没有显著的相关关系。但是加入中介变量，即政府财务信息披露质量（FTran）之后，模型 4 - 1 - 1 - 3 (1.2) 的回归结果有了变化。我们可以看到，政府财务信息披露质量（FTran）的回归系数是显著的，但是由于审计投入（Auditee）的回归系数并不显著，所以不能认为政府财务信息披露质量（FTran）在审计投入（Auditee）对政府腐败程度（Corr）的影响中起到中介作用。

表 4 - 7　　　　　　　　　模型 4 - 1 - 1 - 3 的回归结果

Corr	(1.1)	(1.2)	(2.1)	(2.2)	(3.1)	(3.2)
Auditee	- 3.8E - 05	- 2.3E - 05				
Audca			- 4.006 950	- 3.240 660		
Audre					- 3.349 730	- 3.122 920
Ftran		0.098 659 *		0.080 911		0.098 076 *
Struc	36.352 330 **	44.499 870 **	33.529 440 *	40.826 860 *	36.831 020 **	44.911 640 **
Urben	37.750 720 **	43.831 010 **	36.714 830 *	41.866 040 **	38.149 340 **	43.939 990 **
fdi	0.001 058	0.001 398	0.000 489	0.000 888	0.000 975	0.001 317
Inpop	9.66E - 08 *	8.96E - 08 *	9.43E - 08 **	8.92E - 08	9.67E - 08 *	8.97E - 08 *
lnGDP	- 9.274 550 **	- 11.334 800 *	- 9.494 390 *	- 11.141 700 *	- 9.466 670 **	- 11.500 200 *
Market	2.350 845 *	2.445 783 *	2.424 996 *	2.487 801 *	2.450 098 **	2.533 876 *
Open	- 0.069 520 *	- 0.079 370 *	- 0.065 960 *	- 0.074 890 *	- 0.072 460 **	- 0.082 240 *
Priv	0.017 965	0.018 857	0.019 182	0.019 611	0.021 024	0.021 754
Decen	- 0.303 950 *	- 0.311 800 *	- 0.286 610 *	- 0.296 590 *	- 0.300 820 *	- 0.307 550 *
Wage	0.931 873	0.643 361	1.461 517	1.133 802	0.138 278	- 0.103 350
lnedu	- 1.019 270	- 1.297 400	- 0.365 620	- 0.697 110	- 0.911 080	- 1.152 960
Fical	- 0.010 290	0.000 596	- 0.015 610	- 0.005 580	- 0.005 770	0.005 226
_cons	58.320 990 **	66.892 140 **	61.234 840 **	67.601 000 **	60.838 710 **	69.162 400 **

由模型 4 - 1 - 1 - 3 的回归结果可知，政府审计投入（Auditee）的回归系数并不显著，即说明政府审计投入（Auditee）与政府腐败程度（Corr）没有显著的相关关系。但是加入中介变量，即政府财务信息披露质量（FTran）之后，模型 4 - 1 - 1 - 3 的回归结果有了变化。我们可以看到，政府财务信息披露质量（FTran）的回归系数是显著的，但是由于审计投入（Auditee）的回归系数并不显著，所以不能认为政府财务信息披

露质量（FTran）在审计投入（Auditee）对政府腐败程度（Corr）的影响中起到中介作用。

由模型 4 – 1 – 1 – 3 的回归结果可知，政府审计投入（Auditee）的回归系数并不显著，即说明政府审计投入（Auditee）与政府腐败程度（Corr）没有显著的相关关系。但是加入中介变量，即政府财务信息披露质量（FTran）之后，模型 4 – 1 – 1 – 3 的回归结果有了变化。我们可以看到，政府财务信息披露质量（FTran）的回归系数是显著的，但是由于审计投入（Auditee）的回归系数并不显著，所以不能认为政府财务信息披露质量（FTran）在审计投入（Auditee）对政府腐败程度（Corr）的影响中起到中介作用。

（4）稳健性检验。

采用《中国审计年鉴》中已纠正的违规金额占地方审计发现的违规金额之比，即违规金额纠正率（Audzw），作为政府审计的替代衡量。回归结果表明，主要变量的回归系数的符号和显著性均与预期相符，说明本节的结论具有稳健性。

4.1.1.4 小结

本节运用 2006～2011 年（不含 2010 年）30 个省级政府的数据，分析了政府财务信息披露质量、政府审计对政府腐败的影响。实证结果表明：政府审计并不能直接对政府腐败起到明显的积极作用。在加入中介变量政府财务信息披露质量之后，政府审计对腐败的影响程度的确有所改变，但是不足以证明政府财务信息披露质量在两者之间起到中介作用。

4.1.2 防范地方政府债务风险

地方政府债务这几年呈现增速快、分布不均和偿债压力大等特点。截至 2015 年年末，我国地方政府债务 16 万亿元，地方政府债务率为 89.2%；按照国家统计局公布的 GDP 数据计算，2015 年地方政府债务的负债率（债务余额/GDP）为 38.9%。从 2013 年审计署的被审计地方政府债务数据看，25% 的省会城市本级政府负有偿还责任的债务率大于 100%，由此可见，地方政府偿债压力很大。

为了防范地方政府债务风险，一方面，可以通过政府审计，发现各种隐性地方政府债务，使隐性债务显性化；另一方面，可以通过提升政府财务信息披露质量，促使地方政府在社会监督下，谨慎地进行债务融资。因此，政府财务信息披露质量越高，地方政府债务规模越小。本节以此为切入点，以 2006～2009 年 30 个省份的政府债务为研究对象，实证政府财务信息披露质量对地方政府债务规模的影响。

4.1.2.1 文献综述与假设提出

国外学者对地方政府债务的研究主要集中在地方政府债务的经济后果及地方政府债务的风险评估与管理，而对地方政府债务的影响因素研究较少。在地方政府债务的风险评估与管理方面，Mikesel（2002）认为，地方政府债务风险的影响因素包括财政赤字、经济发展速度、债务监管政策等。Islam 和 Hasan（2007）建议采用各种预算方法来防范地方政府债务风险。在地方政府债务的经济后果方面，Alberto 和 Tabellini（1992）认为，政府债务规模太大不仅增加了货币贬值风险，还增加了债务违约风险。Frenkeland Razin（1996）认为，不可持续的政府债务最终将使储蓄人受损。Hildreth 和 Miller（2002）实证得出地方政府债务与经济发展能相互促进。Islam 和 Hasan（2007）实证得出政府债务能促进经济发展。

国内对地方政府债务的研究主要集中在研究影响因素方面。莫兰琼、陶凌云（2012）认为，财政体制、预算软约束和公共管理体制均是地方政府债务规模过大的原因。杨大楷、汪若君和夏有为（2014）认为，由于政府竞争的存在，地方政府永远有扩大自身支出的冲动，导致地方债务规模的扩大。刘子怡和陈志斌（2015）实证检验了影响地方政府债务规模扩张的关键因素，研究发现，内部激励因素（信号传递激励）和外部压力因素（政府治理因素）均会对地方政府债务规模扩张产生影响，并且腐败程度越高、财政透明度越低，地方政府债务规模越大；晋升激励越高，财政分权越低，经济越发展，都导致了地方政府债务规模膨胀。张曾莲、王艳冰（2016）通过实证研究证明，土地财政和政绩利益环境是影响债务规模的主要因素，即土地出让金收入越多，地方政府能够获得的银行贷款就越多，债务规模也越大；财政分权程度越高，举债动机越强，政府的债务规模就越大；官员追求晋升的激励力度越大，城市基础设施投资所需的资金越多，地方政府的债务规模就越大。赵红漫、许静怡和陈庭强（2016）以博弈论为工具，发现央地的期望收益于行为策略显著正相关。田新民、夏诗园（2017）分析了土地财政和房地产价格对地方政府债务风险的影响。潘琰、吴修瑶（2017）分析了可流动资产对地方政府债务风险的影响。陈宝东、邓晓兰（2017）分析了财政分权与金融分权对地方政府债务规模的影响。

基于上述文献综述，我们认为，地方政府债务规模的扩大一方面可能给地方政府带来货币贬值、政府信用下降、预算失衡等风险，另一方面也会在一定程度上促进经济增长、增加资本积累。在我国，财政体制问题和政府竞争问题逼迫地方政府扩大债务规模。此外，研究发现，土地财政、腐败程度、财政分权程度、晋升激励等均是影响政府债务规模的主要因素。本节以此为切入点提出下面的假设，实证研究政府财务信息披露质量对地方政府债务的影响。

地方政府债务实际规模有多种不同的估计，但经过政府审计后的地方政府债务规模应该是相对真实、可信的。例如，2011 年和 2012 年审计署公布了各省的地方政府债务规模，可信程度很高。而政府审计质量越高，越能发现各种隐性的地方政府债务，因此，地方政府债务规模越大。而把各种隐性的地方政府债务显性化，有利于及时采用措施，防范地方政府债务风险。宋常、杨华领、徐国伟（2016）建议对地方政府债务进行跟踪审计。[①] 马轶群（2015）建议通过政府审计降低地方政府债务的租值耗散。[②] 赵爱玲、李顺凤（2015）建议对地方政府债务进行绩效审计来评价地方政府债务的经济性、效率性和效果性。[③] 蒲丹琳、王善平（2012）认为，政府审计监督有利于规范地方政府债务行为。[④] 从这些文献可知，政府审计有利于对地方政府债务的监管，避免地方政府债务规模的过度膨胀。由此提出假设4-1-2-1：地方政府的债务规模与政府审计质量呈正相关的关系，即政府审计质量越高，地方政府的债务规模越大。

周卫、陈小君、李文兴（2014）从土地财政角度分析了地方政府债务信息公开程度的影响因素。[⑤] 王鑫、戚艳霞（2015）认为，进行政府债务信息的动态公开，有利于促进政府债务的阳光化，确保债务资金的合理使用。[⑥] 李敬涛、陈志斌（2015）从公共品短缺与政府问责的角度讨论了政府债务信息披露。[⑦] 王芳、谭艳艳、严丽娜（2017）认为，政府债务信息

---

① 宋常，杨华领，徐国伟. 地方政府债务跟踪审计研究 [J]. 学术研究，2016 (4).

② 马轶群. 地方政府债务的租值耗散及国家审计署治理——以融资平台为例 [J]. 财经科学，2015 (2).

③ 赵爱玲，李顺凤. 地方政府债务绩效审计质量控制评价指标体系研究 [J]. 西安财经学院学报，2015 (4).

④ 蒲丹琳，王善平. 权力异化、国家审计与地方政府负债 [J]. 财经理论与实践，2012 (9).

⑤ 周卫，陈小君，李文兴. 土地财政风险与地方政府负债比例信息披露的关系研究 [J]. 经济问题探索，2014 (6).

⑥ 王鑫，戚艳霞. 我国政府债务会计信息披露与改进建议 [J]. 财经研究，2015 (5).

⑦ 李敬涛，陈志斌. 公共品短缺、政府问责与政府负债信息披露 [J]. 中南财经政法大学学报，2015 (3).

公开能防范地方政府债务风险，并构建了政府债务信息披露体系。① 从这些文献可知，政府财务信息披露质量越高，越会详细披露地方政府的各种财务信息，包括负债信息。而负债信息的逐步公开，会让地方政府相对谨慎地选择负债募集资金，从而避免地方政府债务风险过高。由此提出假设 4 - 1 - 2 - 2：地方政府的债务规模与政府财务信息披露质量呈负相关的关系，即政府财务信息披露质量越高，地方政府债务规模越小。

4.1.2.2　研究设计

（1）模型。

除了政府审计和政府财务信息披露质量外，还有很多因素也影响地方政府债务规模。借鉴相关文献，本节将财政分权、城镇人口密度、GDP 增长率和财政自给率作为控制变量。为了分别研究地方政府债务与政府审计的关系，地方政府债务与政府财务信息披露质量的关系，构建模型 4 - 1 - 2 - 1 和模型 4 - 1 - 2 - 2。

模型 4 - 1 - 2 - 1

$$\ln Debt_{ti} = \beta_{0i} + \beta_{1i} Audit_{ti} + \beta_{2i} ED_{ti} + \beta_{3i} \ln MIDU_{ti} + \beta_{4i} rGDP_{ti} + \beta_{5i} Self_{ti} + \varepsilon \qquad (模型 1)$$

模型 4 - 1 - 2 - 2

$$\ln Debt_{ti} = \beta_{0i} + \beta_{1i} FT_{ti} + \beta_{2i} ED_{ti} + \beta_{3i} \ln MIDU_{ti} + \beta_{4i} rGDP_{ti} + \beta_{5i} Self_{ti} + \varepsilon \qquad (模型 2)$$

（2）变量说明。

地方政府债务规模。地方政府债务规模有四种常见的衡量方式：第一种是采用地方政府的直接债务数据，主要为国内贷款和发行的债券，这是地方政府债务的主体，来源于年鉴和公开数据，准确性高，但不包括隐性债务；第二种是采用审计署公布的各省的经审计的地方政府债务数据，准确性高，但数据年限受到限制；第三种是利用 WIND 数据库提供的投融资平台债务数据，这类企业债是地方政府的隐性债务；第四种是估算的地方政府新增债务总额（市政领域的固定资产投资减去地方政府可得收入）。本节采用第一种数据来源，借鉴张曾莲、王艳冰（2016）的做法，用各省国内贷款和债券的和衡量地方政府债务规模。为了消除异方差的影响，对各省国内贷款和债券的和取对数，其中，债券是财政部代发的债券总额。

地方政府审计质量。根据数据的可获得性，本节选取了审计结果采用

① 王芳，谭艳艳，严丽娜. 中国负债信息披露：现状、问题与体系构建 [J]. 会计研究，2017（2）.

情况这一指标，为了更好地体现相对情况，本节使用被采纳的审计建议和审计提出建议的比值衡量地方政府审计质量。

政府财务信息披露质量。仍然为上海财经大学发布的财政透明度指数。

财政分权。财政分权包括财政收入分权和财政支出分权等。采用财政支出分权程度，利用各省本级财政支出与中央本级财政支出的比值来衡量。

城镇人口密度。该数据是用各省常住人口和暂住人口的和除以城镇面积，为了消除异方差的影响，对该变量取对数，其中各省常住人口、暂住人口和城镇面积均来自《中国统计年鉴》。

GDP 增长率。GDP 主导下的政治激励制度使地方政府大量举债。该数据直接来自《中国区域经济发展年鉴》。

财政自给率。财政自给率与地方政府债务规模负相关。

表 4 - 8   变量界定

变量类型	变量名称	变量符号	计算公式及数据来源
因变量	地方政府债务规模	Debt	ln（国内贷款 + 债券）
自变量	地方政府审计质量	Audit	被采纳的审计建议/审计提出建议
	政府财务信息披露质量	FT	财政透明度指数，数据来自《中国财政透明度报告》
控制变量	财政分权	ED	某省一般预算支出/国家一般预算支出
	城镇人口密度	lnMIDU	ln［（常住人口 + 暂住人口）/城镇面积］
	省级政府 GDP 增长率	rGDP	数据直接来自《中国区域经济发展年鉴》
	财政自给率	Self	一般预算内财政收入/财政支出

（3）样本与数据。

本节选择 2006 ~ 2013 年 34 个省、自治区、直辖市作为初步研究样本，在此基础上，剔除了港澳台，以及缺失数据的西藏自治区，最终获得 30 个省份 240 个样本数据。数据来自《中国审计年鉴》《中国统计年鉴》《中国区域经济发展年鉴》等，变量取值通过上述年鉴收集及加工计算而得出。

4.1.2.3 实证结果分析

（1）描述性统计。

从地方政府债务规模来看，最大值和最小值相差很大，说明各地方政府债务规模差异较大。近几年，广东、河北省等地的政府债务规模较大，面临着较大的偿债压力。政府审计质量的最小值0.033 9，与最大值0.915 9差别很大，平均数为0.633 9，说明地方政府每年的审计建议平均63.39%能被采纳，处于中等水平，此外标准差0.141 2，波动较大。

表4-9 变量的描述性统计

变量	N	最小值	最大值	平均数	标准差
Debt	240	8.2940 0	15.833 6	13.364 10	1.232 0
ET	240	14.000 00	77.700 0	26.569 20	11.175 8
Audit	240	0.033 90	0.915 9	0.633 90	0.141 2
DE	240	0.004 30	0.063 5	0.026 75	0.012 9
MIDU	240	598.000 00	6 307.000 0	2 769.430 00	1 286.546 0
rGDP	240	-0.091 37	0.394 9	0.156 20	0.066 2
Self	240	0.148 30	2.446 1	0.560 10	0.341 5
有效的 N	240				

（2）相关性分析。

政府审计质量和政府财务信息披露质量之间的相关系数较大，但是这两个变量并不在一个模型中出现，所以并不影响实证检验。在相关系数矩阵中，各变量间的系数均不足0.8，说明共线性问题不严重。进一步进行多重共线性检验，由表4-11可知，各变量的VIF值都低于2，再次说明多重共线性不严重。

表4-10 相关系数矩阵

变量	Audit	FT	MIDU	rGDP	Self	DE
Audit	1.000					
FT	-0.319 **	1.000				
MIDU	0.118	0.001	1.000			
rGDP	-0.145 *	0.346 **	-0.041	1.000		
Self	-0.028	0.020	-0.159 *	-0.043	1.000	
DE	0.484 **	-0.083	-0.070	-0.209 **	0.231 **	1

表 4 - 11   VIF 值

变量	VIF	
	模型一	模型二
Audit	1.378	
FT		1.139
DE	1.471	1.105
MIDU	1.055	1.031
rGDP	1.051	1.185
Self	1.102	1.082

（3）回归结果分析。

根据霍斯曼检验结果，本节选择固定效应模型进行分析。分别对模型 4 - 1 - 2 - 1 和模型 4 - 1 - 2 - 2 进行固定效应分析，分别检验地方政府债务规模和政府审计质量、政府财务信息披露质量的关系，结果如表 4 - 12 所示。两个模型的 F 值分别为 9.46 和 6.77，且 F 值均在 1% 的水平上显著，这说明模型 4 - 1 - 2 - 1 和模型 4 - 1 - 2 - 2 均得到了很好的拟合。

表 4 - 12   实证分析结果

变量	模型 4 - 1 - 2 - 1	模型 4 - 1 - 2 - 2
Audit	0.1 831 978 ** -2.51	
FT		-0.0 187 338 *** -4.59
DE	69.59 896 2.03	62.72 943 1.81
lnMIDU	0.20 0.53	0.21 0.64
rGDP	1.973 496 *** 2.82	2.252 571 ** 2.58
Self	-1.627 271 *** -2.82	-0.835 475 5 -1.10
F	9.46	6.77

在模型 4 - 1 - 2 - 1 中，政府审计质量和地方政府债务规模的系数为 0.18，且在 5% 的水平上显著正相关，说明政府审计质量越高，越能发现

各种隐性地方政府债务，地方政府债务规模越大。政府审计质量和地方政府债务规模显著正相关，假设 4-1-2-1 得到验证。当然，也可以采用信号传递理论进行另一种解释。各类人员在市场经济活动中对各种信息的理解不同；掌握信息充分的人员通常相对而言处于更加有利的地位。该理论对于地方政府融资同样适用。2013 年我国发布的《全国政府性债务审计结果》显示，从资金来源看，政府的债务融资越来越依赖于商业银行等融资平台，2013 年通过融资平台公司筹得的债务达 45.57%。而商业银行等融资平台和地方政府间同样存在信息不对称问题，商业银行等融资平台往往根据地方政府的审计结果和审计质量决定是否发债以及发债规模，故当地方政府的审计质量较高时，商业银行等融资平台往往认为该地方政府具有较高的信用，因此拥有高审计质量的地方政府通常可以获得更多贷款。本节采用各省国内贷款和债券的和衡量地方政府债务规模，后一种解释更恰当。若地方政府债务采用地方政府投融资平台债务数据，那么，前一种解释更合理。

在模型 4-1-2-2 中，政府财务信息披露质量与地方政府债务规模的系数为 -0.19，且在 1% 的水平上显著负相关，说明政府财务信息披露质量越高，政府的债务规模越小，结果与假设 4-1-2-1 一致，政府财务信息披露质量与地方政府债务规模显著负相关。同样可以采用信号传递来分析地方政府举债行为。政府也是一个市场主体，需要通过竞争来获得融资。地方政府发行债券或进行银行贷款时，为了降低债务融资成本，或者为了更好地销售政府债券，政府会改善自身的财务信息披露质量。而财政透明度越低的政府，不正常的大规模举债的可能性越大。

在控制变量方面，可以看到，无论在模型 4-1-2-1 还是在模型 4-1-2-2 中，地方 GDP 增长率均和地方政府债务规模显著正相关，相关系数分别为 1.97 和 2.25，即地方政府 GDP 增长率越高，地方政府的债务规模越大；在模型 4-1-2-1 中，财政自给率与地方政府债务规模显著负相关；城镇人口密度与地方政府债务规模在两个模型中的相关系数分别为 0.20 和 0.21，但是结果并不显著；财政支出分权程度与地方政府债务规模在两个模型中的相关系数分别 69.59 和 62.73，结果也不显著。财政自给率与地方政府债务规模显著负相关。如果财政收入较少，则地方政府更有动机进行债务融资，故财政自给率越高的政府，资金越充足，债务规模越小。地方政府 GDP 增长率越高，地方政府的债务规模越大。GDP 的增长率越高的省市往往需要的投资越多，资金需求量越多，所以政府的债务规模越大。

（4）稳健性检验。

如上文所述，地方政府的债务越来越依赖于商业银行贷款，而现实中商业银行贷款往往通过第 t 年的政府审计质量水平和政府财务信息披露质量判断地方政府的信用水平，决定第 t + 1 年是否给予地方政府贷款或者决定借债规模。因此，用 Debt$_{t+1}$ 作为 Debt 的替换变量，检验政府审计、政府财务信息披露质量和地方政府债务关系的稳健性，构建模型 4 - 1 - 2 - 3 和模型 4 - 1 - 2 - 4。

模型 4 - 1 - 2 - 3

$$\ln Debt_{t+1i} = \beta_{0i} + \beta_{1i} \, Audit_{ti} + \beta_{2i} \, ED_{ti} + \beta_{3i} \ln MIDU_{ti} + \beta_{4i} \, rGDP_{ti} + \beta_{5i} \, Self_{ti} + \varepsilon$$

（模型3）

模型 4 - 1 - 2 - 4

$$\ln Debt_{t+1i} = \beta_{0i} + \beta_{1i} \, FT_{ti} + \beta_{2i} \, ED_{ti} + \beta_{3i} \ln MIDU_{ti} + \beta_{4i} \, rGDP_{ti} + \beta_{5i} \, Self_{ti} + \varepsilon$$

（模型4）

表 4 - 13 的模型 4 - 1 - 2 - 3 和模型 4 - 1 - 2 - 4 显示，Debt$_{t+1}$ 的回归结果与 Debt 的回归结果基本一致，在两个模型中，政府审计质量和政府财务信息披露质量均与地方政府债务规模显著正相关。控制变量中，只有财政自给率的回归结果显著，进一步证实了实证结果的可信性。

表 4 - 13　　　　　　　　　　稳健性检验

变量	模型 4 - 1 - 2 - 3	模型 4 - 1 - 2 - 4	模型 4 - 1 - 2 - 5
Audit	1. 2 5237 * 1. 32		- 0. 3 967 974 * - 2. 24
FT		- 0. 0 178 054 *** - 3. 81	
FT * Audit			0. 0 039 074 1. 63
DE	36. 06 463 1. 00	29. 63 392 0. 84	60. 3 949 1. 85
MIDU	0. 3 510 115 1. 37	3 747 603 1. 32	0. 1 417 545 0. 40
rGDP	- 0. 1 836 744 - 0. 27	0. 8 620 964 1. 40	2. 274 642 *** 3. 33
Self	- 1. 531 936 ** - 2. 67	- 0. 8 298 692 - 1. 02	- 1. 656 663 *** - 3. 03

（5）进一步分析。

在我国，一方面财政体制问题和政府竞争问题逼迫地方政府不得不大规模借债，另一方面政府面临着巨大的债务风险，故研究如何在保证资金满足需要的前提下，防范地方政府债务风险，控制地方政府债务规模具有重要意义。实证结果表明，政府审计质量与地方政府债务规模显著负相关，财政透明度与地方政府债务规模显著正相关，即政府审计质量越高，政府越有可能通过举债筹得更多的资金，政府债务规模越大，而财政透明度越高，政府债务规模越小。基于这样的实证结果，提出假设 4－1－2－3：在政府审计质量一致的前提下，提高政府财务信息披露质量能减弱政府审计质量与地方政府债务规模的正相关关系。

为了检验假设 4－1－2－3，在模型 4－1－2－1 的基础上加入交乘项 Audit * FT，即模型 4－1－2－5：

$$\ln Debt_{ti} = \beta_{0i} + \beta_{1i} Audit_{ti} + \beta_{2i} ED_{ti} + \beta_{3i} \ln MIDU_{ti} + \beta_{4i} rGDP_{ti} + \beta_{5i} Self_{ti} + \beta_{6i} Audit_{ti} \times FT_{ti} + \varepsilon \qquad （模型5）$$

从表 4－13 的模型 4－1－2－5 可以看出，Audit 的系数由 0.18 变成 －0.40，系数由正变负，在 1% 的水平上显著正相关，这很好地证实了模型 4－1－2－3，即在政府审计质量一致的前提下，提高政府财务信息披露质量能削弱政府审计质量与地方政府债务规模的正相关关系，这说明，地方政府可以通过提高政府财务信息披露质量来控制政府债务风险，适度控制地方政府债务规模。其他变量的回归结果与前面相似。

4.1.2.4　小结

地方政府债务规模与政府审计质量呈正相关的关系，即政府审计水平越高，地方政府债务规模越大；地方政府债务规模与政府财务信息披露质量呈负相关关系，即政府财务信息披露质量越高，地方政府债务规模越小；在政府审计质量一致的前提下，提高政府财务信息披露质量能减弱政府审计质量与地方政府债务规模的正相关关系，即提高政府财务信息披露质量能有效控制地方政府债务规模，防范地方政府债务风险。

本节具有一定的现实意义。近些年来，税制改革使地方政府可以直接控制的税收越来越少，财政收入越来越少，但是地方政府承担的责任却是硬性的，而且任务艰巨，地方政府越来越依赖于上级政府的财政补助和土地财政。为了解决资金问题，地方政府大量举债，还债压力大。近些年来，地方政府的举债对象逐渐多元化，更多的得通过商业银行和投融资平台等融资。故通过本节的研究结果，可以得到这样的启示：政府审计质量越高，越能发现隐性地方政府债务；政府财务信息披露质量越高，越能降低地方政府债务规模。因此，提高政府审计质量和政府财务信息披露质量，对于合理控制地方政府债务规模，防范地方政府债务风险，具有重要意义。

当然，本节也存在一些不足，本节选用 ln（国内贷款 + 债券）来衡量地方政府债务规模，这主要是地方政府债务的直接负债和显性负债，但对于地方政府的投融资平台债务等隐性负债并没有包括进来，而政府审计质量主要是能将地方政府债务的隐性债务披露出来。因此，地方政府债务规模的更加准确的衡量值得进一步研究。

4.1.3 促进公共服务供给

4.1.3.1 文献综述与假设提出

国外对公共服务的相关研究较早，在瑞典，早于 1989 年就建立了全国性的顾客满意度模型。Fornell 和 Larcker（1981）在欧洲，北美，东亚的韩国、日本等地进行了相关的研究，并取得了丰硕的成果。1994 年美国密歇根大学构建了顾客满意度指数模型，Fornell、刘金兰、康健等人（1991）对美国多个产业、行业以及企业顾客满意度进行测量。英国政府开发了 SERVQUAL（Service Quality）评估系统，Wisniewski（2001）用其测量社会公众对英国各级政府提供的公共服务质量。Wisniewski（2001）认为公共服务质量取决于财政投入。

在国内文献中，高庆（2009）分析了公共食堂对居民公共服务满意度的影响。陈世香、谢秋山（2014）采用 CGSS2011 调查数据与前一年的省域宏观数据，发现居民生活水平显著影响公共服务满意度。李敬涛、陈志斌（2015）采用 35 个城市 4 年的市面板数据，分析了晋升激励与财政透明度对公共服务满意度的影响。熊兴、余兴厚、王宇昕（2018）分析了省域基本公共服务均等化的影响因素。[①] 李斌、卢娟（2018）采用地级市面板数据分析了土地财政对公共服务供给的影响。[②] 胡斌、毛艳华（2018）分析了转移支付对基本公共服务均等化的影响。[③]

综上所述，学者们对数据使用上有一定差异，故而对"公共服务满意

---

① 熊兴，余兴厚，王宇昕. 我国区域基本公共服务均等化水平测度与影响因素 [J]. 西南民族大学学报（人文社科版），2018（2）.

② 李斌，卢娟. 土地财政对公共服务的影响——基于中国 273 个地级市数据的空间 Tobit 与分位数检验 [J]. 云南财经大学学报，2018（3）.

③ 胡斌，毛艳华. 转移支付改革对基本公共服务均等化的影响 [J]. 经济学家，2018（3）.

度"的测度会存在一定的差异。然而,对公共服务影响因素的研究主要关注财政分权的影响,较少从政府财务信息披露质量和地方政府债务视角分析对当地公共服务供给的影响,相关的实证研究则更为少见。

政府财务信息披露质量与公共服务均等化。李敬涛、陈志斌(2015)通过对 35 个城市面板数据的实证分析发现,财政透明度与社会性公共服务满意度负相关,与经济性公共服务正相关,说明目前财政透明度还没有起到应有的作用。[①] 吕维霞、钟敬红(2010)认为,政府信息公开有利于公共服务质量的提升。[②] 刘成奎(2013)通过省级面板数据分析发现网络信息有利于促进城乡基本公共服务均等化。[③] 张序(2017)基于信息不对称理论分析了公共服务供给信息披露的体系与路径。[④] 政府财务信息披露是缓解信息不对称的有效途径。政府财务信息披露将政府财务行为和财务状况对外公开,能促进公众和媒体的外部监督,从而促使公共服务健康发展,有效促进政府提供公共服务的规范性与有效性。由于受到相关机制的影响,政府财务信息披露质量并不能直接作用于公共服务,而是通过作用于某一中介变量上,进而影响政府的公共服务,这一中介变量就是地方政府债务。

地方政府债务对公共服务供给的影响。政府财务信息披露质量不能直接参与到提高公共服务均等化中,但其可以直接作用于地方政府债务规模,进而优化财政支出结构,纠正地方政府经济性公共服务提供多而社会性公共服务提供少的不合理结构。

政府财务信息披露质量对地方政府债务的影响。从肖鹏等人的研究来看,政府财务信息披露质量的确同政府债务规模存在显著的负相关关系。[⑤] 公开透明是现代财政制度的根本特征,而政府财务信息披露质量是构建规范有效的地方政府举债融资机制的重要举措。

综合所述,政府财务信息披露质量可以对公共服务进行监督与查错,但并非直接参与到提升公共服务均等化活动中,其实质是通过其对地方政

① 李敬涛,陈志斌. 财政透明、晋升激励与公共服务满意度——基于中国市级面板数据的经验证据 [J]. 现代财经, 2015 (6).

② 吕维霞,钟敬红. 论信息公开对政府公共服务质量的影响 [J]. 情报科学, 2010 (11).

③ 刘成奎. 政府城市偏好、网络信息与城乡基本公共服务均等化 [J]. 财贸研究, 2013 (12).

④ 张序. 公共服务供给信息披露:体系与路径——基于不对称信息理论的研究 [J]. 四川大学学报(哲社版), 2017 (11).

⑤ 肖鹏等. 财政透明度的提升缩小了政府性债务规模吗?——来自中国 29 个省份的证据 [J]. 中央财经大学学报, 2015 (8).

府债务的作用，实现对公共服务均等化的提升。由此，本节提出研究的理论架构，即政府财务信息披露质量促进公共服务供给，而地方政府债务是政府财务信息促进公共服务供给的中介变量。

中介效应成立需要满足四个条件：一是政府财务信息披露质量显著促进各地区公共服务均等化；二是政府财务信息披露质量显著促进政府债务规模缩小；三是政府债务规模显著影响公共服务均等化；四是当政府债务规模合理时，政府财务信息披露质量对公共服务均等化的影响显著降低或不再显著。

按照中介效应的四个条件，本节提出如下假设：

假设4－1－3－1：政府财务信息披露质量越高，则公共服务均等化程度越高。

假设4－1－3－2：政府财务信息披露质量越高，则政府债务的规模越小。

假设4－1－3－3：政府债务规模越小，则公共服务均等化程度越高。

假设4－1－3－4：政府债务是政府财务信息披露质量促进公共服务均等化的中间介质。即假设4－1－3－1、假设4－1－3－2、假设4－1－3－3成立的条件下，控制政府债务规模，政府财务信息披露质量对公共服务均等化的促进作用显著性降低或者不再显著。

4.1.3.2 研究设计

（1）样本与数据。

本节的政府债务数据来自《中国城市建设统计年鉴》，政府财务信息披露质量数据仍为上海财经大学发布的财政透明度指数，其余数据来源于《中国财政年鉴》和《中国统计年鉴》。样本为2011~2014年30个省的120个观测值。

（2）变量界定。

被解释变量：公共服务供给（SPSS）。使用"中国省级地方政府的公共服务排名"[①] 这一指标来进行详细的描述。通常公共服务包括基础性公共服务、经济性公共服务和社会性公共服务三类。选择的变量具体分成四个二级指标，科学文化服务、公共安全服务、气象服务、社会保障服务，分别占总考核标准的55%、15%、15%、15%。

解释变量：政府财务信息披露质量（FT）。

中介变量：地方政府债务规模（DEBT）。采用城市建设资金中的国内

———————————

① 数据来自北京师范大学政府管理学院每年发布的《中国省级地方政府效率研究报告》。

贷款与债券之和衡量。为了降低异方差的影响，进行对数化处理。

控制变量。本节的控制变量包括：人口密度（PD）、GDP 增长率（VGDP）、城镇化水平（TOWN）。①城镇人口密度（PD）。人口密度会对公共服务供给产生一定的影响。②GDP 增长率。经济发展水平也会影响公共服务供给，本节使用 GDP 增长率来控制经济发展水平对地方政府公共服务的影响。③城镇化水平（TOWN）。城镇化率也会影响地方政府公共服务的水平和满意度。

（3）模型设定。

根据中介效应的检验步骤，本节构建以下四个模型：

公共服务均等化 = a_1政府透明度 + a_2控制变量 + e   （4－1－3－1）

$$SPSS = a_1 FT + a_2 PD + a_3 VGDP + a_4 TOWN + e$$

政府债务 = b_1政府透明度 + b_2控制变量 + e   （4－1－3－2）

$$DEBT = b_1 FT + b_2 PD + b_3 VGDP + b_4 TOWN + e$$

公共服务均等化 = c_1政府债务 + c_2控制变量 + e   （4－1－3－3）

$$SPSS = c_1 DEBT + c_2 PD + c_3 VGDP + c_4 TOWN + e$$

公共服务均等化 = d_1政府透明度 + d_2政府债务 + d_3控制变量 + e

（4－1－3－4）

$$SPSS = d_1 FT + d_2 DEBT + d_3 PD + d_4 VGDP + d_5 TOWN + e$$

以上模型用 FT 代表政府财务信息披露质量，DEBT 代表政府债务规模，PD 代表人口密度，VGDP 代表 GDP 增长率，TOWN 代表城镇化水平，e 为残差项。

4.1.3.3　实证结果分析

（1）描述性统计。

表 4－14 报告了描述性统计的结果。政府财务信息披露质量（FT）的标准差较大，最大值为 1.37，最小值为 －0.54，表明各地区政府财务信息披露质量差异较大。地方政府债务规模（DEBT）的均值是 295.92 亿元，标准差较大，说明各省的政府债务规模差异较大。地区人口密度、城镇化水平等变量的标准差均比较大，说明不同时间和不同地区存在较大差异。这些为本节研究政府财务信息披露质量、政府债务以及公共服务均等化奠定了基础。

表 4 – 14 描述性统计

Variable	Obs	Mean	Std. Dev	Min	Max
SPSS	120	– 0.001 300	0.356 878 2	– 0.542 000 0	1.365 70
FT	120	28.274 420	11.690 380 0	14.000 000 0	77.700 00
DEBT	117	295.922 200	308.027 300 0	4.000 000 0	2 354.430 00
PD	120	449.729 500	698.442 800 0	7.863 769 0	3 850.794 00
VGDP	120	12.995 660	5.894 642 0	0.743 688 4	26.317 19
TOWN	120	54.904 580	12.978 500 0	34.960 000 0	89.600 00

（2）相关性分析。

从表 4 – 15 可知，公共服务均等化 SPSS 与政府债务规模 DEBT 显著正相关，在 5% 的水平下显著，与预期一致。控制变量中的人口密度和城镇化水平与公共服务均等化也显示出正相关性，但是 GDP 增长率与公共服务均等化呈现负相关性。相关性分析检验出变量之间存在多重共线性问题，为了证实不同变量间不存在共线性，进行了多重共线性检验，结果表明，各变量的 VIF 值均未超过 10，在可接受的范围内。

表 4 – 15 相关性分析

变量	SPSS	FT	Debt	PD	VGDP	TOWN
SPSS	1.000 0					
FT	0.121 8	1.000 0				
Debt	0.191 1 **	0.029 5	1.000 0			
PD	0.443 6 ***	– 0.030 2	0.192 5 **	1.000 0		
VGDP	– 0.160 2 *	– 0.193 1 **	– 0.366 8 ***	– 0.186 5 **	1.000 0	
TOWN	0.636 8 ***	0.028 5	0.331 1 ***	0.742 2 ***	– 0.278 9 ***	1

（3）多元回归分析。

由表 4 – 14 的模型（1）可知，FT 的相关系数为正，说明政府财务信息披露质量越高，各地区的公共服务均等化程度越高，这与假设 4 – 1 – 3 – 1 一致。控制变量 PD 的系数为负，说明人口密度与公共服务均等化程度呈负相关关系。而 VGDP 和 TOWN 的系数为正，说明 GDP 增长率和城镇化水平越高，公共服务均等化程度越高。此外，模型 4 – 1 – 3 – 1 调整后的 R^2 为 0.419，表明拟合度较好。

由模型 4 – 15 的回归结果可知，FT 系数为负，表明政府财务信息披露质量越高，政府债务规模越小，这与假设 4 - 1 - 3 - 2 一致。控制变量 VGDP 和 TOWN 的系数显著正，说明 GDP 增长率和城镇化水平越高，政府债务规模越大。此外，模型 4 - 1 - 3 - 1 调整后的 R2 为 0.199，表明拟合度较好。

由模型 4 - 1 - 3 - 3 的回归结果可知，Debt 系数为负，说明政府债务规模越小，各地区的公共服务均等化程度越高，与假设 4 - 1 - 3 - 1 一致。控制变量 TOWN 的系数显著正，说明城镇化水平越高，公共服务均等化水平越高。此外，模型 4 - 1 - 3 - 1 调整后的 R2 为 0.428，表明拟合度较好。

由模型 4 - 1 - 3 - 4 的回归结果可知，FT 系数为正，DEBT 系数为负，说明各地政府财务信息披露质量的提升和政府债务规模的降低会提高各地区公共服务均等化程度，但是政府财务信息披露质量和政府债务对公共服务均等化的影响是不显著的。由于前面的模型 4 - 1 - 3 - 1 和模型 4 - 1 - 3 - 2、模型 4 - 1 - 3 - 3 的结果验证得，前三个假设的显著性没有得到验证，所以假设 4 - 1 - 3 - 4 的前提不成立，无法验证假设 4 - 1 - 3 - 4 的结果。要想说明中介效应是否存在，应继续进行深入的实证研究。

表 4 - 16   多元回归分析

变量	模型(4 - 1 - 3 - 1)	模型(4 - 1 - 3 - 2)	模型(4 - 1 - 3 - 3)	模型(4 - 1 - 3 - 4)
	SPSS	Debt	SPSS	SPSS
FT	0.003 32	- 1.15		0.003 56
	- 0.002 22	- 2.277		- 0.002 22
Debt			- 4.36E - 05	- 3.66E - 05
			- 9.25E - 05	- 9.19E - 05
PD	- 2.77E - 05	- 0.0465	- 3.39E - 05	- 2.71E - 05
	- 5.44E - 05	- 0.0552	- 5.41E - 05	- 5.39E - 05
VGDP	0.002 54	- 16.15 ***	- 0.001 16	0.000 442
	- 0.004 57	- 4.753	- 0.004 79	- 0.004 86
TOWN	0.018 9 ***	7.698 **	0.019 3 ***	0.019 1 ***
	- 0.002 99	- 3.03	- 0.003 05	- 0.003 03
Constant	- 1.151 ***	133.4	- 1.022 ***	- 1.137 ***
	- 0.186	- 189.8	- 0.172	- 0.185
N	120	117	117	117
R - squared	0.419	0.199	0.428	0.441

（4）稳健性检验。

本节通过增加财政分权作为控制变量进行稳健性检验。陈志勇、陈思霞（2015）发现，财政分权会加剧地方政府竞争和过度举债，进而影响公共服务均等化。所以本节认为，财政分权度可能会对地方举债产生影响，从而影响政府公共服务均等化。本节采用的数据来自经管之家（jg. com. cn）。本节采用以下模型进行稳健性检验：

$$SPSS = d1\,FT + d2\,DEBT + d6\,DE + d3\,PD + d4\,VGDP + d5\,TOWN + e$$

$$(4-1-3-5)$$

其中，FT 代表政府财务信息披露质量，DEBT 代表政府债务规模，PD 代表人口密度，VGDP 代表 GDP 增长率，TOWN 代表城镇化水平，e 为残差项，DE 表示财政分权程度。我们预期财政分权程度与公共服务均等化呈正相关关系。

表 4 - 17　　　　　　　　　稳健性检验回归分析

VARIABLES	SPSS	SPSS	Debt	SPSS	SPSS
FT	0. 003 32		- 1. 15	0. 003 56	0. 003 95 *
	- 0. 002 22		- 2. 277	- 0. 002 22	- 0. 002 23
Debt		- 4. 36E - 05		- 3. 66E - 05	- 5. 47E - 05
		- 9. 25E - 05		- 9. 19E - 05	- 9. 24E - 05
DE					1. 40E - 09
					- 9. 90E - 10
PD	- 2. 77E - 05	- 3. 39E - 05	- 0. 0465	- 2. 71E - 05	- 3. 56E - 05
	- 5. 44E - 05	- 5. 41E - 05	- 0. 0552	- 5. 39E - 05	- 5. 40E - 05
VGDP	0. 002 54	- 0. 001 16	- 16. 15 ***	0. 000 442	0. 000 562
	- 0. 004 57	- 0. 004 79	- 4. 753	- 0. 004 86	- 0. 004 84
TOWN	0. 018 9 ***	0. 019 3 ***	7. 698 **	0. 019 1 ***	0. 015 8 ***
	- 0. 002 99	- 0. 003 05	- 3. 03	- 0. 003 03	- 0. 003 8
Constant	- 1. 151 ***	- 1. 022 ***	133. 4	- 1. 137 ***	- 1. 022 ***
	- 0. 186	- 0. 172	- 189. 8	- 0. 185	- 0. 201
observations	120	117	117	117	117
R - squared	0. 419	0. 428	0. 199	0. 441	0. 451

由表 4 - 17 可以看出，DE 财政分权程度回归系数为正，由此验证了我们的预期，说明财政分权程度越高，地方政府债务规模越小，进而影响

公共服务均等化的程度增大，但是该结果并不显著。

4.1.3.4　小结

本节以 2011～2014 年间 30 个省份数据为样本，检验了政府财务信息披露质量和政府债务对公共服务供给的影响。研究发现，政府财务信息披露质量与公共服务供给正相关；政府财务信息披露质量越高，政府的债务规模越小；政府债务规模越小，公共服务均等化程度越高。但是这其中的影响关系并不显著。所以，想要得出严谨的小结，还需要进一步验证。

本节研究结果对进一步论述政府财务信息披露质量、政府债务与公共服务均等化的关系方面具有启示意义。政府近年来信息公开力度不断加大，对政府财务信息披露质量的提升起到了积极作用，公信力加强，得到群众的支持可以促进政府部门更好地开展工作，公共服务的满意度大大提升。政府财务信息披露质量也可以大幅度减少舞弊和贪污现象，对政府债务的规模的减少作出了巨大的贡献。政府部门还需要重点做出以下努力：一是需要政府部门加强自身建设，提升政府财务信息披露质量；二是政府部门严格把控债务的举债审批，缩小政府债务规模。这也是国家治理和提高公共服务改革的重要内容之一。

4.1.4　提高地方政府投资效率

带动经济增长存在着多个因素，如投资、消费、出口等，其中投资是一个非常重要的因素。当前我国经济下行的压力不断增大，各地相继出台了各项投资计划来应对经济增长放缓。不难发现，在中国当前的情况下，短期内通过政府投资来拉动经济增长是各个地方政府所选择的最直接、最有效的方式。但是对于政府投资不可忽视的一个方面就是政府投资的效率问题，政府的钱是否能高效利用，是否能真正带动 GDP 的增长是我们应该关注的重点。

4.1.4.1　文献综述与假设提出

已有较多文献分析政府投资的影响因素。陈绍俭（2017）分析了财政压力和晋升竞争对地方政府投资的影响。吉瑞、王怀芳、朱平芳（2015）分析了融资约束和土地财政对地方政府投资行为的影响。苑德宇（2014）从税收预决算偏离角度分析了地方政府投资的影响因素。吕冰洋、毛捷（2013）分析了金融抑制对政府投资的影响。申亮（2011）指出，矫正地方政府的投资行为，首要任务是完善财政体制和改革绩效评价体系。郭庆旺和贾俊雪（2006）研究表明，由于政府官员为了追求绩效或政治竞争从而产生了过热的投资冲动，使得政府投资效率低下。

（1）政府审计对政府财务信息披露质量的影响。

公共受托责任理论指出，受托管理公共资源的政府当局有义务对其所管理的公共资源以及政府的行为向公众作出解释、出具报告。由于政府与公民之间存在信息不对称和利益冲突，往往出现逆向选择或道德风险等委托代理问题。因此，受托责任关系是政府审计产生的前提。刘家义（2012）研究表明，政府审计在国家治理中是具有预防、揭示和抵御功能的"免疫系统"。国家审计作为政府治理的一种有效的外部机制，通过对政府经济活动的监督控制来保证受托责任的全面有效履行，提高政府财务信息披露质量，从而减少信息不对称带来的代理问题。李江涛（2014）提出政府审计是提高政府财务信息披露质量的内在需求。政府审计在政府的经济活动中发挥着监督的作用，确保政府按照相关的制度与规定全面有效地履行受托责任，保证政府真实可靠地提供财务信息，进而提升政府财务信息披露质量。谢柳芳（2016）的研究表明，政府财务信息披露在国家审计服务国家治理中发挥了部分的"中介效应"，国家审计通过改善政府财务信息披露质量提升国家治理水平。因此，政府审计有利于形成对政府行为的监督，缓解公众和政府之间的信息不对称，促进政府财务信息披露质量的提升。因此，提出假设4-1-4-1：政府审计有利于提高政府财务信息披露质量，政府审计质量越高，地方政府财务信息披露质量越高。

（2）政府财务信息披露质量对地方政府投资效率的影响。

申亮（2013）构建了政府投资透明度评价的指标体系，[①] 并讨论了政府投资透明度问题。[②] Kenny（2010）认为，政府财务信息是政府投资决策的重要组成部分。申长平和申展（2008）发现，政府投资资金管理存在弊端是导致政府投资效率低下的原因之一。那么，促进资金管理透明化就可能缓解投资效率的低下。刘子怡、陈志斌（2014）实证发现，政府财务信息披露能促进政府绩效评价，进而优化政府投资结构。[③] 根据上述学者研究的小结可以推断，政府财务信息的准确披露，为政府投资决策提供了重要的信息，有利于投资结构的优化，透明的财务信息有利于投资资金的管理，从而促进地方政府投资效率的提高。因此，提出假设4-1-4-2：财政透明度有利于提高地方政府投资效率，政府财务信息披露质量越高，

[①] 申亮. 政府投资透明度评价指标体系的构建及检验 [J]. 当代财经，2013（10）.

[②] 申亮，王玉燕. 我国政府投资透明度问题研究 [J]. 中央财经大学学报，2013（7）.

[③] 刘子怡，陈志斌. 政府财务信息披露、绩效评价与地方政府投资行为 [J]. 人文杂志，2014（11）.

地方政府投资效率越高。

4.1.4.2 研究设计

（1）样本选择与数据来源。

本节样本为 2010～2013 年（除西藏自治区以外）30 个省的面板数据，分析政府财务信息披露和政府审计对地方政府投资效率的影响。政府审计相关数据来源于《中国审计年鉴》。财政透明度作为政府财务信息披露质量的替代指标。政府投资效率相关数据来自中国经济与社会发展统计数据库，其他控制变量来自中国经济与社会发展统计数据库及国家统计局网站。数据的分析处理采用 Stata 13.0 完成。

（2）模型设定与变量定义。

对于假设 4-1-4-1，为了检验政府审计与政府财务信息披露质量的关系，构建回归模型 4-1-4-1 进行检验，具体如下：

$$CZTM = \alpha_0 + \alpha_1 ZFSJ + \alpha_2 CSH + \alpha_3 CZFQ + \alpha_4 RKMD + \alpha_5 PGDP + \alpha_6 WMYCD + \varepsilon$$

对于假设 4-1-4-2，为了检验政府财务信息披露质量与地方政府投资效率的关系，构建回归模型 4-1-4-2 进行检验，具体如下：

$$ZFTZ = \beta_0 + \beta_1 CZTM + \beta_2 CSH + \beta_3 CZFQ + \beta_4 RKMD + \beta_5 PGDP + \beta_6 WMYCD + \varepsilon$$

模型涉及的主要变量定义如下：

政府投资效率（ZFTZ）采用经济性投资的增量与地区生产总值的增量来进行衡量。申长平（2008）指出，在宏观经济理论中，往往用增量资本产出率（ICOR）来衡量政府投资效率，即一个单位的投资能够带来多少个单位 GDP 的增加。王立国和张洪伟（2013）采用经济性投资增加量/GDP 增加量来衡量政府投资效率，其中经济性投资采用基本建设支出加上农林、水利、矿产支出。经济性投资相比于非经济性投资对于 GDP 增长的贡献更加密切和直接。[①] 本节选用的是经济性投资的增加量/地方生产总值的增加量来衡量，其中涉及的经济性投资额采用的是固定资产投资总额扣除教育、文化、科学、卫生、社会保障、公共管理等非经济性投资额。该指标值越大，表明相同单位 GDP 增加所需要增加的经济性投资额越多，政府投资效率越低。

政府财务信息披露质量（CZTM）反映各地区政府财务信息披露水平，

---

① 王立国，张洪伟. 财政分权、转移支付与地方政府经济性投资效率 [J]. 当代财经，2013（6）.

数据来自《中国财政透明度报告》。

政府审计（ZFSJ）采用每审计单位的违规金额数进行衡量，数据来源于《中国审计年鉴》的地方审计机关审计工作综合情况表下的"审计单位"和"违规金额"指标。政府审计质量往往难以直接衡量，韦德洪（2010）和李江涛（2015）将每单位问题金额数作为政府审计作用发挥的关键衡量指标。叶子荣（2012）认为，政府审计质量可以从政府审计发挥揭示功能的角度，用审计查出的违规金额数来进行衡量。审计查出的主要问题金额包括违规金额、损失浪费金额和管理不规范金额，而违规金额是真正影响到政府财务信息披露质量的因素，本节选取每个审计单位违规金额数来对政府审计效力进行衡量，指标值越大，说明政府审计质量越高。

根据政府投资效率影响因素的已有文献，本节选取了城市化水平（CSH）、财政分权程度（CZFQ）、地区人均生产总值（PGDP）、地区人口密度（RKMD）和对外贸易依存度（WMYCD）五个指标作为控制变量。具体变量说明如表4-18所示。

表4-18　　　　　　　　　　主要控制变量说明

变量名称	变量代码	变量定义
政府投资效率	ZFTZ	采用经济性投资增长量/地区生产总值增长量
政府财务信息披露质量	CZTM	财政透明度得分
政府审计质量	ZFSJ	采用每审计单位违规金额数
城市化水平	CSH	采用城市人口占总人口比重
财政分权	CZFQ	采用地方财政支出占地方与中央总支出比重
地方人均生产总值	PGDP	采用地方人均生产总值的对数
人口密度	RKMD	采用人口密度的对数
外贸依存度	WMYCH	采用进出口总额占地区生产总值的比重

4.1.4.3　实证结果分析

（1）描述性统计。

从表4-19的描述性统计结果可以看到，政府投资效率（ZFTZ）的最大值为3.9256，最小值为-0.2255，各地区的政府投资效率的差异较大。平均值为1.0085，表明1单位GDP的增长需要超过1单位固定投资的增加，投资没有发挥其杠杆作用，全国各地区平均投资效率低下。政府财务信息披露质量（CZTM）最大值为77.7，最小值为14，表明各地区政府信息披露质量参差不齐，差距较大。平均值仅为28.2744，表明我国政府财务信息透明度水平较低。财政分权指标值最大值为0.2912,最小值为0.0337,平均值仅为0.1496,说明地方政府财政分权水平(CZFQ)并不高,从其他控制变量来看,各指标如城市化水平(CSH)、人均 GDP(PGDP)等差距较大,说明这些控制变量可能对本节的因变量造成影响,有利于回归分析。

表4-19   变量描述性统计

变量名	样本量	平均数	标准差	最小值	最大值
ZFTZ	120	1.008 5	0.619 8	-0.225 5	3.925 6
CZTM	120	28.274 4	11.690 4	14.000 0	77.700 0
ZFSJ	120	5.350 5	1.013 9	2.517 7	7.720 2
CSH	120	0.498 0	0.150 8	0.222 6	0.896 1
WMYCD	120	0.332 4	0.393 5	0.035 9	1.653 2
CZFQ	120	0.149 6	0.057 7	0.033 7	0.291 2
PGDP	120	10.534 8	0.441 4	9.481 8	11.514 0
RKMD	120	7.845 5	0.453 9	6.638 6	8.669 2

(2)相关性分析。

从表4-20的相关性分析可知,政府财务信息披露质量(CZTM)与政府投资效率(ZFTZ)之间的系数为正,且在1%的水平上显著。表明政府财务信息披露质量越高,政府投资效率越低,与前文假设正好相反,需要进行进一步分析与验证。政府审计水平(ZFSJ)与政府财务信息披露质量的系数为正,且在1%的水平上显著。表明政府审计水平越高,地方政府财务信息披露质量越高,初步验证了前文的假设。此外,从各主要变量两两之间的回归系数上看均小于0.5,不存在严重的多重共线问题。

表4-20   主要变量的相关系数矩阵

变量	ZFTZ	CZTM	ZFSJ	CSH	WMYCD	CZFQ	PGDP	RKMD
ZFTZ	1.000							
CZTM	0.244***	1.000						
ZFSJ	0.131	0.222**	1.000					
CSH	0.422***	-0.029	0.025	1.000				
WMYCD	0.456***	0.036	-0.221**	0.169***	1.000			
CZFQ	0.267***	0.006	0.085	0.175*	0.372***	1.000		
PGDP	-0.208**	0.140	0.190**	0.768	0.204***	0.350***	1.000	
RKMD	0.090	-0.022	-0.064	-0.224**	-0.121	-0.308	0.353***	1

（3）回归结果分析。

先进行 Hausman 检验，结果表明，应选用随机效应模型进行回归检验。具体结果如表 4 – 21 所示。

从表 4 – 21 第一列模型 4 – 1 – 4 – 1 的结果来看，政府审计质量与政府财务信息披露质量的回归系数为正，且在 1% 的水平上显著相关。表明政府审计质量越高，政府财务信息披露质量越高。验证了假设 4 – 1 – 4 – 1。从其他控制变量的结果来看，衡量地方政府规模与地方经济发展水平的指标与政府财务信息披露质量呈显著正相关关系，表明政府规模越大、地方经济发展水平越高，政府财务信息披露质量越高。

表 4 – 21　　政府审计、财政透明度和地方政府投资效率回归结果

变量	模型 4 – 1 – 4 – 1 （CZTM）	模型 4 – 1 – 4 – 2 （ZFTZ）	模型 4 – 1 – 4 – 3 （ZFTZ）	审计质量低 （ZFTZ）	审计质量高 （ZFTZ）
ZFSJ	3.680 *** （2.65）		− 0.352 *** （− 2.41）		
CZTM		0.332 ** （2.46）	− 0.060 ** （− 1.94）	0.021 （0.14）	0.591 *** （2.71）
ZFSJ * CZTM			0.012 ** （2.3）		
CSH	− 25.707 ** （− 2.22）	− 1.814 *** （− 3.07）	− 1.746 *** （− 2.93）	− 2.566 *** （− 3.93）	− 1.099 （− 1.15）
WMYCD	31.299 （0.72）	− 3.895 *** （− 2.84）	− 4.383 *** （− 2.75）	− 3.223 ** （− 1.90）	− 5.618 ** （− 2.11）
PGDP	10.254 ** （2.05）	0.674 *** （3.48）	0.771 *** （3.77）	0.967 *** （4.77）	0.562 （1.50）
RKMD	1.493 * （1.83）	0.166 （1.48）	0.190 * （1.71）	0.026 （0.21）	0.336 * （1.86）
CZFQ	− 27.912 （− 0.96）	− 2.512 *** （− 2.74）	− 2.318 ** （− 2.50）	− 3.305 *** （− 3.60）	− 1.560 （− 0.94）
_cons	− 95.714 （− 1.58）	− 7.015 *** （− 3.10）	− 5.493 ** （− 2.3）	− 7.484 *** （− 3.06）	− 8.488 ** （− 1.92）
Adj – R^2	0.105 8	0.369 5	0.398 0	0.6229	0.286 5
N	120	120	120	120	120

从第二列模型 4 - 1 - 4 - 2 的检验结果来看，政府财务信息披露质量与地方政府投资效率之间的回归系数为正，且在 5% 的水平上显著。表明政府财务信息披露质量越高，地方政府投资效率越低。与假设 4 - 1 - 4 - 2 恰好相反。可能存在的原因有：政府财务信息披露质量可能没有对地方政府投资这一方面进行披露和评定，导致地方政府忽视改进投资效率；政府财务信息披露质量的不断提高将大幅增加地方政府的成本，政府为了追求政绩往往倾向于短期投资行为，不利于投资效率的提高。从其他控制变量的结果来看，城市化水平、外贸依存度和财政分权与政府投资效率之间呈显著正相关关系，表明城市化水平越高、对外贸易依存度越高、财政分权程度高，地方政府投资效率越高，与预期一致。

（4）进一步检验。

为了研究政府审计是否会影响政府财务信息披露质量与地方政府投资效率二者的关系，在模型 4 - 1 - 4 - 2 的基础上增加了政府审计与政府财务信息披露质量的交乘项（ZFSJ × CZTM），形成模型 4 - 1 - 4 - 3。从表 4 -21 中第三列模型 4 - 1 - 4 - 3 的检验结果可以看到，政府财务信息披露质量的系数为负，交乘项系数为正，由于交乘项的引入改变了政府财务信息披露质量的回归系数，表明政府审计非但不利于地方政府投资效率，反而还抑制了政府投资效率的提高。结论与一般意义上的预期相反，通过进一步的分组回归来进一步检验这一小结。通过对政府审计质量的排序，将样本分为高审计质量组和低审计质量组。从结果来看，低审计质量组政府财务信息披露质量对政府投资效率没有显著的相关关系。而高审计质量组中政府财务信息披露质量与政府投资效率呈显著负相关关系，说明政府审计抑制了政府财务信息披露质量对政府投资效率的影响。原因与前文相似，可能在于地方政府为了应对高质量的政府审计投入了大量的人力物力，流于规范和形式，不利于政府放开手脚进行资源配置，追求政绩的同时也忽视了投资效率的提高。

（5）稳健性检验。

由于政府审计质量、政府财务信息披露质量与政府投资效率这三个变量都难以直接衡量，用于衡量的指标也十分多样。采用上海财经大学发布的财政透明度指标是用来衡量政府财务信息披露质量是现在比较主流的方法，此外，阎波（2013）采用中国软件测评中心发布的《中国政府网站绩效评估报告》中的信息公开指数作为衡量政府财务信息披露质量的变量。用信息公开指数指标来替代政府财务信息披露质量，按照上述方法再次进行回归检验，结果显示各主要变量的符号及显著性均与前文基本吻合，说明本节的结论是稳健可信的。

4.1.4.4 小结

党的十八大报告提出："让人民监督权力，让权力在阳光下运行。"政府审计是监督和制约权力的重要手段，政府审计通过提高政府财务信息披露质量，加强投资资金管理、优化资源配置，提升政府投资效率。本节通过对 2010～2013 年 30 个省级地方政府的面板数据研究发现，政府审计能促进政府财务信息披露质量提升，两者呈正相关关系。而政府财务信息披露质量不利于地方政府投资效率的提高，即政府财务信息披露质量越高，地方投资效率越低。通过进一步检验可以发现，政府审计对二者之间的关系起到了抑制作用，高质量的政府审计会使得政府财务信息披露质量越高的地区，政府投资效率越低。验证了政府审计提升政府财务信息披露质量，以及政府财务信息披露质量对促进地方政府投资效率提高所产生的新的问题。

为了发挥政府审计的监督作用，加强政府财务信息披露，进而提高地方政府的投资效率。可以从几个方面进行完善：首先，完善国家审计机制，提高政府的审计质量、加大审计力度。其次，对于政府财务信息的披露应该更加全面和精细，有关政府投资方面的信息披露也应纳入评价体系。最后，政府投资应更加注重结构优化和效率提高，不能因追求短期的增长或绩效考核而盲目投资。

4.1.5 提升地方政府效率

政府财务信息作为一个政府与社会公众交流与沟通的工具，在一个国家经济与社会的发展中起着重要作用。而政府财务信息的披露可以使政府的财务信息受到社会各方的监督，在各方的监督之下，政府财务信息的披露就会真实地反映一个政府的财务状况，以增加政府的透明度，建立"阳光政府"，增加政府效率。

政府财务信息作为一种有关政府财务收支、预决算报告等与社会公众生活息息相关的政府财务资源。以前，政府因财务信息属于国家机密需要保密而不对外公开，社会公众很难了解到政府的财务信息，也就无法及时了解到自己资源的流动状况，当社会公众无法维护自身权益时，也就不太愿意履行自身的责任，即对政府财务行为的监督作用也就会减少，监督的减少会增加政府的寻租机会，最终会提高政府的腐败性；作为政府，必须要保证政府的财务信息披露的及时性，此外，还要保证政府财务信息披露的质量。

政府财务信息披露质量的提升能增强政府财务信息对社会公众的覆盖率，社会公众可以直观地看到政府配置自己所委托资金的效率，一方面提高政府财务信息的使用效率，直接地反映出政府的效率水平；另一方面可以通过受托责任的解除程度来间接地反映政府效率水平。

4.1.5.1 文献综述与假设提出

已有文献从不同角度分析了政府效率的影响因素。张志超、丁宏（2007）分析认为，官员素质是政府效率的决定因素。[①] 唐天伟、罗缨（2007）认为，体制创新和职能转换有利于政府效率提升。[②] 骆永民（2008）采用空间面板数据分析发现，财政分权有利于政府效率提升。[③] 陈宝和李湛（2011）提出在市场化经济中，政府的过多干预会在一定程度上有损政府的公信力，不利于政府效率水平的提高。陈晓玲、李小庆（2013）采用省级面板数据实证分析发现，财政分权不利于政府效率提升；转移支付有利于政府效率提升。[④] 高翔、黄建忠（2017）实证分析了对外开放和市场化对省级政府效率的影响。[⑤]

而相关文献通过理论分析和实证检验均得出政府财务信息披露有利于政府效率的提升。Alt 和 Lassen（2006）采用 OECD 国家数据分析发现，财政透明度与公共债务和赤字负相关，与政府绩效正相关。Benito 和 Bastida（2009）实证分析表明，财政透明度与财政赤字负相关，能提高政府效率水平。孙琳、方爱丽（2013）通过跨国数据实证分析发现财政透明度能改善政府绩效。[⑥] 刘子怡（2015）通过省级面板数据分析发现，政府财务信息披露能提升政府效率。[⑦] 刘子怡、陈志斌（2015）从委托代理理论角度分析认为，财政透明度能降低代理问题，从而有利于政府效率的提

① 张志超，丁宏．官员素质是政府效率的决定因素 [J]．上海财经大学学报，2007（12）．
② 唐天伟，罗缨．体制创新、职能转换与政府效率提升 [J]．改革，2007（12）．
③ 骆永民．财政分权对地方政府效率影响的空间面板数据分析 [J]．商业经济与管理，2008（10）．
④ 陈晓玲，李小庆．中国省级政府效率研究——基于空间面板数据分析 [J]．财贸研究，2013（3）．
⑤ 高翔，黄建忠．对外开放程度、市场化进程与中国省级政府效率 [J]．国际经贸探索，2017（10）．
⑥ 孙琳，方爱丽．财政透明度、政府会计制度和政府绩效改善——基于48个国家的数据分析 [J]．财贸经济，2013（6）．
⑦ 刘子怡．政府效率与地方政府融资平台举债——基于31个省级政府财务信息披露的实证分析 [J]．现代财经，2015（2）．

升。① 政府效率其实就是政府配置资源的能力，如果政府能够用较低的成本使资源发挥最大的效用，以最快速、最有效的方法完成政府的目标，那么政府效率就比较高。企业作为营利性组织，其产出多为一些有形物品，所以可以通过物品的质量与数量来衡量一个企业效率水平，但是政府作为非营利性组织，其产出绝大多数为一些无形成果，多表现为受托责任的解除，即政府在多大程度上将社会公众的福利最大化，在多大程度上给社会公众创造最大的社会价值，在多大程度上将社会公众交代给政府的资金管理的最好等受托责任，这些责任都是无法通过数量来衡量。由于缺乏政府绩效衡量指标，因此引入数量工具对于衡量政府效率至关重要。张琦（2006）指出"政府财务信息能够在一定程度上解决政府行为不可观测的问题，而且最大可能地解决政府绩效评价难以量化的问题"。②

政府财务信息披露以定量方式说明了政府受托责任的解除，而公共受托责任履行程度可以反映政府效率高低。故政府财务信息披露质量可以定量地衡量政府效率水平，于是提出假设4-1-5-1：政府财务信息披露质量的提高在一定程度上能改善政府效率。

4.1.5.2 研究设计

政府财务信息披露质量仍然采用上海财经大学发布的财政透明度指数。

将北京师范大学《中国省级地方政府效率研究报告》中的"省级地方政府效率测度指数"作为各省、自治区与直辖市地方政府效率的替代指标。

控制变量的定义方法与已有文献中相关变量的定义方法一致。

表4-22   各变量定义与数据来源

变量	变量符号	变量定义	数据来源
政府财务信息披露质量	FIDQ	财政透明度指数	中国财政透明度报告
政府效率	GE	采用"省级地方政府效率测度指数"	中国省级地方政府效率研究报告

---

① 刘子怡，陈志斌. 政府治理效率、财政透明度与政府会计治理工具：信息需求的视角 [J]. 北京工商大学学报（社科版），2015（11）.

② 张琦. 论绩效评级导向政府会计体系的构建 [J]. 会计研究，2006（4）.

变量	变量符号	变量定义	数据来源
公职人员工资水平	Wage	使用各省级政府的公共管理和社会组织人员平均工资来度量	中国统计年鉴
政府投资水平	Inv	该省固定资产投资/该省国民生产总值	中国统计年鉴
政府规模	Size	Ln(该常住人口)	中国统计年鉴
民营化程度	Pri	用各省、自治区与直辖市非国有单位职工人数占比来衡量	中国劳动统计年鉴
外商投资比例	FI	各省、自治区与直辖市外商直接投资总额与该地区总人口的比例	中国统计年鉴
社会保障能力	SS	各省、自治区与直辖市参与失业保险人数占总人数的比重	中国统计年鉴
人均固定资产投资	PA	该省固定资产投资总额/该省常住人口数	中国统计年鉴

为了检验假设4-1-5-1，考察政府财务信息披露质量对政府效率的影响，建立模型4-1-5-1：

$$GE = a_1 LnFIDQ + a_2 LnPa + a_3 LnSS + \varepsilon \qquad (4-1-5-1)$$

由于数据的可获得性，本节选用2010~2013年各省级政府的相关数据。政府财务信息披露质量和政府效率的相关数据采用已有报告中的研究结果，其他控制变量的数据主要来自各相关统计年鉴。

4.1.5.3 实证结果分析

（1）描述性统计。

各省的政府效率按照地区分为三组，分别计算三组中各省的2009~2013年政府效率的平均值并排名，如表4-23所示。可以定义政府效率排名1~10为好，排名11~20名为较好，排名21~31名为较差，如表4-24所示。从表4-24可知，东部地区政府效率水平整体上较高，而西部地区政府效率水平整体上较低，并且两者之间差距较大，所以西部地区应该采取措施努力提高政府效率水平。

表 4 - 23 各省、自治区与直辖市政府效率均值以及排名

东部地区			中部地区			西部地区		
省份	政府效率值	排名	省份	政府效率值	排名	省份	政府效率值	排名
北京	0.582 7	1	黑龙江	0.057 2	10	陕西	0.007 8	15
江苏	0.516 9	2	内蒙古	0.037 1	11	新疆	-0.041 9	18
浙江	0.404 3	3	安徽	0.021 4	12	四川	-0.060 9	20
山东	0.379 2	4	吉林	0.015 7	13	青海	-0.081 7	21
上海	0.374 5	5	山西	-0.027 5	16	广西	-0.189 4	24
辽宁	0.311 4	6	湖北	-0.034 1	17	重庆	-0.209 0	25
天津	0.243 0	7	河南	-0.053 9	19	宁夏	-0.211 0	26
广东	0.222 3	8	江西	-0.084 3	22	云南	-0.280 3	28
河北	0.108 9	9	湖南	-0.217 1	27	甘肃	-0.318 1	29
福建	0.011 8	14				贵州	-0.533 0	30
海南	-0.124 2	23				西藏	-0.827 1	31

表 4 - 24 各地区政府效率情况

地区	好	较好	较差	较好以上所占比例
东部地区	9	1	1	90.91%
中部地区	1	6	2	77.78%
西部地区	0	3	8	27.27%

从表 4 - 25 中可以看到各个变量的描述性统计,政府财务信息披露质量标准差较大。政府效率水平的方差相对较大,均值较小,所以政府效率水平整体上表现不是很好。

表 4 - 25 各变量的描述性统计

变量	样本数	最小值	最大值	均值	标准差
FIDQ	124	14.000	77.700	24.723	10.365
FIDQ	124	25.477	10.561	14.000	77.700
GE	124	0.000	0.300	-0.986	0.822
Size	124	5.670	9.273	8.097	0.853
Wage	124	10.138	11.429	10.642	0.297
Inv	124	0.253	1.088	0.677	0.174
Pri	124	0.039	0.820	0.476	0.168

变量	样本数	最小值	最大值	均值	标准差
FI	124	0.430	1.000	0.747	0.088
SS	124	0.111	0.076	0.031	0.486
PA	124	10.081	0.392	8.923	11.032

（2）相关性分析。

由表4-26的相关性分析结果可知，各变量之间的相关系数都较小，Mean VIF=1.17，远小于合理值10，所以各变量之间不存在严重的多重共线性。

表4-26 相关性分析及变量的 VIF 检验

变量	VIF	GE	LnFIDQ	LnPA	LnSS
GE		1.000 0			
LnFIDQ	1.05	0.144 8	1.000 0		
LnPA	1.24	0.412 1	0.199 4	1.000 0	
LnSS	1.22	0.804 0	0.147 7	0.420 7	1

（3）回归结果分析。

①整体样本回归结果分析。

对各省、自治区与直辖市的相关数据进行效应分析，再通过豪斯曼检验，得到P值=0.000，所以选择固定效应模型进行回归，结果如表4-27所示。从该表中可以看出，政府财务信息披露质量对政府效率的影响显著为正，这说明政府财务信息公开程度越高，政府效率越高；政府财务信息披露质量越高，相应的公开范围越宽，社会公众利用政府财务信息作出科学决策的可能性就越高，政府财务信息披露的使用价值就越高。那么政府通过提高所披露财务信息的使用率来解除自身的受托责任，政府通过自身责任的解除来体现工作效率的提高；政府财务信息披露质量的提高可以体现政府效率水平的提高。而对于社会保障能力方面，与政府效率显著为正；政府社会保障能力越强，社会公众生活能够得到很好的保障，而政府作为非营利性组织，其主要目的就是为社会公众提供公共物品与无形福利，提高社会公众的生活水平，那么社会公众生活水平的提高在一定程度就可以反映政府工作效率水平。所以，政府的保障能力越高，政府效率水平越高。

表 4 - 27   政府财务信息披露质量对政府效率的实证结果

变量	因变量:GE		
	系数	T 值	P 值
LnFIDQ	0.087 ***	3.05	0.003
LnPA	- 0.962 **	- 2.41	0.018
LnSS	0.247 **	2.07	0.041
常数项	2.521 **	2.29	0.024
R^2	56.0%		
P 值	0.006 9		

②分样本的回归结果分析。

将中国各省、自治区与直辖市分为东部地区、中部地区与西部地区，首先对分样本进行了固定效应与随机效应的选择分析，东中西三地区的豪斯曼检验的 P 值分别为 0.4022、0.4475 和 0.3073，三个地区均选择随机效应模型进行回归。由于中部地区结果不显著，所以只分析东部地区与西部地区，通过分析东部地区与西部地区可以发现结果与整体样本的结果大体一致，尤其是西部地区样本的显著性与整体样本完全一致，只是由于样本数量的减少，显著性有所降低。

表 4 - 28   东中西部地区各变量的实证结果

变量	因变量:GE					
	东部地区		中部地区		西部地区	
	系数	P 值	系数	P 值	系数	P 值
LnFIDQ	0.093 *	0.053	0.007	0.861	0.108 *	0.056
LnPA	- 0.405	0.542	- 0.187	0.711	- 1.327 **	0.012
LnSS	0.239 **	0.027	0.220 **	0.033	0.341 ***	0.005
常数项	1.345	0.403	0.927	0.458	- 3.385 **	0.011
P 值	0.024		0.185		0.006	
R^2	19.500%		27.000%		48.900%	

4.1.5.4 小结

政府财务信息披露质量的提高的确会提高政府效率，但是这种促进作用的显著性会随着地区的不同而有所差异，中部地区表现的不明显，而东部地区与西部地区表现的比较明显。

本节实证研究结果显示，提高政府财务信息披露质量会抑制政府的腐败性，提高政府效率水平；要做到充分提高政府财务信息披露质量，那么关于政府的结构功能、权利的配置，财政政策的落实以及财政预决算的信息都需要最大限度的公开化。虽然近些年法律法规的实施以及国家政策对其的支持使政府财务信息公开小有成就，但是部分地方政府对于公开财务数据还是相对保守，一直在观望和徘徊，这样政府财务信息的公开程度很难满足公众需要的财务信息。改进的办法是逐步转变地方政府的政绩考核指标，将政府财务信息披露质量逐步作为政绩考核指标，地方政府提高政府财务信息披露质量的动力就会增强，地方政府也就会主动接受人民的监督以减少腐败发生的可能来提高政府业绩水平；另外，可以通过政府财务信息披露质量的情况来考核政府工作效率，一方面使政府解除受托责任，完成工作目标，提高政府的执行力；另一方面使社会公众对政府充满信心，增强政府的公信力，使政府财务信息披露质量能够成为一杆秤，能够衡量出政府效率的水平，从而为政府的完善提出合理化的建议。

4.1.6 提升财政科技资金配置效率

4.1.6.1 文献综述与假设提出

政府财务信息披露质量与效率之间的关系假设最早由希尔德（Heald，2003）提出，他认为政府财务信息披露质量与效率之间存在倒"U"型的关系，但这一结论在我国并未得到验证。我国学者就政府财务信息披露质量与效率关系的探究由来已久，并取得了众多成果。凌兰等（2011）比照国外已有理论提出我国财政透明度的提升应注意度的把握，以避免其带来负面影响；孙琳等（2013）通过实证分析提出随着政府财务信息披露质量的提升，政府效率会随之提升；刘子怡等（2015）提出合理的政府会计治理工具可以促进政府治理效率的提升。在此期间又有相关学者将政府财务信息披露质量与财政资金的配置及使用效率相联系，李燕等（2016）通过实证分析提出政府财务信息披露质量对财政支出效率的提升有促进作用；李丹等（2016）认为，政府财务信息披露质量与财政资金的配置效率之间无明显相关关系；梁城城（2017）通过省级面板数据分析得出政府财务信息披露质量对教育、医疗、社会保障与就业财政资金的使用效率均表现出"先抑制，后促进"的正"U"型关系。

现有的关于政府财务信息披露质量与财政科技投入的相关研究主要集中在政府财务信息披露质量，财政分权与财政科技投入之间的影响关系方面。乔宝云等（2005）通过探究财政分权和义务教育支出之间的关系得出财政分权没有增加义务教育的有效供给;① 朱虹等（2011）发现地方政府财政支出结构偏向生产性支出而忽视了教科文卫等非生产性支出;潘镇等（2013）发现财政分权增加了地方财政在科技方面的投入力度;潘修中（2017）提出财政分权有助于提高科技方面的财政支出比例，但既定财政分权程度下财政透明度的增加会抑制财政科技投入比例。

综上所述，已有文献分析政府财务信息披露质量对财政资金整体效率的影响，财政透明度对财政科技资金配置效率的研究程度相对薄弱。基于此，本节以各省政府财务信息披露质量作为研究对象，并选择 2009~2014 年的相关数据，以分析政府财务信息披露质量对各省财政科技资金配置效率的作用效果。

公共财政资金的使用存在公众与政府的委托代理问题，但在这种委托代理问题中往往存在信息不对称，政府可能运用自身的信息优势寻找寻租的机会以追求自身利益最大化。因此，在信息不对称的情况下，政府倾向于选择对他们自身利益有价值的财政支出，促使财政支出主要投向可以较快拉动经济增长的偏向基础设施的生产性支出。但近年来公众对政府公开财政信息的要求越来越强烈，我国的政府财务信息披露质量也逐步提升，公众可以更多地获取财政信息，财政资金支配也越来越多地受到公众的监督。随着近年来国家对科技创新的大力倡导，大力进行科技发展的观念已深入人心，因此公众对于加大科技财政资金支出的要求也会愈加强烈，对科技财政资金的配置及使用效率也会愈加关注，最终会推动科技财政资金使用效率的进一步提升。

据此提出假设 4-1-6-1：政府财务信息披露质量与财政科技资金配置效率正相关。

比对微观经济学的相关理论将政府财务信息披露质量对科技财政资金配置效率的影响效果分解为促进和抑制两方面，即当政府财务信息披露质量每增加一单位，科技财政资金配置效率的变化受边际收益和边际成本相对大小的影响。在此，边际成本指政府为提高科技财政资金配置效率而进行的人力、物力、时间等投入挤占了管理其他种类财政资金配置效率的投入所造成的机会成本。在政府财务信息披露质量有限且政府工作能力有限的前提下，政府财政信息的外部使用者更多会关注与基础设施建设等居民衣食住行联系更多的相关方面财政资金的配置效率，而政府的能力和精力的限制，导致如果其更多地关注科技财政资金的配置效率必将减少对其他

---

① 乔宝云等. 中国的财政分权与小学义务教育 [J]. 中国社会科学，2005（11）.

种类财政资金的关注。但地方政府为提高当地经济水平以及居民的满意程度，将会投入更大的精力致力于提高产出较快的相关生产性财政资金的配置效率，从而抑制了财政科技资金效率。当政府财务信息披露质量提升到一定水平后，所披露出的科技财政资金相关信息会逐渐增加，因而科技财政资金配置效率的关注度也会增加，进而会促使科技财政资金配置效率也提升一定水平。从理论上讲，由于提升政府财务信息披露质量会降低官员设租和腐败的可能性，所以会受到一定的阻力，即存在财政信息的公开成本。但提升政府财务信息披露质量可以帮助公民对政府行为和表现进行了解和监督，从而减少了信息不对称引发的代理问题，以提高居民对政府的满意度，对政府官员的个人发展有所帮助。因此，在各地方政府不断完善自身的行政质量后，其更趋向于愿意加大政府财务信息披露质量，即政府财务信息披露质量的提高所受阻力会逐渐减小，所受推动力会逐渐加大，政府财务信息披露质量会逐步提升。而政府财务信息披露质量所带来的边际成本会随透明度的提高而减小，边际收益会随透明度的提高而增加，因此，在政府财务信息披露质量较低时，边际成本会高于边际收益，随政府财务信息披露质量的提高，边际收益会超过边际成本，这就造成了科技财政资金配置效率会随政府财务信息披露质量的提高而呈现出正"U"型的变化趋势。

据此提出假设4-1-6-2：随着政府财务信息披露质量的提高，科技财政资金配置效率会先下降后上升。

由于科技创新存在研究和开发阶段，科技类投资的资金投入与获得产出之间存在时间差，所以当科技财政资金持续投入时，相关科研现状是处于研发期还是产出期将对资金投入的回报大小产生影响，进而会影响下一年科技财政资金的配置情况。

据此提出假设4-1-6-3：本年度科技财政资金的配置效率与上一年度科技财政资金的配置效率正相关。

4.1.6.2 研究设计

（1）变量选取与数据来源。

合理进行财政资金的配置要求政府相关人员将政府预算资金在各项财政支出项目中进行合理分配，以达到最优的财政资金使用效率，体现政府在财政资源配置上的作用。但现有的知识理论体系中并未系统性地说明财政科技资金配置效率的最优标准，因此现阶段无法测算科技财政资金的配置效率。目前学术界惯用以下两种途径来对各类财政资金配置效率进行测算：一是通过探究财政资金的支出效率来反映财政资金的配置效率。具体方法为：应用投入产出法对财政资金的支出效率进行测算，但由于该支出效应是由该项财政资金的配置效率和技术效率组合而成，因此必须进行二次处理，即将财政资金的配置效率与技术效率分离开来。二是通过探究该项财政资金的支出结构来间接推断出该项财政资金的配置效率。本节采用第一种方法来测算财政科技资金的配置效率，采用数据包络分析方法直接求出财政科技资金的配置效率。对于财政科技资金配置效率的测算，采用李丹、裴育（2016）衡量财政资金配置效率的方法——数据包络分析法（DEA）。[①] 在投入指标的确定上以来源于政府方面的 R&D 经费内部支出和 R&D 经费外部支出作为投入要素，在产出指标的确定上，将产出指标分为两类：科技直接产出和经济效益产出，并分别采用专利申请数量和技术市场成交额作为衡量指标。考虑到财政科技资金的使用效果会在一定程度上影响后续资金的投入量，将来自政府方面的下一年的高新技术产业投资额作为产出的考虑要素。在指标确定的基础上，采用 DEAP2.1 软件对各省 2009～2014 年科技财政资金的配置效率进行了核算，考虑到数据的准确性，选取数据包络分析结果中的综合效率作为科技财政资金配置效率指标。

选取政府财务信息披露质量作为自变量，数据来源于上海财经大学在《财政透明度报告》中公布的数据，并将该数据转换为百分数的形式以方便数据处理。

选取如下三个控制变量：①政治竞争程度。出于政治竞争的考虑，地方政府在进行财政资金配置时会重点考虑该项投入是否会较快带来较大的经济增长。而科技投资作为一项存在收益等待期的投资支出，它的配置效率将会影响地区的竞争能力。选取外商投资总额作为反映地区政府间竞争程度的衡量指标，考虑到该指标数值较大，为减小异方差的影响，对指标数值采取自然对数的处理方法。②高等教育发展水平。尽管科技创新的重要性已经深入人心，但普遍来说，科技创新的发展力度还是与当地居民的受教育程度息息相关。一方面，接受高等教育的居民越多，科技创新运用于经济发展的要求及程度会越大；另一方面，接受高等教育的居民为科技发展提供了必要的支持。本节以高等学校普通本专科学生数衡量高等教育发展水平，并采取自然对数的方法消除异方差的影响。③财政资金规模。地区政府财政资金的规模会在一定程度上影响财政资金的配置结构，当财政资金规模较小时，政府支出会更偏向于可以快速提高地区经济效益以及

---

① 李丹，裴育. 财政透明度对财政资金配置效率的影响研究 [J]. 财经研究, 2016 (2).

地方居民更加关注的基础建设及民生方面，当政府财政资金规模较大时，会有更大比例的财政资金支出倾向于科技创新，财政科技资金规模的增大会引起民众对该类资金配置效率的关注。本节采用地方财政收入总值来衡量地区的财政资金规模，并对该指标数值取对数来缓解数值过大所引起的异方差问题。

上述模型使用数据来自2009～2014年30个省的面板数据，由于部分数据的缺失，剔除了西藏自治区的数据。以上数据除地方政府财务信息披露质量来源于上海财经大学公布的《中国财政透明度报告》，其余数据来源于《中国财政年鉴》《中国统计年鉴》和《中国科技统计年鉴》。本节的所有回归结果均由Stata13及Eviews8完成。

（2）模型设定。

在模型的选择上，由于Hausman检验统计量为负，故本节选择固定效应模型进行后续分析。但由于传统的固定效应模型大多只考虑了个体效应，而忽略了不同省份在不同时期的残差的相关性，使得回归结果存在随着时间而不断扩大的错误。鉴于本节考察的问题存在时间上的联系性，残差会与时间相关，借鉴陈志国等（2017）采用的同时考虑了个体固定效应和时间固定效应的双向固定效应模型，采用的模型4-1-6-1如下：

$$eff_{it} = a_1 + a_2 Tran_{it} + a_3 Tran_{it}^2 + \lambda X_{it} + \alpha_i + \mu_t + \varepsilon_{it} \qquad (4-1-6-1)$$

其中，eff_{it}表示i省第t年的财政科技资金配置效率；$Tran_{it}$代表i省在第t年的地方政府财务信息披露质量，考虑到科技财政资金的配置效率与地方政府财务信息披露质量之间可能存在正U形的相关关系，加入地方政府财务信息披露质量的平方项$Tran_{it}^2$；X_{it}为控制变量的集，包含地区外商投资总额lnf_{it}、地区高等学校普通本专科学生数lne_{it}；地方财政收入总值lnr_{it}；μ_{it}为残差项。

考虑到科技财政资金的配置效率可能会对以后的配置效产生影响，在模型（4-1-6-1）的基础上加入了地方财政科技资金配置效率的滞后项，采用动态面板的差分GMM模型进一步验证地方政府财政透明度与财政科技资金配置效率之间的关系，即模型（4-1-6-2）如下：

$$eff_{it} = \beta_1 + \beta_2 eff_{it-1} + \beta_3 Tran_{it} + \beta_4 Tran_{it}^2 + \lambda X_{it} + \alpha_i + \mu_t + \varepsilon_{it} \quad (4-1-6-2)$$

4.1.6.3 实证结果分析

（1）描述性统计。

各指标的描述性统计如表4-29所示，由各变量的描述性统计可知，地方政府科技财政资金的配置效率的平均水平较高，并且差异性较大，地方政府财务信息披露质量平均水平较低，差异性较大。

表 4 – 29 描述性统计

变量名	N	平均值	标准差	最小值	最大值
财政科技资金配置效率	180	0.682 3	0.268 5	0.080 000 00	1.000 0
财政资金配置规模效率	180	0.859 5	0.183 6	0.148 000 00	1.000 0
财政资金配置技术效率	180	0.788 4	0.237 9	0.219 000 00	1.000 0
财政透明度	180	0.269 8	0.167 5	0.000 600 00	0.777 0
财政透明度平方项	180	0.100 7	0.107 1	0.000 000 36	0.603 7
外商投资总额	180	6.079 4	1.363 6	3.156 600 00	8.879 2
高等学校普通本专科学生数	180	0.855 9	0.855 9	9.253 100 00	13.079 2
地方财政收入总值	180	11.561 4	0.045 1	11.440 700 00	11.7814

（2）夏普利值分析。

为保证检验结果的准确性，采用夏普利值分析法进一步对数据进行处理，以探究各变量对地方政府财政科技资金配置效率的相对贡献程度。相关结果如表 4 – 30 所示。由夏普利值分析结果可知，除外商投资总额变量对地方政府财政科技资金配置效率的贡献较为突出外，地方政府财务信息披露质量及其平方项，还有高等学校普通本专科学生数、地方政府财政收入总值 4 个变量对地方政府财政科技资金配置效率的贡献相近，自变量地方政府财务信息披露质量及其平方项分别对地方政府科技财政资金的配置效率产生了 14.89%、13.90% 的贡献，也间接印证了假设 4 – 1 – 6 – 1 和假设 4 – 1 – 6 – 2：地方政府财政科技资金配置效率与地方政府财务信息披露质量以及政府财务信息披露质量的平方项存在显著关系。

表 4 – 30 夏普利值分解

时间	Tran(%)	Tran²(%)	lni(%)	lne(%)	lnr(%)
2009	3.74	3.64	46.90	7.33	38.39
2010	15.88	13.30	37.69	9.45	23.68
2011	4.12	6.14	53.14	12.62	23.98
2012	43.01	32.18	16.61	4.83	3.37
2013	4.48	4.52	52.46	29.27	9.27
2014	18.11	23.64	20.97	21.65	15.63
均值	14.89	13.90	37.96	14.19	19.05

（3）相关性分析。

通过考察各变量之间的相关性可以发现较多变量之间存在较强的相关性，为更好地缓解这一问题，选取逐步回归的方法对模型 4－1－6－1 和模型 4－1－6－2 进行回归。

表 4－31　　　　　　　　　自变量及控制变量之间相关性

变量	Tran	Tran^2	lni	lne	lnf
Tran	1.000 0				
Tran^2	0.951 6 ***	1.000 0			
lni	0.118 4	0.083 9	1.000 0		
lne	0.082 8	0.047 7	0.688 5 ***	1.000 0	
lnf	0.350 5 ***	0.283 7 ***	0.673 3 ***	0.221 8 ***	1.000 0

（4）回归结果分析。

将选择的变量依次加入模型 4－1－6－1 进行逐步回归以增加估计结果的稳健性。回归结果如表 4－32 所示。

表 4－32　　　　　　　　　双向固定效应模型的回归结果

变量	(1)	(2)	(3)	(4)	(5)
Tran	－0.108 05	－1.253 83 **	－1.238 05 **	－1.234 76 ***	－1.188 26 ***
	(0.145 76)	(0.507 83)	(0.505 31)	(0.464 90)	(0.447 66)
Tran^2		1.418 7 **	1.437 2 **	1.436 7 ***	1.446 9 ***
		(0.603 1)	(0.600 1)	(0.552 2)	(0.531 5)
lni			0.119 17	0.159 17 **	0.096 18
			(0.075 55)	(0.069 94)	(0.069 69)
lne				1.119 22 ***	0.682 96 ***
				(0.216 37)	(0.242 83)
lnr					8.789 92 ***
					(2.516 10)
常数项	0.719 44 ***	0.850 64 ***	0.150 38 ***	－13.297 57 ***	－109.098 6 ***
	(0.034 87)	(0.065 50)	(0.448 68)	(2.632 38)	(27.539 62)
Within R^2	0.045 8	0.081 4	0.097 2	0.241 2	0.302 0
F 值	1.15	1.81 *	1.91 *	4.98 ***	6.06 ***

注：括号内为稳健性标准误差（本节下同）。

通过逐步回归，得出最终的回归结果。该结果表明：扰动项方差的97.5%来自个体效应 α_i 和时间效应 μ_t。从回归结果来看，除控制变量外商投资总额的显著性降低外，其余变量的显著性均有所提高或保持不变。首先是地方政府财务信息披露质量与地方科技财政资金之间呈现显著的负相关关系，而地方政府财务信息披露质量的平方项与地方科技财政资金之间呈现显著的正相关关系，表明两者之间应存在"U"型的关系，即随着政府财务信息披露质量的提高，一开始会降低科技财政资金的效率水平，但随着地方政府财务信息披露质量的进一步提高，会对地方科技财政资金的配置效率产生促进作用。考虑到现阶段地方政府财务信息披露质量水平还较低，应处于"U"型曲线的下降阶段，即反映在地方政府财务信息披露质量与地方科技财政资金之间呈现的显著的负相关关系。

在控制变量方面上，高等学校普通本专科学生数与地方政府财政科技资金配置效率之间存在显著正相关关系，相较于接受初、中等教育的本地居民来说，接受高等教育的居民会更加关注政府对科技创新的支持，在有限的地方政府财务信息披露质量水平上，他们会更加关注科技财政资金的规模和配置效率。地方财政收入总值与地方政府财政科技资金的配置效率之间也呈现出显著的正相关关系，当地方政府财政资金规模较大时，在完成基础建设以及民众所关心的民生支出后，投放于科技创新领域的财政资金数额也会加大，在政府财务信息披露质量不断提高的背景下，公众对当地政府的财政科技资金配置效率也会更加关注，进而在无形中给地方政府施加压力，促进其不断完善科技财政资金的配置结构，提高科技财政资金的配置效率。

鉴于上述回归结果显示出的地方政府财务信息披露质量的平方项与地方科技财政资金之间呈现显著的正相关关系，即两者之间存在正"U"型的关系，反映出科技财政资金的投入与产出之间并非是线性关系。由于科技资金投入到产生经济效益产出之间存在研究开发等事项的占用期，即科技财政资金的投入时点与产出时点之间存在窗口期，也可以理解为地方政府财政科技资金配置效率存在滞后问题。因此，为进一步探究地方政府财务信息披露质量与地方政府财政科技资金配置效率之间的关系，引入地方政府财政科技资金配置效率的一阶滞后项，为克服引入因变量滞后项所造成的内生性问题，使用来自 2009~2014 年全国剔除西藏自治区后 30 个省的面板数据组成的动态面板进行模型 4-1-6-2 的动态面板 GMM 回归。为了保证估计结果的稳健性，将地方政府财务信息披露质量和地方政府财务信息披露质量的平方项依次加入模型 4-1-6-2 以进行逐步回归。回归结果如表 4 - 33 所示。

表 4 - 33 差分 GMM 模型的回归结果

变量	(1)	(2)
L. effect	0. 154 62 ***	0. 166 66 ***
	(0. 037 94)	(0. 038 46)
Tran	- 0. 118 15 *	- 0. 566 58 ***
	(0. 068 23)	(0. 170 73)
Tran^2		0. 668 68 ***
		(0. 205 71)
lni	- 0. 309 92 ***	- 0. 339 37 ***
	(0. 070 98)	(0. 067 11)
lne	1. 949 85 ***	1. 578 66 **
	(0. 72217)	(0. 603 87)
lnr	- 3. 050 14	- 0. 270 09
	(2. 512 08)	(2. 361 62)
AR(1)	0. 026 00	0. 018 40
AR(2)	0. 158 60	0. 111 80
Sargan	17. 911 56	18. 260 05
P - value	0. 267 34	0. 249 24

模型 4 - 1 - 6 - 2 的两步回归结果的 Sargan 值所对应的 p 值分别为 0. 267 34、0. 249 24，说明该模型的拟合效果较好，工具变量的选择较为合理，且 AR（2）的 P 值均高于 0.1，表明该模型不存在序列相关性。从上表回归结果可以看出，当年的地方政府财政科技资金配置效率与上一年的地方政府财政科技资金配置效率呈现出显著的正相关关系，说明科技财政资金的配置效率存在延续性。科技类投资存在见效慢，回报期长的特点，地方政府的科技财政资金一经投入，需要一段时间的研究开发期，但一旦科技财政资金产生了经济效益产出，这种经济效益会持续存在且会随着科技财政类资金的持续投入而呈现出上升趋势。另外，出于地方政府追求财政支出可以换来快速经济增长以谋取政治升迁的目的，一旦地方政府的科技财政资金支出已经得到正向经济效益产出，理性的政府会在维持原有配置水平的基础上加大投资并提高科技财政资金的配置效率，这样该地方政府将会得到加速增长的经济效益产出。地方政府财政透明度与地方政府财政

科技资金配置效率之间存在显著的负向关系，进一步验证了模型4-1-6-1的结果，即在现有的地方政府财务信息披露质量较低的条件下，地方政府财政资金的配置效率水平处于正"U"型曲线的下降阶段。地方政府财务信息披露质量的平方项与地方政府财政科技资金配置效率之间存在显著的正向关系，说明两者之间存在正"U"型的关系，即随着政府财务信息披露质量的提高，一开始会降低科技财政资金的效率水平，但随着地方政府财务信息披露质量的进一步提高，会对地方科技财政资金的配置效率产生促进作用。可以将其理解成在地方政府财务信息披露质量较低的情况下，财政信息的外部使用者会更多地关注基础设施等更为普遍的生产性财政支出的配置效率，科技财政资金支出的相关情况处于被忽略的状态。而当地方政府财务信息披露质量逐步提升后，更多的财政信息会被披露出来，被关注的财政支出种类的范围也会更大，财政信息的外部使用者对科技财政资金的配置效率也会更加关注，地方政府也会愈加重视该项财政资金的配置效率，最终会提升该地区科技财政资金的配置效率。

控制变量方面，用外商投资总额来表示地方政府间的政治竞争程度，该指标在双向固定效应中与地方政府财政科技资金配置效率之间没有显著的相关性，在动态面板GMM模型的逐步回归中，该指标均与地方政府财政科技资金配置效率之间存在显著的负相关关系，对此可以作出如下解释：我国现有制度为各地方政府财权政权相分离，并且这种财政分权具备财政联邦制和政治集权制的双重特征，在这一特殊国情下，各地方政府在安排财政资金的配置结构时会首先考虑如何能够更快拉动本地区的经济增长以有助于当地政府官员的政治升迁，其次才考虑如何才能满足当地居民的需求偏好。并且多数地方政府认为科技投入并非生产性支出，而财政支出结构偏向于基础设施等生产性支出，基于此，政府财政信息的外部使用者对于科技财政资金的相关信息关注不足，地方政府科技财政资金的配置效率很难提高，于是呈现出外商投资总额与地方政府财政科技资金配置效率之间显著的负相关关系。高等学校普通本专科学生数与地方政府财政科技资金配置效率之间存在显著的正相关关系，即地方政府财政科技资金配置效率与当地居民的受教育程度相关。对此可以作如下解释：接受高等教育的居民对科技创新重要性的认知以及对政府财政信息的关注程度普遍更高，所以当地接受高等教育的居民人数越多，对当地政府科技财政资金关注的人越多，在现有的地方财政信息部分公开的现状下，当地政府会设法提高地区科技财政资金的配置效率以换取民众的满意。对于地方财政收入总值，在模型4-1-6-1中呈现出显著的正相关关系，但在模型4-1-6-2中并未呈现出显著的相关性，即相较于其他因素，地方财政收入总值对地方政府财政科技资金配置效率的影响能力有限，因为在地方政府财政资金规模较大时，也无法确保科技财政资金的投入会有明显增加。

以上模型均在一定程度上证明了假设的正确性，并对假设的内容加以完善，最终可以得到的结论为：地方政府财务信息披露质量与地方政府财政科技资金配置效率之间存在相关性，并呈现出正"U"型的关系，即当地方政府财务信息披露质量较低时，地方政府财务信息披露质量与地方政府财政科技资金配置效率之间存在显著的负相关性，但当政府财务信息披露质量达到某一临界值后，随着政府财务信息披露质量的不断提高，科技财政资金的配置效率会不断提升。

（5）稳健性检验。

考虑到由于不同年度不同省份政府财务信息披露质量有较大差距，为保证回归结果的稳健性，将样本数据进行分位数回归检验。取 25%、50%、75% 三个分位数水平进行回归，回归结果如表 4 - 34 所示。

表 4 - 34 面板分位数回归结果

变量	系数		
	Quant25	Quant50	Quant75
Tran	- 1. 518 8 *	- 0. 503 9 ***	- 0. 642 4 ***
	(0. 848 0)	(0. 028 6)	(0. 198 8)
Tran2	1. 540 2 *	0. 603 7 ***	1. 384 4 ***
	(0. 876 5)	(0. 043 6)	(0. 378 4)
lni	0. 003 4	0. 162 6 ***	0. 083 6 ***
	(0. 045 4)	(0. 006 0)	(0. 004 1)
lne	0. 019 8	- 0. 049 8 ***	- 0. 064 3 ***
	(0. 035 3)	(0. 004 3)	(0. 008 3)
lnr	2. 438 9	- 1. 315 3 ***	- 0. 214 6
	(1. 017 0)	(0. 105 4)	(0. 172 6)
R^2	0. 411 0	0. 261 0	0. 321 0
N	180	180. 000 0	180

我们重点考察地方政府财务信息披露质量及其平方项与地方政府科技财政资金配置效率之间的关系，并从回归结果可以看出，在三个分位数水平上，地方政府财务信息披露质量与地方政府科技财政资金配置效率之间

均存在显著负相关关系，并且当政府财务信息披露质量位于均值以上的时候，可以在1%的水平上认为两者之间存在负向关系；地方政府财务信息披露质量的平方项与地方政府科技财政资金配置效率之间均存在显著正相关关系，并且当政府财务信息披露质量位于均值以上的时候这种正相关水平极为显著，以上结果均与模型4-1-6-1和模型4-1-6-2的结论一致，保证了上述回归结果的稳健性。

（6）进一步分析。

为进一步对该模型进行分析，通过门槛效应对地方政府财务信息披露质量影响下的科技财政资金配置效率的拐点值进行估计。估计结果如表4-35所示。

表4-35 门槛存在性检验

模型	F 值	P 值	临界值		
			1%显著水平	5%显著水平	10%显著水平
单一门槛	7.387**	0.047	10.004	7.201	5.222
双重门槛	5.122**	0.033	6.796	4.334	2.811
三重门槛	3.786	0.170	10.794	7.601	5.041

注：本书采取 Bootstrap 重复自抽样 300 次得到 F 统计量和 P 值。

由以上结果可知，可以在10%的水平上认为地方政府财务信息披露质量存在两个门槛值，并将地方政府科技财政资金配置效率的变化曲线分为三段。对门槛值的具体数值进行了估计，估计结果如表4-36所示。

表4-36 门槛估计值与置信区间

模型		门槛估计值	95%置信区间
单重门槛		0.236	[0.017,0.558]
双重门槛(g2)	Ito1	0.685	[0.045,0.685]
	Ito2	0.236	[0.017,0.543]
三重门槛		0.417	[0.017,0.543]

为可以具体得出地方政府科技财政资金配置效率的最小值，对相关数据进行了门槛效应的面板回归，并得到回归结果如表4-37所示。

表 4 - 37　　　　　　　门槛面板模型系数稳健性检验结果

变量	(1) fe	(2) fe_robust
lni	0.102 6	0.102 6
	(0.074 6)	(0.097 9)
lne	0.917 8 ***	0.917 8 ***
	(0.267 9)	(0.284 7)
lnr	-2.718 6 *	-2.718 5 *
	(1.501 6)	(1.450 3)
Tran_1	0.384 6 *	0.384 6 ***
	(0.1676)	(0.127 7)
Tran_2	-0.191 1	-0.191 1 *
	(0.1165)	(0.1057)
Tran_3	0.344 7 *	0.344 7
	(0.171 2)	(0.257 2)
_cons	20.549 3	20.549 3
	(14.749 1)	(14.720 5)
R - sq	0.132 0	0.132 0
F	3.650 0	3.980 0
P	0.002 1	0.005 0

从上述结果可以看出，由于政府财务信息披露质量的提高，地方政府科技财政资金配置效率呈现出先上升后下降再上升的趋势，且两个折点出现在地方政府财务信息披露质量为 0.236 和 0.685 的水平上，由于本节数据选取年份内地方政府财务信息披露质量均值为 0.269 8，已位于下降的第二阶段，且政府财务信息披露质量数值超过 0.685 的仅有 2011 年海南省的数据，因此大部分数据位于第二阶段以内，与前文关于地方政府科技财政资金配置效率与地方政府财务信息披露质量呈现负相关的结论基本吻合，为保证结果的准确性，现将政府财务信息披露质量高于 0.236 的相关数据在 0.685 处进行分组，再次进行回归检验。

为剔除掉政府财务信息披露质量低于 0.236 的数据且保证面板数据的均衡性，我们选用 2011 ~ 2014 年度除西藏自治区外的 30 个省的数据所组成的面板数据再次进行回归，在进行霍斯曼检验后，由于霍斯曼检验统计量对应 P 值高达 0.66，选择随机效应进行面板回归。通过考察相关变量偏度系数和峰度系数的数值，其偏度系数绝对值均小于 3，峰度系数绝对值均小于10，可认为数据满足正态分布，据此，采用随机效应模型进行最大似然估计（MLE）。

表4－38　　　　　　　　　　　　随机效应回归结果

变量	随机效应
Tran	$-1.554\ 1^{***}\ (0.584\ 1)$
$Tran^2$	$1.784\ 6^{***}\ (0.691\ 2)$
lni	$0.007\ 8(0.061\ 4)$
lne	$0.035\ 5(0.077\ 5)$
lnr	$0.625\ 5(1.360\ 4)$
常数项	$-6.740\ 9(15.866\ 5)$

由以上回归结果可以看出，经过数据筛选，我们可以认为在地方政府财务信息披露质量位于0.236到0.685之间时，地方政府科技财政资金配置效率与政府财务信息披露质量呈现出严格的负相关关系，并且当各地方政府财务信息披露质量均值超过0.685后，地方政府科技财政资金配置效率有望会随着政府财务信息披露质量的提高而提高。

4.1.6.4　小结

通过实证分析验证了地方政府财务信息披露质量与地方政府财政科技资金配置效率之间的关系，实证结果表明：地方政府财务信息披露质量与科技财政资金的配置效率之间存在正U型关系，即在地方政府财务信息披露质量较低的情况下，科技财政资金的配置效率会得到抑制，但当地方政府财政科技资金配置效率达到最低点后，其又会随着地方政府财务信息披露质量的提高而有所上升，此时地方政府财政科技资金配置效率又得到了促进。并且现阶段我国的地方政府财务信息披露质量较低，会对科技财政资金的配置效率产生副作用。以上结果验证了假设4－1－6－2与假设4－1－6－3，而与假设4－1－6－1相悖，证明了现阶段由于地方政府财务信息披露质量较低，我国的地方科技财政资金配置效率与政府财务信息披露质量呈现负相关关系。基于种种因素，本节只探究了地方政府财务信息披露质量与地方政府财政科技资金配置效率之间存在正U型的关系，但造成这种关系的深层次原因还需进一步验证。本节为研究政府财务信息披露质量与各类财政资金效率之间的关系提供了新的角度，为进一步探究我国的政府财务信息披露质量提供了经验支持。

依据本节的研究结论，鉴于地方政府财政科技资金配置效率与地方政府财务信息披露质量之间的正"U"型关系，则科技财政资金配置效率随政府财务信息披露质量的提高而下降是不可避免的一个阶段，政府财务信息披露质量较低的省份应逐步完善各省的财政信息披露政策，并落实于实处，要加大信息公开力度，尽快将政府财务信息披露质量提高到"U"型的上升阶段。而对于政府财务信息披露质量已经属于该阶段的省份，应进一步提高政府财务信息披露质量，并不断完善科技财政资金的配置效率。鉴于此，提出如下建议。

第一，逐步完善各省的财政信息披露政策，并落实于实处。虽然国家已经出台相关文件要求并规范各级地方政府的财政信息披露情况，但鉴于各个省份的现实情况有所差异，各省份应该依据自身现实情况完善信息披露政策并加大监管，将政策落实于实处。

第二，使用多种方式公开财政信息，努力打造透明政府。随着互联网的蓬勃发展，信息时代已经到来，我国已经有越来越多的居民通过互联网了解政府财政情况并监督政府的各项财政资金使用情况。因此各级政府应该紧乘"互联网+"的步伐，逐步推进政府财政信息的网络公开化，把更加便于居民理解的内容通过微博，微信公众号的形式进行公布，在居民常见的平台上发布政府财政预算等信息。

第三，进一步细化预算公开细则，以保障公民的知情权。我国目前的预算信息公开情况仅限于公开一级预算单位支出总量以及基本的支出结构，对二级预算单位的预算情况公开并没有要求，这就为公众进一步监督政府财政信息设定了障碍。因此，各级政府应该逐步公开二级预算单位的预算，便于民众对政府预算资金使用状况的全面监督，以此形成对政府办公质量的施压，督促其提高科技财政资金的配置效率。

第四，自觉向民众公开财政预算绩效，让民众清楚各项财政资金使用的具体效果。我国现有的预算支出公开状况，既没有公开具体的支出项目，又没有公开各项支出项目的绩效，这些地方政府财政绩效评价仅在内部使用而很少向社会公布。各级地方政府应最大限度向民众公布预算绩效评价的指标体系，评价方法以及评价结果，使公众可以全面监督到政府各项预算的使用状况及结果。

4.2　对政府外部的影响

政府财务信息披露质量对政府外部的影响包括：优化企业现金持有量、促进 FDI、控制隐性经济规模等。

4.2.1　优化企业现金持有量

4.2.1.1　文献综述与假设提出

理论上，政府财务信息披露质量不仅能提升政府财政决策的科学性与合理性，还有助于保障人民的知情权与监督权，促进政府与公众交流公共信息更加顺畅和理性，进而推动构建廉洁、透明、高效、民主的服务型政府。实践上，政府财务信息披露质量提升有利于缓解政府债务和赤字问题［哈米德（Hameed），2005；本尼托 & 巴斯蒂达（Benito & Bastida），2009］、提升财政效率［山材 & 近藤（Yamamura & Kondoh），2013］、抑制腐败［哈米德（Hameed），2005］、降低政府债务风险［阿巴特丽 & 埃斯科拉诺（Arbatli & Escolano），2015］。尼科洛夫（Nikolov et al.）（2015）认为，政府财务信息披露在某种意义上是财政稳定甚至宏观经济的先决条件。然而关于政府财务信息披露质量对微观企业影响的研究则基本空白，国内只有几篇探讨了政府财务信息披露质量对企业投资效率（王少飞等，2011）、企业产能过剩（邓淑莲、朱颖，2017）等方面的影响。

现金持有动机最早追溯到 Keynes 于 1936 年在《就业、利息与货币通论》一书中提出的货币需求理论中公司保持流动性的三个动机——交易动机、预防动机和投机动机。20 世纪 90 年代国外文献开始关注现金持有，而国内直到 2005 年（胡国柳、蒋永明，2005）才开始受到学者的关注。在现金持有量的影响因素方面，Kim et all（1998）和 Opler 等人（1999）探究了公司财务特征和治理特征对现金持有量的影响，连玉君等（2011）实证检验了现金持有的行业差异性和收敛性，肖明等（2013）基于宏观视角实证得出现金持有量调整速度与经济周期变化和货币政策变化正相关、与财政政策变化显著负相关。现金持有量的经济后果及价值方面，Fresard（2010）发现现金持有与企业产品市场业绩正相关，杨兴全等（2016）研究发现高成长行业中的公司实现的现金持有竞争效应提升了其现金持有的价值。

综上所述，本节考虑政府财务信息披露质量后果和现金持有量动因两方面的文献,分析政府财务信息披露质量对企业现金持有量的影响。一方面,梁城城、王永莉（2015）研究发现,政府财务信息披露质量的提高减少了政府对要素市场的不恰当干预,约束了政府行为;另一方面,刘叔申（2010）认为,财政信息体现了政府介入经济活动的程度与范围,能稳定市场主体预期。政府财务信息公开,能使企业更加透彻地理解政府政策,合理估计政府行为,能对宏观经济环境做出更加准确和完整的判断,不必因预防动机持有太多现金,即政府财务信息披露质量的提高减少了企业由于外部信息不对称而过度持有的现金。

基于此,提出假设4-2-1-1:地方政府财务信息披露质量与企业现金持有量负相关,且对持有现金过量的企业抑制作用更强。

一是注意是否需要假定政府财务信息披露质量与现金持有量为"U"型关系,而目前由于政府财务信息披露质量总体水平很低,处于"U"型的左边。如果通过后续散点图拟合为"U"型,后续可以考虑门槛效应或平方项求导找拐点。二是现金持有量是否需要区分最优现金持有量,或现金持有过度或不足。才能看出政府财务信息披露质量所发挥的作用。

前面提到,提升政府财务信息披露质量有利于企业准确理解宏观经济政策及走势,减少企业投资决策的不确定性,减少企业预防性动机而持有的现金量。当然,如果政府财务信息披露质量不高时,若某企业与政府存在隶属关系,则可能通过一些渠道得到非公开的信息,在政府财务信息披露质量较低时也可以较准确的预期经济运行环境,因此对政府财务信息披露质量的敏感性较低。

基于此,提出假设4-2-1-2:相较于国企,政府财务信息披露质量对非国企现金持有量的敏感程度更高。

4.2.1.2 研究设计

（1）样本选择。

本节使用的数据包括2007～2014年的中国上市公司数据和31个省级政府财务信息披露质量数据。其中,上市公司数据来自CSMAR和Wind数据库,地方政府财务信息披露质量数据来自历年《中国财政透明度报告》。由于我国2007年采用了新版现金流量表,所以研究样本的起始年份为2007年;而且《中国财政透明度报告》最早开始于2009年,实际为2006年的财政透明度数据。由于《中国财政透明度报告》中的数据存在两年的滞后期,即2016年的报告实际反映的是2014年的地方财政透明度,因此研究样本截至2014年。采用中国证监会2012年发布的《上市公司行业分类指引》进行行业划分,并根据研究需要对样本公司进行了以下筛选：剔除金融业（J）的公司、主要变量缺失的公司、财务指标异常的公司。为减少异常值的影响，用 STATA14.0 对主要连续变量进行了上下 1% 的缩尾处理。最后对政府财务信息披露质量缺失的年份使用前后两年的数据进行了拟合。

（2）变量界定。

因变量：上市公司现金持有量（Cash）。已有文献主要采用三种方式衡量现金持有量：现金及现金等价物/总资产（Kim et al., 1998）；现金及现金等价物/（总资产 – 现金及现金等价物）（Opler et al., 1999），采用这种方式计算出的现金持有比例会出现大于 1 的情况，且往往需要用第一种定义方式进行稳健性检验；现金及现金等价物/营业收入（Harford et al., 2008）。本节采用的是最常用的第一种定义方式。

自变量：地方政府财务信息披露质量（Ft）。采用历年《中国财政透明度报告》提供的财政透明度指数来衡量。

为了控制公司特征对现金持有量的影响，参考相关文献并实证筛选后，得到本节的控制变量。

表 4 – 39 变量界定

变量类型	变量名称	变量符号	计算公式
因变量	现金持有量	cash	现金及现金等价物/总资产
自变量	财政透明度	ft	来自历年《中国财政透明度报告》公布的"省级财政透明度"
控制变量	资产负债率	tl	总负债/总资产
	现金流量	cflow	经营活动产生的现金流净额/总资产
	资本支出	capExp	购建固定资产、无形资产和其他长期资产支付的现金/总资产
	成长机会	tobin	公司总市值/总股本
	净营运资本	netWC	（流动资产 – 流动负债 – 货币资金）/总资产
	现金股利	payout	每股现金分红 × A 股流通股数/总资产
	股权结构	tshr	流通股股本/总股本

（3）模型设定。

以 Opler（1999）的模型为基础，拓展到制度环境层面，加入政府财务信息披露质量这一解释变量，建立模型（4 – 2 – 1 – 1）探究地方政府财务信息披露质量对企业现金持有量的影响。其中，lnFt 为政府财务信息披露质量的对数形式。

$$Cash_{ijt} = \beta_0 + \beta_1 \ln Ft_{ijt} + \beta_2 tl_{ijt} + \beta_3 capExp_{ijt} + \beta_4 cflow_{ijt} + \beta_5 tobin_{ijt} + \beta_6 NetWC_{ijt} + \beta_7 payout_{ijt} + \beta_8 tshr_{ijt} + \varepsilon_{ijt} \quad (4-2-1-1)$$

为考察产权性质的影响，验证假设 4 – 2 – 1 – 2，引入产权性质 owner （产权性质为国企，owner 赋值为 1，否则为 0），并考察 lnFt × owner 的交互项与公司现金持有量之间的关系。

$$Cash_{ijt} = \beta_0 + \beta_1 \ln Ft_{ijt} + \beta_2 Ft\_owner_{ijt} + \beta_3 tl_{ijt} + \beta_4 capExp_{ijt} + \beta_5 cflow_{ijt} + \beta_6 tobin_{ijt} + \beta_7 NetWC_{ijt} + \beta_8 payout_{ijt} + \beta_9 tshr_{ijt} + \varepsilon_{ijt} \quad (4-2-1-2)$$

4.2.1.3 实证结果分析

（1）描述性统计与相关性分析。

表 4 – 40 为描述性统计，共有 141 47 条样本数据。样本公司现金持有量的均值为 21.1%，中位数为 16.1%，标准差为 0.163，说明我国上市公司持有的现金较多，且公司间存在较大的差异。政府财务信息披露质量均值为 27.80，最小值为 1.40，最大值为 65.18，而《中国财政透明度报告》给出该指数的满分为 274，说明我国地方政府财务信息披露质量普遍较低，还有待提高。其余连续变量的描述性统计结果如表 4 – 40 所示。

表 4 – 40　　　　　　　　　　　　描述性统计

Variable	N	Mean	p50	Sd	Min	Max
cash	141 47	0.211 00	0.161 00	0.163 00	0.010 0	0.739 0
ft	141 47	27.800 00	25.120 00	14.480 00	1.400 0	65.180 0
tl	141 47	0.445 00	0.445 00	0.224 00	0.044 0	0.998 0
capExp	141 47	0.059 00	0.044 00	0.055 00	0.000 0	0.256 0
cflow	141 47	0.041 00	0.041 00	0.079 00	-0.200 0	0.255 0
tobin	141 47	2.602 00	2.048 00	1.829 00	0.918 0	13.450 0
NetWC	141 47	0.001 00	0.018 00	0.215 00	-0.6310	0.490 0
payout	141 47	0.008 00	0.004 00	0.012 00	0.000 0	0.06 90
Tshr	141 47	0.688 00	0.713 00	0.282 00	0.154 0	1.00 00

在回归前使用 pearson 相关系数法检查了变量之间的相关性，并在回归后做了 VIF 检验，结果表明多重共线性并不严重。

（2）基本回归结果分析。

表 4 – 40 列示了地方政府财务信息披露质量对现金持有量的回归结果，其中变量 lnFt 为政府财务信息披露质量的对数形式。第一列为

模型（4-2-1-1）的回归结果，第二列为模型（4-2-1-2）的回归结果，在模型（4-2-1-1）的基础上加入了政府财务信息披露质量和最终控制人虚拟变量的交乘项。后两列以每年样本公司现金持有量的中位数为分界点，将样本公司按年分为了现金持有量较高的组和较低的组，使用模型（4-2-1-2）分别做回归，回归结果显示在了第三列和第四列。根据豪斯曼检验结果，选择固定效应模型进行估计。

表4-41　　　　　政府财务信息披露质量对现金持有量的回归结果

变量	(1) ft	(2) ft × owner	(3) highcash	(4) lowcash
lnft	-0.021 ***	-0.026 ***	-0.036 ***	-0.009 ***
	(-19.52)	(-21.26)	(-19.97)	(-11.86)
ft_owner		0.022 ***	0.028 ***	0.001
		(8.34)	(6.88)	(0.76)
tl	-0.485 ***	-0.482 ***	-0.593 ***	-0.067 ***
	(-49.17)	(-48.94)	(-37.82)	(-10.03)
capExp	-0.250 ***	-0.252 ***	-0.490 ***	0.082 ***
	(-13.16)	(-13.31)	(-16.87)	(6.86)
cflow	0.036 ***	0.038 ***	0.003	0.035 ***
	(2.96)	(3.17)	(0.14)	(4.42)
tobin	-0.002 **	-0.002 **	-0.003 ***	-0.002 ***
	(-2.47)	(-2.46)	(-3.03)	(-4.89)
NetWC	-0.352 ***	-0.350 ***	-0.534 ***	-0.031 ***
	(-39.73)	(-39.61)	(-36.52)	(-5.52)
payout	-0.651 ***	-0.642 ***	-0.737 ***	0.150 **
	(-7.12)	(-7.05)	(-6.49)	(2.08)
Tshr	-0.083 ***	-0.083 ***	-0.085 ***	-0.006 **
	(-21.20)	(-21.17)	(-14.64)	(-2.44)
N	141 47	141 47	704 8	704 8
R^2	0.317	0.321	0.473	0.076

由表4-41的回归结果可见，在回归（1）中，地方政府财务信息披露质量对现金持有量的回归系数为-0.021，且在1%的水平上显著为负，说明地方政府财务信息披露质量显著与企业现金持有量负相关，与预期一致。回归（2）中加入了政府财务信息披露质量和最终控制人虚拟变量的

交乘项后，lnFt 的系数为 - 0.026，依然在 1% 水平上显著为负，且交乘项的系数为 0.022，也在 1% 水平上显著，说明政府财务信息披露质量对国有企业和非国有企业的现金持有量均为负相关，且相较于国有企业，地方政府财务信息披露质量对非国有企业现金持有量的抑制作用更强，与预期一致，验证了假设 4 - 2 - 1 - 2。

回归（3）和回归（4）的结果显示，当把样本分年按现金持有量的中位数分为两组后，政府财务信息披露质量依然和企业现金持有量显著负相关，只是回归（3）的系数更大，说明政府财务信息披露质量更加抑制现金持有较多的企业。政府财务信息披露质量与最终控制人交乘项的系数也依然为正，表明非国有企业对政府财务信息披露质量更敏感。但现金持有量低的组交乘项系数不再显著，也说明了政府财务信息披露质量对现金持有量的影响主要表现为对过量现金的抑制作用，假设 4 - 2 - 1 - 1 得到了验证。

（3）稳健性检验。

为了进一步检验回归结果的稳健性，避免配对标准、回归方法与变量度量方式的不同对研究结果可能产生的影响，进行如下检验。

在研究中我们考虑到，国有企业和非国有企业可能组间便存在较大的差异，且两组子样本的数据量差异较大。为解决样本选择偏差导致的内生性问题，接下来采用 PSM 倾向得分匹配的方法进一步验证政府财务信息披露质量对国有企业和非国有企业现金持有量的影响是否存在差异。

PSM 模型由 Rosenbaum et al（1983）提出的，其优点在于：不仅解决了样本由于"自选择"带来的选择偏差和有偏估计，在处理内生性时，也解决了其他模型需要使用很多限制的麻烦。

匹配估计量可以帮助解决处理组国有企业和控制组非国有企业自身的特征所带来的问题。在匹配处理组与控制组的个体时，需要测量个体间的距离，PSM 是取值介于 [0, 1] 之间的一维变量，能更好地测量距离和匹配样本。PSM 是依据处理组变量与控制变量估计倾向得分来确定权重，运用如下的逻辑回归模型 4 - 2 - 1 - 3。

$$Logit(owner) = \beta_0 + \beta_1 size_{ijt} + \beta_2 tl_{ijt} + \beta_3 capExp_{ijt} + \beta_4 tobin_{ijt} + \beta_5 NetWC_{ijt} + \varepsilon_{ijt} \qquad (4 - 2 - 1 - 3)$$

在变量选择上，以现金持有量作为结果变量，以是否为国有企业作为处理变量，选择公司规模、资产负债率、资本支出、成长机会、净营运资本作为协变量。接下来将国有上市公司与非国有上市公司进行了 $k = 2$ 的可重复 1:2 配对，以减少样本量的损失。最后得到处理组国有上市公司样本 2 050 个,控制组非国有上市公司 3 096 个。为确保 PSM 模型的准确性,进行相关的检验。逻辑回归结果发现,各协变量对处理变量的解释力较强。协变量检验结果发现,倾向得分匹配后,协变量的均值在处理组与控制组之间不存在显著差异,各变量在处理组与控制组间的分布也逐渐均衡,表明适合运用 PSM 模型。

为进一步控制内生性的影响,使用最优 GMM 方法进行估计,选择滞后一期的政府财务信息披露质量作为工具变量,并且通过了一系列的检验。

表 4 – 42 列示了基于 PSM 方法下的政府财务信息披露质量对现金持有量的回归结果。其中回归(1)是对处理组和控制组一起回归的结果,回归(2)和回归(3)分别是对处理组和控制组的回归结果。

表 4 –42　　　　　　　PSM 下财政透明度对现金持有量的回归结果

变量	(1) PSM	(2) treated	(3) matched
lnft	– 0. 035 ***	– 0. 020 *	– 0. 045 ***
	(– 4. 85)	(– 1. 84)	(– 4. 84)
tl	– 0. 265 ***	– 0. 188 ***	– 0. 316 ***
	(– 20. 20)	(– 10. 66)	(– 17. 48)
capExp	– 0. 466 ***	– 0. 362 ***	– 0. 539 ***
	(– 13. 94)	(– 7. 66)	(– 11. 76)
cflow	0. 126 ***	0. 225 ***	0. 074 **
	(4. 71)	(5. 57)	(2. 08)
tobin	0. 004 **	0. 001	0. 006 ***
	(2. 38)	(0. 23)	(3. 10)
NetWC	– 0. 111 ***	– 0. 064 ***	– 0. 142 ***
	(– 10. 39)	(– 4. 44)	(– 9. 31)
payout	1. 373 ***	1. 233 ***	1. 396 ***
	(7. 64)	(4. 65)	(5. 93)
Tshr	– 0. 077 ***	– 0. 036 ***	– 0. 098 ***
	(– 10. 47)	(– 3. 36)	(– 10. 05)
N	511 3	205 0	309 6
R^2	0. 208	0. 180	0. 238
R^2_a	0. 207	0. 177	0. 236

首先来看回归（1）的结果，我们可以发现，使用倾向得分匹配法和最优 GMM 估计出的结果与上节中使用固定效应估计方法的结果基本一致，除控制变量 tobin 的回归系数都是在 5% 水平上显著外，其余变量均在 1% 水平上显著，且符号与预期一致。本节控制内生性后得出的政府财务信息披露质量对企业现金持有量回归系数的绝对值反而更大，表明本节的回归结果是稳健的。

对比回归（2）国有上市公司组和回归（3）匹配后的非国有上市公司组，可以发现对于国有上市公司样本，政府财务信息披露质量的回归系数为 - 0.020，在 10% 水平上显著，而对于非国有上市公司样本，政府财务信息披露质量的回归系数为 - 0.045 且在 1% 水平上显著，说明相对于国有企业，地方政府财务信息披露质量对非国有企业现金持有量影响更大，进一步验证了假设 4 - 2 - 1 - 2。

4.2.1.4 小结

本节以 2007 ~ 2014 年的沪深市场上市公司为样本的实证研究，得出了以下结论：提高政府财务信息披露质量，能提升企业对宏观经济环境判断的准确性，减少了企业因预防动机而持有过量现金的行为；由于国有企业与非国有企业之间对政策环境存在信息不对称的情况，政府财务信息披露质量的提高，对非国有企业有更大的影响，非国有企业减少现金持有量的行为更显著。

4.2.2 促进 FDI

当前，世界发展进步的一大不可逆转的趋势便是经济全球化，基于此，越来越多的国家和地区渐渐意识到外商直接投资对本国或本地区经济发展所具有的重大作用，所以，越来越多的政府纷纷采取各种策略与措施，创造优良的内部投资环境，来吸引外商直接投资的流入。外资的引进可使流入地区获得无法比拟的优势：（1）带来更多的劳动力就业岗位。依据著名经济学家刘易斯曾提出的二元经济结构理论，在大多数发展中国家，存在着大规模的城市待就业人口和应当向工业部门进行转移的农业剩余劳动力。吸引外商直接投资的流入，可以增加当地的就业岗位，给越来越多的人提供就业机会。而且，多数跨国公司也往往倾向于在东道国内雇佣本公司的绝大多数员工，这对于缓解东道国的就业压力有着弥足轻重的作用。（2）可以弥补本地区存在的外汇缺口和储蓄缺口，从而直接或间接地增加了本地区的资本存量。而且，外资的使用是各个国家或地区进行自身产业结构调整以及产业优化升级过程中弥补资本不足的一种常用方法。

（3）提高本国的国民收入或本地区的财政收入。外资流入地区利用引进的资金能够促进自身经济增长，提高收入水平。而且，对外资企业所证税收也构成了本国国民收入或本地区财政收入的一部分。（4）带来国外先进的技术与管理经验。技术的创新与进步是一个国家或者地区经济发展的重中之重。一方面，它能够提高企业的生产效率；另一方面，外资流入所引进的各项技术能够通过扩散效应和外溢效应有效地提高东道国自身的技术升级与进步。同时，利用与跨国企业的交流与合作，能够无形之中学习到许多优秀的工艺和方法以及前卫的管理方式与理论，进而突破关键瓶颈，促进国家进步发展。

作为世界上最大的发展中国家，中国在改革开放以后，特别是在加入WTO之后，积极投入促进世界经济全球化的事业当中，并成为引进世界各地外商直接投资流入极其重要的地区之一。我国众多而又廉价的劳动力资源以及各地政府相继颁布的各项吸引外资的优惠措施。为争取更多的财政利益，各地方政府便成为促进各地区经济进步发展的主要力量。因此，近年来基于地方政府视角研究财政分权体制下地方政府竞争对 FDI 影响因素的文章不断涌现。与此同时，财政分权体制下，地区间财政能力逐步扩大，地区间公共服务和公共产品供给越来越不均等，地方政府能否提高财政透明度，接受公众对财政资金使用的监督成为当下热议的话题。然而鲜有文章研究政府财务信息披露质量对 FDI 是否存在影响。本节将政府财务信息披露质量、财政分权及地方政府竞争结合起来，利用中国 2009～2015年30个省（自治区、市）的面板数据探究三者对 FDI 的影响，其中西藏自治区由于数据不全被剔除在样本范围之外。

4.2.2.1 文献综述与假设提出

（1）财政分权、地方政府竞争与 FDI。

一般而言，财政分权程度越高往往代表着地方政府被赋予的权力越多，进而地方政府具有更多、更大的自主权来谋划自身发展。财政分权这一体制在我国分税制改革以后进一步巩固与发展，与此同时，外商直接投资作为推动地方经济增长的重要手段，使得各地方政府具有很强的吸引FDI 的冲动。在我国的财政分权背景下，地方政府对于吸引 FDI 的竞争愈演愈烈。

基于此，提出假设 4 - 2 - 2 - 1：财政分权程度越高，外商直接投资的流入越多。

既然考虑到财政分权，必然就会考虑到由财政分权所引起的地方政府竞争这一重要问题。财政分权的同时伴随着政治的集权，也即地方官员的政治升迁依然是由中央政府来决定的。地方官员的政治升迁依然由中央政府主导，中央政府会依靠就业、经济发展和税收等相关要求作为地方官员晋升的考核指标。这样一来，源于不同方面的压力便会同时涌向地方政府：首先，分税制的出现在很大程度上降低了地方政府的财政收入和增加了地方政府的财政支出，进而加剧了地方政府的财政压力；其次，在当前我国现有的官员任选、考核方式下，地方政府官员面对巨大的政绩压力。争夺更多资源的省份经济发展较快，争夺较少资源的省份经济发展较慢。作为一国或者一个地区经济发展的重要资源之一，FDI成为财政分权体制下各地方政府竞争的重点。那么，地方政府竞争会给本地区FDI的流入带来何种影响？已有研究发现，财政分权既定时，地方政府竞争存在多方面的影响。一种观点认为，地方政府竞争会显著吸引外商直接投资的流入，促进地区经济增长。如这种竞争会带来物质资本和人为资本的积累、改善辖区的基础设施环境等，这些都会吸引外商直接投资的流入。另一种观点则坚持过度的地方政府竞争会带来地区经济的恶化，如某些较为落后的地区为了留住本地区的资源，会采取保护性的战略，导致实际交易成本增加，从而不利于经济增长，或者是地方政府之间的浪费性竞争行为也会导致地区经济效益的下降。这反而会抑制外商直接投资的流入，对本地区发展不利。周业安、李涛（2013）总结到，我国政府行为可以分为进取型、保护型和掠夺型三种，"进取型政府"主要依赖制度和技术创新，其竞争行为会给当地政府和居民创造价值；"保护型政府"仅仅着眼于维护当地的财富价值，创新程度有限；而"掠夺型政府"则通过增加税费等手段来增加企业和居民负担，毁损当地的价值。

基于此，提出两个竞争性假设4－2－2－2a：地方政府竞争程度越激烈，外商直接投资的流入越多；4－2－2－2b：地方政府竞争程度越激烈，外商直接投资的流入越少。

（2）政府财务信息披露质量与FDI。

政府财务信息披露质量是政府财务信息公开的程度与质量，这里所说的财政信息涵盖政府财政收支等一系列与政府相关的财政资金使用情况的数据、文件等。随着中央反腐的持续推进，越来越多的学者意识到政府财务信息披露质量。我国政府财务信息披露质量目前整体水平偏低，衡量政府财务信息披露质量的指标也较少。过低的政府财务信息披露质量，不利于保护纳税人的权利，同时容易滋生腐败，影响政府形象，降低政府的公信力。那么外商企业在进行投资选择时，是否会将一个地区的政府财务信息披露质量情况考虑在内还不得而知，这也成为本节将要探讨的重要内容之一。一方面，政府财务信息披露质量的提高，可以让外商投资人员更好地了解一个地区的经济发展状况，对一个地区越是熟悉，他们的担心也就越少，进而就越倾向于进行投资；另一方面，政府财务信息披露质量的提高，可能会暴露这个地区许多不完善的方面，从而使得外商进行投资时有所顾忌，进而减少外商直接投资的流入。所以，政府财务信息披露质量既有可能给外商直接投资的流入带来正面影响，也有可能带来负面影响。

基于此，提出如下两个竞争性假设4-2-2-3a：政府财务信息披露质量越高，外商直接投资的流入越多；4-2-2-3b：政府财务信息披露质量越高，外商直接投资的流入越少。

4.2.2.2 研究设计

（1）模型设定、变量选取

针对假设4-2-2-1、4-2-2-2，我们建立模型4-2-2-1。同时，考虑到财政分权与地方政府竞争不仅单独影响外商直接投资的流入，还可能通过交互影响作用于外商直接投资。所以，我们加入二者的交乘项来检验这种共同作用的效果。

$$FDI_{i,t} = \beta_0 + \beta_1 FD_{i,t} + \beta_2 LGC_{i,t} + \beta_3 FD_{i,t} \times LGC_{i,t} + \beta_4 LGD_{i,t} + \beta_5 OPEN_{i,t} + \beta_6 INFR_{i,t} + \beta_7 URBA_{i,t} + \beta_8 STRU_{i,t} + \beta_9 LNWAGE_{i,t} + \beta_{10} LNGDP_{i,t} + \beta_{11} POPU_{i,t} + \beta_{12} EDU_{i,t} + \varepsilon_{i,t}$$

$$(4-2-2-1)$$

针对假设4-2-2-3，我们建立模型4-2-2-2。同时，为了考察财政分权、地方政府竞争以及财政透明度对外商直接投资的共同影响，我们将所有解释变量考虑在内，并加入三者的交乘项，建立模型4-2-2-3。

$$FDI_{i,t} = \beta_0 + \beta_1 FT_{i,t} + \beta_2 LGD_{i,t} + \beta_3 OPEN_{i,t} + \beta_4 INFR_{i,t} + \beta_5 URBA_{i,t} + \beta_6 STRU_{i,t} + \beta_7 LNWAGE_{i,t} + \beta_8 LNGDP_{i,t} + \beta_9 POPU_{i,t} + \beta_{10} EDU_{i,t} + \varepsilon_{i,t}$$

$$(4-2-2-2)$$

$$FDI_{i,t} = \beta_0 + \beta_1 FT_{i,t} + \beta_2 FD_{i,t} + \beta_3 LGC_{i,t} + \beta_4 FD_{i,t} \times LGC_{i,t} + \beta_5 FD_{i,t} \times LGC_{i,t} \times FT_{i,t} + \beta_6 LGD_{i,t} + \beta_7 OPEN_{i,t} + \beta_8 INFR_{i,t} + \beta_9 URBA_{i,t} + \beta_{10} STRU_{i,t} + \beta_{11} LNWAGE_{i,t} + \beta_{12} LNGDP_{i,t} + \beta_{13} POPU_{i,t} + \beta_{14} EDU_{i,t} + \varepsilon_{i,t}$$

$$(4-2-2-3)$$

具体的变量解释如表4-43所示。

变量选取

表4-43

	变量名称	变量简写	衡量标准	数据来源
被解释变量	外商直接投资	FDI	本书采用各省实际利用外商直接投资额与该省国民生产总值（GDP）的比值来衡量FDI。因为该数据是以当年美元价格进行衡量，此处根据当年美元兑人民币的年平均汇率将其换算成人民币	中国国家统计局。由EPS DATA整理
解释变量	财政透明度	FT	上海财经大学公共政策研究中心正式发布的《中国财政透明度研究报告》中所测度的省级政府的财政透明度。其中：2009年，2010年以及2015年的数据采用最小二乘回归拟合而成	《中国财政透明度研究报告》
	财政分权	FD	实证分析过程中，往往对财政分权存在不同定义，通常可采用财政支出分权、收入分权等来衡量。其中，支出分权是地方一般预算支出与国家一般预算支出的比值来衡量，收入分权是以地方一般预算收入与国家一般预算收入的比值来衡量。本书采用财政支出的比值来衡量。即以各个省一般预算支出占国家一般预算支出的比值来衡量	《中国统计年鉴》
	地方政府竞争	LGC	本书使用地方当年的政府财政支出与其财政收入的比值来进行衡量，通常该比值越大代表着地方政府之间的竞争程度越激烈	《中国统计年鉴》
控制变量	地方政府债务	LGD	当前已有的部分研究证明：一国或一个地区在债务风险较高或债务负担过重等易爆发债务危机的情形下，会通过征用或者将外商投资进行国有化的方式来解决面临的巨大债务问题，这样一来使会显著降低外资企业的预期盈利，对外商直接投资产生一定程度的挤出效应。但因地方政府债务的数据无法获取，本书采用各地区国内贷款占该地区国民生产总值（GDP）的比例来衡量	国家统计局。由EPS DATA整理

变量名称		变量简写	衡量标准	数据来源
	市场开放程度	OPEN	市场开放程度衡量了一国或一个地区与国际市场的关联程度，也决定了其是否能够高效、迅速地销售自身产品和引入国外的先进方法、技术与仪器设备。本书使用前人研究常用的方法，用地区进出口总额与该地区国民生产总值（GDP）的比值来表示。因为该数据是以当年美元价格进行衡量，此处根据当年美元兑人民币的年平均汇率将其换算成人民币	国家统计局。由 EPS DATA 整理
	基础设施水平	INFR	优良的基础设施条件能够显著降低地区间进行交易的运输成本，改善资源要素在流通环节的配置效率，提高该地区之间的相互作用与协作与交流，进而产生规模化优势。（Wei 等，1999；Cheng 和 Kwan，2000）。本书采用每平方公里的公路里数来衡量	中国国家统计局。由 EPS DATA 整理
控制变量	城镇化水平	URBA	现有部分研究表明，一个地区的城镇化与地区外商直接投资的流入有着密切关系。中国城镇化水平的提高能够在一定程度上显著提升外商直接投资的引进（袁博和刘凤朝，2014）。本书使用城镇人口占地区全部人口的比重来衡量城镇化水平	国家统计局。由 EPS DATA 整理
	产业结构	STRU	现有部分研究表明，产业结构的优化升级能够显著提升一国或一个地区的效率水平（刘生龙和胡鞍钢，2010）。产业结构对外商直接投资的区位选择有着极其重要的意义（孙俊，2002）。本书采用各省当年第三产业产值占各省当年国民生产总值（GDP）的比重来进行衡量	《中国统计年鉴》

变量名称		变量简写	衡量标准	数据来源
	劳动力成本	LNWAGE	劳动力成本能够反映一国或一个地区的生产要素禀赋，与外商直接投资的流入息息相关。多年来，中国丰富但又廉价的劳动力市场是吸引外资流入的先天优势。因为各个省份与地区的劳动力资源呈现显著的异质性，所以需要将此指标纳入到控制变量当中。本书使用城镇单位就业人员平均工资的对数来衡量劳动力成本	国家统计局。由EPS DATA整理
控制变量	经济发展水平	LNGDP	本书使用人均GDP的对数来衡量	国家统计局。由EPS DATA整理
	市场规模	LNPOPU	市场规模对FDI具有重要作用。已有文献发现，市场规模与FDI之间存在着正相关的关系，因为通常来说市场规模越大便意味着其消费要素市场越发达，这样一来，外资企业在成本降低的同时仍然能够获取得丰厚的利润。我们选取各省年末总人口数的对数来反映该省的市场规模	国家统计局。由EPS DATA整理
	人力资本水平	EDU	先进、发达的技术水平必定要依附于工人的存在而存在，人力资源丰富的地区。本书采用各个省份高等学校普通本专科在校生人数占该省年末总人口的比重来衡量人力资本水平	国家统计局。由EPS DATA整理

4.2.2.3 实证结果分析

（1）描述性统计。

如表4-44所示，外商直接投资占 GDP 的比重最小值为0.07，最大值为8.42，二者差距较大。同时，外商直接投资的变异系数为0.7922，进一步反映出外商直接投资在各省之间存在较大的差异性。同理，政府财务信息披露质量、财政分权、地方政府竞争的变异系数分别为0.3534、0.4565、0.4376，显示出各省之间也存在着较大的差别。控制变量中对外开放程度的变异系数最大，为1.1737，这说明不同省份对外开放水平有着很大区别。这与各省所处的地理位置有很大关系，通常沿海地区可以依靠有利的天然位置优势进行对外贸易，所以对外开放水平较高，而内陆地区通常与外部联系较弱，对外贸易较少，开放水平也就相对较低。

表4-44　　　　　　　　　　　整体描述性统计

变量	Obs	均值	标准差	变异系数	最小值	最大值
FDI	210	2.346 8	1.859 1	0.792 2	0.07	8.42
FT	210	34.536 3	12.203 9	0.353 4	14.00	77.70
FD	210	2.778 0	1.268 0	0.456 5	0.57	7.29
LGC	210	2.255 5	0.987 1	0.437 6	1.07	6.74
LGD	210	11.014 3	5.362 5	0.486 9	1.46	29.01
OPEN	210	29.896 4	35.089 0	1.173 7	3.57	154.82
INFR	210	0.880 8	0.473 8	0.537 9	0.08	2.08
URBA	210	0.542 5	0.132 4	0.244 0	0.30	0.90
STRU	210	0.420 7	0.090 1	0.214 1	0.29	0.80
LNWAGE	210	10.680 6	0.302 5	0.028 3	10.09	11.62
LNGDP	210	10.552 2	0.476 1	0.045 1	9.30	11.59
LNPOPU	210	17.394 5	0.740 9	0.042 6	15.53	18.50
EDU	210	1.815 6	0.535 0	0.294 6	0.79	3.35

考虑到各地区经济发展水平不同，外商直接投资、政府财务信息披露质量、财政分权以及地方政府竞争程度可能存在差异，将30个样本省份按照东部、中部、西部不同地区进行划分，并将各个变量的均值加以比较，结果如表4-45所示。东部地区的经济发展水平相比中、西部地区较高，所以相应的外商直接投资、政府财务信息披露质量以及财政分权程度要高于中西部地区。西部地区的地方政府竞争程度和地方政府债务规模最

高。东部地区的对外开放程度、基础设施水平、城镇化水平以及人力资本水平要显著高于中西部地区，这与东部地区发达的经济水平相吻合。其他控制变量在三个地区之间的差别相对较小。

表 4 - 45   分地区描述性统计

变量	总体	东部	中部	西部
FDI	2.346 8	3.576 4	2.110 5	1.289 1
FT	34.536 3	37.328 8	35.101 8	31.332 6
FD	2.778 0	3.394 7	2.744 5	2.185 6
LGC	2.255 5	1.456 0	2.353 4	2.983 8
LGD	11.014 3	10.775 6	7.196 6	14.029 5
OPEN	29.896 4	62.069 6	11.188 9	11.328 7
INFR	0.880 8	1.178 2	0.940 7	0.539 9
URBA	0.542 5	0.658 3	0.497 0	0.459 9
STRU	0.420 7	0.478 8	0.376 8	0.394 4
LNWAGE	10.680 6	10.826 8	10.546 6	10.632 0
LNGDP	10.552 2	10.946 4	10.365 5	10.293 9
LNPOPU	17.394 5	17.477 8	17.721 1	17.073 6
EDU	1.815 6	2.083 4	1.877 7	1.502 7
Obs	210.000 0	77.000 0	56.000 0	77.000 0

根据假设初步绘制各解释变量政府财务信息披露质量、财政分权以及地方政府竞争与外商直接投资的散点图，结果如图 4 - 4、图 4 - 5 和图 4 - 6 所示。政府财务信息披露质量与 FDI 大致呈负向关系，在一定程度上说明了假设 4 - 2 - 2 - 3b。同时，财政分权与 FDI 呈明显的正相关关系、地方政府竞争与 FDI 有着显著的负相关关系，分别与假设 4 - 2 - 2 - 1、假设 4 - 2 - 2 - 2b 相吻合。

（2）相关性分析。

相关性分析结果如表 4 - 46 所示。除了变量城镇化水平与贸易开放度、城镇化水平与经济增长、劳动力成本与经济增长、人口规模与财政分权的相关系数略大于 0.8 之外，其他变量之间的相关系数均显著低于临界值 0.8。所以，基本能够断定各变量之间不存在严重的多重共线性问题。同时通过对方差较大的变量进行取自然对数的方法来控制可能存在的异方差问题，从而消除其对结果的干扰，使最后的结果更有说服力、更加可靠。政府财务信息披露质量、地方政府竞争与 FDI 均呈现负的相关关系，财政分权与 FDI 呈现正相关关系，这与散点图分析的趋势一致，分别验证假设 4 - 2 - 2 - 3b、假设 4 - 2 - 2 - 2b、假设 4 - 2 - 2 - 1。为了进一步更加可靠的验证三者与 FDI 的关系，需要进行接下来的回归分析。

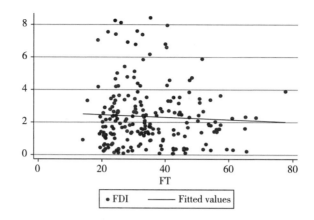

图 4 - 4　FT 与 FDI 的散点图

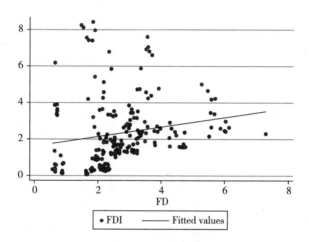

图 4 - 5　FD 与 FDI 的散点图

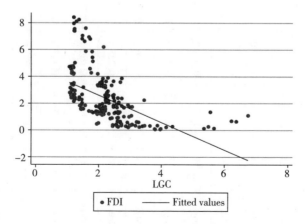

图 4 - 6　LGC 与 FDI 的散点图

表4-46

变量 PEARSON 相关性系数表

变量	FDI	FT	FD	LGC	LGD	OPEN	INFR	URBA	STRU	LNWAGE	LNGDP	LNPOPU	EDU
FDI	1.000 0												
FT	-0.049 6	1.000 0											
FD	0.178 5	-0.046 4	1.000 0										
LGC	-0.540 7	-0.172 7	-0.548 1	1.000 0									
LGD	0.075 8	-0.107 9	-0.541 2	0.342 3	1.000 0								
OPEN	0.416 0	0.084 0	0.411 9	-0.574 5	-0.084 7	1.000 0							
INFR	0.521 2	0.013 2	0.508 5	-0.684 1	-0.189 7	0.542 4	1.000 0						
URBA	0.595 5	0.149 0	0.225 4	-0.600 2	-0.087 1	0.823 7	0.515 5	1.000 0					
STRU	0.243 0	0.166 6	0.080 2	-0.390 5	0.153 9	0.758 7	0.398 7	0.713 3	1.000 0				
LNWAGE	0.231 2	0.286 8	0.143 4	-0.352 2	0.025 2	0.556 1	0.398 6	0.705 2	0.682 8	1.000 0			
LNGDP	0.456 2	0.245 7	0.317 6	-0.600 4	-0.174 8	0.644 2	0.468 7	0.885 2	0.540 1	0.808 1	1.000 0		
LNPOPU	-0.004 8	0.019 8	0.814 0	-0.470 1	-0.675 9	0.021 2	0.386 9	-0.154 7	-0.221 8	-0.169 3	-0.034 2	1.000 0	
EDU	0.593 0	0.048 6	0.071 9	-0.579 9	-0.136 4	0.419 0	0.492 4	0.695 2	0.437 7	0.449 2	0.636 6	-0.035 7	1.000 0

（3）回归结果分析。

①贝叶斯模型平均方法与豪斯曼检验。

由表4-43可知可能影响外商直接投资的各种因素，但是由于控制变量过多，先利用贝叶斯模型平均方法（BMA）对各个控制变量对因变量的解释能力进行分析。然后根据各变量的后验概率大小分别依次放入模型进行回归，分析找出各变量与外商直接投资之间的关系。在正式回归之前，通过豪斯曼检验发现：p值为0.1206，不能拒绝使用随机效应的原假设，采用随机效应模型进行研究。

②模型4-2-2-1回归结果分析。

首先，使用贝叶斯模型平均方法得到各控制变量的后验概率如表4-47所示。预先加入自变量财政分权、地方政府竞争以及二者交乘项之后，控制变量中后验概率最高的为地方政府债务、城镇化水平、产业结构以及经济发展水平，均为100%；其次，分别是基础设施水平、市场开放程度以及人力资本水平，分别为0.88、0.83、0.68；而劳动力成本和市场规模较低，仅为0.09和0.08。根据表4-47的结果，按照控制变量后验概率的大小依次引入（后验概率相同时，同时引入）到模型4-2-2-1当中，回归结果如表4-48所示。

表4-47　　　　　　　　模型4-2-2-1中控制变量的后验概率

变量名称	后验概率	变量名称	后验概率
地方政府债务	1.00	市场开放程度	0.83
城镇化水平	1.00	人力资本水平	0.68
产业结构	1.00	劳动力成本	0.09
经济发展水平	1.00	市场规模	0.08
基础设施水平	0.88		

如表4-48所示：财政分权在所有回归模型当中均在1%的水平上显著为正，验证了我们的假设4-2-2-1，即财政分权程度越高，外商直接投资的流入越多。地方政府竞争在第一个模型当中，即不加入任何控制变量的模型当中，显著为正，验证了假设4-2-2-2a。但是在引入各个控制变量之后，地方政府竞争变得不再显著，只有在最后一个模型中显著，且显著为负，这在一定程度上说明了：当考虑到各种控制变量之后，地方政府竞争非但不能促进FDI的流入，反而会在一定程度上抑制这种流入趋势，验证了假设4-2-2-2b。而且，财政分权与地方政府竞争的交乘项

表4-48

模型4-2-2-1回归结果

变量	FDI	FDI	FDI	FDI	FDI	FDI	FDI
FD	1.665***	0.763***	0.713***	0.816***	1.009***	1.068***	1.323***
	[0.000]	[0.003]	[0.007]	[0.002]	[0.000]	[0.000]	[0.000]
LGC	0.831**	-0.272	-0.229	-0.237	-0.0568	-0.0719	-0.519*
	[0.021]	[0.290]	[0.386]	[0.369]	[0.835]	[0.792]	[0.086]
FD*LGC	-0.527***	-0.295**	-0.291**	-0.328***	-0.395***	-0.412***	-0.291**
	[0.001]	[0.015]	[0.016]	[0.008]	[0.002]	[0.001]	[0.025]
LGD		0.0247	0.0267	0.0268	0.0284*	0.0282*	0.00582
		[0.139]	[0.113]	[0.110]	[0.087]	[0.090]	[0.740]
URBA		10.01***	9.758***	11.98***	9.613***	10.78***	7.125**
		[0.000]	[0.000]	[0.000]	[0.001]	[0.001]	[0.030]
STRU		-3.395**	-3.721**	-3.902**	-3.709**	-5.010**	-4.199**
		[0.023]	[0.015]	[0.011]	[0.015]	[0.013]	[0.034]
LNGDP		-1.757***	-1.747***	-2.029***	-2.140***	-2.988***	-3.022***
		[0.000]	[0.000]	[0.000]	[0.000]	[0.001]	[0.001]

续表

变量	FDI	FDI	FDI	FDI	FDI	FDI	FDI
INFR			0.400 [0.422]	0.389 [0.435]	0.223 [0.653]	0.127 [0.803]	0.530 [0.305]
OPEN				-0.008 78 [0.135]	-0.008 34 [0.152]	-0.007 32 [0.215]	-0.008 23 [0.155]
EDU					0.929** [0.023]	1.009** [0.015]	1.014** [0.013]
LNWAGE						0.835 [0.318]	0.915 [0.264]
LNPOPU							-1.559*** [0.001]
_cons	-1.211 [0.258]	16.75*** [0.000]	16.56*** [0.000]	18.62*** [0.000]	18.86*** [0.000]	18.68*** [0.000]	46.47*** [0.000]
N	210	210	210	210	210	210	210

始终显著为负，这更进一步的说明了：由财政分权所带来的过度的地方政府竞争，会阻碍经济的发展、不利于外商直接投资的增长。控制变量中，城镇化水平和人力资本水平显著为正，这说明城镇化水平和受教育水平越高的地区，越有利于吸引 FDI。产业结构、经济发展水平以及市场规模的系数显著为负，这与平时的认知有些差距，可能是因为一个地区越是发达它的市场越趋于饱和，所以更难进一步吸引外商投资的流入。相反，一些第三产业所占比重较小、经济欠发达或者市场规模较小的地区，反而更有巨大的潜力进行开发，所以更容易得到外商投资者的青睐。地方政府债务的后验概率为100%，但回归结果并不显著，可能是由于将全部后验概率为100%的变量一次性引入有关。其他控制变量基本不显著，说明它们对外商直接投资的影响相对较弱。

③模型 4 - 2 - 2 - 2 回归结果分析。

先用贝叶斯模型平均方法检验在先引入自变量财政透明度的情况下，各控制变量的后验概率（如表 4 - 49 所示），然后将它们依次分别引入模型 4 - 2 - 2 - 2，回归结果如表 4 - 50 所示。

表 4 - 49　　　　　　　　模型 4 - 2 - 2 - 2 中控制变量的后验概率

变量名称	后验概率	变量名称	后验概率
地方政府债务	1.00	人力资本水平	0.97
城镇化水平	1.00	基础设施水平	0.82
产业结构	1.00	市场开放程度	0.49
经济发展水平	1.00	劳动力成本	0.07
市场规模	1.00		

如表 4 - 50 所示，政府财务信息披露质量在各个模型中均不显著，即政府财务信息披露质量对 FDI 的流入几乎没有影响，假设 4 - 2 - 2 - 3 没有得到验证。这可能与我国当前政府财务信息披露质量普遍偏低有关。由于我国各个省份的财政信息公开程度较低，财政披露制度不完善，所以外商投资者在进行投资时无法获取关于财政信息过多的资料，所以也就不会在决策时把政府财务信息披露质量情况考虑在内。但是，在不考虑其他控制变量的情况下，政府财务信息披露质量的系数为负，这与之前散点图的结果一致。其他控制变量的情况与模型 4 - 2 - 2 - 1 的结果一致。

表 4 - 50　　　　　　　　　模型 4 - 2 - 2 - 2 回归结果

变量	FDI	FDI	FDI	FDI	FDI	FDI
FT	- 0. 005 20	0. 003 74	0. 003 05	0. 003 69	0. 003 70	0. 004 13
	[0. 253]	[0. 516]	[0. 599]	[0. 518]	[0. 518]	[0. 474]
LGD		0. 0 295	0. 0 327 *	0. 0 296	0. 0 293	0. 0 287
		[0. 109]	[0. 076]	[0. 103]	[0. 107]	[0. 115]
URBA		15. 41 ***	13. 73 ***	11. 74 ***	11. 66 ***	10. 64 ***
		[0. 000]	[0. 000]	[0. 000]	[0. 000]	[0. 002]
STRU		- 5. 576 ***	- 5. 692 ***	- 6. 145 ***	- 6. 116 ***	- 5. 126 **
		[0. 001]	[0. 000]	[0. 000]	[0. 000]	[0. 017]
LNGDP		- 1. 743 ***	- 1. 889 ***	- 1. 825 ***	- 1. 818 ***	- 1. 254
		[0. 000]	[0. 000]	[0. 000]	[0. 000]	[0. 163]
LNPOPU		0. 373	0. 369	- 0. 0 164	- 0. 0 190	- 0. 0 595
		[0. 178]	[0. 150]	[0. 956]	[0. 950]	[0. 848]
EDU			0. 851 **	0. 696 *	0. 695 *	0. 646 *
			[0. 024]	[0. 067]	[0. 071]	[0. 100]
INFR				1. 203 **	1. 203 **	1. 252 **
				[0. 014]	[0. 015]	[0. 013]
OPEN					0. 000 130	- 0. 000 738
					[0. 982]	[0. 902]
LNWAGE						- 0. 572
						[0. 491]
_cons	2. 526 ***	7. 776	8. 802 *	15. 32 ***	15. 33 ***	16. 40 ***
	[0. 000]	[0. 149]	[0. 087]	[0. 008]	[0. 008]	[0. 007]
N	210	210	210	210	210	210

④模型 4 - 2 - 2 - 3 回归结果分析。

沿用模型 4 - 2 - 2 - 1 和模型 4 - 2 - 2 - 2 的方法,对模型 4 - 2 - 2 - 3 进行回归,来观察政府财务信息披露质量、财政分权以及地方政府竞争三者共同作用下 FDI 的具体情况。通过贝叶斯模型平均方法在引入 FT、FD、LGC、FD × LGC 以及 FT × FD × LGC 的情况下,看各种控制变量的后验概率情况,得到表 4 - 51。并以此为依据对模型 4 - 2 - 2 - 3 进行回归,得到表 4 - 51。

表 4 - 51　　　　　　　　　　模型 4 - 2 - 2 - 3 中控制变量的后验概率

变量名称	后验概率	变量名称	后验概率
地方政府债务	1.00	市场开放程度	0.82
城镇化水平	1.00	人力资本水平	0.67
产业结构	1.00	劳动力成本	0.09
经济发展水平	1.00	市场规模	0.08
基础设施水平	0.88		

如表 4 - 52 所示，在加入财政分权和地方政府竞争的影响之后，政府财务信息披露质量的系数由原来的正号变成了负号，但是结果仍不显著，所以仍然可以判定政府财务信息披露质量对外商直接投资没有显著影响。财政分权、地方政府竞争以及二者交乘项的结果依然与模型 4 - 2 - 2 - 1 的结果一致，再次验证了假设 4 - 2 - 2 - 1 和假设 4 - 2 - 2 - 2。同时应该注意到，财政分权与地方政府竞争的交乘项（FD × LGC）显著为负，但是在加入政府财务信息披露质量之后，三者的交乘项（FT × FD × LGC）变得不再显著，这进一步说明了政府财务信息披露质量对外商直接投资不存在影响，甚至会削弱财政分权和地方政府竞争的影响程度。其他控制变量的回归结果与模型 4 - 2 - 2 - 1 的结论一致，这再次验证了结果的可信度。

（4）稳健性检验。

为检验实证结果的稳定性和可靠性，将全部的样本按照东部、中部、西部地区进行划分来做检验分析，回归结果如表 4 - 53 所示。

如表 4 - 53 所示，按地区分东、中、西部之后发现：东、中部政府财务信息披露质量虽然仍不显著，但是西部地区的政府财务信息披露质量却在 5% 的水平上显著为负，这说明在东、中部这种经济比较发达的地区，外商投资者通常不会考虑这些地方的政府财务信息披露质量。但是在西部欠发达的地区，外商投资者通常顾虑较多，往往会倾向于关注政府的财政信息披露情况。同时，如果这些地区的地方政府披露过多的信息，反而会暴露本地区的一些劣势，这样一来，外商投资人员发现的问题也就越多，投资的意愿也就越弱，这正好与假设 4 - 2 - 2 - 3b 相吻合。

表4-52

模型4-2-2-3回归结果

变量	FDI	FDI	FDI	FDI	FDI	FDI	FDI
FT	-0.009 04 [0.420]	-0.002 51 [0.822]	-0.002 88 [0.796]	-0.001 69 [0.879]	-0.000 366 [0.974]	-0.001 36 [0.902]	-0.001 01 [0.925]
FD	0.995*** [0.001]	0.778*** [0.004]	0.744*** [0.006]	0.849*** [0.003]	1.044*** [0.000]	1.081*** [0.000]	1.347*** [0.000]
LGC	0.155 [0.614]	-0.292 [0.272]	-0.247 [0.366]	-0.246 [0.369]	-0.067 5 [0.812]	-0.089 8 [0.752]	-0.559* [0.072]
FD×LGC	-0.367*** [0.008]	-0.361*** [0.005]	-0.363*** [0.005]	-0.391*** [0.003]	-0.449*** [0.001]	-0.462*** [0.000]	-0.345** [0.010]
FT×FD×LGC	0.000 093 9 [0.963]	0.001 92 [0.330]	0.001 98 [0.317]	0.001 72 [0.382]	0.001 40 [0.474]	0.001 52 [0.441]	0.001 77 [0.355]
LGD		0.023 9 [0.151]	0.025 5 [0.129]	0.025 3 [0.130]	0.026 6 [0.109]	0.026 8 [0.107]	0.003 78 [0.828]
URBA		10.53*** [0.000]	10.20*** [0.000]	12.01*** [0.000]	9.666*** [0.001]	10.90*** [0.001]	7.165** [0.030]
STRU		-3.961** [0.011]	-4.204*** [0.008]	-4.315*** [0.007]	-4.075** [0.010]	-5.380*** [0.009]	-4.640** [0.021]

续表

变量	FDI	FDI	FDI	FDI	FDI	FDI	FDI	FDI
LNGDP		-1.963***	-1.950***	-2.181***	-2.277***	-3.109***	-3.175***	
		[0.000]	[0.000]	[0.000]	[0.000]	[0.001]	[0.000]	
INFR			0.374	0.353	0.188	0.110	0.549	
			[0.462]	[0.492]	[0.714]	[0.832]	[0.299]	
OPEN				-0.007 51	-0.007 24	-0.006 34	-0.007 13	
				[0.203]	[0.216]	[0.286]	[0.220]	
EDU					0.895**	0.975**	0.968**	
					[0.031]	[0.021]	[0.019]	
LNWAGE						0.820	0.900	
						[0.333]	[0.277]	
LNPOPU							-1.656***	
							[0.001]	
_cons	1.577	18.99***	18.79***	20.41***	20.48***	20.31***	50.19***	
	[0.144]	[0.000]	[0.000]	[0.000]	[0.000]	[0.000]	[0.000]	
N	210	210	210	210	210	210	210	

* p<0.1，* * p<0.05，* * * p<0.01

表4-53　　　　　　　　　　分样本回归结果

变量	东部	中部	西部
FT	0.004 65	0.003 75	-0.036 9 **
	[0.786]	[0.862]	[0.050]
FD	1.073 ***	2.822 **	1.607 ***
	[0.003]	[0.030]	[0.001]
LGC	-4.199 ***	4.960 ***	0.609 **
	[0.000]	[0.000]	[0.019]
FD × LGC	0.115	-1.983 ***	-0.536 ***
	[0.764]	[0.000]	[0.010]
FT × FD × LGC	-0.001 79	-0.000 480	0.008 62 **
	[0.601]	[0.883]	[0.016]
LGD	0.051 6	-0.072 3 *	0.000 539
	[0.246]	[0.089]	[0.983]
URBA	23.21 ***	-2.556	21.14 ***
	[0.000]	[0.500]	[0.000]
STRU	-13.18 ***	-0.890	-1.449
	[0.000]	[0.695]	[0.562]
LNGDP	-7.177 ***	-1.614 **	-2.016 *
	[0.000]	[0.016]	[0.099]
INFR	-0.604 *	-0.441	2.129 ***
	[0.089]	[0.521]	[0.000]
OPEN	-0.050 4 ***	0.114 ***	0.025 5 **
	[0.000]	[0.000]	[0.046]
EDU	1.103 **	-0.015 4	-0.449 **
	[0.014]	[0.975]	[0.036]
LNWAGE	2.821 **	2.560 ***	-1.248
	[0.032]	[0.000]	[0.241]
LNPOPU	-2.545 ***	4.781 ***	-0.178
	[0.002]	[0.000]	[0.618]
_cons	90.17 ***	-98.02 ***	25.85 ***
	[0.000]	[0.000]	[0.001]
N	77	56	77

财政分权依然显著为正，与总体样本回归结果一致，验证了之前的假

设 4 - 2 - 2 - 1。地方政府竞争在东部与中、西部之间呈现出差异性。在东部地区，由于经济高度发达，地方政府竞争愈演愈烈，过度的竞争使得其与外商直接投资之间呈现显著的负向关系，这与假设 4 - 2 - 2 - 2a 相一致；同时在中、西部地区，由于经济发展水平较低，地方政府间通过相互竞争吸引外资，以此来推动自身的发展，所以二者之间呈现正向的相关关系，这验证了我们的假设 4 - 2 - 2 - 2b。财政分权与地方政府竞争的交乘项在东部地区不再显著，但是在中、西部地区仍然显著为负，这与之前总体样本的结果相同。政府财务信息披露质量、财政分权以及地方政府竞争的交乘项由之前的不显著，变成在西部地区显著为正，这说明在西部地区，政府财务信息披露质量提高所带来的负面效应要小于财政分权体制下地方政府竞争所带来的正面效应。

控制变量中，基础设施水平和市场开放程度由之前的不显著变成了分别在西部地区以及中、西部地区显著为正，这说明对中、西部这种发展水平较差的地区而言，提高基础设施水平和对外开放程度，能够有效地吸引外资流入，进而推动地区经济发展；而对东部经济发达地区而言，这种措施可能并不会起作用甚至要起相反作用。其他控制变量的结果与之前总体样本分析结果基本一致，此处不再赘述。

4.2.2.4　小结

基于 30 个省（自治区、市）的面板数据，探讨了政府财务信息披露质量、财政分权以及地方政府竞争对 FDI 的影响，并通过贝叶斯模型平均方法确定了各个控制变量对 FDI 的影响程度。同时，通过分样本检验考察了东、中、西部之间 FDI 影响因素的异质性。得出以下主要结论及启示：

一是 FDI 在各地区之间存在较大差异性，东部地区比重较大，中、西部地区比重较低、有待提升。中央应加大对中、西部地区的扶持，积极引导外商直接投资的流入，提高中、西部地区的经济发展水平。

二是政府财务信息披露质量除对西部地区 FDI 的流入存在负向影响外，对其他地区的影响并不明显。因此，政府财务信息披露质量并不是影响 FDI 流入的主要因素。后续关注 FDI 影响因素的研究，可以从其他方面着手来选择关键变量。

三是财政分权深刻影响着地方政府行为，对地方 FDI 的流入有着积极的促进作用。这要求我们，一方面要进一步深化财政分权体制改革，使财权与事权相匹配，在实践中反思现有的财政分权体制是否存在不健全的因素，对其进行完善和补充，建立现代财政制度，发挥中央和地方两方面的积极性；另一方面要进一步提高财政分权的区域效率，通过不断深化财政分权来处理各个地区之间外商直接投资的市场分割问题。

四是地方政府竞争对东部地区 FDI 的流入有着抑制作用，但对经济不发达的中西部地区却有着显著的促进作用。这说明，适度的地方政府竞争能够促进经济增长，对经济发展有着积极的作用。然而，如果这种竞争愈演愈烈变成了恶性竞争，反而会对经济的持续健康发展有着负面作用。因此，必须对各省份引资竞争行为进行规范；建立科学的官员考核制度，并同时加大对各级地方政府行为的管制；加强各地政府之间的相互协作，避免其过度竞争所带来的各种优惠政策之间的比拼；优化招商引资制度，从一定程度上消除地方政府间的恶性竞争。

五是城镇化水平和人力资本水平对 FDI 的流入有着积极的作用。各省市政府应积极稳妥地推进城镇化建设，提高居民的受教育水平，以创造良好的投资营商环境，吸引更多高质量的 FDI。基础设施水平和对外开放程度对中西部地区的 FDI 流入有着显著的正向影响，这些地区应当进一步深化贸易开放进程，加快基础设施建设，完善招商引资政策，健全市场机制，提高市场开放程度。

4.2.3 控制隐性经济规模

关注隐性经济规模的成因并采取有效措施抑制隐性经济规模的扩大，使其纳入合法经济范畴，成为保障社会主义市场经济有效运行的重要途径。党的十八届三中全会《决定》明确提出将"清理规范隐性收入"。从现有的理论和实证研究来看，财政透明度、税收负担等是影响隐性经济规模的主要原因。根据 2016 年《中国财政透明度报告》，我国各省财政透明度逐年提高但进展很慢，整体水平依然很低，另外我国各地区税收负担水平差异较大，因此结合我国隐性经济规模成因，本节选取政府财务信息披露质量和税收负担作为研究视角，以省级政府数据作为分析对象，探讨政府财务信息披露质量和税收负担如何影响隐性经济规模。

4.2.3.1 文献综述与假设提出

地区隐性经济规模的度量。从现有国内外研究来看，度量隐性经济规模的方法有直接方法和间接方法。直接方法又称描述信息法，通过直接调查和税收审计两种方式来收集未申报的企业或个人信息，再基于这些直接信息来对隐性经济规模进行估算。间接方法是依据官方宏观经济统计资料倒挤隐性经济规模。由于隐性经济的隐秘性和模糊性，用直接方法度量隐性经济存在很大的不可操作性和不完整性，因此，绝大多数研究采用间接方法来度量隐性经济规模。从国外的研究来看，Frey 和 Weck-Hannemann

（1984）首个采用 MIMIC 模型衡量欧盟各国的隐性经济规模，发现隐性经济规模的重要影响因素包括税收负担、纳税道德及税务条例。许多学者后续均采用 MIMIC 模型来估计隐性经济规模，如 Giles（2000）建立并估计了新西兰隐性经济的结构变量、潜在变量和模型，发现在 1968～1994 年间，隐性经济的规模在 6.8%～1.3% 之间；Buehn（2012）采用 MIMIC 模型估计了德国的隐性经济规模，发现富裕省份的隐性经济规模更低；Wiseman（2013）采用 MIMIC 模型估算了美国各州的隐性经济规模，发现各州隐性经济规模差异不大，基本在 7.28%～9.54% 之间。Alm 和 Embaye 运用货币需求法发现各国隐性经济规模之间存在着巨大差异，在 10%～86% 之间，并且随着时间的推移有扩大趋势。国内学者对隐性经济规模的研究采用了其他方法：杨灿明和孙群力（2010）用改进后的货币需求方法估算了 1978～2008 年我国的隐性经济规模，发现其介于 10.7%～26.73% 之间；闫海波等（2012）利用要素分配法对我国省域隐性经济分布格局及演化趋势进行了分析，发现我国隐性经济存在中心和外围地区、发达和落后地区的空间差异性；王首元和王庆石（2014）利用灰色收入测算模型测算了 2002～2011 年中国 31 个省级行政区的隐性经济规模；王永兴和景维民（2014）利用中国 2008～2012 年的省际面板数据，采用层次聚类的方法分析了中国隐性经济的区域分化特征；余长林和高宏建（2015）估算了 1998～2012 年各省的隐性经济规模介于 11.1%～15.4% 之间。

政府财务信息披露质量对隐性经济规模的影响。目前关于政府财务信息披露质量与隐性经济规模的关系的研究较少，从仅有的文献中不难看出普遍观点是提高政府财务信息披露质量有助于降低隐性经济规模。如 Friedman 等（1999）通过对 69 个国家的实证分析，认为腐败水平和隐性经济规模正相关，而政府财务信息披露质量越低，腐败水平越高，从而认为政府财务信息披露质量间接影响了隐性经济规模。Enste（2015）发现政府提升财政透明度能抑制腐败，从而减少公民隐性经济的动机，增强政府的公信力和公民的忠诚度。Razmi（2013）通过对伊斯兰会议组织成员国的实证分析，得出对腐败的控制力度、法治水平和政治稳定与隐性经济规模之间存在显著的负向关系。Islam（2016）采用跨国数据实证分析发现，财政透明度能降低隐性经济规模。Teobaldelli（2011）认为，制度不稳定、财政不透明、法律不健全等，都可能使公众进行隐性经济。李永海和孙群力（2016）采用省级面板数据进行动态面板回归发现，财政透明度与隐性经济规模负相关。

税收负担也是隐性经济规模的重要影响因素。从地区层面看，Torgler 等（2010）发现，瑞士各州的税收负担与隐性经济规模不显著正相关。Wiseman（2013）发现，美国各州税收负担（包括间接税比重及收费规模）与隐性经济规模显著正相关。Esmaiel 和 Abdolhamed（2015）通过研究伊朗 1966~2011 年税收负担与隐性经济的关系发现税收负担对隐性经济规模的最终影响是正向且显著的。从具体税种看，Schneider 等（2010）采用跨国数据分析发现，个人所得税及企业所得税的最高边际税率与隐性经济规模显著负相关，但直接税比重、间接税比重与隐性经济规模显著正相关。Buehn（2012）发现，德国贸易税税负与隐性经济规模显著正相关，更好地执行税收规则和规章有可能阻止隐性经济规模的扩大。Duncan 和 Peter（2014）发现，企业所得税率与隐性经济规模显著正相关。从税制结构看，Schneider 和 Reinhard（1993）发现，奥地利降低直接税与间接税负担能降低隐性经济规模。徐蔼婷、李金昌（2007）发现，直接税负担与隐性经济规模正相关。杨贵军等（2014）认为，间接税负担与隐性经济规模正相关。杨灿明、孙群力（2010）发现，间接税负担与隐性经济显著正相关，直接税负担与隐性经济显著负相关。

综上所述，第一，已有文献发现，政府财务信息披露质量有利于抑制腐败、控制行政管理支出、控制政府债务规模。第二，隐性经济规模的测量方法不断改进，准确性不断提升。第三，政府财务信息披露质量、税收负担与隐性经济规模的关系上，理论研究认为政府财务信息披露质量的提高可以降低隐性经济规模，但目前还鲜有直接的实证研究。从影响效应来看，税收负担的加重导致了隐性经济规模的扩大，但随着税收负担的进一步加重，隐性经济规模究竟发生如何变化还需进一步探讨。由于受数据获取和指标选择的限制，地区层面的研究尤为匮乏。此外，现有的实证研究主要集中在使用截面数据探讨国家层面的政府财务信息披露质量和税收负担对隐性经济规模的影响效应方面。本节采用 2006~2014 年 31 个省级政府财务信息披露质量和税收负担数据，先测算各地区隐性经济规模，然后分别采用固定效应、随机效应和系统 GMM 模型，实证检验政府财务信息披露质量和税收负担对地区隐性经济规模的影响效应，以进一步丰富和发展对隐性经济影响因素的研究领域。

作者认为，政府财务信息披露质量与隐性经济规模负相关。第一，从信息不对称理论角度看，刘笑霞和李建发（2008）认为，政府财务信息披露质量的核心是为公众能够及时、充分的获取政府财政信息，来准确评价公共受托责任的履行状况。当政府财务信息披露质量低，政府信息公开程度不能满足公众的信息需求时，即公众不能够方便地获得关于政府及其活动的信息时，公众可能更有动机从事隐性经济活动。而提高政府财务信息披露质量，有利于增进公众了解政府财政收支信息，明确自身负担税收与政府提供公共安全、公共卫生、国防等公共产品的关系，更好地监督和评价政府。第二，从政府治理视角看，王满仓、赵守国（2005）认为，政府财务信息披露质量能改进政府治理效率，政府财务信息披露质量的提升是政府治理能力提升的要求。第三，从维护公众权益视角看，政府财务信息披露质量能保障公众的知情权，有利于公众进行财政监督，也有利于公众减少隐性经济活动。由此提出：假设4－2－3－1：政府财务信息披露质量的提高有助于抑制隐性经济规模。

对于税收负担和隐性经济规模的关系，公众进行隐性经济主要是为了避税甚至逃税，税收负担太重是公众进行隐性经济的重要原因。很多文献发现，税收负担与隐性经济规模呈现倒"U"型关系。税收负担不太高时，税收负担与隐性经济规模正相关；税收负担较高时，一方面政府会加强税收监管，另一方面会增加税务信息的透明度，这些措施都会降低隐性经济规模。基于上述分析和前述研究成果，我们提出假说4－2－3－2：税收负担与隐性经济规模呈倒"U"型关系。

4.2.3.2 研究设计

（1）模型设计。

为研究政府财务信息披露质量和税收负担对隐性经济规模的影响，利用2006～2014年的省级面板数据，建立模型4－2－3－1：

$$SE_{it} = \alpha_0 + \beta FT_{it} + \gamma 0 TAX_{it} + \gamma_1 (TAX)^2 + \delta Control_{it} + \mu_i + v_t + \varepsilon_{it}$$

$$(4-2-3-1)$$

其中，SE为隐性经济规模（隐性经济占GDP的比重），FT表示政府财务信息披露质量，TAX为各省税收负担，Control是其他影响隐性经济规模的控制变量，i为省份，t为年度，α_0是常数项，β、γ_0、γ_1、δ是系数矩阵，μ_i表示个体效应，v_t是个体时间效应，ε_{it}是随机误差项。

（2）变量选择。

隐性经济规模（SE）。用各省隐性经济占各省GDP的比重来衡量。采用微观国民收入与支出差异法来计算隐性经济绝对规模。Schneider（2005）发现，该方法能较好地估算隐性经济规模。我国居民家庭个人的总收入与总支出两者也差异较大，适合采用该方法。借鉴李永海和孙群力（2016）的做法，运用该方法估算各省的隐性经济规模。数据来源于《中国统计年鉴》和国家统计局网站。如图4-7所示，2006~2014年各地区隐性经济规模在8%~19%之间，其中甘肃省、贵州省、陕西省、宁夏回族自治区的隐性经济规模较高，为18%~19%，福建省、江西省、海南省、安徽省的隐性经济规模较低，在9%~11%之间，各省之间隐性经济规模差异较大。

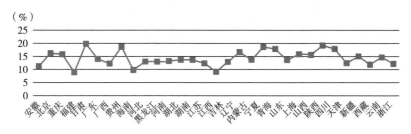

图4-7 2006~2014年各地区隐性经济规模

政府财务信息披露质量。仍然采用上海财政大学发布的财政透明度指数。

税收负担。采用省份税收总负担（某省税收总收入占该省GDP的比重（TTAX））及其二次项衡量。省份税收总收入数据来源于《中国税务年鉴》中各省国地税部门征收的税收收入之和。为了结果更加稳健，同时采用间接税负担（ITAX，间接税占GDP的比重）、直接税负担（DTAX，直接税占GDP的比重）、地方财政税收负担（LTAX，省份财政税收收入占GDP的比重）、地方财政负担（LFTAX，省份财政收入占GDP的比重）四个指标来衡量各省税收负担。直接税是增值税、消费税、营业税、资源税和城建税之和，间接税为国地税总税收去除直接税部分。根据前述分析，我们认为税收负担和隐性经济规模呈倒"U"型关系，加入税收负担及其二次项作为自变量，预期税收负担的一次项符号是正数，二次项符号是负数。

控制变量。①人均GDP。已有文献发现隐性经济规模与地区经济发展水平负相关。Alm和Embaye（2013）发现，隐性经济规模在经济发展水平较高的国家较小，而经济发展落后的国家的隐性经济规模明显高于发达国家。统计结果也发现，我国西部省份隐性经济规模相对更高。采用人均GDP能消除人口规模对隐性经济的影响。预期人均GDP负向影响隐性经济规模。②城镇化率。城镇化率是衡量一个国家和一个地区社会经济发展水平的重要标志。城镇化程度越高，各地区经济越均衡发展，公共服务越均等，公众就越少进行隐性经济活动。Alm 和 Embaye（2013）通过跨国数据分析发现，城镇化率负向影响隐性经济规模。以各省城镇人口占总人口的比重衡量城镇化率，预期符号为负。③GDP 增长率。经济增长率的提高可以创造大量就业机会、需求、吸引投资，从而降低公众进行隐性经济活动的意愿，从事更多的官方经济活动。预期 GDP 增长率负向影响隐性经济规模。④居民统计收入。政府部门数据显示居民收入水平越高，居民进行隐性经济活动的风险越大，降低了居民进行隐性经济活动的意愿。预期居民统计收入负向影响隐性经济规模。

表 4 - 54　　　　　　　　　　　变量定义说明表

变量类型	变量名称	变量符号	度量方法
被解释变量	隐性经济规模	SE	隐性经济占 GDP 比重
解释变量	财政透明度	FT	《中国财政透明度报告》中的省级财政透明度
	税收总负担	TTAX	国地税总收入占 GDP 比重
	直接税负担	DTAX	直接税收入占 GDP 比重
	间接税负担	ITAX	间接税收入占 GDP 比重
	地方财政税收负担	LTAX	某省财政税收收入/某省 GDP
	地方财政负担	LFTAX	某省财政收入/某省 GDP
控制变量	人均 GDP	GDPPC	人均 GDP 的对数
	城镇化率	URR	城镇居民人口占总人口比重
	GDP 增长率	GDPR	GDP 年增长率
	居民统计收入	INCOME	居民统计收入占 GDP 比重

（3）数据来源。

使用 2006~2014 年的省级面板数据。隐性经济规模由上述方法计算取得；其他数据来自《中国税务年鉴》《中国财政年鉴》《中国统计年鉴》及国家统计局数据库。

4.2.3.3 实证结果分析

（1）描述性统计。

由表 4 - 55 可知，隐性经济规模的均值为 0.143，最大值为 0.274，表明目前各省市自治区隐性经济规模较大。政府财务信息披露质量均值为 0.254，最小值接近 0，表明目前政府财务信息披露质量较低，政府信息披露水平不高，这可能会影响隐性经济规模；税收负担各指标均值较高，表明各省市自治区存在一定的税收负担。其他变量方面，人均 GDP 标准差为 0.578，城镇化率标准差为 0.147，GDP 增长率标准差为 0.059，居民统计收入标准差为 0.070，表明不同地区的人均 GDP、城镇化率、GDP 增长率和居民统计收入均存在一定的差异，有可能对隐性经济规模产生影响。

表 4-55　　　　　　　　　描述性统计

变量	N	均值	标准差	最小值	最大值
SE	279	0.143	0.044	0.020	0.274
FT	279	0.254	0.145	0.000 6	0.777
TTAX	279	0.169	0.095	0.062	0.541
DTAX	279	0.060	0.054	0.016	0.367
ITAX	279	0.109	0.050	0.046	0.331
LTAX	279	0.075	0.030	0.034	0.181
LFTAX	279	0.110	0.039	0.050	0.251
GDPPC	279	10.281	0.578	8.657	11.564
URR	279	0.509	0.147	0.211	0.896
GDPR	279	0.156	0.059	-0.004	0.281
INCOME	279	0.431	0.070	0.264	0.655

（2）回归结果分析。

使用 Stata 软件对 2006～2014 年的省级面板数据进行回归。Hausman 检验结果显示，模型 4-2-3-1 至模型 4-2-3-4 应该选择固定效应模型，模型 4-2-3-5 适合建立随机效应模型。模型 4-2-3-1 只加入了税收总负担变量（TTAX）及其二次项（TTAX）^{2}，模型 4-2-3-2 只加入了直接税负担变量（DTAX）及其二次项（DTAX）^{2}，模型 4-2-3-3 只加入了间接税负担变量（ITAX）及其二次项（ITAX）^{2}，模型 4-2-3-4 只加入了地方财政税收负担变量（LTAX）及其二次项（LTAX）^{2}，模型 4-2-3-5 只加入了地方财政负担变量（LFTAX）及其二次项（LFTAX）^{2}。具体估计结果如表 4-56 的模型 4-2-3-1 至模型 4-2-3-5 所示。

表4-56实证检验结果

变量	模型4-2-3-1	模型4-2-3-2	模型4-2-3-3	模型4-2-3-4	模型4-2-3-5
	FE	FE	FE	FE	RE
常数项	0.443***	0.384**	0.540***	0.410**	0.571***
	(2.78)	(2.46)	(3.54)	(2.20)	(4.56)
FT	-0.071***	-0.069***	-0.068***	-0.066***	-0.073***
	(-4.17)	(-3.97)	(-4.06)	(-3.91)	(-4.39)
TTAX	0.59**				
	(2.39)				
$(TTAX)^2$	-1.067***				
	(-2.79)				
DTAX		0.131			
		(0.41)			
$(DTAX)^2$		-1.302*			
		(-1.73)			
ITAX			1.453***		
			(2.85)		
$(ITAX)^2$			-2.229		
			(-1.56)		
LTAX				1.288**	
				(1.90)	
$(LTAX)^2$				-7.588**	
				(-2.42)	
LFTAX					0.924**
					(2.51)
$(LFTAX)^2$					-2.511*
					(-1.94)
GDPPC	-0.018	-0.002	-0.036*	-0.011	-0.038***
	(-0.87)	(-0.11)	(-1.89)	(-0.44)	(-3.12)
URR	-0.086	-0.178	0.057	-0.151	0.047
	(-0.44)	(-0.93)	(0.30)	(-0.77)	(0.98)
GDPR	-0.058	-0.058	-0.086**	-0.059	-0.053
	(-1.36)	(-1.36)	(-2.00)	(-1.38)	(-1.31)
INCOME	-0.238**	-0.235**	-0.336***	-0.240**	-0.228***
	(-2.39)	(-2.41)	(-3.34)	(-2.41)	(-3.26)

变量	模型 4 - 2 - 3 - 1	模型 4 - 2 - 3 - 2	模型 4 - 2 - 3 - 3	模型 4 - 2 - 3 - 4	模型 4 - 2 - 3 - 5
	FE	FE	FE	FE	RE
Within R^2	0. 144 9	0. 140 2	0. 157 2	0. 138 8	0. 123 6
F 检验	5. 84 ***	6. 06 ***	5. 92 ***	5. 25 ***	
N	279	279	279	279	279

注：括弧内的数字为 z 值，FE、RE、GMM 分别表示固定效应、随机效应和系统广义矩估计模型。（本节下同）

从表 4 - 56 可知，各模型的估计效果很好，各变量符号与预期一致。模型 4 - 2 - 3 - 1 至模型 4 - 2 - 3 - 5 中的解释变量财政透明度均在 1% 的水平上显著为负，说明地区政府财务信息披露质量越高，隐性经济规模越小，验证了假设 4 - 2 - 3 - 1。根据财政分权理论，地方政府相对于中央政府更接近当地公众，更容易满足当地公众的需求与偏好。各省居民也更关注与自身利益直接相关的税收负担及政府公共服务的供给情况。因此，地方政府财务信息披露方便公众了解自身的税负情况和公共服务的供给情况，进而加强参政议政和监督政府的积极性，也减少了自身隐性经济活动的参与。

上述五个模型的税收负担的系数都至少在 10% 的水平上显著为正，且一次项系数均为正，二次项系数均为负，说明税收负担与隐性经济规模呈倒"U"型关系。这表明税收负担是隐性经济规模的重要影响因素，但两者是非线性关系。由于目前我国各类税收负担都没有超过拐点，导致提高税收负担会扩大隐性经济规模。这一结果也验证了前述假设 4 - 2 - 3 - 2。

再看控制变量，除城镇化率外，各控制变量的系数符号也都比较稳定且十分显著，其中人均 GDP 和居民统计收入与隐性经济规模显著负相关，说明人均 GDP 的提高和较高的居民统计收入能显著抑制人们进行隐性经济活动的动机。GDP 增长率与隐性经济负相关，但不够显著，需要进一步检验。城镇化率均与隐性经济规模的关系不稳定，说明城镇化率不是影响隐性经济规模的主要因素。

（3）稳健性检验。

采用动态面板模型解决内生性问题，根据模型的适用条件和大 N 小 T 的数据特点，利用系统 GMM 模型重新回归，回归结果如表 4 - 57 所示。滞后一期的隐性经济规模都在 1% 的水平下显著，自相关检验与过度识别检验都表明适合采用系统 GMM 模型。相对于静态面板回归，动态面板回归的各变量的系数符号没有改变，还提高了显著性水平。这说明上述静态面板回归结果的稳健性。从自变量看，政府财务信息披露质量与隐性经济规模显著负相关，与静态面板模型一致。各类税收负担与地区隐性经济规模仍呈倒"U"型关系，且显著性提高。就控制变量来说，人均 GDP、城镇化率、GDP 增长率、居民统计收入都显著负向影响隐性经济规模，再次表明研究结论具有一定的合理性和稳定性。

表 4 - 57   稳健性检验结果

变量	模型 6	模型 7	模型 8	模型 9	模型 10
常数项	0.868 *** (12.09)	0.730 *** (22.43)	0.522 *** (4.59)	1.004 *** (13.93)	0.727 *** (6.75)
SE(-1)	-0.238 *** (-11.07)	-0.166 *** (-8.69)	-0.294 *** (-15.84)	-0.251 *** (-10.66)	-0.268 *** (-14.35)
FT	-0.121 *** (-15.46)	-0.130 *** (-15.78)	-0.001 *** (-18.14)	-0.001 *** (-23.92)	-0.001 *** (-15.99)
TTAX	2.09 *** (12.95)				
$(TTAX)^2$	-2.840 *** (-13.13)				
DTAX		1.651 *** (9.69)			
$(DTAX)^2$		-3.641 *** (-9.81)			
ITAX			4.300 *** (13.10)		
$(ITAX)^2$			-9.153 *** (-9.65)		
LTAX				5.171 *** (8.34)	
$(LTAX)^2$				-18.485 *** (-8.05)	
LFTAX					2.543 *** (5.85)
$(LFTAX)^2$					-7.695 *** (-6.36)

变量	模型6	模型7	模型8	模型9	模型10
GDPPC	−0.078 *** (−12.80)	−0.055 *** (−19.25)	−0.041 *** (−4.24)	−0.097 *** (−12.66)	−0.069 *** (−7.00)
URR	0.094 ** (2.28)	0.098 *** (3.16)	−0.082 (−1.55)	0.152 *** (3.28)	0.208 *** (4.26)
GDPR	−0.135 *** (−8.70)	−0.101 *** (−6.08)	−0.147 *** (−13.89)	−0.109 *** (−5.37)	−0.096 *** (−7.21)
INCOME	−0.311 *** (−5.41)	−0.170 *** (−4.17)	−0.353 *** (−4.92)	−0.290 *** (−7.25)	−0.166 *** (−2.74)
AR(1)	0.001 2	0.003 0	0.001 1	0.001 4	0.021 8
AR(2)	0.013 5	0.006 0	0.009 8	0.002 9	0.002 9
Sargan 检验	0.307 5	0.324 2	0.258 5	0.239 8	0.336 3
模型设定	GMM	GMM	GMM	GMM	GMM
N	248	248	248	248	248

注：AR（1）、AR（2）和 Sargan 提供的都是 p 值。

4.2.3.4 小结

利用各省 2006～2014 年政府财务信息披露质量、税收负担和隐性经济规模等省级面板数据，实证分析结论如下：

第一，政府财务信息披露质量能反映财政信息公开程度，其高低会影响到地区隐性经济规模。采用固定效应、随机效应及系统 GMM 模型进行实证分析均发现，政府财务信息披露质量显著负向影响隐性经济规模。

第二，税收负担与隐性经济规模呈倒"U"型关系。而且四个指标（省域总税收、直接税、间接税、省域税收收入负担、省域财政负担）衡量的税收负担的结果均与隐性经济规模呈倒"U"型关系。

第三，人均 GDP、GDP 增长率、居民统计收入负向影响隐性经济规模。

5 政府财务信息披露质量的动因

本章基于第 2 章第 2 节的基本要求模型和路德权变模型推导的影响政府财务信息披露质量的四类动因（激励因素、信息使用者因素、信息提供者因素、实施障碍因素），结合我国实际情况和数据的可获得性，分别进行实证分析，分析的方法为省级政府面板数据的实证分析。

5.1 激励因素

激励因素为政府财务信息披露质量提升的促进因素，本书关注财政赤字、对外开放、制度环境、制度变迁、城镇化和预算科学性六个方面。

5.1.1 财政赤字

从全球范围看，自 2009 年年底，欧洲各国陷入了政府债务危机，这其中包括希腊、葡萄牙、德国、意大利等国家，美国也多次面临地方债务危机的险境。财政赤字和债务数据未如期发布使得人们对市场失去信任，甚至引发了全球性的连环倒塌效应，对全球经济产生了连锁冲击。对此，日本经济学家辜朝明认为，政府的有关财政赤字的数据可以用来预测宏观经济走势，全球性经济危机源于政府资产负债表设计的失败，而政府会计主体所提供的不合理、匹配不当的资产负债信息，达不到对风险提出预警的要求，从而导致政府面临债务危机的阴影。我国近年来，地方政府债务显示出了恶性膨胀、野蛮生长、分布不均衡、期限长、偿债率高等特点。鉴于这种情况，财政部制定了《2014 年地方政府债券自发自还试点办法》。该办法明确在北京、上海、江苏等 10 个省份开展地方政府债券自发自还试点工作，规定在试点地区按照公平、公正的原则开展债券信用评级工作，同时要求做好信息披露工作，不得提供虚假信息，使得投资者做出更准确的判断和决定。该《办法》释放出了一个明确的信息：地方债务问题成为驱动地方政府信息披露工作进一步规范化的因素。这说明，地方政府债务问题是促进政府财务信息披露的激励因素。提升政府财务信息披露质量，能有效防范地方政府债务风险，提升政府的公信力。

财政赤字是财政年度内财政支出超过财政收入的部分。当财政赤字率过低时，代表着财政支出不足，能用于本地区经济建设、制度建设的投入缺乏，缺乏资金用于提升政府财务信息披露质量，甚至可能会对地方政府财务信息披露质量产生负向影响。适度的财政赤字政策能够刺激经济增长，调动政府官员的积极性，为实现高质量的政府财务信息披露完善了制度基础。财政赤字率过高时，代表政府严重入不敷出，政府顾虑政治利益与压力不能如实反映政府财务状况。综上所述，财政赤字与政府财务信息披露质量存在非线性关系。

最近几年，地方政府财务信息披露质量不高的问题，引起了全社会的高度关注，有关地方政府财务信息披露质量影响因素的研究也出现了一些新的角度，但总体而言，已有研究的方法还比较分散，缺乏分析各省的政府财务信息披露质量存在空间相关性。如果采用跨国面板数据来分析各国政府财务信息披露质量，空间效应可能不大。但我国各省政府之间既存在相互竞争，又相互学习和模仿的空间相关性。在省级政府财务信息披露质量上，各省也会相互影响，确实存在着一定的空间上的关联。从第三章的财政透明度的空间相关性分析结果也可以看出，省级政府财务信息披露质量存在空间相关性。所以，如果研究的是一国各个地区，或者是一国的不同省或某省的不同的地级市，不考虑空间相关性问题，其研究出来的结论难免会有些偏颇。

基于以上分析，本节选取2010~2014年31个省级政府的数据，采用门槛效应模型，分析财政赤字率对政府财务信息披露质量的非线性影响，并给出财政赤字率的最优区间。同时，考虑政府财务信息披露质量的空间相关性，利用空间效应模型，实证分析财政赤字对政府财务信息披露质量的影响。

5.1.1.1 文献综述与假设提出

已有文献发现，地方政府负债（Giroux and Deis，1993；Gore，2004；Giroux and McLelland，2003）与地方政府财政赤字（Giroux and McLelland，2003；Luder，1992）均会影响地方政府资产负债信息披露的质量形成约束机制。2005年，Laswad等人对新西兰地方政府采用互联网来构建透明政府、提升财务信息披露质量的做法进行考察并得出了以下结论：有很多因素会影响政府部门财务信息披露的质量，这些因素包括财政赤字和地方政府的债务率过高等；同时，地方政府财务状况的信息披露会增加地方政府管理者的压力，这会影响他们进行财务信息披露的决策；另外，此研究还发现政府财务状况可以反映一个政府的治理质量。也就是说，那些财政状况越好的政府越愿意通过互联网披露更多的信息，而那些财务状况较差的政府则不愿意通过互联网向公众展示相关的财务信息，这不利于各方面的利益相关者获取需要的政府财务信息（Craven and Marston，1999）。Ingram（1984）指出，地方政府所遇到的财政压力与其所提供的财务信息的富裕程度呈现出正相关性。Styles and Tennyson（2007）提出，那些财政状况比较好的政府在互联网上所提供的财务信息的真实性、实用性更高一些。Alt 通过对美国州政府的研究发现，政府财务信息披露质量受到财政赤字、政府竞争等因素的影响。Laswad、Fisher 和 Oyelere（2005）通过分析新西兰 86 个地方政府证实，这 86 个地方政府的网络政府财政信息披露质量与其政府债务水平相关。Styles 和 Tennyson（2007）通过分析美国300 个地方政府发现，债务水平的降低可以促进政府在网络上进行财务信息披露的便捷性。Blanchard 和 Giavazzi（2004）认为，举债行为不仅有助于解决投资面临的资金约束问题，减少对经济增长的不利影响，并且能帮助对地方政府提高当局预算和债务管理的信息披露质量，并进行追责。

国内文献关于财政赤字率与政府财务信息披露质量的研究较少，多集中于省级数据。肖鹏、阎川（2013）发现，地区政府财务信息披露质量与地区财政赤字比例存在高度负相关关系。王永莉、梁城城（2015）根据从2007 年至 2012 年中国 30 多个省的有关数据，实证分析了政府负债率对政府财务信息披露质量有显著的负向影响。何玉（2015）自行构建了能对中国 346 个地市级政府财务信息披露质量指标体系来分析市级政府财务公开透明情况，发现影响市级政府财务信息披露质量的首要因素是政府的财政赤字率。

综上所述，研究目前有关政府财政赤字对政府财务信息披露质量的影响的文献，发现实证分析主要采用普通面板回归，对两者关系并没有得到一致的结论。

（1）财政赤字对政府财务信息披露质量的影响存在空间相关性。

财政赤字是财政年度内财政支出超过财政收入的差额。赤字财政是指国家当年的财政支出大于当年的财政收入的一种经济现象。在每个财政年度开始时，政府在编制预算的时候有意将当年预算支出安排得大于当年预算收入，不足的预算资金通过其他办法来弥补，包括增发货币、发行公债等。赤字财政是很多国家经常使用的一种财政政策。过高的财政赤字率将导致地方政府管理当局基于自身政治利益考虑，不愿意多披露或选择性披露政府财务信息，这将导致政府财务信息披露质量的降低。可见，过高的财政赤字率会抑制政府财务信息披露质量的提升。此外，不同地区的财政赤字在空间上存在相关性，地方政府在以 GDP 为核心的政绩考核体系下，各地方政府之间的竞争呈现出"登顶比赛"的特征。相关研究已经明确提出，有关税收和财政支出等方面的竞争也会对政府财务信息披露质量产生影响。

基于此，我们提出假设 5 - 1 - 1 - 1：考虑到政府财务信息披露质量存在的空间相关性后，财政赤字仍然非线性影响政府财务信息披露质量。

（2）财政赤字对政府财务信息披露质量的影响存在门槛效应。

财政赤字是财政年度内财政支出超过财政收入的部分，财政赤字是政府为了发展建设所拟定一系列赤字财政政策，实行赤字财政计划。在拟定国家发展预算时，不足的预算资金通过其他办法来弥补，包括增发货币、发行公债等，即当年预算支出大于当年预算收入的部分。当前很多国家常常采用此种财政政策。适度的财政赤字政策能够刺激经济增长，调动政府官员的积极性，为实现高质量的政府财务信息披露完善了制度基础。因此，适当的财政赤字能够积极促进政府财务信息披露质量的提高。当财政赤字率过低时，代表着财政支出不足，能用于本地区经济建设、制度建设的投入缺乏，能用于提升政府财务信息披露质量的能力不足，还会导致财政支出效率低下，过低的财政赤字率没法帮助提高政府财务信息披露质量，甚至负向影响地方政府的财务信息披露质量。反之，如果财政赤字率过高时，代表当局严重入不敷出，政府顾虑政治利益与压力不能如实反映政府财务状况。可见，过高的财政赤字率同样也会抑制政府财务信息披露质量的提升。

基于此，提出假设 5 - 1 - 1 - 2：财政赤字程度非线性影响地方政府财务信息披露质量。财政赤字率太低时，财政赤字对政府财务信息披露质量的影响不大；财政赤字处于相对合理区间时，财政赤字的增加能提升政府财务信息披露质量；当财政赤字率过高时，会抑制政府财务信息披露质量的提升。

5.1.1.2 研究设计

（1）变量定义。

因变量：政府财务信息披露质量（Grade）。采用上海财经大学的《中国财政透明度报告》的省级政府财政透明度指数来衡量政府财务信息披露质量。该研究中心每年对我国 31 个省级区的财政透明度进行了研究，在此研究的基础上建立了我国可以全面评价地方政府财政公开与透明的现状的全口径财政透明指标体系，把其他很多层面的政府收支纳入该体系，可以更好地衡量地方政府财务信息披露质量的状况。①

自变量：财政赤字（ZFCZ）。采用（省财政支出—省财政收入）/省财政收入来衡量，数据来自《中国财政年鉴》。

控制变量。结合已有文献，本节选取产业结构、政府规模、经济增长、城镇化程度、资源依赖程度、人口规模、经济条件作为控制变量。

①产业结构（CYJG）。它通过第三产业人员比重来反映。产业结构的优化与升级总体是有利的，但也可能导致主导产业面临很多风险，如市场风险、技术创新风险、融资结构风险等。很多实验结果显示，产品和技术的创新带动了产业结构由中低端向中高端转变，目前大部分的投资活动并没有仔细的了解市场的需求，从而不能有效的估计和识别市场中真实存在的要求，从而不能促进政府财务信息披露质量的提高。

②政府规模（ZFGM）。目前有多个指标可以衡量政府规模。本节采用年末人口/地区面积的商再取对数进行衡量。已有文献发现，政府规模越来越大是中国式官僚腐败频发的重要原因。伴随政府规模的逐渐膨胀，政府官员相互之间的人际关系也日益复杂，越来越难以协调管理，如果相互牵制机制没有很好地发挥作用时，部分官员以权谋私的可能性会大大提升，地区腐败程度也会逐渐严重，进而降低地方政府财务信息披露质量。一般来说，规模越大的政府负担了越大的受托责任。伴随着受托责任思想的日渐加强，各利益相关者对政府财务信息的需求也逐渐增多。一方面，面临巨大公共受托责任压力的政府财务信息改进动机更加强烈，从而致使越大规模的政府披露越多的财务信息；另一方面，规模越大的政府显示其受托责任履行情况和业绩的动机越大。

③经济增长（GGDP）。采用地区 GDP 增速来表示。地区经济发展有利于提高人民收入，改善公众生活质量，让社会公众有动力和能力更加关注政府财务信息，信息使用者的需求提升诱导政府财务信息披露质量的改进。经济增速较高的省份，经济发展好，政府基于信号传递理论更愿意进行信息公开。同时政府财务信息披露还要求在信息技术的运用以及科学管理等方面划拨一定的资金，发展良好的地区，其管理水平较强，这在一定

---

① 由于第四章政府财务信息披露质量的动因的实证分析的因变量，以及第五章政府财务信息披露质量后果的自变量，均为上海财经大学发布的财政透明度指数，为了避免不必要的重复阐述，后续不再介绍。

程度上促进政府财务信息披露质量的提高。

④城镇化率（CZHL）。本节采用该省城镇人口/该省总人口来反映。数据来自《中国统计年鉴》。经验表明，城镇化既是一个经济由城镇扩展到乡村的阶段，也是那些原乡村居民的意识飞快提升的阶段。伴随工业化、城市化过程，居民参政议政的意识逐渐提高，掌握的信息增多，交流方式更多样化，权利意识增强，对政府财务信息需求的诉求逐步提高。本书认为随着城市化率的增加，政府财务信息披露质量逐步提高。

⑤资源依赖（ZYYL）。采用采矿从业人员占全体从业人员的比重来表示。现有文献表示采矿业从业人员比例和资源丰富度的关系是正向的。随着资源禀赋的提高，丰富的自然资源将成为一种福利，政府越来越有能力支付提高财务信息披露质量的成本。另外，由于采矿业从业人员比重的提高，人力资本呈现出一定的惯性效应，该地区对其他资源的依赖水平会相应地下降。

⑥人口规模（XQRK）。采用辖区年平均总人口的对数衡量，数据来自《中国统计年鉴》。Rubin 和 Austin（1986），Evans 和 Patton（1987）均通过研究发现，人口规模对政府财务信息披露质量有显著影响。

⑦经济条件（PGDP）。采用人均 GDP 的对数来衡量，数据来自《中国统计年鉴》。大多数情况下，在居民人均收入提高的情况下，他们会倾向于了解更多的政府有关的财务信息，他们对政府管理的参与度会更加的提高。张曾莲（2015）通过研究发现越高收入的居民，参政议政的积极性越高，对高质量的政府财务信息的需求越高，越容易促使地方政府提升财务信息披露质量。

表 5 –1　　　　　　　　　　　　变量界定

变量类型	变量名称	变量符号	公式及数据来源
因变量	政府财务信息披露质量	Grade	来自《中国财政透明度报告》
自变量	财政赤字	ZFCZ	（各地区政府财政支出 – 财政收入）/财政收入
控制变量	产业结构	CYJG	第三产业人员比重
	政府规模	ZFGM	年末人口/地区面积取对数
	经济增长	GGDP	地区 GDP 增速
	城镇化程度	CZHL	城镇化率 = 城镇人口/总人口
	资源依赖程度	ZYYL	采矿业从业人员占全体就业人员的比例
	人口规模	XQRK	辖区年平均总人口的对数
	经济条件	PGDP	人均 GDP 的对数

（2）普通非线性面板回归模型设计。

在利用面板数据进行回归时，需要考虑个体和时期效应以及固定效应和随机效应。个体效应控制的是那些不会随时间的推移而明显变化的因素，其遗漏可能导致横截面估计的偏倚；时期效应控制的是那些不随个体变化而变化的因素，这种变量的遗漏往往会引起时间序列估计的偏倚。选择完模型后要利用极大似然估计方法（MLE）进行模型的估计，看模型选取的是否恰当。LR的值越大，说明模型越恰当。不考虑空间效应和门槛效应时，传统非线性面板模型如下：

普通非线性面板模型中政府财务信息披露质量 $= \alpha + \beta_1$ 财政赤字 $+ \beta_2$ 财政赤字 $^2 + \beta_3$ 产业结构 $+ \beta_4$ 政府规模 $+ \beta_5$ 资源依赖 $+ \beta_6$ 经济增长 $+ \beta_7$ 城镇化水平 $+ \beta_8$ 经济条件 $+ \beta_9$ 人口规模　　　　　　（5 - 1 - 1 - 1）

（3）样本与数据。

本节的研究对象是 2010～2014 年我国 31 个省级政府。政府财务信息披露质量数据来自 2012 年至 2016 年的《中国财政透明度报告》，其他数据来自《中国统计年鉴》、各省年鉴等。为了消除变量间内生性的影响，因变量的数据较自变量滞后一年，经过手工收集和整理，剔除异常值并进行了缩尾处理。

5.1.1.3 实证结果分析

（1）描述性统计。

通过分析表 5-2 发现，地方政府财务信息披露质量的均值为 31.835，最小值和最大值分别为 10.67 和 77.7，表明了各省的政府财务信息披露质量存在较大差异，且从整体来看，我国政府财务信息披露质量较差；财政赤字的均值是 1.006，最小值是 0.074，最大值是 3.921，这说明省级政府还比较依赖于财政赤字，运作风险较大；控制变量中，政府规模的均值为 2.394，最大值为 3.356，说明各地区间差异并不明显；经济增长，即地区 GDP 增速均值为 10.927，最大值为 54.57，最小值为 2.7，可见各省经济增长存在一定的差异。

表 5-2　　　　　　　　　　描述性统计

变量	观测值	均值	标准差	最小值	最大值
grade	155	31.835	12.601	10.67	77.700
zfcz	155	1.006	0.776	0.074	3.921
zfgm	155	2.394	0.513	- 0.385	3.356

变量	观测值	均值	标准差	最小值	最大值
cyjg	155	0.529	0.096	0.282	0.784
ggdp	155	10.927	5.351	2.700	54.570
czhl	155	0.422	0.246	0.167	1.000
zyyl	155	0.042	0.034	0.001	0.121
pgdp	155	5.069	0.626	2.756	6.075
xqrk	155	3.402	0.544	1.736	4.040

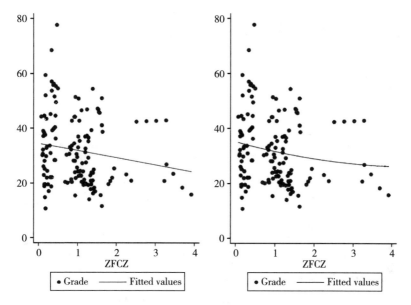

图5-1 财政赤字与政府财务信息披露质量的散点图

从财政赤字与政府财务信息披露质量的散点图（如图5-1所示）的线性拟合可知，两者呈负相关关系，即财政赤字不利于政府财务信息披露质量的提升；从两者的曲线拟合看，两者的非线性关系不是太明显，总体呈负相关趋势。

（2）相关性分析。

通过表5-3的分析发现，产业结构、财政赤字、外商投资额、政府规模、经济增长都与政府的财务信息披露质量负相关；城镇化率、资源依赖与政府财务信息披露质量正相关。财政赤字与政府财务信息披露质量的非显著负相关既可以验证散点图中两者的弱负相关关系，又能表明两者可能存在非线性关系，与假设5-1-1-2初步相符。

表5-3 相关性分析

变量	Grade	cyjg	zfcz	wstz	zfgm	ggdp	czhl	zyyl
Grade	1.000 0							
cyjg	-0.033 6	1.000 0						
zfcz	-0.161 8	0.306 3	1.000 0					
wstz	-0.118 3	-0.149 4	-0.503 3	1.000 0				
zfgm	-0.157 1	-0.296 7	-0.360 9	0.239 1	1.000 0			
ggdp	-0.221 0	0.155 8	0.422 4	-0.123 0	-0.1261	1.000 0		
czhl	0.164 8	0.325 0	-0.364 0	0.358 7	-0.003 4	0.025 4	1.000 0	
zyyl	0.106 9	0.031 9	0.141 9	-0.386 2	-0.192 9	-0.049 8	-0.216 7	1.000 0

（3）静态面板与动态面板的回归结果分析。

首先判断静态面板的模型选择，进行霍斯曼检验，见表5-4，不管是否考虑平方项，由 P 值 0.014 4 和 0.017 2 可知，均应选择固定效应模型。

表5-4 霍斯曼检验

变量	无平方项		有平方项	
	fe	re	fe	re
zfcz	-0.827 0	0.355 0	8.024 0	4.347
zfcz^2			-2.128 0	-1.065
zyyl	-78.075 0	-10.784 0	-86.520 0	-15.877
pgdp	-0.305 0	1.767 0	-0.302 0	1.754
czhl	158.627 0	17.522 0	164.272 0	21.379
cyjg	8.949 0	-8.563 0	10.368 0	-10.184
xqrk	80.974 0	2.771 0	77.601 0	3.434
ggdp	-0.291 0	-0.229 0	-0.235 0	-0.193
zfgm	0.288 0	-2.759 0	0.299 0	-2.520
Prob > chi2	0.014 4		0.017 2	

首先不考虑门槛效应和空间效应模型，进行普通的面板回归。由表5-5的模型（1）和模型（2）可知，财政赤字与政府财务信息披露质量不显著负相关。由表5-5的模型（3）和模型（4）可知，考虑了财政赤字的平方项后，财政赤字的一次项系数不显著为正，二次项系数不显著为负，说明两者的非线性关系并不显著。由模型（5）和模型（6）的动态面板 GMM 回归可知，政府财务信息披露质量的滞后项的系数显著为负，说明上期的政府财务信息披露质量好并不能起到正向促进作用；财政赤字的一次项和二次项与政府财务信息披露质量的影响均不显著。

表5—5

静态与动态面板的回归结果

变量	静态面板				动态面板	
	固定效应	考虑异方差的固定效应	固定效应	考虑异方差的固定效应	GMM	GMM
	模型(1)	模型(2)	模型(3)	模型(4)	模型(5)	模型(6)
政府财务信息披露质量滞后项					-0.565*** (0.000)	-0.554*** (0.000)
财政赤字	-0.827 (0.869)	-0.827 (0.810)	8.024 (0.487)	8.023 (0.329)	-7.714 (0.249)	2.570 (0.888)
财政赤字的平方			-2.128 (0.395)	-2.128 (0.176)		-2.373 (0.530)
政府规模	0.288 (0.925)	0.288 (0.787)	0.299 (0.922)	0.299 (0.778)	-6.976 (0.192)	-6.827 (0.205)
产业结构	8.949 (0.626)	8.949 (0.658)	10.368 (0.575)	10.368 (0.603)	-10.503 (0.740)	-9.279 (0.771)
经济增长	-0.291 (0.163)	-0.291** (0.026)	-0.235 (0.283)	-0.235* (0.063)	-0.079 (0.752)	-0.021 (0.936)

变量	静态面板				动态面板	
	固定效应	考虑异方差的固定效应	固定效应	考虑异方差的固定效应	GMM	GMM
	模型(1)	模型(2)	模型(3)	模型(4)	模型(5)	模型(6)
城镇化	158.627***	158.627***	164.272 4***	164.272 4***	133.661**	142.632**
	(0.001)	(0.000)	(0.001)	(0.000)	(0.019)	(0.015)
资源依赖	-78.075	-78.075	-86.520	-86.520	-134.685	-2.373
	(0.286)	(0.245)	(0.242)	(0.189)	(0.180)	(0.530)
经济条件	-0.305	-0.305	-0.302	-0.302	1.918	1.853
	(0.860)	(0.813)	(0.861)	(0.819)	(0.346)	(0.367)
人口规模	80.974***	80.974***	77.601***	77.601***	56.056***	58.318***
	(0.005)	(0.000)	(0.007)	(0.000)	(0.003)	(0.003)
_cons	-307.186***	-307.186***	-304.626***	-304.626***	-171.029*	-190.423**
	(0.006)	(0.000)	(0.007)	(0.000)	(0.062)	(0.047)
Obs	155	155	155	155	124	124
R^2	0.006 9	0.006 9	0.007 3	0.007 3		

注：括号中为 P 值。

（4）财政分权对政府财务信息披露质量影响的空间效应分析。

本部分侧重于研究某一地区受相邻地区的影响效应，考察政府财务信息披露质量在不同的地区之间的内在的关联性，所以使用的是空间非线性回归模型。本部分利用 Stata13.0 运行空间效应模型。

①空间效应的模型设计。

空间滞后模型中政府财务信息披露质量 $= \alpha + \beta_1$ 财政赤字 $+ \beta_2$ 财政赤字$^2 + \beta_3$ 财政赤字滞后一期 $+ \beta_4$ 产业结构 $+ \beta_5$ 政府规模 $+ \beta_6$ 资源依赖 $+ \beta_7$ 经济增长 $+ \beta_8$ 城镇化水平 $+ \beta_9$ 经济条件 $+ \beta_{10}$ 人口规模 $+ \gamma W_{ij}$ 政府财务信息披露质量   （5 − 1 − 1 − 2）

其中，W_{iy} 为预先设定的、$N \times N$ 维对称矩阵，反映各省之间的作用程度。为了估计的方便一般对权重矩阵进行标准化，使得权重矩阵中每行之和等于1，W_{iy} 为空间滞后因变量，可以解释为所有观测值 y 的空间加权。在这个模型中，待估计的参数为回归参数 β 和 γ。

空间误差模型中政府财务信息披露质量 $= \alpha + \beta_1$ 财政赤字 $+ \beta_2$ 财政赤字$^2 + \beta_3$ 产业结构 $+ \beta_4$ 政府规模 $+ \beta_5$ 资源依赖 $+ \beta_6$ 经济增长 $+ \beta_7$ 城镇化水平 $+ \beta_8$ 经济条件 $+ \beta_9$ 人口规模 $+ \gamma W_{ij} \xi$ （5 − 1 − 1 − 3）

②空间效应的存在性检验。

全局空间关联性分析。根据上面的数据以及相应的空间权重矩阵，算出财政赤字的莫兰指数及其统计量和置信水平，如表 5 − 6 所示。我们可以得出这样的结论：地方政府财政赤字存在正向的空间关联性，即高值与高值聚集（低值与低值聚集），并且 2010 ~ 2014 年的对应 P 值均保持在 5% 以内，都在 10% 的置信水平上是显著的，综合而言，地方政府财政赤字存在空间正向聚集的特点。

表 5 − 6   财政赤字率的临近莫兰指数

ZFCZ	指标值	2010 年	2011 年	2012 年	2013 年	2014 年
二元相邻权重矩阵	莫兰指数估计值	0.319	0.306	0.345	0.309	0.347
	标准差	0.110	0.109	0.116	0.113	0.115
	Z 统计量	3.212	3.107	3.267	3.023	3.307
	P 值	0.001	0.001	0.001	0.001	0.000
空间距离权重矩阵	莫兰指数估计值	0.128	0.127	0.159	0.157	0.154
	标准差	0.038	0.035	0.037	0.033	0.034
	Z 统计量	4.226	4.562	5.151	5.740	5.578
	P 值	0.000	0.000	0.000	0.000	0.000

局域空间关联性分析。在上述全局空间关联性分析的基础上，假如要接着分析某一地区与周边地区的具体的依赖程度，即正的空间关联是属于"高高关联"还是"低低关联"，常用的关联指标是局域莫兰指数。通过Stata 软件分别绘制财政赤字的局域莫兰指数的散点图（如图 5 - 2 至图 5 - 7 所示），在该散点图中，可细分为四个象限，对应四种不同的空间差异模式。第一象限（HH）代表了属性值较高的空间单元被属性值较高的领域所包围，第二象限（LH）代表了属性值较低的空间单元被属性值较高的区域包围，第三象限（LL）代表了属性值较低的空间单元被属性值较低的区域所包围，第四象限（HL）代表了属性值较高的空间单元被属性值较低的领域包围。2014 年有 12 个省份位于第一象限，有 11 个省份位于第三象限，合计占样本总数的比重为 74.19%；2013 年有 11 个省份位于第一象限，有 11 个省份位于第三象限，合计占样本总数的比重为 70.97%；2012 年有 11 个省份位于第一象限，有 10 个省份位于第三象限，合计占样本总数的比重为 67.74%。2011 年有 8 个省份位于第一象限，有 7 个省份位于第三象限，合计占样本总数的比重为 48.39%；2010 年有 8 个省份位于第一象限，有 9 个省份位于第三象限，合计占样本总数的比重为 54.84%；莫兰指数散点图表明，财政赤字存在显著的空间正相关性，呈现一定程度上的聚集效应，高财政赤字城市被高财政赤字的邻近城市所围绕，低财政赤字城市被低财政赤字的邻近城市所围绕。2012～2014 年莫兰指数逐渐提升，说明从 2012 年开始，政府财政赤字的空间自相关效应逐步加强。

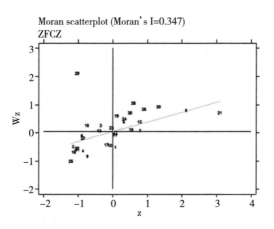

图 5 - 2 2014 年财政赤字的莫兰指数散点

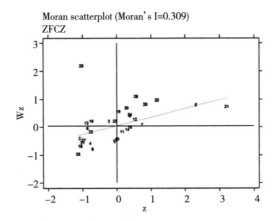

图 5 – 3　2013 年财政赤字的莫兰指数散点

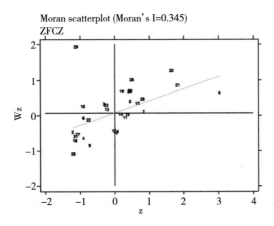

图 5 – 4　2012 年财政赤字的莫兰指数散点

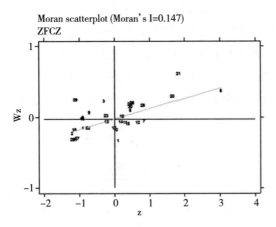

图 5 – 5　2011 年财政赤字的莫兰指数散点

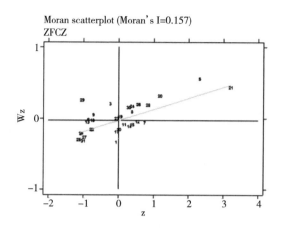

图 5-6 2010 年财政赤字的莫兰指数散点

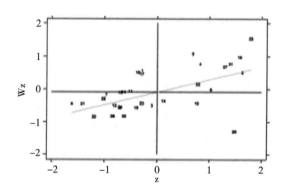

图 5-7 5 年财政赤字均值的莫兰指数散点

③空间效应模型选择的 LM 检验。

利用莫兰指数检测回归残差的空间依赖性，尽管莫兰指数检验对于分析回归模型的空间相关性是有用的，可是它不能判断空间效应的具体形式。因此，还需要采用拉格朗日乘数法依次检验残差空间自相关和空间滞后性。Lm-lag 的值在 1% 的置信水平上是显著的，而 Lm-error 的值在 1% 的置信水平上也是显著的，说明政府财务信息披露质量同时存在空间误差自相关和空间滞后依赖效应。

表 5-7 LM 检验结果

变量	SLX
财政赤字率	$-6.352^*(0.026)$
滞后一期财政赤字率	$1.709(0.746)$

变量	SLX
产业结构	−0.016(0.053)
政府规模	0.008(0.251)
经济增长	0.001*(0.046)
城镇化程度	18.110(0.212)
资源依赖程度	−86.630*(0.018)
人口规模	0.001(0.167)
经济条件	0.001*(0.003)
_cons	44.669(0.105)
LM-lag	2.904*
LM-error	2.258*
Obs	155
R^2	0.480
Log likelihood	−113.062

④空间效应的回归结果分析。

采用空间滞后模型（SAR）和空间误差模型（SEM）进行回归，结果如表5－8所示。由于在存在空间相关性时，传统的 OLS 回归模型不但有偏差而且结果不一致，SAR 和 SEM 都利用最大似然估计。如果空间滞后系数与空间误差系数都通过10%的显著性检验，说明存在空间依赖性。而正的空间滞后系数说明若某省改进其财务信息披露质量，则邻近省份也会改进其政府财务信息披露质量。这意味着邻近省份可以从该省份的财务信息披露质量提高中获得积极的溢出效应。财政赤字率平方的系数及滞后一期财政赤字率的系数均显著为负，说明考虑了空间效应后，财政赤字程度对政府财务信息披露质量的影响仍然是非线性的。对于其他解释变量，空间效应的运用不仅对传统变量估计系数的大小产生影响而且还提高了其显著性，鉴于此，可以得出以下结论：增加解释变量并不能对本节所提到的实证模型与理论预期的一致性产生任何影响，并进一步验证了空间变量引入对解释政府财务信息披露质量的适用性。

表 5 - 8   空间模型中估计结果

变量	SAR 空间滞后模型	SEM 空间误差模型
财政赤字率	- 4. 909(0. 109)	- 9. 026(0. 057)
财政赤字率的平方	- 19. 114 *(0. 001)	- 22. 351 *(0. 000)
滞后一期财政赤字率	- 2. 145 *(0. 006)	
产业结构	- 0. 648 *(0. 021)	- 0. 429 *(0. 040)
政府规模	- 0. 009(0. 082)	- 0. 010 *(0. 044)
经济增长	0. 001(0. 638)	0. 018(0. 295)
城镇化程度	46. 773 *(0. 001)	38. 997 *(0. 000)
资源依赖程度	- 125. 195 *(0. 025)	- 74. 107(0. 099)
人口规模	0. 002(0. 489)	0. 001(0. 308)
经济条件	0. 012 *(0. 000)	0. 015 *(0. 001)
_cons	144. 099 *(0. 000)	109. 620 *(0. 000)
空间滞后项参数	4. 763 *(0. 029)	
空间误差项参数		5. 895 *(0. 015)
Obs	155	155
R^2	0. 635	0. 468
Log likelihood	- 114. 333	- 110. 020

⑤空间效应的稳健性检验。

为确定稳健性,对于空间计量模型的回归估计,有两个问题需要考虑和处理:内生性和空间权重矩阵的设定。对于内生性问题,本节明确地将地方政府财务信息披露质量的未来一期数据作为因变量,可以在一定程度上克服内生性问题。对于空间权重矩阵的选择,利用空间距离矩阵进行重新回归。

内生性检验。为了克服内生性,将变量滞后一期,回归结果如表 5 - 9 所示。结果显示,本节的检验结果具有良好的稳健性。主要体现在:政府财务信息披露质量在省份之间呈现出显著的空间关联性,同样发现财政赤字程度对政府财务信息披露质量的影响是非线性的。

表 5 - 9   内生性检验结果

变量	SAR 空间滞后模型	SEM 空间误差模型
财政赤字率	- 7. 036(0. 092)	5. 893(0. 051)
财政赤字率的平方	2. 145(0. 706)	1. 709(0. 746)

变量	SAR 空间滞后模型	SEM 空间误差模型
滞后一期财政赤字率	1.326(0.713)	
产业结构	-0.074(0.082)	-0.064(0.083)
政府规模	-0.001(0.281)	-0.013*(0.036)
经济增长	0.001(0.486)	0.001(0.622)
城镇化程度	0.010(0.121)	5.972(0.121)
资源依赖程度	-153.869*(0.018)	-134.115*(0.020)
人口规模	-0.021(0.078)	0.001(0.828)
经济条件	0.004*(0.012)	0.001*(0.003)
空间滞后项参数	2.512*(0.019)	
空间误差项参数		2.535*(0.012)
_cons	29.665(0.353)	13.229(0.576)
Obs	155	155
R^2	0.446	0.383
Log likelihood	-113.047	-112.206

矩阵变换检验。进一步考虑空间距离权重矩阵 W2，来检验上述分析得到的空间计量结果是否只是个统计（程序）现象。总的来说，基于 W2 矩阵得到的回归结果与采用 W1 矩阵的回归结果基本相同，说明研究结果是稳健的。这说明，政府财务信息披露质量在省份之间呈现出显著的空间关联性。基于新的空间权重矩阵，同样发现财政赤字对政府财务信息披露质量的影响是非线性的。

表 5-10　　　　　　　　变换矩阵检验结果

变量	SAR 空间滞后模型	SEM 空间误差模型
财政赤字率	-5.121*(0.029)	-5.352*(0.021)
财政赤字率^2	-10.621*(0.016)	-9.361*(0.009)
滞后一期财政赤字率^2	-6.352*(0.026)	
产业结构	-0.741*(0.041)	-0.363*(0.040)
政府规模	-0.011(0.074)	-0.010*(0.044)
经济增长	0.001(0.738)	0.018(0.165)
城镇化程度	36.033*(0.033)	40.007*(0.009)
资源依赖程度	115.109*(0.029)	68.107(0.089)

变量	SAR 空间滞后模型	SEM 空间误差模型
人口规模	0.001(0.608)	0.001(0.042)
经济条件	0.001*(0.003)	0.032(0.078)
空间滞后项参数	4.751*(0.029)	
空间误差项参数		5.685*(0.013)
_cons	121.091*(0.001)	111.610*(0.020)
Obs	155	155
R^2	0.535	0.457
Log likelihood	−110.423	−109.020

变量替换。将政府财务信息披露质量改用《中国财政透明度报告》的省级政府财政透明度指数的二级指标"一般公共预算信息披露得分"来衡量。结果显示，本节的检验结果具有良好的稳健性。主要体现在：政府财务信息披露质量在省份之间呈现出显著的空间关联性，同样发现财政赤字程度对政府财务信息披露质量的影响是非线性的。

表5–11　　　　　　　　　　变量替换检验结果

变量	SAR 空间滞后模型	SEM 空间误差模型
财政赤字率	−7.415*(0.048)	−6.867(0.081)
财政赤字率^2	−6.352*(0.026)	−4.292*(0.038)
滞后一期财政赤字率^2	−4.292*(0.038)	
产业结构	−0.016(0.053)	−0.080(0.078)
政府规模	0.008(0.251)	0.004(0.608)
经济增长	0.001*(0.046)	0.001*(0.003)
城镇化程度	18.110(0.212)	20.349*(0.041)
资源依赖程度	86.630*(0.018)	111.375*(0.043)
人口规模	0.002(0.571)	0.007*(0.026)
经济条件	0.010*(0.005)	0.001*(0.017)
空间滞后项参数	0.984*(0.000)	
空间误差项参数		0.626*(0.000)
_cons	44.669(0.105)	28.964(0.246)
R^2	0.280	0.622
Log likelihood	−113.062	−111.862

（5）财政赤字对政府财务信息披露质量影响的门槛效应分析。

首先进行门槛存在性检验，在此基础上确定门槛值的个数及模型形式。表5－12说明，单门槛和双门槛的P值均为0.000，三门槛的P值为0.2，说明适合采用双门槛进行分析。

表5－12　　　　　　　　　　门槛数估计

门槛	F值	P值	10%	5%	1%
单门槛	13.603 8***	0.000	2.516 7	3.877 1	6.954 5
双门槛	7.126 7***	0.000	2.664 9	3.957 9	6.172 2
三门槛	0.000 0	0.200	0.000 0	0.000 0	0.000 0

由表5－13可知，双门槛中，两个门槛值分别为0.450 6和0.851 1，对应的95%的置信区间分别位［0.450 6，0.450 6］和［0.130 3，2.773 3］。

表5－13　　　　　　　　　　门槛值估计结果

门槛值	估计值	95%置信区间
门槛值 γ1	0.450 6	［0.450 6,0.450 6］
门槛值 γ2	0.851 1	［0.130 3,2.773 3］

双门槛模型中，因变量为政府财务信息披露质量，自变量和门槛变量均为财政赤字。表5－14中，模型（1）为考虑了异方差的稳健性模型（fe_robust）；模型（2）为常规固定效应模型（fe）。

表5－14　　　　　　　　门槛面板模型系数估计结果

变量	（1）fe_robust	（2）fe
ZFGM	0.815 8	0.815 8
	(0.264 5)	(0.285 1)
CYJG	13.879 3	13.879 3
	(1.088 9)	(0.814 7)
GGDP	−0.219 2**	−0.219 2
	(−2.182 2)	(−1.140 0)
CZHL	179.332 2***	179.332 2***
	(6.066 2)	(4.058 1)

变量	(1)fe_robust	(2)fe
ZYYL	-92.157 3	-92.157 3
	(-1.601 6)	(-1.342 7)
PGDP	0.514 1	0.514 1
	(0.341 6)	(0.310 8)
XQRK	79.966 8 ***	79.966 8 ***
	(5.602 1)	(3.071 0)
ZFCZ_1	-64.119 9 **	-64.119 9 ***
	(-2.617 8)	(-4.364 7)
ZFCZ	-19.057 5 ***	-19.057 5 **
	(-2.617 8)	(-2.518 7)
ZFCZ_3	-6.605 3 **	-6.605 3
	(-2.016 4)	(-1.361 2)
WSTZ	0.713 * (0.000)	0.713 * (0.000)
CYJG	3.655(0.831)	3.655(0.875)
ZYYL	112.806 * (0.006)	112.806 * (0.008)
ZFGM	3.958(0.342)	3.958(0.408)
GGDP	97.541 * (0.000)	97.541 * (0.000)
CZHL	5.176(0.151)	5.176(0.298)
ZFCZ_1	-34.953 * (0.001)	-34.953 * (0.007)
ZFCZ	16.015 * (0.001)	16.015 * (0.015)
ZFCZ_3	-15.074 * (0.039)	-15.074(0.094)
_cons	-892.840 * (0.000)	-892.840 * (0.000)
Adjust R^2	0.228 8	0.228 8
Obs	155	155

注：ZFCZ_1 为低于0.450 6；ZFCZ 为介于 [0.450 6，0.851 1]；ZFCZ_3 为高于0.851 1。

由模型（1）来看，第一，财政赤字水平过低时，财政赤字无法有效促进当地政府财务信息披露质量的提高。当财政赤字率小于第一门槛值0.450 6 时，财政赤字水平与政府财务信息披露质量之间的系数为-64.119 9，在5%水平上显著，表明财政赤字水平过低时，财政赤字率与政府财务信息披露质量负相关，并通过显著性检验。财政赤字水平过低时，无法有效促进政府财务信息披露质量的提高。第二，财政赤字介于第一门槛值和第二门槛值之间，即处于0.450 6 至0.851 1 时，财政赤字率的

系数是 - 19.057 5，在1%水平上显著，说明虽然财政赤字仍然不利于政府财务信息披露质量的提升，但负向作用相对于第一阶段而言降低了。第三，若财政赤字高于0.851 1（第二门槛值）时，财政赤字与政府财务信息披露质量之间的系数为 - 6.650 3，在10%水平上也不显著，说明过高的财政赤字与政府财务信息披露质量仍然不显著负相关，但负相关系数相对于前两阶段而言进一步降低。未考虑异方差的模型（2）同样得出了一致的结论。

由上述回归结果可知，由于目前总体而言，我国省级政府的财政赤字不高，从描述性统计可知，目前省级政府2010~2014年的财政赤字均值为0.988，不到1%的财政赤字，最小值0.074，最大值3.463。由于我国采用平衡预算，收支基本平衡，所以财政赤字很低。在财政赤字总体水平较低时，财政赤字的提升，会有利于政府财务信息披露质量的改进，所以负向系数越来越小。

由表5-15可以进一步看出，三个区间的财政透明度指数均值34.735 7、34.019 0、29.873 8在逐步降低；而三个区间的财政赤字均值0.259 5、0.723 9、1.480 0却在逐步提升。处于三个区间的样本数分别为54、10和91。

表5-15　　　　　　　　　　　在各区间各变量的均值

变量	低于第一门槛值的均值	介于第一、二门槛值之间的均值	高于第二门槛值的均值
GRADE	34.735 7	34.019 0	29.873 8
ZFGM	2.618 6	2.439 2	2.256 3
CYJG	0.493 4	0.527 2	0.549 6
GGDP	10.024 7	10.152 0	11.547 1
CZHL	0.614 0	0.431 0	0.306 7
ZYYL	0.025 3	0.046 2	0.051 0
PGDP	5.151 7	5.129 3	5.013 0
XQRK	3.351 0	3.551 5	3.416 6
ZFCZ	0.259 5	0.723 9	1.480 0
Obs	54.000 0	10.000 0	91.000 0

5.1.1.4　小结

本节基于2010~2014年的省份面板数据，通过空间数据分析方法了解所要研究时期内政府财务信息披露质量在各省份的集聚格局，在此基础上建立空间计量模型来对政府财务信息披露质量的空间关联性进行实证分析。实证结果表明：各省财政赤字率和政府财务信息披露质量之间存在明显的空间关联性，两者在空间集聚类型和区域分布上几乎相反，财政赤字程度高值（低值）集聚区基本上也是政府财务信息披露质量的低值（高值）集聚区，地方政府财政赤字情况相对规模是造成政府财务信息披露质量空间集聚呈现"结块效应"特征的主要原因。空间计量模型结果发现，当一个省份的邻近省份提高政府财务信息披露质量时，该省也倾向于提高政府财务信息披露质量，即政府财务信息披露质量具有积极的溢出效应。利用门槛效应模型，探讨不同的财政赤字率对政府财务信息披露质量的影响。

通过实证分析可以得出下面的结论：由于目前省级政府财政赤字总体水平较低，虽然门槛效应的三个阶段的财政赤字系数均为负，但负向系数不断变小，说明在财政赤字总体水平不高时，财政赤字的提高有利于政府财务信息披露质量的持续改善。

5.1.2　对外开放

改革开放以来，我国利用外商直接投资额增长显著，并表现出区域分布差异的特点：FDI 分布具有明显的聚集特征，据 2013 年商务部《中国外资统计》数据显示，截至 2012 年东部地区实际使用外资金额达 9 093 亿美元，占全国吸纳 FDI 总额的 82%，而中西部地区合计仅占 12.8%。可见，我国外商投资情况有明显的空间集聚效应。据全国 31 个省份 2015 年实际使用外资情况显示，广东、江苏、天津和上海利用外资较多，而甘肃、宁夏、青海、西藏和新疆较少利用外资。2015 年 1 月至 9 月，中部省份实际利用外资 86.2 亿美元，同比增长了 0.3%，说明中部省份利用外资程度居中，而且增长速度最低；东部省份实际利用外资 805.3 亿美元，同比增长 10.1%，不管是绝对金额还是增长速度，东部利用外资都遥遥领先；西部省份实际利用外资 57.5 亿美元，同比增长 2.2%，西部省份虽然利用外资金额最少，但增长速度快于中部省份，说明西部省份逐步加快了对外开放的步伐。

5.1.2.1　文献综述与假设提出

肖鹏、阎川（2013）发现，地区政府财务信息披露质量与地区外商投资额之间存在高度正相关关系。为了获得高额的投资资金，地方政府总是选择提供相关的重要的财务信息，从而可以取得投资商的信赖。换句话说，投资需求越强烈的政府越有可能提供更多财务信息。Gallagher 在研究中指出，某一地区对外开放程度越高，表明该地区政府越需要对外贸易和外商的投资，政府会更愿意通过各类政府创新改善公共服务。除此之外还指出，公众以及影响力范围比较广的投资商对政府财务信息的需求会对政府产生一定的影响，他们对投资环境的要求会更高一些，他们会通过"用脚投票"的方式逼迫地方政府改善投资环境。这就说明，一个地区对外开放程度越高，外部群体对政府财务信息的需求会越大，政府会更愿意提供相关的财务信息。有些学者认为，若一地区内从事国际贸易的企业越多，当地企业就越有可能敦促政府提高财务信息披露质量。韩红（2013）利用我国 30 个省、自治区、直辖市 2003 ~ 2012 年的相关面板数据进行实证检验，发现在全国范围内外商投资额等因素对政府财务信息披露质量的提高起显著的正相关作用。综上所述，已有对外开放对政府财务信息披露质量的文献中，基本将对外开放作为控制变量，主要基于省级面板数据，采用普通面板回归模型，发现对外开放能促进政府财务信息披露质量的提升。本书将对外开放作为自变量，深入探讨其对政府财务信息披露质量的影响，考虑两者关系是否为线性。

（1）对外开放对政府财务信息披露质量影响的空间相关性。

Garretsen 和 Peeters（2007）同时应用空间滞后面板模型和空间面板误差模型检验了 1984 ~ 2004 年荷兰在 18 个东道国的外商投资额之间的空间效应，分析结果证明存在显著的空间聚集效应。从 Coughlin 和 Segev（2000）开始，实证研究大多基于省级地理单元验证外商投资在中国各省分布具有空间溢出效应，如王剑（2004）、王立平等（2006）、李国平和陈晓玲（2007）、何兴强（2008）、胡日东（2008）对外商投资额在我国各省的区位分布的研究，均发现正的空间聚集效应。

由于竞争和经营的需要，境外投资者往往会要求政治和经济环境更透明。在 2003 年，中国加入 WTO 之后，各级政府具有披露财务信息的责任。各级政府为了更好地吸引外商投资，经常会因此而加大财政的公开程度，以此来提高政府财务信息披露的质量。

基于此，提出假设 5 - 1 - 2 - 1：考虑到政府财务信息披露质量的空间关联性之后，对外开放程度对于政府财务信息披露质量仍然具有正向促进作用。

（2）对外开放对政府财务信息披露质量影响的门槛效应。

由于竞争和经营的需要，境外投资者往往会要求政治和经济环境更透明。而中国作为一个注重出口的国家，地方政府会因此而提高财务信息的公开程度。但自中国在 2001 年加入 WTO 之后，使各级政府承担了额外的信息公开的义务，过高的外商关注度可能造成地方政府披露其希望外商看到的，掩盖其不希望外商知晓的，反而会造成政府财务信息披露质量的下降。

基于此，提出假设 5 - 1 - 2 - 2：对外开放程度非线性影响政府财务信息披露质量。对外开放水平太低时，不能促进政府财务信息披露质量的提高；对外开放处于合理水平时，对外开放程度与政府财务信息披露质量显著正相关；对外开放水平过高时，不利于政府财务信息披露质量的提高。

5.1.2.2 研究设计

（1）变量定义。

因变量：政府财务信息披露质量（Grade）。指标界定同 4.1.1 节。

自变量：对外开放（WSTZ）。采用外商直接投资额/GDP 来衡量，数据来自《中国统计年鉴》。如果某省对外开放水平较高，说明其市场发展也比较成熟，这在某种程度上能促进政府改进财务信息披露质量。为了更好地发展经济，各级政府都采用吸引外资的办法来引进资金和先进技术。相对于内资企业，外资企业具有更强的流动性，要求投资环境与政府财务信息质量更好，还会采用"用脚投票"（去别的地方投资）的方式倒逼各级政府优化投资环境，而政府财务信息的公开透明也是良好投资环境的体现。所以，各级政府越希望吸引外资，越可能主动公开高质量的财务信息。

控制变量。结合已有文献，选取政府规模、产业结构、经济增长、城镇化程度、资源依赖程度、人口规模、经济条件作为控制变量。指标界定同 5.1.1 节。

表 5 - 16　　　　　　　　　　　变量定义

变量类型	变量名称	符号	变量取值方法及说明
因变量	政府财务信息披露质量	Grade	来自《中国财政透明度报告》
自变量	对外开放	WSTZ	外商直接投资占 GDP 的比重
控制变量	政府规模	ZFGM	Ln（年末省人口/省面积）
	产业结构	CYJG	第三产业人员比重
	经济增长	GGDP	地区 GDP 增速
	城镇化程度	CZHL	城镇化率 = 城镇人口/总人口
	资源依赖程度	ZYYL	采矿业从业人员占全体就业人员的比例
	人口规模	XQRK	辖区年平均总人口的对数
	经济条件	PGDP	人均 GDP 的对数

（2）模型设计。

不考虑空间计量和门槛效应时，对外开放对政府财务信息披露质量影响的基本模型为：

政府财务信息披露质量 = $\alpha + \beta_1$ 开放程度 $+ \beta_2$ 产业结构 $+ \beta_3$ 政府规模 $+ \beta_4$ 资源依赖 $+ \beta_5$ 经济增长 $+ \beta_6$ 城镇化水平 $+ \beta_7$ 经济条件 $+ \beta_8$ 人口规模

$$(5-1-2-1)$$

（3）样本与数据。

本节的研究对象是 2010 年至 2014 年我国 31 个省级政府。政府财务信息披露质量数据来自 2012 年至 2016 年的《中国财政透明度报告》，其他数据分别来自《中国统计年鉴》、各省年鉴等。为了消除变量间内生性的影响，因变量的数据较自变量滞后一年，经过手工收集和整理，剔除异常值并进行了缩尾处理。

5.1.2.3 实证结果分析

（1）描述性统计。

由表 5－17 可知，政府财务信息披露质量的均值为 31.835 1，最小值和最大值分别为 10.67 和 77.7，表明了各省的政府财务信息披露质量存在较大差异。从整体来看，我国政府财务信息披露质量较低，财政透明度较差；对外开放程度均值为 0.389 6，最大值为 1.199 6，表明各省级对外开放程度较高；控制变量中，政府规模的均值为 2.394，最大值为 3.356，说明各地区政府规模也差异较大；经济增长即地区 GDP 增速均值为 10.927，最大值为 54.57，最小值是 2.7，说明各省经济增长存在较大的差异。

表 5－17 描述性统计

Variable	Obs	Mean	Std. Dev.	Min	Max
grade	155	31.835 1	12.600 63	10.670 0	77.700 0
wstz	155	0.389 6	0.297 10	0.000 0	1.199 6
zfgm	155	2.394 0	0.513 0 0	−0.385 0	3.356 0
cyjg	155	0.529 0	0.096 00	0.282 0	0.784 0
ggdp	155	10.927 0	5.351 00	2.700 0	54.570 0
czhl	155	0.422 0	0.246 00	0.167 0	1.000 0
zyyl	155	0.042 0	0.039 00	0.000 7	0.121 4
pgdp	155	5.069 0	0.626 00	2.756 0	6.075 0

由对外开放与政府财务信息披露质量的线性拟合散点图如图 5 - 8 所示可知，两者呈负相关关系。两者的非线性拟合效果不是很明显，总体仍呈现负相关趋势。

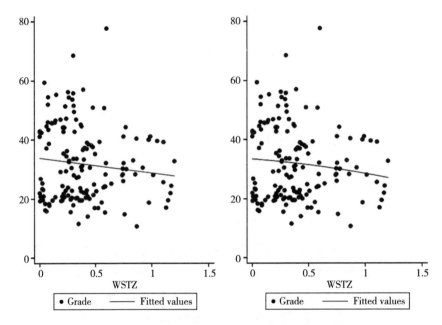

图 5 - 8　对外开放与政府财务信息披露质量的散点图

（2）相关性分析。

通过表 5 - 18 的分析发现，对外开放、政府规模、产业结构、经济增长都与政府财务信息披露质量负相关；城镇化率、资源依赖和经济条件与政府财务信息披露质量正相关。对外开放与政府财务信息披露质量负相关，与散点图的结论一致。解释变量之间的相关系数均不足 0.5，说明不存在严重的多重共线性问题。

表 5 - 18　　　　　　　　　相关性分析结果

变量	Grade	wstz	zfgm	cyjg	ggdp	czhl	zyyl	pgdp
Grade	1.00 00							
wstz	-0.118 3	1.000 0						
zfgm	-0.157 1	0.239 1	1.000 0					
cyjg	-0.033 6	-0.149 4	-0.296 7	1.000 0				
ggdp	-0.221 0	-0.123 0	-0.126 1	0.155 8	1.000 0			

变量	Grade	wstz	zfgm	cyjg	ggdp	czhl	zyyl	pgdp
czhl	0.164 8	0.358 7	− 0.003 4	0.325 0	0.025 4	1.000 0		
zyyl	0.106 9	− 0.386 2	− 0.192 9	0.031 9	− 0.049 8	− 0.216 7	1.000 0	
pgdp	0.074 6	− 0.012 1	0.285 3	− 0.218 4	− 0.417 8	− 0.313 2	0.017 2	1.000 0

（3）静态面板与动态面板的回归结果。

首先判断静态面板模型的选择，由表5 – 19 可知，无论是否考虑对外开放的平方项，霍斯曼检验的 P 值分别为 0.1151 和 0.1932，说明均应选择随机效应模型。

表 5 – 19 　　　　　　　　　　　　霍斯曼检验

变量	无平方项		有平方项	
	fe	re	fe	re
wstz	− 1.327	− 7.101	− 8.699	− 3.830
$wstz^2$			7.132	− 3.017
zfgm	0.553	− 2.681	− 0.393	− 2.697
cyjg	4.391	− 12.008	4.209	− 11.741
ggdp	− 0.134	− 0.245	− 0.144	− 0.235
czhl	59.956	15.942	62.469	16.146
zyyl	− 134.349	− 18.219	− 137.896	− 17.680
pgdp	1.307	1.892	1.348	1.873
Prob > chi^2	0.1151		0.1932	

由表5 – 20 的模型（1）和模型（2）可知，对外开放程度与政府财务信息披露质量不显著负相关；由模型（3）和模型（4）可知，对外开放的一次项系数不显著为负，二次项系数不显著为负，说明对外开放与政府财务信息披露质量的非线性关系不显著。这也与对外开放与政府财务信息披露质量的散点图相符。在模型（5）与模型（6）中，政府财务信息披露质量滞后项与政府财务信息披露质量不显著负相关；对外开放的一次项和二次项均不显著负相关。

表 5 – 20   静态与动态面板的回归结果分析

变量	静态面板				动态面板	
	随机效应	考虑异方差的随机效应	随机效应	考虑异方差的随机效应	GMM	GMM
	模型(1)	模型(2)	模型(3)	模型(4)	模型(5)	模型(6)
政府财务信息披露质量的滞后项					-0.048 (0.746)	-0.060 (0.687)
对外开放	-7.101 (0.176)	-7.101 (0.221)	-3.830 (0.799)	-3.830 (0.703)	-29.738 (0.102)	-15.693 (0.674)
对外开放的平方			-3.017 (0.819)	-3.017 (0.747)		-16.073 (0.663)
政府规模	-2.681 (0.275)	-2.681* (0.080)	-2.697 (0.278)	-2.697 (0.072)	-14.802** (0.027)	-15.150** (0.025)
产业结构	-12.008 (0.374)	-12.008 (0.447)	-11.741 (0.388)	-11.741 (0.459)	-31.148 (0.337)	-28.535 (0.388)
经济增长	-0.245 (0.174)	-0.245 (0.187)	-0.235 (0.200)	-0.235 (0.215)	-0.063 (0.805)	-0.060 (0.812)
城镇化	15.942** (0.038)	15.942*** (0.008)	16.146** (0.040)	16.146*** (0.008)	-26.756 (0.339)	-29.429 (0.301)
资源依赖	-18.219 (0.691)	-18.219 (0.674)	-17.680 (0.707)	-17.680 (0.691)	-137.504 (0.223)	-136.781 (0.224)
经济条件	1.892 (0.230)	1.892 (0.181)	1.873 (0.235)	1.873 (0.183)	0.247 (0.914)	0.119 (0.959)
_cons	34.491*** (0.005)	34.491*** (0.007)	33.716*** (0.008)	33.716** (0.013)	113.783*** (0.000)	113.622*** (0.000)
Obs	155	155	155	155	124	124
R^2	0.1497	0.1497	0.1490	0.1490		

注：括号中为 P 值。

（4）对外开放对政府财务信息披露质量影响的空间效应分析。

①空间效应的模型设计。

空间滞后模型中政府财务信息披露质量 = α + β₁对外开放 + β₂产业结构 + β₃政府规模 + β4 资源依赖 + β₅经济增长 + β₆城镇化水平 + β₇经济条件 + β₈人口规模 + γWᵢⱼ政府财务信息披露质量   （5 – 1 – 2 – 2）

空间误差模型中政府财务信息披露质量 = α + β₁对外开放 + β₂产业结

构 $+\beta_3$政府规模 $+\beta_4$资源依赖 $+\beta_5$经济增长 $+\beta_6$城镇化水平 $+\beta_7$经济条件 $+\beta_8$人口规模 $+\gamma W_{ij}\xi$ (5-1-2-3)

②空间效应的存在性检验。

全局空间关联性分析。表 5-21 为对外开放的临近莫兰指数，由该表可知，对外开放存在正向的空间关联性，即高高集聚或低低集聚，并且 2013 年、2014 年的对应 P 值均保持在 10% 以内，2012 年的对应 P 值虽然在 10% 水平上不显著，但在 15% 的置信水平上是显著的，因此，对外开放程度存在空间正相关性。由 3.2.3 节可知，地方政府财务信息披露质量也存在空间正相关性。

表 5-21   对外开放程度临近莫兰指数

WSTZ	指标	2012 年	2013 年	2014 年
二元相邻权重矩阵	莫兰指数估计值	0.087	0.130	0.183
	标准差	0.108	0.106	0.105
	Z 统计量	1.135	1.538	2.062
	P 值	0.128	0.062	0.020
空间距离权重矩阵	莫兰指数估计值	0.020	0.039	0.065
	标准差	0.037	0.034	0.034
	Z 统计量	1.427	2.123	2.941
	P 值	0.077	0.017	0.002

局域空间关联性分析。对外开放的莫兰指数散点图显示大部分城市位于第一象限（HH）和第三象限（LL）。2014 年有 13 个省份位于第一象限，有 10 个省份位于第三象限，合计占样本总数的比重为 74.19%；2013 年有 9 个省份位于第一象限，有 10 个省份位于第三象限，合计占样本总数的比重为 61.29%；2012 年有 8 个省份位于第一象限，有 10 个省份位于第三象限，合计占样本总数的比重为 61.29%；2011 年有 11 个省份位于第一象限，有 10 个省份位于第三象限，合计占样本总数的比重为 67.74%；2010 年有 8 个省份位于第一象限，有 8 个省份位于第三象限，合计占样本总数的比重为 51.61%；莫兰指数散点图表明，对外开放程度存在显著的空间正相关性，呈现一定程度上的聚集效应，高对外开放程度城市被高对外开放程度的邻近城市所围绕，低对外开放程度城市被低对外开放程度的邻近城市所围绕。从图 5-9 至图 5-13 可以看出，同一象限中汇集的省份几乎都是在地理上较为接近的地区，如广东省、浙江省、上海市等对外开放程度高的省份聚集在长三角、珠三角地区，山西省、甘肃省等低对外开放程度的省份集中分布在中西部地区。2012~2014 年莫兰指数逐渐提

升，说明从 2012 年开始，对外开放程度的空间自相关效应逐步加强。

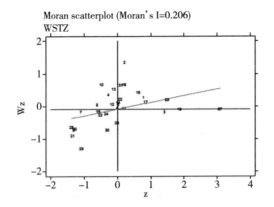

图 5 - 9　2014 年对外开放程度的莫兰指数散点

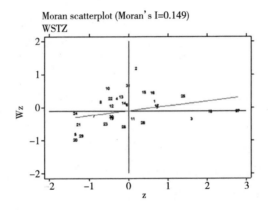

图 5 - 10　2013 年对外开放程度的莫兰指数散点

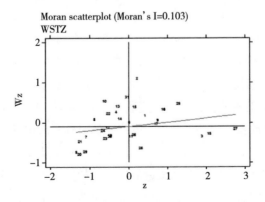

图 5 - 11　2012 年对外开放程度的莫兰指数散点

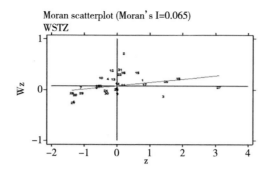

图 5 - 12　2011 年对外开放程度的莫兰指数散点

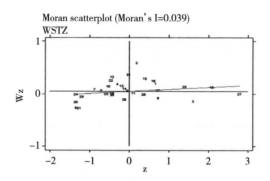

图 5 - 13　2010 年对外开放程度的莫兰指数散点

③空间效应模型选择的 LM 检验。

Lm-lag 的值和 Lm-error 的值均在 1% 的置信水平上显著，这说明政府财务信息披露质量同时存在空间误差自相关和空间滞后依赖效应。

表 5 - 22　　　　　　　　　　　LM 检验结果

变量	SLX
对外开放程度	2 710. 601 * (0. 001)
滞后一期对外开放程度	915. 245 * (0. 004)
产业结构	- 0. 648 * (0. 021)
政府规模	- 0. 001 (0. 082)
经济增长	0. 032 (0. 638)
城镇化程度	46. 773 * (0. 001)
资源依赖程度	125. 195 * (0. 025)
人口规模	0. 001 (0. 608)

变量	SLX
经济条件	0.001 * (0.003)
_cons	114.090 * (0.000)
LM-lag	4.760 *
LM-error	5.895 *
Obs	155
R²	0.635
Log likelihood	−114.333

④空间效应模型回归结果分析。

在选择模型进行回归之前，首先要判断选择随机效应还是固定效应模型，由于本书的样本为省级面板数据，不需要来推断总体特征，这种情况下，固定效应是比随机效应更好的选择。

表5-23报告了空间滞后模型（SAR）与空间误差模型（SEM）的回归结果。由于政府财务信息披露质量存在空间相关性，普通的OLS回归的结果是有偏差不准确的。空间滞后系数与空间误差系数都在10%的水平上通过了显著性检验，说明适合采用空间计量模型进行回归。而空间滞后系数为正，说明若某省提升政府财务信息披露质量，临近的其他省份也会跟着提高其政府财务信息披露质量。这意味着邻近省份可以从该省份的财务信息披露质量提高中获得积极的溢出效应。对外开放程度的系数及滞后一期对外开放程度的系数均显著为正，说明考虑了空间效应后，对外开放程度对政府财务信息披露质量仍然有显著的促进作用。对于其他解释变量，空间计量的引入提高了传统变量估计系数的大小和显著性，这表明解释变量的增加并未影响本节实证模型与理论预期的一致性，并进一步验证了空间变量引入对解释政府财务信息披露质量的适用性。

表5-23　　　　　　　空间模型中估计结果

变量	SAR 空间滞后模型	SEM 空间误差模型
对外开放程度	2642.601 * (0.001)	3308.000 * (0.000)
滞后一期对外开放程度	589.242 * (0.016)	
产业结构	−0.621 * (0.009)	−0.429 * (0.048)
政府规模	−0.011(0.111)	0.010 * (0.044)
经济增长	0.621(0.146)	0.018(0.295)

变量	SAR 空间滞后模型	SEM 空间误差模型
城镇化程度	14.463 * (0.016)	38.997 * (0.000)
资源依赖程度	161.195 * (0.025)	74.107(0.099)
人口规模	0.001(0.108)	0.001(0.042)
经济条件	0.001 * (0.011)	0.032(0.078)
_cons	161.091 * (0.007)	109.620 * (0.000)
空间滞后项参数	0.713 * (0.009)	
空间误差项参数		1.100 * (0.000)
Obs	155	155
R^2	0.565	0.468
Log likelihood	− 112.283	− 110.020

⑤空间计量的稳健性检验

为了克服内生性，将变量滞后一期，回归结果如表5 – 24 所示。结果显示，本节的检验结果具有良好的稳健性。主要体现在：政府财务信息披露质量在省份之间呈现出显著的空间关联性，同时还发现，对外开放程度对政府财务信息披露质量的影响是正向的。

表5 –24　　　　　　　　空间模型中内生性稳健性检验

变量	SAR 空间滞后模型	SEM 空间误差模型
对外开放程度	538.146 * (0.050)	580.972 * (0.048)
滞后一期对外开放程度	1353.848(0.078)	
产业结构	− 0.074 * (0.015)	− 0.064(0.227)
政府规模	0.007 * (0.021)	0.013 * (0.036)
经济增长	0.001(0.076)	0.010(0.622)
城镇化程度	0.010(0.096)	5.821 * (0.041)
资源依赖程度	153.868 * (0.018)	134.115 * (0.020)
人口规模	0.002(0.571)	0.007 * (0.026)
经济条件	0.010 * (0.005)	0.001 * (0.017)
空间滞后项参数	0.509(0.088)	
空间误差项参数		0.795 * (0.013)
_cons	29.665(0.355)	13.229(0.065)
Obs	155	155
R^2	0.446	0.383
Log likelihood	− 113.047	− 112.206

进一步考虑空间距离权重矩阵 W2，来检验上述分析得到的空间回归结果是否稳健。表 5 - 25 的结果说明，W2 矩阵的回归结果与 W1 矩阵的回归结果基本相同，说明本节的结论具有较好的稳健性：政府财务信息披露质量在省份之间呈现出显著的空间关联性。基于新的空间权重矩阵，同样发现对外开放程度对政府财务信息披露质量的影响是正向的。

表 5 - 25 空间模型中变换矩阵的稳健性检验

变量	SAR 空间滞后模型	SEM 空间误差模型
对外开放程度	2 642.793 * (0.008)	2 641.331 * (0.008)
滞后一期对外开放程度	1 180.988 * (0.018)	
产业结构	− 0.638 * (0.033)	− 0.638 (0.065)
政府规模	− 0.008 (0.201)	− 0.008 (0.203)
经济增长	0.015 (0.088)	0.015 (0.889)
城镇化程度	46.199 * (0.005)	46.152 * (0.006)
资源依赖程度	− 109.527 (0.109)	− 109.527 (0.109)
人口规模	0.002 (0.308)	0.001 (0.042)
经济条件	0.003 * (0.002)	0.032 (0.078)
空间滞后项参数	0.823 * (0.001)	
空间误差项参数		1.200 * (0.005)
_cons	121.887 * (0.000)	119.153 (0.214)
Obs	155	155
R^2	0.445	0.445
Log likelihood	− 118.495	− 118.495

将政府财务信息披露质量改用《中国财政透明度报告》中的省级财政各信息要素透明度评估结果中一般公共预算得分来衡量。表 5 - 26 的结果显示，本节的检验结果具有良好的稳健性。主要体现在：政府财务信息披露质量在省际之间呈现出显著的空间关联性，同时还发现，对外开放程度对政府财务信息披露质量的影响是正向的。

表 5 - 26 空间模型中估计结果

变量	SAR 空间滞后模型	SEM 空间误差模型
对外开放程度	872.327 (0.305)	477.993 (0.057)
滞后一期对外开放程度	1 379.172 * (0.023)	

变量	SAR 空间滞后模型	SEM 空间误差模型
产业结构	0.016(0.053)	-0.080(0.085)
政府规模	0.008(0.251)	0.001(0.608)
经济增长	0.001*(0.046)	0.001*(0.003)
城镇化程度	18.110(0.121)	20.349(0.081)
资源依赖程度	-86.630*(0.018)	-111.375*(0.035)
人口规模	0.001(0.661)	-0.006(0.351)
经济条件	0.002*(0.005)	0.001*(0.046)
空间滞后项参数	0.006(0.082)	
空间误差项参数		0.859*(0.014)
_cons	44.669(0.105)	28.964*(0.025)
Obs	155	155
R^2	0.276	0.622
Log likelihood	-113.062	-111.862

（5）对外开放对政府财务信息披露质量影响的门槛效应分析。

首先判断是否存在门槛效应，如果存在，则判断门槛数，从而确定具体的门槛模型。表 5-27 以政府财务信息披露质量为因变量，以对外开放为自变量及门槛变量，进行门槛效应存在性判断。结果显示，单门槛和双门槛的 P 值都说明在 5% 的水平上显著，三门槛的 P 值为 0.260，说明存在门槛效应，适合选择双门槛模型。

表 5-27 　　　　　　　　门槛效应判断与门槛数估计

门槛	F 值	P 值	10%	5%	1%
单一门槛	4.882 3**	0.032 0	2.596 5	3.937 6	8.391 1
双重门槛	6.066 8**	0.023 0	2.834 6	3.978 5	7.578 2
三重门槛	0.000 0	0.260 0	0.000 0	0.000 0	0.000 0

表 5-28 得到了具体的双门槛模型的第一、二门槛值：0.347 9、0.650 3，对应的置信区间分为 [0.015 2, 1.013 2] 和 [0.599 9, 0.851 9]。

表 5 - 28　　　　　　　　　　　　门槛值估计结果

门槛值	估计值	95% 置信区间
门槛值 γ1	0. 347 9	[0. 015 2,1. 013 2]
门槛值 γ2	0. 650 3	[0. 599 9,0. 851 9]

　　表 5 - 29 为双门槛模型的回归结果。模型（1）为考虑异方差的固定效应稳健性模型（fe_robust）；模型（2）为常规固定效应回归模型（fe）。

表 5 - 29　　　　　　　　　　门槛面板模型系数估计结果

变量	(1) fe_robust	(2) fe
ZFGM	- 4. 378 4 (- 0. 868 5)	- 4. 368 4 (- 1. 258 4)
CYJG	16. 170 3 (1. 148 7)	16. 170 3 (0. 873 1)
GGDP	- 0. 154 0 (- 0. 889 4)	- 0. 154 0 (- 0. 821 3)
CZHL	64. 804 8 ** (2. 4757)	64. 804 8 ** (2. 0147)
ZYYL	- 67. 435 4 (- 1. 134 3)	- 67. 435 4 (- 0. 912 4)
PGDP	1. 044 0 (0. 7537)	1. 044 0 (0. 643 5)
WSTZ_1	- 8. 758 1 (- 0. 4913)	- 8. 758 1 (- 0. 544 6)
WSTZ	22. 592 5 * (1. 834 0)	22. 592 5 * (1. 904 2)
WSTZ_3	- 0. 999 4 (- 0. 167 3)	- 0. 999 4 (- 0. 126 9)

　　由模型（1）的结果可知，第一，对外开放程度过低时，对外开放无法有效促进当地政府财务信息披露质量的提高。当对外开放程度小于第一门槛值 0. 347 9 时，对外开放程度与政府财务信息披露质量的系数为 - 8. 758 1,P 值在 10% 水平仍不显著，表明对外开放程度过低时，对外开放程度与政府财务信息披露质量不显著负相关。第二，当处于合理区间

时，对外开放程度能够促进政府财务信息披露质量的提高。对外开放程度介于第一门槛值和第二门槛值之间，即处于 0.347 9 至 0.650 3 时，对外开放程度与政府财务信息披露质量指标间系数是 22.592 5，对应 P 值在10% 水平上显著，说明对外开放程度处于合理区间时能促进政府财务信息披露质量的改进。第三，对外开放程度太高时反而会抑制政府财务信息披露质量的改进。若对外开放程度高于 0.650 3 的第二门槛值时，对外开放程度与政府财务信息披露质量间的系数为 -0.999 4，对应 P 值在10% 水平上仍不显著。从其他控制变量的结果来看，产业结构、城镇化进程和经济条件均与政府财务信息披露质量存在正相关关系；而政府规模、经济增长、资源依赖与政府财务信息披露质量存在负相关关系。未考虑异方差的模型(2) 的结论类似。

由回归结果可得出如下结论：不同的对外开放程度对于地方政府财务信息披露质量存在非线性影响，对外开放程度太高或太低均不利于政府财务信息披露质量的提升；只有对外开放程度处于适中区间 [0.347 9，0.650 3] 时，才有利于政府财务信息披露质量的改善。

由上述双门槛回归结果可知，只有介于第一、二门槛值之间的对外开放程度才能显著促进政府财务信息披露质量的提升。从表 5-30 的样本值在三个区间的分布值为 81、48 和 26 看，大多数省份还需进一步扩大对外开放，以促进政府财务信息披露质量的提升。

表 5-30 门槛变量对外开放的三个区间的各变量均值

变量	低于第一门槛值的均值	介于第一、二门槛值的均值	高于第二门槛值的均值
GRADE	33.645 1	30.086 7	29.424 2
ZFGM	2.237 4	2.601 3	2.501 2
CYJG	0.533 4	0.526 8	0.516 9
GGDP	11.651 3	9.758 5	10.826 2
CZHL	0.345 4	0.413 9	0.674 5
ZYYL	0.056 6	0.027 7	0.021 4
PGDP	5.045 9	5.198 0	4.901 6
WSTZ	0.173 7	0.461 8	0.929 0
Obs	81	48	26

5.1.2.4 小结

本节基于 2010~2014 年的省际面板数据，通过空间数据分析方法了解所要研究时期内政府财务信息披露质量在各省份的集聚格局，在此基础上建立空间计量模型来对政府财务信息披露质量的空间关联性进行实证分析。实证分析表明：各省对外开放程度以及省级政府财务信息披露质量存在正向的空间正相关性（高高集聚或低低集聚）。地区外商投资相对规模是造成政府财务信息披露质量空间集聚呈现"结块效应"特征的主要原因。空间计量模型结果发现，当一个省份的邻近省份提高政府财务信息披露质量时，该省份也倾向于提高政府财务信息披露质量，即政府财务信息披露质量具有积极的溢出效应。

采用双门槛面板模型分析对外开放对政府财务信息披露质量的影响，结果表明两者存在非线性影响，对外开放程度太高或太低均不利于政府财务信息披露质量的提升；只有对外开放程度处于适中区间［0.347 9，0.650 3］时，才有利于政府财务信息披露质量的改善。

5.1.3 制度环境

从 2008 年《政府信息公开条例》实施以来，列为主动公开范围的财务信息公开的范围逐步扩大，内容也逐步细化，明显提升了政府执政的公信力。2013 年李克强总理提出建立公开、透明、规范、完整的预算制度，逐步政务公开。新《预算法》也将透明度作为预算管理的一项基本原则。政府会计作为制度变迁的产物，受到制度环境的影响。而地方政府财政透明度作为政府会计的产物，也受制度环境的影响；而政府投资冲动则会影响到政府财务信息，从而导致政府有决定是否真实披露财务信息的动机以维护政府形象，进而影响地方政府财务信息披露质量。基于此，越来越多的研究者开始关注政府财务信息披露质量的影响因素都有哪些？继而制度环境以及政府投资冲动如何影响政府财务信息披露质量开始进入人们的视野。

5.1.3.1 文献综述与假设提出

（1）地方政府投资冲动对政府财务信息披露质量的影响。

地方政府经济行为侧重于投资，这促进了各地的经济增长，也导致了重复建设、产能过剩与波动。因此，关注地方政府投资行为对政治与经济的影响具有重要意义。政府投资冲动在一定程度上增加，继而增加财政风险，进而影响政府财务信息披露。投资对经济增长的作用最大，因此，地方政府官员倾向于尽可能多的投资。因为官员晋升与 GDP 增长率关系密切。而在短期内，加大投资来发展经济比促进人力资本和技术创新等更加可行，导致官员更加倾向于投资，而且政府公共投资比私人投资更加容易调控资本。文献经常混淆投资冲动与产能过剩，误认为产能过剩是政府投资冲动的外在体现。虽然地方政府投资冲动难以采用直观而简单的数据来衡量，但地方政府投资冲动还是非常常见的，由于官员晋升竞争需要更多的投资，在招商引资与土地竞争等方面的竞争也非常激烈。

由此提出假设 5 - 1 - 3 - 1：政府投资冲动与地方政府财务信息披露质量负相关。即政府投资冲动越大，地方政府财务信息披露质量越低。

（2）制度环境对财政透明度的影响。

良好的制度环境能促进政务公开、立法透明和低腐败程度。制度环境通常用来确定生产、交换和分配的各种政治、法律和社会基本规则。制度环境是政府会计的外部环境，它通过影响利益相关者行为来影响政府财务信息披露，进而影响到政府财务信息披露。而且，政府财政信息披露质量的高低非常依赖其运行的制度环境，如果制度环境变化，利益相关者的行为也会随之改变，这将打破原有的制度均衡，政府财务信息披露质量将进行新的博弈，从而导致信息披露质量受到影响。林毅夫在制度变迁理论中，将制度变迁区分为诱制性和强制性变迁两种。我国政府会计变革也服从制度变迁理论，可以从构建产权与降低契约成本等角度分析制度环境对政府财务信息披露质量的影响。而在这种良好的制度环境下，也会一定程度上降低地方政府的投资冲动，进而有助于提升政府财务信息披露质量。

由此提出假设 5 - 1 - 3 - 2：制度环境会削弱地方政府投资冲动对政府财务信息披露质量的影响。制度环境越好，政府的投资冲动越低，对提升地方政府财务信息披露质量起促进作用。

5.1.3.2 研究设计

（1）变量定义。

①因变量：政府财务信息披露质量（fTran）。本节采用上海财经大学公布的"中国省级财政透明度评分"来衡量。

②自变量。一是制度环境（institution）。有些文献采用腐败立案数及腐败金额来衡量制度环境。腐败金额指标受公检法部门执法能力及效率的影响很大。腐败立案数指标上，很多沿海发达地区明显高于西部地区，这并不意味着沿海地区的制度环境更差，反而是其执法力度更强。所以本节使用了樊纲编制的市场化进程指数来衡量。该指数越高，制度环境越好，地区腐败程度越小。二是政府投资冲动（invest）。本节采用地方政府性投资相对力度来衡量，具体为各地区固定资产投资政府预算资金占 GDP 的比重。

③控制变量。一是地区人均 GDP（lggdp）。居民人均收益越高，居民

有更高的积极性参与政治监督，更需要作为业绩评价基础的财务信息，促进政府提升政府财务信息披露质量。二是教育水平（edu）。地区教育水平越高，公民整体的素质较高，具有主人公意识的公民越多。一方面，参与政治监督的人也越多，从而影响政府财务信息的披露质量；另一方面，整体素质越高，越能发现政府在信息披露中存在的问题，从而提升政府财务信息披露质量。三是政府规模（gov）。通常，政府规模越大，政府受托责任越大，从而利益相关者对政府信息的需求增加，通过他们的监督和督促，提升了政府财务信息披露质量。

根据已有文献，梳理得出本节的变量衡量指标及相关定义如表 5 – 31 所示。

表 5 – 31　　　　　　　　　　主要变量说明

变量类型	变量名称	代码	定义
因变量	政府财务信息披露质量	ftran	财政透明度评估得分值（百分制）
自变量	制度环境	institution	地区市场化进程指数
	政府投资冲动	invest	地方政府性投资相对力度：固定资产投资政府预算资金/GDP
控制变量	地区人均 GDP	lggdp	各省居民的平均收入
	教育水平	edu	每万人中大学生人数的对数值
	政府规模	gov	预算内财务支出占 GDP 的比重（%）

（2）模型设计。

为了检验制度环境、政府投资冲动对政府财务信息披露质量的影响，参考相关研究，将本节的计量模型设定如下：

$$fTran_{it} = \beta_0 + \beta_1 institution_{it} + \beta_2 invest_{it} + \beta_i \sum X_{it} + \alpha_i + \varepsilon_{it} \quad (5-1-3-1)$$

其中，i 和 t 分别表示各省和各年，fTran 是衡量政府财政透明度的指标，institution 是衡量制度环境的指标，invest 是衡量政府投资冲动的指标，X 为影响财政透明度的其他指标，α_i 和 ε_{it} 分别是无法观测的省份固定效应及随机干扰项。

（3）样本与数据。

本节以 31 个省级政府（剔除西藏）为样本，年度是 2009 ~ 2013 年。鉴于精确性与可靠性，通过各种渠道及方法对采集的数据进行收集、核对与整理。政府财务信息披露质量数据为上海财经大学发布的《中国财政透明度报告》，而制度环境数据采用樊纲等（2011）提供的"地区市场化进程指数"，政府投资冲动及其他控制变量数据来自各年的《中国统计年鉴》。本节的统计软件为 Stata12.0。

5.1.3.3 实证结果分析

（1）描述性统计。

从表 5 - 32 的数据结果可以看出，地方政府财务信息披露质量的最小值为 14.00，最大值为 77.70，然而均值为 24.68，可见政府财务信息披露质量整体处于偏下水平；而制度环境的最小值为 3.25，最大值为 13.93，均值为 8.30，可见制度环境情况整体处于偏上水平，说明我国目前各省域反腐、规范制度建设等方面采取的各种措施已取得较好成效，制度环境较好；政府投资冲动的最小值为 0.254，最大值为 1.113，而均值为 0.694，可见政府投资冲动也处于中等水平。控制变量中，人均 GDP 和教育水平都处于中等水平且标准差都较小，说明差异不显著；而政府规模的最小值为 8.069，最大值却为 141.880，可见各省域政府规模波动范围较大，均值为 53.535，整体处于中下水平，政府规模偏小，且标准差为 27.855，可见各省域之间政府规模差异较大。

表 5 - 32　　　　　　　　描述性统计

变量	观测值	均值	标准差	最小值	最大值
财政透明度	150	24.680	10.190	14.000	77.700
制度环境	150	8.300	2.250	3.250	13.930
地方政府投资冲动	150	0.694	0.175	0.254	1.113
地区人均 GDP	150	4.543	0.207	4.040	5.000
教育水平	150	3.578	0.451	2.651	4.692
政府规模	150	53.535	27.855	8.069	141.880

根据 2009 年到 2013 年 30 个省份的面板数据，采用 Stsata12.0 软件绘制出图 5 - 14 所示的政府财务信息披露质量与制度环境关系的散点图及线性拟合，由该图可知，政府财务信息披露质量与制度环境呈现正相关关系，虽然趋势没有那么的显著，但仍然可以看出这一结果。

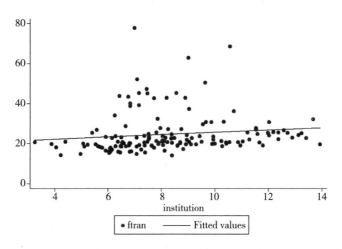

图 5 - 14 政府财务信息披露质量与制度环境关系的散点图及线性拟合

根据 2009 年到 2013 年 30 个省份的面板数据，采用 Stsata12.0 软件绘制出图 5 - 15 所示的政府财务信息披露质量与政府投资冲动关系的散点图及线性拟合，由该图可知，政府财务信息披露质量与制度环境呈现负相关关系，虽然趋势没有那么的显著，但仍然可以看出这一结果。

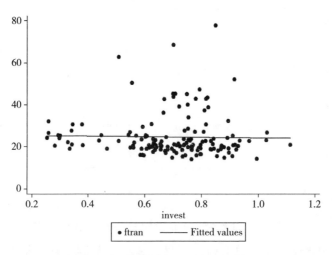

图 5 - 15 政府财务信息披露质量与政府投资冲动关系的散点图及线性拟合

（2）相关性分析。

从表 5 - 33 的数据分析结果可知，制度环境与地方政府财务信息披露质量的相关系数为 0.1247，可见两者呈正相关关系，即制度环境越好，地方政府财务信息披露质量越低，这一数据结果与之前的假设 5 - 1 - 3 - 1 相一致，初步验证了该假设；此外，政府投资冲动与地方政府财务信息披露质量的相关系数为 - 0.0227，两者呈负相关关系，这一数据结果也与假设 5 - 1 - 3 - 2 相一致，初步验证了该假设。政府财务信息披露质量与区域的人均 GDP、教育水平以及政府规模都呈现正相关的关系，而所有变量与政府投资冲动的相关系数均为负，制度环境越好，政府就会有更小的投资冲动，同样地，区域人均 GDP 越高、教育水平越高、政府规模越大，政府投资冲动越小。

表 5 - 33 相关性分析

变量	ftran	institution	invest	lggdp	ledu	gov
ftran	1.000 0					
institution	0.124 7	1.000 0				
invest	- 0.022 7	- 0.633 9	1.000 0			
lggdp	0.223 3	0.771 6	- 0.481 2	1.000 0		
ledu	0.143 4	0.576 8	- 0.270 8	0.729 7	1.000 0	
gov	0.082 2	0.692 2	- 0.474 3	0.466 1	0.300 5	1.000 0

（3）初步回归：静态层面的分析。

为实证研究制度环境和政府投资冲动对地方政府财务信息披露质量的影响效果与程度，本节首先采用静态面板回归。静态面板回归模型包括固定效应、随机效应和混合效应三种。根据 Hausman 检验的结果分析，chi^2 为 14.36，P 值为 0.013 5，应选择固定效应模型进行回归，结果如表 5 - 34 所示。模型（1）是只考虑解释变量制度环境的回归结果，模型（2）是综合考虑制度环境与控制变量的回归结果，模型（3）是只考虑解释变量政府投资冲动的回归结果，模型（4）是综合考虑政府投资冲动和控制变量的回归结果，模型（5）是考虑制度环境、政府投资冲动以及交乘项的回归结果，模型（6）是考虑了所有解释变量和控制变量以及交乘项的回归结果。

表 5 - 34　制度环境和地方政府投资冲动对政府财务信息披露质量的静态影响

变量	模型(1)	模型(2)	模型(3)	模型(4)	模型(5)	模型(6)
institution	4.604 ***	0.601			2.743	1.957
	(0.001)	(0.834)			(0.370)	(0.588)
invest			− 45.780 ***	− 29.819 **	− 39.367	− 56.534
			(0.000)	(0.016)	(0.249)	(0.115)
institution * invest					− 0.287	− 3.835
					(0.948)	(0.427)
lggdp		7.997		2.370		3.676
		(0.724)		(0.892)		(0.872)
ledu		14.544 *		11.901		13.587
		(0.097)		(0.165)		(0.127)
gov		0.022		0.017		0.036
		(0.839)		(0.864)		(0.741)
Within R^2	0.087 0	0.145 4	0.141 7	0.186 7	0.163 9	0.191 3
样本数	150	150	150	150	150	150

注：括号内的值为标准误，本节下同。

回归结果显示，制度环境的系数在不同模型中均为正数，但显著性水平随着加入控制变量而有所下降，可见，在各种经济因素、社会因素、政治因素的共同影响下，制度环境正向影响政府财务信息披露质量，然而并不特别显著；政府投资冲动的系数在不同模型中均为负数，且均能在5%的水平上显著，说明政府投资冲动与政府财务信息披露质量有很强的负相关关系，与本节的假设5-1-3-1相一致，从而验证了该假设。

从制度环境与政府投资冲动的交乘项结果来看，回归结果系数为负。可见，在制度环境和政府投资冲动的综合作用下，与政府财务信息披露质量呈负相关关系，由此可见，虽然制度环境对政府财务信息披露质量有正向作用，政府投资冲动对政府财务信息披露质量有负向作用，但政府投资冲动的负向作用更大，这一点从回归结果的系数也可以看出。制度环境系数的绝对值均小于10，而政府投资冲动系数的绝对值则都大于20。但是加入交乘项后，2个解释变量都由原来的显著影响变为现在的不显著，可见制度环境在一定程度上对政府投资冲动起了抑制作用，这一结果验证了假设5-1-3-2的正确性。

（4）进一步回归：动态层面的分析。

由于政府财务信息披露质量在各年之间具有较大的连续性，这说明实证分析需考虑政府财务信息披露质量的动态变化。而且，虽然本节控制了很多其他影响政府财务信息披露质量的因素，但是仍然可能遗漏其他变量。因此，可以采用动态面板模型来解决这两个问题，具体做法为在模型中将因变量的滞后项作为自变量，构建模型（5-1-3-2）：

$$fTran_{it} = \beta_0 + \beta_1 fTran_{i,t-1} + \beta_2 institution_{it} + \beta_3 invest_{it} + \beta_4 institution \times invest_{it} + \sum X_{it} + \alpha_i + \varepsilon_{it} \qquad (5-1-3-2)$$

由于动态模型包含因变量的滞后项，可能产生内生性，因此采用GMM模型。GMM分为系统GMM和差分GMM。系统GMM有着更好的有限样本特征，估计结果更加有效与可信，适合"大N小T"的面板数据。因此，本节采用系统GMM方法。

依据新设立的模型5-1-3-2，运用Stata12.0对模型进行了估计，结果如表5-35所示。从回归结果看，政府财务信息披露质量的滞后项系数不显著为正，说明政府财务信息披露质量在各年并不显著连续；制度环境的系数与之前的静态模型相比，整体来看并无太大差异，可见两种模型估计出的结果并无太大不同；政府投资冲动的系数与静态模型相比差别也不是很大，两者的估计结果彼此进行了印证，说明了估计系数在一定程度上的可靠性；其他控制变量的估计结果与之前的静态模型存在较大差异。而加入交乘项的结果仍然为负，与静态模型相一致，且在加入所有的控制变量之后，系数的绝对值变小，可见所有对政府财务信息披露质量起正向作用的因素抑制了政府投资冲动的负向影响。

表 5-35　　制度环境和地方政府投资冲动对地方政府财政透明度的动态影响

变量	(1)	(2)	(3)	(4)	(5)
fTran_lag	0.315 ***	0.180	0.004	1.787	0.008
	(0.002)	(0.103)	(0.973)	(0.108)	(0.948)
institution	2.531	0.045	8.144 ***	3.167	6.570
	(0.121)	(0.980)	(0.007)	(0.466)	(0.159)
invest		-45.592 ***	-18.071	-10.440	-38.880
		(0.001)	(0.244)	(0.825)	(0.398)
institution * invest				-4.731	-2.700
				(0.433)	(0.660)

变量	(1)	(2)	(3)	(4)	(5)
lggdp			33.906		35.056
			(0.218)		(0.205)
ledu			28.821		28.980
			(0.020)		(0.022)
gov			0.015		0.017
			(0.919)		(0.907)
样本数	150	150	150	150	150

静态面板模型没有考虑因变量的变化过程，回归结果存在偏差，而动态面板模型既能反映政府财务信息披露质量的变化过程，又能克服内生性，结果更加稳健。因此，本节主要以动态面板模型的实证结果为准。

由此可以发现，制度环境对政府财务信息披露质量有正向影响，但影响的程度相对较低，而政府投资冲动对政府财务信息披露质量有负向影响，且影响的程度较制度环境更大。而这一实证结果与之前的假设相一致，验证了假设的正确性。

（5）稳健性检验。

为了保证结果的可靠性，本节进行稳健性检验。采用制度与信用文化来替代制度环境原来的衡量指标。因为静态模型的考虑因素没有动态模型考虑全面，所以此处的稳健性检验采用动态模型。从表5-36的结果可以看出，替换了制度环境的衡量因素之后，结果依然比较可观，也再次验证了之前回归结果的可靠性。

表5-36　　　　　　　　　稳健性检验

变量	模型(1)	模型(2)	模型(3)	模型(4)	模型(5)
fTran_lag	0.124	0.097	0.032	0.095	0.071
	(0.302)	(0.413)	(0.794)	(0.451)	(0.591)
institution	64.229 ***	38.114 *	45.766 *	35.029	38.359
	(0.002)	(0.098)	(0.069)	(0.124)	(0.117)
invest		−35.821 ***	−17.370	−40.395	−85.048 ***
		(0.010)	(0.286)	(0.139)	(0.007)
institution * invest				−0.299	−9.409 **
				(0.908)	(0.020)

变量	模型（1）	模型（2）	模型（3）	模型（4）	模型（5）
lggdp			1. 822		22. 654
			0. 940		（0. 390）
ledu			29. 225**		32. 397**
			0. 020		（0. 011）
gov			0. 260*		0. 145*
			0. 080		（0. 064）
样本数	150	150	150	150	150

5.1.3.4 小结

本节以 2009～2013 年中国各省份的面板数据为样本，以制度环境和政府投资冲动为主要的解释变量对地方政府财务信息披露质量进行解释，研究发现，省级层面的制度环境对政府财务信息披露质量有正相关性，即省域的制度环境越好，越有利于改进政府财务信息披露质量；省域政府投资冲动越大，则相应的政府财务信息披露质量越低。这一研究结果为提升地方政府财务信息披露质量提供理论支撑，但本节只选择了影响政府财务信息披露质量的一部分因素作为控制变量。

5.1.4 制度变迁

近年来，随着中央反腐的持续推进，越来越多的学者意识到财政透明度的重要性。但我国目前财政透明度水平偏低，根据上海财经大学公布的《中国财政透明度报告》，2014 年我国财政透明度平均为 42.25 分，也就是说，我国省级政府大约公布了 40% 的财政信息。过低的政府财务信息披露质量，不利于保护纳税人的权利，同时容易滋生腐败，影响政府形象，降低政府的公信力。因而研究我国地方政府财务信息披露质量的影响因素，对进一步提升政府财务信息披露质量，具有很好的理论与实践意义。本节通过探究制度环境和制度变迁对财政透明度的影响，为政府财务信息披露质量提升的路径选择和制度建设提供支持。

5.1.4.1 文献综述与假设提出

随着社会公众对政府行为关注度的提高，国内外出现了大量对政府财务信息披露质量的研究文献。Kopits 和 Cram 于 1998 年对"财政透明度"做出了定义，他们认为，财政透明为最大程度的公开政府的结构与功能、财政政策的目的、公共部门的账目以及政府出资的项目。Luder（1992）认为，政府财务信息披露质量的影响因素主要包括：财务方面、政治体制方面、社会发展方面以及政府管理。在财务方面，Giroux 和 Deis（1993）、Giroux 和 McLelland（2003）、Brecher 等（2003）和 Gore（2004）均发现，负债或债务成本显著影响政府财务信息披露质量；Giroux 和 Mclelland（2003）发现，地方政府财政压力对政府财务信息披露质量有显著影响；Laswad 等（2005）发现，由于政府财务报告会给政府管理者带来政治利益与压力，政府管理者进而做出响应的政府财务信息披露决策。在社会发展方面，Ingram（1984）和 Mclelland（2003）发现，社会经济发展水平对政府财务信息披露质量有显著影响；Ingram（1984）发现，选民受教育水平对政府财务信息披露质量有显著影响；Robbins 和 Austin（1986）、Evans 和 Patton（1987）发现，人口规模对政府财务信息披露质量有显著影响；Craven 和 Marston（1999）发现，政府富裕程度显著影响政府财务信息披露质量；Giroux 和 Mclelland（2003）发现，居民人均收入水平显著影响政府财务信息披露质量；Ingram（1984）发现，政府级别显著影响政府财务信息披露质量；Joachim Wehner 和 Paolo De Renzio（2013）发现，自由与公开的选举显著影响预算信息披露，还会抑制资源依赖对政府财务信息披露质量带来的不利影响。在政治体制和政府管理方面，Hartung（1992）发现，政治竞争对政府财务信息披露质量有显著影响；Luder（1992）发现，政治文化也对政府财务信息披露质量有显著影响，Gore（2004）发现，政府规模也和政府财务信息披露质量息息相关。James E. Alt（2006）采用美国州面板实证分析发现，政治与财政政策影响政府财务信息披露质量。在各种因素的影响程度上，Daniel Albalate del Sol（2013）用西班牙的数据研究了决定地方政府财务信息披露质量的制度因素、经济因素、财政因素和社会因素，研究发现制度因素比其他任何经济社会变量对政府财务信息披露质量有更显著的作用。Robson Zueeolo Uo 等（2014）利用 2009 年和 2010 年巴西各州的截面数据研究了政府财务信息披露质量的影响因素，发现财政变量和经济社会（教育水平、健康状况、就业、收入等）显著影响巴西政府财务信息披露质量，而政治变量不显著影响政府财务信息披露质量。

综上所述，已有文献分析了政府财务信息披露质量的很多影响因素，但国内外很少有文献研究制度环境对财政透明度政府财务信息披露质量的影响，但实际上制度环境对政府财务信息披露质量的影响是深刻而长远的。

在一定的制度环境下政府进行财务信息公开，并与其他制度一起服务于更好的国家治理。制度推动并影响着政府财政信息的公开程度。制度至少从两个维度影响政府财务信息披露质量。首先，良好的制度为政府财务信息披露创造了制度环境，促进政府提升财政信息的公开程度，制度是保障，符合"制度至上"的原则。其次，制度会不断变迁，而质优的制度变迁有利于政府财务信息披露制度的变迁，从而促进政府财务信息披露质量的提升。基于此，本书提出两个假设：

假设 5 - 1 - 4 - 1：制度环境越完善的地区，财政透明度水平越高；反之，越低。

假设 5 - 1 - 4 - 2：质优的制度变迁能够提升政府财务信息披露质量，对政府财务信息披露质量的提高产生积极的正向影响。

5.1.4.2 研究设计

（1）模型的设定。

为了考查制度环境和制度变迁对财政透明度的影响，本书以 2009 ~ 2012 年中国 30 个省份（西藏自治区除外）的省级面板数据，来验证制度环境、制度变迁对地方政府财务信息披露质量的影响，建立如下的基本计量模型：$FT_{it} = \alpha + \beta FS_{it} + \gamma NA_{it} + \omega X_{it} + \varepsilon_{it}$。i 表示第 i 个省，t 表示第 t 年，FS 表示制度环境，NA 代表制度变迁，X 代表其他控制变量，α 代表常数项，α、β 和 γ 代表各个变量的系数，ε 是误差项。

FT 是政府财务信息披露质量，仍然采用上海财经大学公布的财政透明度指数。

FS 代表的是制度环境，数据来源于樊纲等的"地区市场化进程指数"。该指数越高，表明地方政府所处的制度环境越好；由于制度变迁难以量化，采用代理变量，采用国有化程度 NA 作为制度变迁的代理变量。

控制变量。①财政绩效情况。通常，财政绩效好的地方政府倾向于公开财务信息来获得上级政府及公众的认可，财政绩效差的地方政府则倾向于不披露、少披露或选择性披露财务信息。预期财政绩效与政府财务信息披露质量正相关。采用财政赤字率衡量财政绩效。②经济发展水平。该指标既影响政府的财政能力，也影响居民的公共服务需求，进而都影响政府财务信息披露质量。采用人均 GDP 的对数衡量经济发展水平。③还控制了人均可支配收入，资源依赖程度，居民教育水平和外商直接投资对政府财务信息披露质量的影响。

（2）数据来源及变量的说明。

本节以中国 30 个省份（西藏自治区除外）的面板数据作为样本。考虑到数据的可得性和可靠性，易于取得的完整数据是 2006 ~ 2014 年省级地方政府的统计数据，共包括 270 个样本。

政府财务信息披露质量指标的确定主要参考上海财经大学《中国财政

透明度报告》公布的财政透明度指数。以樊纲等提供的"地区市场化进程指数"来衡量制度环境，用国有化程度作为制度变迁的代理变量。其余数据来源于《中国金融统计年鉴》《中国统计年鉴》《中国劳动统计年鉴》等。变量的说明如表 5 - 37 所示。

表 5 - 37　　　　　　　　研究变量的选择与数据来源

变量代码	变量名称	具体含义
FT	政府财务信息披露质量	来自《中国财政透明度报告》
FS	市场化进程指数	樊纲、王小鲁编制的《市场化进程指数》
NA	国有化程度	城镇国有单位职工工资总额与城镇单位就业人员工资总额
czl	财政赤字率	(财政支出 - 财政收入)/各地区 GDP
economic	地区经济发展水平	人均 GDP 的对数值
income	人均可支配收入	来自《中国统计年鉴》，并取对数
resource	资源依赖程度	采矿从业人数与全体就业人员的比值
edu	居民教育水平	各地区本—专科学生数/各地区人口数
fdi	外省直接投资	外商直接投资与 GDP 比值的对数值

5.1.4.3　实证结果分析

（1）描述性统计分析。

表 5 - 38 给出了变量统计特征的描述。从政府财务信息披露质量来看，财政透明度的平均值为 25.498 85，说明我国省级地方政府财政透明度总体得分较低，有较大的提升空间。市场化进程指数的总分为 10，但是个别省份的评分可能超过 10，2014 年上海的市场进程指数最高为 9.78，青海最低为 2.53。国有化程度的均值为 0.570 111 1，即为 57.011 11%。财政赤字率全部为正，说明省级政府都有财政赤字。各个省级政府的人均可支配收入和教育水平的标准差都比较小，说明人均可支配收入和教育水平的差异不大，而资源依赖程度和外商直接投资的差异较大。

表 5 - 38　　　　　　　　变量的描述性统计

变量	均值	标准差	最小值	最大值
FT	25.498 850 0	14.477 030 0	0.06	77.70
FS	6.637 185 0	1.891 950 0	2.53	11.80
NA	0.570 111 1	0.142 686 6	0.17	0.84
czl	0.112 740 7	0.088 211 7	0.01	0.51
economic	10.294 780 0	0.583 487 0	8.66	11.56

变量	均值	标准差	最小值	最大值
Income	9. 788 148 0	0. 368 665 2	9. 09	10. 80
resource	0. 047 333 3	0. 040 401 3	0. 00	0. 22
edu	7. 679 815 0	0. 379 810 6	6. 81	8. 84
fdi	7. 162 741 0	1. 615 932 0	2. 73	9. 76

（2）面板单位根检验。

首先采用 LLC 单位根检验方法对面板模型各变量进行单位根检验，得到的检验结果如表 5 – 39 所示。结果表明，所有变量均为同阶单整，可以继续进行回归分析。

表 5 – 39   面板单位根检验

变量	T 统计量	P 值	结论
FT	– 7. 841	0. 001 7	平稳
FS	– 9. 972	0. 000 0	平稳
NA	– 9. 902	0. 000 0	平稳
czl	– 14. 658	0. 000 0	平稳
economic	– 6. 758	0. 000 0	平稳
income	– 8. 323	0. 000 0	平稳
resource	– 8. 421	0. 001 7	平稳
edu	– 8. 799	0. 000 0	平稳
fdi	– 14. 231		平稳

（3）面板格兰杰因果检验。

进行格兰杰因果检验来验证自变量与因变量是否存在互为因果的关系，结果如表 5 – 40 所示。第一行的原假设为"FT 不是 FS 的格兰杰因"，检验的结果相应的 P 值为 0. 000 0，拒绝了原假设；第二行的原假设为"FS 不是 FT 的格兰杰因"，检验结果相应的 P 值为 0. 000 2，也拒绝了原假设，但是由于格兰杰因果检验并不能确定为真正的因果关系，并不能表明制度环境与政府财务信息披露质量之间互为因果，存在内生性问题；第三行的原假设为"FT 不是 NA 的格兰杰因"相应的 P 值为 0. 102 4，不能拒绝原假设；第四行的原假设为"NA 不是 FT 的格兰杰因"相应的 P 值为 0. 016 4，拒绝原假设，表明国有化程度是政府财务信息披露质量的格兰杰原因。

表 5 - 40   面板的单位根检验

Equation	excluded	Chi^2	Prob > Chi^2
FT	FS	16. 101 50	0. 000 0
FS	FT	14. 255 50	0. 000 2
FT	NA	2. 660 69	0. 104 2
NA	FT	5. 845 74	0. 016 4

（4）Hausman 检验。

对所构建的模型进行了 Hausman 检验，检验结果如表 5 - 41 所示。由检验结果可知，Hausman 检验值在 1% 的显著性水平下拒绝原假设，表明采用固定效应的估计方法更为恰当。

表 5 - 41   Hausamn 检验结果

变量	FE	RE	Diffience	S. E.
FS	2. 869 672	- 1. 634 433 0	4. 504 105	0. 892 976
NA	- 53. 820 610	- 22. 302 070 0	- 31. 518 540	14. 282 070
czl	- 55. 075 610	- 45. 035 600 0	- 10. 040 000	35. 695 180
economic	- 21. 263 260	0. 551 929 1	- 21. 815 190	12. 467 420
income	46. 354 990	19. 778 450 0	26. 576 540	13. 312 080
resource	- 226. 747 600	20. 971 910 0	- 247. 719 500	118. 342 100
edu	10. 902 820	- 8. 614 094 0	19. 516 910	12. 786 080
fdi	- 5. 379 170	- 2. 035 396 0	- 3. 343 774	2. 331 640
- cons	- 225. 953 000	- 65. 396 520 0	- 160. 556 500	81. 823 690

b = consistent under Ho and Ha; obtained from xtreg

B = inconsistent under Ha, efficient under Ho; obtained from xtreg

Test: Ho: difference in coefficients not systematic

chi2(9) = (b - B)'[(V_b - V_B)^(- 1)](b - B) = 62. 29

Prob > chi2 = 0. 0000(V_b - V_B is not positive definite)

（5）回归结果分析。

进行固定效应回归以及面板分位数回归，剖析制度环境、制度变迁和政府财务信息披露质量之间的关系。

固定效应回归分析。表 5 - 42 中的模型（1）、模型（2）和模型（3）采用了固定效应模型进行回归，其中模型（1）为只考虑控制变量的回归结果，模型（2）是只考虑自变量市场化进程指数和国有化程度的回归结果，模型（3）同时考虑了自变量和控制变量。模型（4）为聚类稳健标准误处理后的固定效应模型，结果与模型（3）基本相同，最终以模型（4）为依据进行分析。模型（1）仅有控制变量，其回归结果表明，资源依赖程度高会严重降低地方政府财务信息披露质量，地方政府财政赤字率越大也会明显降低政府财务信息披露质量。模型（2）没有加入控制变量，计量模型的拟合优度降低，但是可以看到市场化进程指数和国有化程度对地方政府财务信息披露质量的影响方向。从模型（3）和模型（4）的回归结果可知，市场化进程指数的系数为正，国有化程度的系数为负，且都十分显著，表明市场化进程指数的提高和国有化程度的降低均能提高地方政府财务信息披露质量。以模型（4）为例，市场化进程指数每提高 1 分，地方政府财务信息披露质量会提高 2.87 分；国有化程度每降低 1 个百分点，地方政府财务信息披露质量将会提高 0.53821 分。近年来，我国市场发育不断跟进，市场活力进一步释放，有效地促进了地方政府财务信息披露质量的提高；国有化程度负向影响政府财务信息披露质量，说明国有经济成分阻碍了政府财务信息披露质量的提高，国有企业管理体制不健全是政府财务信息披露质量提高的明显"掣肘"。改革开放以来，各级政府不断努力优化制度体制环境。进入 21 世纪后，简政放权促进了市场的良性发育，国企改革不断推进。总体而言，我国制度建设成效显著。当然，某些制度环境与制度变迁的缺陷也阻碍着省级政府财务信息披露质量的提高，例如，市场配置资源机制不完善，国企改革的制度漏洞等，这些制度环境和制度变迁中的负效应不利于政府财务信息披露质量的改进。

表 5-42　　　　　　　　　　　　固定效应回归结果

变量	模型（1）	模型（2）	模型（3）	模型（4）
FS		3.084 ***	2.870 **	2.870 ***
		(2.86)	(2.57)	(2.98)
NA		-110.808 ***	-53.821 ***	-53.821 ***
		(-10.38)	(-3.12)	(-2.83)
czl	-82.409 **		-55.076	-55.076 *
	(-2.23)		(-1.51)	(-2.00)
economic	-29.510 **		-21.263 *	-21.263
	(-2.52)		(-1.83)	(-1.57)
income	65.433 ***		46.355 ***	46.355 ***
	(5.27)		(3.54)	(3.83)

变量	模型(1)	模型(2)	模型(3)	模型(4)
resource	− 239. 099 ** (− 2. 20)		− 226. 748 ** (− 2. 12)	− 226. 7476 (− 1. 55)
edu	15. 508 (1. 30)		10. 903 (0. 93)	10. 90282 (0. 93)
fdi	− 6. 381 *** (− 2. 78)		− 5. 379 ** (− 2. 40)	− 5. 379 * (− 1. 85)
c	− 363. 962 *** (− 4. 87)	68. 2 *** (8. 42)	− 225. 953 *** (− 2. 63)	− 225. 953 *** (− 2. 90)
R^2	0. 3512	0. 3122	0. 3957	0. 3957

注：括号内为 t 统计量，本节下同。

  固定效应回归实质为均值回归。有必要采用面板分位数回归，深入了解整个条件分布下市场化进程指数、国有化程度对政府财务信息披露质量的动态影响，结果如图 5 – 16 到图 5 – 18 所示。图 5 – 16 反映了其他因素对政府财务信息披露质量的影响，图 5 – 17 反映制度环境对政府财务信息披露质量的影响，图 5 – 18 反映制度变迁对政府财务信息披露质量的影响。

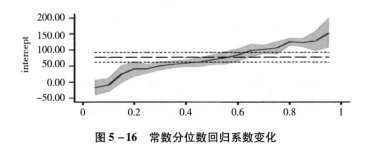

图 5 – 16 常数分位数回归系数变化

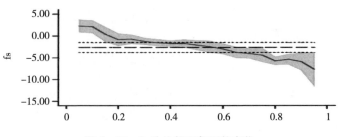

图 5 – 17 fs 分位数回归系数变化

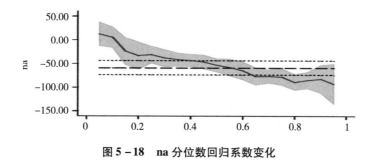

图 5 – 18　na 分位数回归系数变化

（6）稳健性分析。

制度环境的变量替换。财政支出很大程度上也表现了市场资源分配程度，借鉴樊纲等（2003）的做法，用财政支出占 GDP 的比重代表市场资源分配程度（ns），用市场资源的分配程度来作为制度环境的代理变量，以检验模型的稳健性。市场资源分配程度的数值越大就表明市场资源分配程度越低。与前文相同，其中模型（1）为只考虑控制变量的回归结果，模型（2）是只考虑自变量市场化进程指数和国有化程度的回归结果，模型（3）同时考虑了自变量和控制变量，模型（4）对固定效应模型进行了聚类稳健标准差处理。表 5 – 43 为变量代替后的固定效应模型的回归结果。由稳健性检验的结果可以看出，本节主要的结论并未发生变化，从模型（2）和模型（3）的回归结果可知，市场资源分配程度的系数为正，国有化程度的系数显著为负，说明制度环境的改善和优质制度变迁均能提高地方政府财务信息披露质量。

表 5 – 43　　　　　　　稳健性检验的回归结果

变量	模型(1)	模型(2)	模型(3)
NS		5. 176 985 (0. 21)	261. 467 2 *** (2. 91)
NA		– 101. 305 4 *** (– 8. 11)	– 52. 231 9 *** (– 3. 04)
czl	– 82. 409 ** (– 2. 23)		– 331. 250 3 *** (– 3. 33)
economic	– 29. 510 ** (– 2. 52)		– 33. 206 47 *** (– 2. 85)

变量	模型(1)	模型(2)	模型(3)
income	65.433 *** (5.27)		45.999 *** (3.52)
resource	-239.099 ** (-2.20)		-296.069 *** (-2.80)
edu	15.508 (1.30)		20.572 * (1.78)
fdi	-6.381 *** (-2.78)		-7.204 *** (-3.20)
c	-363.962 *** (-4.87)		-163.106 ** (-1.87)
R^2	0.3512	0.2887	0.4004

5.1.4.4 小结

本节利用2006~2014年30个省份（西藏自治区除外）的面板数据，运用面板固定效应模型和面板分位数回归，探究了制度环境、制度变迁与地方政府财务信息披露质量之间的关系。对固定效应模型的回归结果表明：（1）制度环境影响地方政府财务信息披露质量，且制度环境越完善，地方政府财务信息披露质量越高，制度环境与政府财务信息披露质量呈正相关关系。（2）将国有化程度作为制度变迁的代理变量，回归结果表明，国有化程度也是政府财务信息披露质量的影响因素之一，且国有化程度越低，地方政府财务信息披露质量越高，国有化程度与政府财务信息披露质量呈负相关关系。分位数回归结果显示，对于不同的区域，制度环境和国有化程度与地方政府财务信息披露质量之间存在一定的异质性。

5.1.5 城镇化

5.1.5.1 文献综述与假设提出

目前没有专门研究城镇化与政府财务信息披露质量关系的文献，大多分析政府财务信息披露质量的影响因素的文献中，将城镇化作为控制变量。肖鹏、阎川（2013）通过省级面板数据分析发现，城镇化与财政透明度不显著正相关。① 辛兵海、张志超（2014）通过2013年288个地级市的截面数据实证分析发现，城镇化与财政透明度显著正相关。② 刘子怡、郝红霞（2015）通过省级面板数据分析发现，城镇化对政府会计信息披露的影响结论随政府会计信息披露衡量指标的变化而变化：不显著负相关、显著负相关、不显著正相关、显著正相关。③ 王永莉、梁城城（2015）通过2007～2012年省级面板数据的实证分析发现，城镇化与政府财政透明度显著正相关。④ 刘子怡（2015）通过2006～2012年省级面板数据实证分析发现，城镇化与政府会计信息披露的关系结论随政府会计信息披露指标的变化而变化：不显著正相关、显著正相关、不显著负相关、显著负相关。⑤ 从这些文献可知，目前城镇化与政府财务信息披露质量关系的结论并不统一，可能的解释是城镇化对政府财务信息披露质量的影响是非线性的，不同文献研究时间段和主体的不同，处于非线性的不同区间，导致结论的多样性。由此提出本节的假设5 - 1 - 5 - 1：城镇化对政府财务信息披露质量的影响是非线性的。

由于上述3.2.4内容已证明政府财务信息披露质量存在空间相关性，因此，考虑在空间效应下，城镇化对政府财务信息披露质量的非线性影响是否仍然显著。由此提出假设5 - 1 - 5 - 2：考虑政府财务信息披露质量的空间相关性后，城镇化对政府财务信息披露质量的影响仍然是非线性的。

5.1.5.2 研究设计

（1）变量定义。

因变量：政府财务信息披露质量（Grade）。仍然为上海财经大学发布的财政透明度指数。

自变量：城镇化（CZHL）。采用该省城镇人口/该省总人口来反映。

控制变量。结合已有文献，本节选取财政赤字、财政分权、资源依赖、对外开放、经济条件、政府规模、产业结构、人口规模、经济增长作为控制变量。

---

① 肖鹏，阎川. 中国财政透明度提升的驱动因素与路径选择研究 [J]. 经济社会体制比较，2013（4）：199 - 206.

② 辛兵海，张志超. 资源依赖降低了财政透明度吗 [J]. 财贸经济，2014（8）：24 - 37.

③ 刘子怡，郝红霞. 媒体压力、治理激励与政府会计信息披露 [J]. 中南财经政法大学学报，2015（6）：10 - 18.

④ 王永莉，梁城城. 基于省级面板数据的政府财政透明度影响因素实证研究 [J]. 商业研究，2015（12）：58 - 63.

⑤ 刘子怡. 制度环境、腐败与政府会计信息披露 [J]. 中国矿业大学学报（社科版），2015（6）.

（2）普通非线性面板回归模型设计。

普通非线性面板模型中政府财务信息披露质量 $= \alpha + \beta_1$ 城镇化 $+ \beta_2$ 财政赤字^2 $+ \beta_3$ 产业结构 $+ \beta_4$ 政府规模 $+ \beta_5$ 资源依赖 $+ \beta_6$ 经济增长 $+ \beta_7$ 财政分权 $+ \beta_8$ 经济条件 $+ \beta_9$ 人口规模 （5 – 1 – 5 – 1）

（3）样本与数据。

本节的研究对象是 2010 ~ 2014 年我国 31 个省级政府。政府财务信息披露质量数据来自 2012 年至 2016 年的《中国财政透明度报告》，其他数据来自《中国统计年鉴》、各省年鉴等。

5.1.5.3 实证结果分析

（1）描述性统计。

由表 5 – 44 可知，城镇化的均值为 0.422，最小值为 0.167，最大值为 1，说明各省的城镇化程度存在较大的差异。其他变量不再赘述。

表 5 – 44   描述性统计

变量	观测值	均值	标准差	最小值	最大值
Grade	155	31.835 1	12.601	10.670 0	77.700
czhl	155	0.422 0	0.246	0.167 0	1.000
zfcz	155	1.001 0	0.776	0.074 0	3.921
zffq	155	0.555 0	0.205	0.069 0	0.931
zyyl	155	0.042 0	0.034	0.000 1	0.121
wstz	155	0.389 0	0.297	0.000 0	1.199
pgdp	155	5.069 0	0.626	2.756 0	6.075
zfgm	155	2.394 0	0.513	− 0.385 0	3.356
cyjg	155	0.529 0	0.096	0.282 0	0.784
xqrk	155	3.402 0	0.545	1.736 0	4.040
ggdp	155	10.927 0	5.351	2.700 0	54.570

由图 5-19 可知，城镇化与政府财务信息披露质量线性拟合时，城镇化与政府财务信息披露质量呈较显著的正相关关系；两者非线性拟合时，两者呈不太显著的"U"型关系。

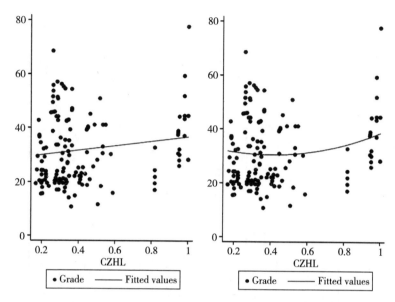

图 5-19 城镇化与政府财务信息披露质量的散点图

（2）相关性分析。

由表 5-45 可知，城镇化率与政府财务信息披露质量的相关系数为 0.1648，与图 5-18 左侧的线性拟合趋势一致。其他解释变量之间的相关系数基本在 0.5 以下，说明共线性问题不严重。

（3）静态与动态回归结果分析。

进行静态面板回归前，先进行模型的选择。由表 5-46 可知，不管是否考虑城镇化的平方项，两个模型的 P 值分别为 0.0079 和 0.0085，说明均应采用固定效应模型。

相关性分析

表 5－45

变量	grade	czhl	zfcz	zffq	zyyl	wstz	pgdp	zfgm	cyjg	xqrk	ggdp
grade	1.000 0										
czhl	0.164 8	1.000 0									
zfcz	-0.161 8	-0.364 0	1.000 0								
zffq	0.113 2	0.528 6	-0.857 0	1.000 0							
zyyl	0.106 9	-0.216 7	0.141 9	-0.267 4	1.000 0						
wstz	-0.118 3	0.358 7	-0.503 3	0.448 4	-0.386 2	1.000 0					
pgdp	0.074 6	-0.313 2	-0.229 6	0.148 8	0.017 2	-0.012 1	1.000 0				
zfgm	-0.157 1	-0.003 4	-0.360 9	0.492 0	-0.192 9	0.239 1	0.285 3	1.000 0			
cyjg	-0.033 6	0.325 0	0.306 3	-0.310 0	0.031 9	-0.149 4	-0.218 4	-0.296 7	1.000 0		
xqrk	-0.077 4	-0.628 8	-0.220 6	0.135 3	0.089 0	0.007 7	0.523 8	0.498 2	-0.430 6	1.000 0	
ggdp	-0.221 0	0.025 4	0.422 4	-0.261 9	-0.049 8	-0.123 0	-0.417 8	-0.126 1	0.155 8	-0.352 2	1.000 0

变量	无平方项		有平方项	
	fe	re	fe	re
czhl	155. 535 9	38. 998 9	258. 993 4	51. 944 9
czhl^2			− 126. 214 2	− 10. 826 5
zfcz	− 6. 207 8	− 6. 235 5	− 5. 715 4	− 6. 413 5
zffq	− 72. 991 1	− 41. 615 6	− 70. 891 7	− 41. 843 5
zyyl	− 163. 406 9	− 63. 304 8	− 161. 230 8	− 67. 011 2
wstz	2. 883 6	− 9. 165 5	3. 415 8	− 9. 327 5
pgdp	− 0. 142 5	1. 782 4	− 0. 207 7	1. 715 3
zfgm	1. 737 2	− 2. 087 8	1. 793 6	− 2. 075 8
cyjg	6. 356 1	− 13. 737 0	6. 974 2	− 12. 084 0
xqrk	78. 390 0	8. 878 9	74. 079 0	9. 259 0
ggdp	− 0. 189 8	− 0. 114 1	− 0. 201 0	− 0. 115 0
Prob > chi^2	0. 007 9		0. 008 5	

表 5 − 46 的表头：霍斯曼检验

由表 5 − 47 可知，模型（1）和模型（2）的城镇化与政府财务信息披露质量显著正相关。考虑城镇化平方项的模型（3）和模型（4）中，城镇化的一次项正相关，二次项不显著负相关，说明倒 "U" 型不显著。考虑动态效应的模型（5）和模型（6）中，政府财务信息披露质量滞后项的系数显著为负，与前面章节结论一致，模型（5）中城镇化仍然显著正相关；模型（6）中城镇化的一次项与二次项均不显著正相关，说明城镇化对政府财务信息披露质量的影响不是平方项关系。

表 5 – 47 静态与动态面板模型回归结果

变量	静态面板				动态面板	
	固定效应 模型(1)	考虑异方差的固定效应 模型(2)	固定效应 模型(3)	考虑异方差的固定效应 模型(4)	GMM 模型(5)	GMM 模型(6)
政府财务信息披露质量滞后项					-0.441*** (0.001)	-0.456*** (0.001)
城镇化	155.536*** (0.001)	155.536*** (0.000)	258.9934 (0.161)	258.9934* (0.065)	154.493*** (0.005)	71.663 (0.661)
城镇化的平方			-126.214 (0.561)	-126.214 (0.415)		79.976 (0.529)
财政赤字	-6.208 (0.237)	-6.208 (0.164)	-5.715 (0.284)	-5.715 (0.231)	-12.022* (0.080)	-11.324 (0.107)
财政分权	-72.991*** (0.004)	-72.991** (0.017)	-70.892*** (0.006)	-70.892** (0.030)	-68.393** (0.030)	-74.323** (0.025)
资源依赖	-163.407** (0.043)	-163.407** (0.036)	-161.231** (0.047)	-161.231** (0.039)	-200.897** (0.049)	-197.097** (0.056)
对外开放	2.884 (0.718)	2.884 (0.619)	3.416 (0.671)	3.416 (0.549)	-10.278 (0.488)	-10.034 (0.502)
经济条件	-0.142 (0.932)	-0.142 (0.914)	-0.208 (0.902)	-0.208 (0.873)	1.886 (0.345)	1.824 (0.366)

变量	静态面板				动态面板	
	固定效应	考虑异方差的固定效应	固定效应	考虑异方差的固定效应	GMM	GMM
	模型(1)	模型(2)	模型(3)	模型(4)	模型(5)	模型(6)
政府规模	1.737	1.737	1.794	1.794	-7.788	-7.276
	(0.582)	(0.146)	(0.571)	(0.128)	(0.166)	(0.206)
产业结构	6.356	6.356	6.974	6.974	-21.844	-30.338
	(0.724)	(0.776)	(0.700)	(0.755)	(0.472)	(0.356)
人口规模	78.39 ***	78.39 ***	74.079 **	74.079 ***	66.706 ***	73.611 ***
	(0.006)	(0.000)	(0.013)	(0.000)	(0.000)	(0.001)
经济增长	-0.189	-0.189 *	-0.201	-0.201 *	0.027	0.025
	(0.360)	(0.082)	(0.336)	(0.061)	(0.913)	(0.920)
_cons	-252.777 **	-252.777 ***	-253.653 **	-253.653 ***	0.027	-164.983 *
	(0.029)	(0.001)	(0.029)	(0.001)	(0.913)	(0.064)
Obs	155	155	155	155	124	124
R^2	0.203 9	0.203 9	0.206 3	0.206 3		
Wald chi2(11)					45.51	45.35
Prob > chi2					0.000 0	0.000 0

注：括号中为 P 值。

（4）城镇化对政府财务信息披露质量影响的门槛效应分析。

首先进行门槛存在性检验，在此基础上确定门槛值的个数及模型形式。表 5 – 48 说明，单门槛、双门槛、三门槛的 P 值均分别为 0.0690、0.1160 和 0.1320，说明适合采用单门槛进行分析。单门槛的门槛值为 0.2949，对应 95% 的置信区间为 [0.1868，0.9517]。

表 5 – 48 门槛数估计

门槛	F 值	P 值	10%	5%	1%
单门槛	3.909 4	0.069 0	2.977 2	4.645 9	7.855 1
双门槛	2.304 3	0.116 0	2.567 9	4.051 5	9.644 3
三门槛	2.434 0	0.132 0	2.730 7	3.915 7	6.579 2

单门槛模型中，因变量为政府财务信息披露质量，自变量和门槛变量均为城镇化程度。表 5 – 49 中，模型（1）为考虑了异方差的稳健性模型；模型（2）为常规固定效应模型。从模型（1）和模型（2）可知，城镇化率低于 0.294 9 时，城镇化率的系数为 217.722 6，与政府财务信息披露质量显著正相关；城镇化率高于 0.294 9 时，城镇化率的系数为 187.553 7，也与政府财务信息披露质量显著正相关。这说明城镇化进程有利于政府财务信息披露质量的提升，超过第一门槛值后，促进作用有所降低。

表 5 – 49 门槛面板模型系数估计结果

变量	模型（1）	模型（2）
CZHL_1	217.722 6 ***	217.722 6 ***
	(0.000 0)	(0.000 1)
CZHL_2	187.553 7 ***	187.553 7 ***
	(0.000 0)	(0.000 1)
ZFCZ	– 6.158 1 *	– 6.158 1
	(0.071 1)	(0.234 8)
ZFFQ	– 75.922 3 ***	– 75.922 3 ***
	(0.000 4)	(0.002 4)
ZYYL	– 155.300 6 ***	– 155.300 6 *
	(0.005 6)	(0.051 7)
WSTZ	1.970 2	1.970 2
	(0.654 4)	(0.802 7)
PGDP	– 0.318 2	– 0.318 2
	(0.805 8)	(0.848 0)

变量	模型（1）	模型（2）
ZFGM	1.503 4	1.503 4
	(0.733 8)	(0.629 4)
CYJG	9.977 5	9.977 5
	(0.525 7)	(0.577 0)
XQRK	92.595 2 ***	92.595 2 ***
	(0.000 0)	(0.001 7)
GGDP	− 0.246 8 **	− 0.246 8
	(0.013 7)	(0.233 7)
Obs	155	155

注：CZHL_1 为城镇化程度低于 0.294 9；CZHL_2 为城镇化程度高于 0.294 9。

由表 5 - 50 可以进一步看出，两个区间的财政透明度指数均值 31.997 6 和 31.737 9；而两个区间的城镇化率均值分别为 0.237 0 和 0.532 3。处于两个区间的样本数分别为 58 和 97。

表 5 - 50　　　　　　　在城镇化率两区间各变量的均值

变量	城镇化率低于 0.294 9 时各变量的均值	城镇化率高于 0.294 9 时各变量的均值
GRADE	31.997 6	31.737 9
ZFCZ	1.038 8	0.986 4
ZFFQ	0.501 2	0.586 7
ZYYL	0.046 6	0.038 8
WSTZ	0.315 4	0.434 0
PGDP	5.127 2	5.033 9
ZFGM	2.507 4	2.326 7
CYJG	0.511 2	0.538 9
XQRK	3.709 0	3.219 2
GGDP	10.648 3	11.093 2
CZHL	0.237 0	0.532 3
Obs	58	97

（5）城镇化对政府财务信息披露质量影响的空间效应（SEM）分析。

由表 5 - 51 可知，采用空间误差模型（SEM）进行回归中，模型（1）中，城镇化与政府财务信息披露质量仍然显著正相关；模型（2）中，城镇化的一次项和二次项均与政府财务信息披露质量不显著正相关，说明考虑空间效应后，城镇化对政府财务信息披露质量的非线性影响不再显著。

表 5 - 51   空间效应回归结果

变量	模型（1）	模型（2）
CZHL	29. 919 45 *	27. 777 6
	(0. 052)	(0. 429)
CZHL^2		1. 897 819
		(0. 951)
ZFCZ	0. 707 210 5	0. 765 959 8
	(0. 805)	(0. 797)
ZFFQ	9. 078 713	9. 106 957
	(0. 681)	(0. 678)
ZYYL	- 4. 976 948	- 4. 639 424
	(0. 926)	(0. 930)
WSTZ	- 15. 535 94 ***	- 15. 465 46 ***
	(0. 009)	(0. 010)
PGDP	1. 142 683	1. 151 479
	(0. 412)	(0. 438)
ZFGM	- 5. 850 56 ***	- 5. 849 037 ***
	(0. 000)	(0. 000)
CYJG	- 11. 476 43	- 11. 768 26
	(0. 454)	(0. 518)
XQRK	11. 096 86 *	11. 114 18 *
	(0. 079)	(0. 076)
GGDP	- 0. 175 485 7	- 0. 175 165 5
	(0. 348)	(0. 347)
_cons	- 2. 498 56	- 2. 126 691
	(0. 928)	(0. 942)
Obs	150	150
R - sq	0. 221 8	0. 223 0

注：括号中为 P 值。

5.1.5.4 小结

本节采用 2010 ~ 2014 年的 30 个省份的面板数据，分析城镇化对政府财务信息披露质量的影响。城镇化与地方政府财务信息披露质量的散点图线性拟合为正相关，非线性拟合为"U"型。静态回归结果中，不考虑平方项时，城镇化与政府财务信息披露质量显著正相关；考虑平方项时，城镇化一次项与政府财务信息披露质量显著正相关，二次项与政府财务信息披露质量不显著负相关，说明倒"U"型不太明显，与散点图不一致。动态模型中，不考虑平方项时，城镇化与政府财务信息披露质量显著正相关；考虑平方项时，城镇化一次项及二次项均与政府财务信息披露质量不显著正相关，说明 U 型不太明显，与散点图一致。门槛模型检验适用单门槛模型，在两个门槛值区间中，城镇化均与政府财务信息披露质量显著正相关，但第二区间相关系数变小。空间模型中，不考虑平方项时，城镇化与政府财务信息披露质量显著正相关；考虑平方项时，城镇化的一次项和二次项均与政府财务信息信息披露质量均不显著正相关。

5.1.6 预算科学性

5.1.6.1 文献综述与假设提出

预算科学性的实证分析是最近几年开始受关注的热点问题。高培勇（2008）认为应重视预决算偏离度。王秀芝（2009）分析了 1994 ~ 2007 年我国财政收支预决算偏差的现状、原因及应对措施。在预算科学性的影响因素方面，冯辉等（2015）采用省域动态面板分析了政治激励和税收计划对省级政府财政收入预决算偏离度的影响；冯辉（2017）采用省级面板数据，分析了地方政府竞争和财政压力对省级政府预算编制科学性的影响；王华春、刘清杰（2017）采用空间计量模型分析了省级面板数据，发现地方政府效率和生产总值等因素会影响财政收入预决算偏离度；马海涛、白彦峰、旷星星（2017）采用省级面板数据分析发现，政治激励和财力缺失会影响省级政府非税收入预决算偏离度。

在预算科学性的经济后果方面，崔晓鹏、丁玮蓉、陈彪（2016）采用预算完成度衡量预算科学性，采用 1994 ~ 2013 年全国时间序列数据，采用 SVAR 模型，分析发现，预算科学性迅速且持久地直接影响经济社会发展。[①] 苑德宇（2014）通过 1995 ~ 2007 年省级面板数据分析发现，税收预决算偏离是地方政府投资规模的决定因素。[②] 从这两篇文献可知，预算科学性会影响经济社会发展和地方政府投资规模等。同样，预算科学性高，预决算偏离度小，预算质量高，有利于经济社会发展和政府投资等，基于信号传递理论，政府作为理性的经济人，希望通过高质量披露财务信息来传递这些利好消息，有利于政府财务信息披露质量的提高。当然，预算科学性并不能一直促进政府财务信息披露质量的提升。当预算科学性太高时，促进政府财务信息披露质量的边际效应会降低。因此，提出假设 5 - 1 - 6 - 1：预算科学性非线性影响政府财务信息披露质量。

---

① 崔晓鹏，丁玮鹏，陈彪. 预算完成度对经济社会发展的影响探析 [J]. 经济问题探索，2016（3）.

② 苑德宇. 地方政府投资的决定因素研究：基于税收预决算偏离的视角 [J]. 世界经济，2014（8）.

由第三章可知，省级政府的财务信息披露质量存在空间相关性，在考虑该空间效应后，预算科学性应该还是非线性影响政府财务信息披露质量。由此提出假设 5 - 1 - 6 - 2：考虑空间效应后，预算科学性仍然非线性影响政府财务信息披露质量。

5.1.6.2 研究设计

（1）变量定义。

因变量：政府财务信息披露质量（Grade）。仍然为上海财经大学发布的财政透明度指数。

自变量：预算科学性（YSKX）。采用财政收入的绝对平均差异率表示，具体表示为地方政府财政决算收入与预算收入差值的绝对值占决算收入的比重，该指标越高表示预算科学性越差，是反向指标。

控制变量。结合已有文献，本节选取财政赤字、政府规模、资源依赖、媒体监督、财政分权、对外开放和经济增长作为控制变量。

（2）普通非线性面板回归模型设计。

普通非线性面板模型中政府财务信息披露质量 $= \alpha + \beta_1$ 预算科学性 $+ \beta_2$ 预算科学性$^2 + \beta_i$ 控制变量 （5 - 1 - 6 - 1）

（3）样本与数据。

本节的研究对象是 2010~2014 年我国 31 个省级政府。政府财务信息披露质量数据来自 2012~2016 年的《中国财政透明度报告》，其他数据来自《中国统计年鉴》《中国财政年鉴》、各省年鉴等。

5.1.6.3 实证结果分析

（1）描述性统计。

由描述性统计可知，预算科学性的均值为 6.24821，最小值为 0，最大值为 23.8405，说明各省的预算的绝对偏差率差异较大。其他变量不再赘述。

表 5 -52   描述性统计

变量	观测值	均值	标准差	最小值	最大值
政府财务信息披露质量	150	31.658 800	12.535 900	10.670 000	77.700 00
预算科学性	150	6.248 210	5.191 900	0.000 000	23.840 50
政府规模	150	2.437 400	0.449 600	0.384 900	3.355 90
财政赤字	150	0.985 240	0.780 307	0.073 680	3.920 90
财政分权	150	0.567 700	0.194 400	0.184 300	0.931 40
资源依赖	150	0.042 800	0.033 990	0.000 716	0.121 38
对外开放	150	0.385 490	0.294 710	0.000 200	1.199 60
经济增长	150	5.082 647	0.631 900	2.756 200	6.074 60

变量	观测值	均值	标准差	最小值	最大值
城镇化	150	0.418 600	0.249 700	0.167 340	1.000 00
产业结构	150	0.524 800	0.094 880	0.281 970	0.784 10
人口规模	150	3.457 000	0.461 470	2.076 816	4.040 20
经济条件	150	10.760 700	5.333 400	2.700 000	54.570 00

散点图 5-20 左侧表明，预算科学性有利于政府财务信息披露质量的提升①。散点图 5-20 右侧表明，两者的非线性关系不明显。

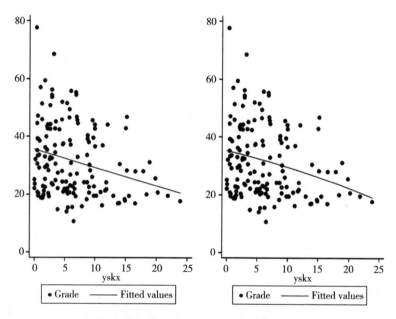

图 5-20　预算科学性与政府财务信息披露质量的散点图

（2）相关性分析。

由相关性分析可知，预算偏差率与政府财务信息披露质量负相关，说明预算科学性与政府财务信息披露质量正相关，与上述线性拟合散点图结论一致，说明预算科学性能促进政府财务信息披露质量的提升。解释变量之间的相关系数基本都小于 0.5，不存在严重的共线性问题。进一步的 VIF 检验表明，除了财政分权的 VIF 值 12.33 超过 10 外，其他变量的 VIF 值均在 10 以内。VIF 均值为 4.26。

---

① 预算科学性用预算偏差率衡量，是反向指标。

相关性分析

表 5 - 53

变量	grade	yskx	zfgm	zfcz	zffq	zyyl	wstz	pgdp	czhl	cyjg	xqrk	ggdp
grade	1.000 0											
yskx	-0.261 7	1.000 0										
zfgm	-0.150 2	-0.101 5	1.000 0									
zfcz	-0.178 9	0.198 8	-0.361 8	1.000 0								
zffq	0.173 4	-0.269 1	0.441 1	-0.873 5	1.000 0							
zyyl	0.124 8	0.268 8	-0.325 1	0.172 0	-0.357 1	1.000 0						
wstz	-0.138 3	0.021 8	0.340 6	-0.533 1	0.525 7	-0.388 2	1.000 0					
pgdp	0.087 7	-0.183 6	0.240 7	-0.215 7	0.114 6	-0.004 0	0.001 3	1.000 0				
czhl	0.162 6	-0.087 9	0.056 8	-0.379 7	0.595 3	-0.208 0	0.359 8	-0.307 3	1.000 0			
cyjg	-0.055 8	0.063 4	-0.235 1	0.284 4	-0.256 7	0.072 1	-0.169 6	-0.198 9	0.318 4	1.000 0		
xqrk	-0.042 5	-0.053 3	0.353 0	-0.169 0	-0.073 0	-0.007 9	0.062 5	0.552 0	-0.708 6	-0.383 5	1.000 0	
ggdp	-0.238 7	0.188 1	-0.062 0	0.409 7	-0.224 6	-0.020 8	-0.160 9	-0.406 5	0.012 2	0.127 4	-0.315 1	1.000 0
	zffq	zfcz	czhl	xqrk	wstz	cyjg	zfgm	pgdp	zyyl	ggdp	yskx	Mena VIF
VIF值	12.33	8.47	8.23	5.92	1.97	1.88	1.84	1.70	1.61	1.61	1.27	4.26

（3）静态与动态回归结果分析。

进行静态面板回归前，先进行霍斯曼检验，不管是否包括预算科学性的平方项，从 P 值判断，两个模型均应选择随机效应模型。

表 5－54 霍斯曼检验

变量	无平方项		有平方项	
	fe	re	fe	re
预算科学性	－ 0. 201 9	－ 0. 374 1	－ 0. 847 80	－ 0. 890 4
预算科学性^2			0. 035 26	0. 028 0
政府规模	0. 177 0	－ 4. 199 2	－ 0. 526 50	－ 4. 468 3
财政赤字	－ 1. 733 7	0. 088 7	－ 1. 069 90	0. 717 0
财政分权	－ 11. 738 1	2. 036 7	－ 6. 474 10	5. 824 9
资源依赖	－ 48. 730 2	15. 902 9	－ 44. 757 70	25. 320 3
对外开放	3. 462 5	－ 13. 018 7	1. 315 90	－ 13. 042 8
经济增长	0. 053 4	0. 892 9	－ 0. 257 00	0. 550 6
城镇化	138. 494 0	30. 108 2	137. 245 00	29. 197 5
产业结构	2. 157 4	－ 10. 254 0	6. 718 00	－ 9. 462 6
人口规模	69. 469 7	10. 715 6	64. 241 20	11. 091 5
经济条件	－ 0. 170 7	－ 0. 127 1	－ 0. 152 10	－ 0. 124 2
Prob > chi2	0. 241 3		0. 163 2	

由表 5－55 可知，静态面板模型中，模型（1）与模型（2）中，预算偏差率的系数显著为负，说明预算科学性与政府财务信息披露质量显著正相关；模型（3）与模型（4）中，预算偏差率的一次项系数显著为负，二次项系数不显著为正，说明预算科学性与政府财务信息披露质量的平方项非线性不显著，与散点图 5－20 右侧的结论一致。动态面板 GMM 回归的模型（5）和模型（6）中，预算偏差率的一次项系数不显著为负，二次项系数不显著为正。

表 5 - 55　　静态与动态面板回归

变量	静态面板				动态面板	
	随机效应 模型（1）	考虑异方差 的随机效应 模型（2）	随机效应 模型（3）	考虑异方差 的随机效应 模型（4）	GMM 模型（5）	GMM 模型（6）
grade_lag					-0.008 403 6 (0.950)	-0.014 666 6 (0.912)
yskx	-0.374 1 ** (0.015)	-0.374 1 *** (0.003)	-0.890 425 7 ** (0.035)	-0.890 425 7 ** (0.049)	-0.399 982 1 (0.114)	-1.003 725 (0.127)
yskx^2			0.028 034 4 (0.191)	0.028 034 4 (0.170)		0.036 383 7 (0.292)
zfgm	-4.199 2 (0.163)	-4.199 2 ** (0.14)	-4.468 295 (0.135)	-4.468 295 *** (0.009)	-12.774 15 ** (0.043)	-12.878 53 ** (0.041)
zfcz	0.088 7 (0.984)	0.088 7 (0.972)	0.717 003 2 (0.866)	0.717 003 2 (0.787)	-5.344 899 (0.515)	-5.300 035 (0.518)
zflq	2.036 7 (0.924)	2.036 7 (0.925)	5.824 959 (0.782)	5.824 959 (0.787)	-34.610 79 (0.648)	-32.778 76 (0.664)
zyyl	15.902 9 (0.764)	15.902 9 (0.729)	25.320 3 (0.624)	25.320 3 (0.588)	-63.814 7 (0.692)	-48.452 17 (0.764)
wstz	-13.018 7 ** (0.045)	-13.018 7 ** (0.016)	-13.042 8 ** (0.039)	-13.042 8 ** (0.016)	-26.719 3 (0.254)	-23.685 91 (0.309)

变量	静态面板				动态面板	
	随机效应	考虑异方差的随机效应	随机效应	考虑异方差的随机效应	GMM	GMM
	模型(1)	模型(2)	模型(3)	模型(4)	模型(5)	模型(6)
pgdp	0.892 9	0.892 9	0.550 6	0.550 6	0.460 5	0.416 7
	(0.559)	(0.465)	(0.723)	(0.646)	(0.837)	(0.853)
czhl	30.108 2**	30.108 2*	29.197 5**	29.197 5*	79.665 6	83.645 7
	(0.046)	(0.063)	(0.046)	(0.072)	(0.229)	(0.205)
cyjg	-10.254	-10.254	-9.462 6	-9.462 6	-40.746 57	-42.172 7
	(0.457)	(0.501)	(0.490)	(0.535)	(0.239)	(0.221)
xqrk	10.715 6	10.715 6*	11.091 5	11.091 5*	41.342 55	42.491 2
	(0.141)	(0.096)	(0.115)	(0.097)	(0.211)	(0.198)
ggdp	-0.127 1	-0.127 1	-0.124 2	-0.124 2	0.046 26	0.044 1
	(0.498)	(0.385)	(0.508)	(0.380)	(0.869)	(0.874)
_cons	-0.111 7	-0.111 7	-0.863 4	-0.863 4	-53.990 39	-59.733 2
	(0.997)	(0.997)	(0.978)	(0.976)	(0.732)	(0.704)
Obs	150	150	150	150	120	120
R_sq	0.245 5	0.245 5	0.235 6	0.235 6		

（4）门槛效应面板回归结果分析。

首先进行门槛存在性检验，在此基础上确定门槛值的个数及模型形式。表 5 - 56 说明，单门槛、双门槛和三门槛的 P 值分别为 0.003 0，0.002 0，0.006 0，说明适合采用三门槛进行分析。

表 5 - 56 门槛数估计

门槛	F 值	P 值	10%	5%	1%
单门槛	12.222 6	0.003 0	2.748 30	4.369 2	9.864 3
双门槛	9.541 5	0.002 0	2.681 65	3.808 2	5.883 2
三门槛	7.226 3	0.006 0	- 0.124 90	1.539 6	5.146 9

由表 5 - 57 可知，三门槛中，三个门槛值分别为 0.476 0、2.423 7、3.397 6，对应的 95% 的置信区间分别位 [0.476 0, 0.476 0]、[1.287 6, 2.544 5]、[3.235 3, 4.858 3]。

表 5 - 57 门槛值估计结果

门槛值	估计值	95% 置信区间
门槛值 $\gamma 1$	0.476 0	[0.476 0, 0.476 0]
门槛值 $\gamma 2$	2.423 7	[1.287 6, 2.544 5]
门槛值 $\gamma 3$	3.397 6	[3.235 3, 4.858 3]

三门槛模型中，因变量为政府财务信息披露质量，自变量和门槛变量均为预算偏差率反向表示的预算科学性。表 5 - 58 中，模型（1）为考虑了异方差的稳健性模型；模型（2）为常规固定效应模型。预算偏差率低于第一门槛值时的系数为 47.858 5，显著为正；预算偏差率介于第一、二门槛之间时的系数是不显著负数 - 0.464 1；预算偏差率介于第二、三门槛之间时的系数是显著正数 3.306 0；预算偏差率大于第三门槛值时的系数是不显著正数 0.025 7。

表 5 - 58 门槛面板模型系数估计结果

变量	模型（1）	模型（2）
YSKX_1	47.858 5 ***	47.858 5 **
	(0.000 4)	(0.028 1)

变量	模型（1）	模型（2）
YSKX_2	−0.464 1	−0.464 1
	(0.710 3)	(0.667 9)
YSKX_3	3.306 0 ***	3.306 0 ***
	(0.000 3)	(0.000 0)
YSKX_4	0.025 7	0.025 7
	(0.887 7)	(0.827 2)
ZFGM	−4.178 3	−4.178 3
	(0.262 8)	(0.419 0)
ZFCZ	−3.018 9	−3.018 9
	(0.553 7)	(0.337 3)
ZFFQ	−30.235 5	−30.235 5
	(0.401 5)	(0.330 0)
ZYYL	−31.235 5	−31.235 5
	(0.704 4)	(0.630 1)
WSTZ	5.883 5	5.883 5
	(0.616 1)	(0.506 6)
PGDP	0.006 03	0.006 03
	(0.967 8)	(0.956 7)
CZHL	165.522 9 ***	165.522 9 ***
	(0.000 5)	(0.000 0)
CYJG	12.408 1	12.408 1
	(0.458 2)	(0.273 2)
XQRK	71.041 9 **	71.041 9 ***
	(0.010 6)	(0.000 1)
GGDP	−0.347 3 *	−0.347 3 ***
	(0.076 8)	(0.000 9)
Obs	150	150

注：YSKX_1、YSKX_2、YSKX_3、YSKX_4 分别表示预算科学性介于 [0, 0.476 0]、[0.476 0, 2.423 7]、[2.423 7, 3.397 6]、[3.397 6, 23.840 5]。

由表 5-59 可以进一步看出，四个区间的政府财务信息披露质量的均值分别为 37.191 4、32.358 3、42.453 6、29.346 6；而四个区间的预算偏差率的均值分别为 0.208 6、1.416 6、2.872 4、9.081 3。这与表 5-58 的结论一致。处于四个区间的样本数分别为7、36、14、93。

表 5 - 59 在预算科学性各区间各变量的均值

变量	[0,0.476 0]	[0.476 0,2.423 7]	[2.423 7,3.397 6]	[3.397 6,23.840 5]
GRADE	37.191 4	32.358 3	42.453 6	29.346 6
ZFGM	2.502 8	2.419 8	2.495 3	2.430 7
ZFCZ	0.602 1	0.774 9	1.105 8	1.077 4
ZFFQ	0.675 9	0.624 2	0.561 2	0.538 7
ZYYL	0.010 8	0.038 6	0.037 5	0.047 7
WSTZ	0.517 1	0.356 5	0.387 2	0.386 5
PGDP	5.213 1	5.264 3	5.181 1	4.987 7
CZHL	0.631 5	0.450 7	0.357 0	0.399 4
CYJG	0.543 5	0.530 4	0.496 1	0.525 6
XQRK	3.280 2	3.441 4	3.511 3	3.468 4
GGDP	8.700 0	8.913 1	12.628 6	11.349 8
YSKX	0.208 6	1.416 6	2.872 4	9.081 3
Obs	7.000 0	36.000 0	14.000 0	93.000 0

（5）预算科学性对政府财务信息披露质量影响的空间效应（SEM）分析。

由表 5 - 60 可知，采用空间误差模型（SEM）进行回归中，模型（1）中，预算偏差率与政府财务信息披露质量显著负相关；模型（2）中，预算偏差率的一次项与政府财务信息披露质量显著负相关，二次项与政府财务信息披露质量不显著正相关，说明考虑空间效应后，预算偏差率对政府财务信息披露质量的非线性影响不再显著。

表 5 - 60 空间效应回归结果

变量	模型（1）	模型（2）
YSKX	−0.3 747 384 *** (0.007)	−0.818 083 5 * (0.069)
$YSKX^2$		0.024 173 4 (0.224)
ZFGM	−4.694 248 *** (0.004)	−4.657 135 *** (0.003)

变量	模型(1)	模型(2)
ZFCZ	0. 124 888 7	0. 638 632
	(0. 962)	(0. 805)
ZFFQ	3. 279 778	5. 831 029
	(0. 874)	(0. 777)
ZYYL	27. 291 82	29. 563 77
	(0. 596)	(0. 565)
WSTZ	− 12. 742 63 **	− 12. 848 21 **
	(0. 017)	(0. 016)
PGDP	0. 885 644 6	0. 575 736 5
	(0. 474)	(0. 630)
CZHL	29. 016 22 *	28. 829 67 *
	(0. 055)	(0. 056)
CYJG	− 11. 870 58	− 10. 427 56
	(0. 415)	(0. 478)
XQRK	10. 074 17	10. 703 41 *
	(0. 108)	(0. 087)
GGDP	− 0. 119 988 9	− 0. 115 955 5
	(0. 404)	(0. 394)
_cons	3. 255 745	1. 006 512
	(0. 902)	(0. 969)
Obs	150	150
R − sq	0. 257 2	0. 242 8

注：括号中为 P 值。

5. 1. 6. 4　小结

本节采用 2010~2014 年的省级面板数据，对预算科学性影响政府财务信息披露质量进行了静态与动态面板回归、门槛面板回归和空间面板回归，回归总体结论为预算科学性能促进政府财务信息披露质量的提升。

5. 2　信息使用者因素

信息使用者因素是考虑信息使用者对政府财务信息披露质量的影响，本书关注媒体监督、财政幻觉和公众集聚度三个方面。

5.2.1 媒体监督

在这个微博、微信、博客等盛行的时代，网络媒体产生舆论影响的范围在不断地扩大，政府财务信息披露除了受到法律制度的制约、市场运转规则约束外，还受到以媒体为载体的舆论监督，媒体、市场和政治被认为是对社会组织产生制约作用的影响因素。媒体具有巨大的舆论导向作用，媒体探索公众的需求和兴趣，知道如果表达民意来推进公共议程，形成很强的舆论立场，进而不断向决策部门施压。政府相关的财务信息可以详细反映政府在资金划拨、转移支付、付款等各个环节，这也是公众对政府作为的衡量标准，自然而然地成为媒体所关注的重点，通过媒体报道形成舆论的监督从而可以促进政府财务信息的披露。议程设置理论认为，新闻媒体通过赋予各种问题不同程度的"显著性"，可以带动公众对这些问题重要性的判断，进而可以引导公众的舆论风向，从而使得政府将这些重要问题提上议事日程。

从理论层面看，媒体的责任和权利在于发布消息，直接表现在媒体的社会责任是关注社会热点、反映群众呼声。媒体通过知情权、参与权、表达权和监督权承担相应责任，西方国家一致认为立法、司法、行政和新闻媒体的公共权利并重，是对社会组织产生制约作用的关键影响因素。特别是最近几年，随着信息传播技术的快速进步，媒体的权利极速扩展，越来越有由大众媒介向公共媒介转化的趋势。媒体权利的扩张本质上有利于任意个体意见的自由表达，全面展示了公民的参政权和表达权。因此，现代社会的媒体转变成了强大的社会公共权利，代表了媒体和公众双方。

5.2.1.1 文献综述与假设提出

进入 21 世纪以来，媒体力量逐步崛起。发达国家认为立法、司法、行政和媒体并行，四种权利被看做市场和政治之外的一种重要的资源与财富配置体制。早期国外对媒体监督的研究，主要的关注点在于媒体对政府的监管作用。Zimmerman（1977）早期研究了公众的监督需求与政府财务信息披露质量之间的关系，他认为导致政治家缺乏改革政府财务信息披露体系动力的原因在于公众监督需求的不足。Robbin 和 Austin（1986）同时发现政府财务报告质量对各种监督变量十分敏感。Laswad 等（2005）考察新西兰地方政府利用互联网提高财务信息公开质量情况。研究发现，媒体曝光率能显著提升政府财务信息披露质量。Piotrowsk（2007）指出来自公众的压力和诉求是推进政府公开信息至关重要的力量。

阎波指出来自居民的关注对政府财务信息披露质量有积极影响。李常青和熊艳（2012）认为，媒体的影响既在于监督效应，又在于激励效应。媒体的介入既可能产生积极影响，也可能产生消极影响，当然也可能是中性的效果。媒体关注的积极影响，主要体现在刺激和提升地方政府披露财务信息的内在动力。媒体关注的消极影响主要是使政府陷入被动式信息披露中。为了应对媒体关注与公众质疑，政府往往需要发布一些对内部控制事件的解释性消息，而这些解释性消息是临时的，必然是零碎的，也是滞后的。刘子怡、郝红霞（2015）利用省级地方政府的面板数据进行了政府财务信息披露的媒体驱动机制的研究，通过分析媒体报道产生的舆论压力对政府财务信息披露的作用机制以及作用效果，实证结果表明：媒体关注度对政府财务信息公开具有推动作用。邓俊和欧阳爱平（2012）的研究，得出政府受到媒体的关注越多，其信息披露质量越好的结论。邹宾（2013）通过理论分析和实证检验，发现媒体关注在一定程度上能够影响政府财务信息披露质量，并且负面报道与正面报道、政策导向报报道与市场导向报道对信息披露质量的影响存在差异。张琦、方恬（2014）在西方已有研究的基础上，结合中国制度背景，通过政府部门的公开数据，探讨了影响政府部门财务信息披露质量的因素。研究发现：媒体监督与政府部门财务信息披露质量之间有显著正相关关系。张琦、吕敏康（2016）通过分析 2010～2013 年中国各级政府预（决）算公开中的媒体质询事件，实证验证了媒体问责在预算公开中的效果。研究表明，政府回应可能性与媒体质询成正比；政府回应速度与媒体质询密集度成正比；政府回应质量与质询传播范围成正比。

综上所述，已有媒体监督对政府财务信息披露质量影响的文献中，主要采用普通面板回归，得出两者关系的结论并不一致，但很多结论已表明两者是非线性关系。

（1）存在空间相关性的媒体监督对政府财务信息披露质量的影响。

媒体通过赋予各种问题不同程度的"显著性"，可以带动公众对这些问题重要性的判断，进而可以引导公众的舆论导向，进而促使政府将这些公众关注的事项提上议事日程。另外，媒体报道逐步增加时，公众的认识也不断深入，舆论环境不断改善，政府为了避免声誉受损，不得已进行披露。从而媒体成为优化政府行为的一个重要外部力量。此外，不同地区的财政赤字在空间上存在相关性，地方政府在以 GDP 为核心的政绩考核体系下，各地方政府之间的竞争呈现出"登顶比赛"的特征。相关研究已经明确提出，有关税收和财政支出等方面的竞争也会对政府财务信息披露质量产生影响。再者，各省的媒体监督很有可能也存在横向竞争或空间关联。

基于此，提出假设 5 - 2 - 1 - 1：考虑到媒体监督及政府财务信息披露质量的空间相关性之后，媒体监督仍然正向促进政府财务信息披露质量的提升。

（2）媒体监督对政府财务信息披露质量的影响存在门槛效应。

在前面分析了媒体监督对政府财务信息披露质量的正向促进作用，作者认为，媒体监督对政府财务信息披露质量的影响是非线性的。当媒体监督程度较松时，其对政府财务信息披露质量的影响可称之为微乎其微；随着媒体监督的逐渐变强，媒体监督引导政府财务信息披露质量的慢慢提高，从而达到媒体监督的要求，并提升自身正面形象；但当媒体监督很大时，地方政府担心媒体报道负面消息对自身的不利影响，可能会减少披露或选择性披露，从而降低政府财务信息披露质量。上述媒体有偏论也阐述了媒体监督非线性影响政府财务信息披露质量。

由此提出假设 5 - 2 - 1 - 2：媒体监督非线性影响政府财务信息披露质量。只有达到一定程度时，媒体关注度才能有效提升政府财务信息披露质量；反而当媒体关注度演变成过分的监管压力时，会抑制政府财务信息披露质量的提升。

5.2.1.2 研究设计

（1）变量定义。

因变量：政府财务信息披露质量（Grade）。仍然采用上海财经大学的财政透明度指数。

自变量：媒体关注度（MTYL）。用媒体报道数来替代媒体关注度的指标，这一做法是参考了于忠泊和 Peress 等的方法。媒体报道数据来源于中国知网《中国重要报纸全文数据库》对新闻报道的搜索统计，其收录了国内公开发行的 400 多种重点报纸，涵盖面较广。搜索时，在《中国重要报纸全文数据库》搜索框中，将 31 个省级政府的名称和政府财务信息披露关键词（预算收支、行政收支、三公经费等）进行过滤，并限定该省某年的新闻。为了防止遗漏媒体报道，收集数据时，还配合人工阅读与甄别的方式补充筛选，最后得到 2010～2014 年 31 个省级政府的媒体报道数。没有运用其他新兴自媒体（如网站等）成为报道来源的原因如下：一是网络媒体的公信力度不如报纸；二是有很多的网络信息是通过转载报纸及杂志的内容；三是 2010 年辛宇和徐莉萍经研究发现，许多上市公司在杂志、网络上的爆光程度以及报纸上的曝光程度之间存在显著的正向联系。

控制变量。结合已有文献，选取产业结构、政府规模、经济增长、城镇化程度、资源依赖程度、人口规模、经济条件作为控制变量。变量界定见5.1.1节。

表5-61　　　　　　　　　　　　　　变量定义

变量类型	变量名称	符号	变量取值方法及说明
因变量	政府财务信息披露质量	Grade	来自《中国财政透明度报告》
自变量	媒体监督	MTYL	媒体关注度，来自《中国重要报纸全文数据库》
控制变量	产业结构	CYJG	第三产业人员比重
	政府规模	ZFGM	年末人口/地区面积取对数
	经济增长	GGDP	地区GDP增速
	城镇化程度	CZHL	城镇化率＝城镇人口/总人口
	资源依赖程度	ZYYL	采矿业从业人员占全体就业人员的比例
	人口规模	XQRK	辖区年平均总人口的对数
	经济条件	PGDP	人均GDP的对数

（2）普通面板回归模型。

不考虑空间计量和门槛效应时，媒体监督对政府财务信息披露质量影响的基本模型为：

政府财务信息披露质量 $= \alpha + \beta_1$媒体监督 $+ \beta_2$开放程度 $+ \beta_3$产业结构 $+ \beta_4$政府规模 $+ \beta_5$资源依赖 $+ \beta_6$经济增长 $+ \beta_7$城镇化水平　（5-2-1-1）

（3）样本与数据。

本节的研究对象是2010~2014年我国31个省级政府。政府财务信息披露质量数据来自2012~2016年的《中国财政透明度报告》，其他数据分别来自《中国统计年鉴》、各省年鉴等。为了消除变量间内生性的影响，因变量的数据较自变量滞后一年，经过手工收集和整理，剔除异常值并进行了缩尾处理。

5.2.1.3　实证结果分析

（1）描述性统计。

通过分析表5-62发现，政府财务信息披露质量的均值为31.8351，最小值和最大值分别为10.67和77.7，表明了各省的政府财务信息披露质量存在较大差异。从整体来看，我国政府财务信息披露质量较差，政府财务信息披露质量较低；媒体关注度的均值为2.751，最大值为1.799，最小值仅为3.246，表明从整体来看，省级地方政府受到的媒体关注差异较大；在控制变量中，政府规模的均值为2.394，最大值为3.356，说明各地区间差异并不明显；经济增长即地区 GDP 增速均值为 10.927，最大值为 54.57，最小值为 2.7，说明各省经济发展水平差异较大。

表 5 - 62　　　　　　　　　　描述性统计结果

变量	Obs	Mean	Std. Dev	Min	Max
Grade	155	31.835 1	12.601	10.670 0	77.700
mtyl	155	2.751 0	0.263	1.799 0	3.246
zfgm	155	2.394 0	0.513	− 0.385 0	3.356
cyjg	155	0.529 0	0.096	0.282 0	0.784
ggdp	155	10.927 0	5.351	2.700 0	54.570
czhl	155	0.422 0	0.246	0.167 0	1.000
zyyl	155	0.042 0	0.034	0.000 1	0.121
pgdp	155	5.069 0	0.626	2.756 0	6.075
xqrk	155	3.402 0	0.544	1.736 0	4.040

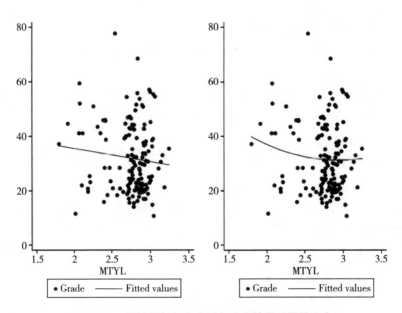

图 5 - 21　媒体监督与政府财务信息披露质量的散点

由图 5 - 21 左边可知，媒体监督与政府财务信息披露质量负相关；由图 5 - 21 右边可知，考虑媒体监督与政府财务信息披露质量的非线性拟合时，两者呈不太明显的"U"型关系。

（2）相关性分析。

通过表 5 - 63 的相关性分析发现，城镇化率、资源依赖、经济条件与政府财务信息披露质量正相关；媒体关注度、产业结构、政府规模、经济发展和人口规模与政府财务信息披露质量负相关。媒体关注度与政府财务信息披露质量的负相关与图 5 - 21 左边一致。

表 5 - 63 相关性分析

变量	Grade	MTYL	CYJG	ZFGM	GGDP	CZHL	ZYYL	PGDP	XQRK
Grade	1.000 0								
MTYL	-0.102 0	1.000 0							
CYJG	-0.033 6	-0.286 4	1.000 0						
ZFGM	-0.157 1	0.433 9	-0.296 7	1.000 0					
GGDP	-0.221 0	-0.378 9	0.155 8	-0.126 1	1.000 0				
CZHL	0.164 8	-0.323 0	0.325 0	-0.003 4	0.025 4	1.000 0			
ZYYL	0.106 9	-0.136 3	0.031 9	-0.192 9	-0.049 8	-0.216 7	1.000 0		
PGDP	0.074 6	0.490 3	-0.218 4	0.285 3	-0.417 8	-0.313 2	0.017 2	1.000 0	
XQRK	-0.077 4	0.710 6	-0.430 6	0.498 2	-0.352 2	-0.628 8	0.089 6	0.523 8	1.000 0

（3）静态面板与动态面板的回归结果分析。

首先进行静态面板回归模型的选择，由表 5 - 64 可知，不管是否考虑媒体监督的平方项，霍斯曼检验的 P 值 0.000 3 和 0.000 3 均说明，应选择固定效应模型。

表 5 - 64 霍斯曼检验

变量	无平方项		有平方项	
	fe	re	fe	re
mtyl	35.952	7.667	52.443	28.375
$mtyl^2$			-3.469	-4.018
zfgm	-1.310	-3.024	-1.236	-3.022
cyjg	1.815	-9.169	1.970	-9.407

变量	无平方项		有平方项	
	fe	re	fe	re
ggdp	− 0. 069	− 0. 183	− 0. 076	− 0. 180
czhl	131. 234	15. 733	133. 624	16. 206
zyyl	− 67. 048	− 2. 844	− 68. 366	− 2. 671
pgdp	− 1. 320	1. 494	− 1. 328	1. 476
xqrk	57. 593	− 0. 146	59. 040	− 0. 067
Prob > chi2	0. 000 3		0. 000 6	

由表 5 – 65 的（1）和（2）可知，媒体监督与政府财务信息披露质量均显著正相关，与图 5 – 21 左边相符；由表 5 – 65 的（3）和（4）可知，媒体监督的一次项系数不显著为正，二次项系数不显著为负，即整体呈现不显著的倒 U 型关系，与图 5 – 21 右边的 U 型不太相符。动态面板回归的模型（5）和模型（6）中，政府财务信息披露质量的滞后项与政府财务信息披露质量显著负相关；模型（5）的媒体监督与政府财务信息披露质量显著正相关；模型（6）的媒体监督的一次项和二次项均不显著，说明两者的非线性关系不太明显，与图 5 –21 右边相符。

（4）媒体监督对政府财务信息披露质量影响的空间计量分析。

①空间效应模型设计。

空间滞后模型中政府财务信息披露质量 = α + β_1 媒体监督 + β_2 产业结构 + β_3 政府规模 + β_4 资源依赖 + β_5 经济增长 + β_6 城镇化水平 + β_7 经济条件 + β_8 人口规模 + γW_{ij} 政府财务信息披露质量　　　（5 – 2 – 1 – 2）

空间误差模型中政府财务信息披露质量 = α + β_1 媒体监督 + β_2 产业结构 + β_3 政府规模 + β_4 资源依赖 + β_5 经济增长 + β_6 城镇化水平 + β_7 经济条件 + β_8 人口规模 + $\gamma W_{ij} \xi$　　　（5 – 2 – 1 – 3）

②空间效应存在性检验。

全局空间关联性分析。计算媒体监督的全局莫兰指数，由表 5 – 66 可知，媒体监督存在正向的空间相关性，即高高集聚或低低集聚，而且 2012 ~ 2014 年的对应 P 值均在 10% 的水平上显著。由前面章节可知，政府财务信息披露质量也存在空间正相关性。

表 5－65   静态与动态面板的回归结果分析

变量	静态面板				动态面板	
	固定效应	考虑异方差的固定效应	固定效应	考虑异方差的固定效应	GMM	GMM
	模型(1)	模型(2)	模型(3)	模型(4)	模型(5)	模型(6)
政府财务信息披露质量的滞后项					-0.475*** (0.000)	-0.487*** (0.000)
媒体监督	35.952** (0.019)	35.952* (0.053)	52.443 (0.508)	52.443 (0.493)	40.046* (0.080)	-82.534 (0.577)
媒体监督的平方			-3.469 (0.832)	-3.469 (0.800)		26.087 (0.399)
政府规模	-1.310 (0.669)	-1.310 (0.359)	-1.236 (0.690)	-1.236 (0.372)	-8.724 (0.105)	-9.125* (0.095)
产业结构	1.815 (0.919)	1.815 (0.918)	1.970 (0.913)	1.970 (0.913)	-36.017 (0.244)	-30.571 (0.326)
经济增长	-0.069 (0.746)	-0.069 (0.605)	-0.075 (0.728)	-0.076 (0.553)	0.047 (0.855)	0.067 (0.797)
城镇化	131.234*** (0.006)	131.234*** (0.000)	133.624*** (0.006)	133.624*** (0.000)	121.349** (0.032)	118.022** (0.039)

变量	静态面板				动态面板	
	固定效应	考虑异方差的固定效应	固定效应	考虑异方差的固定效应	GMM	GMM
	模型(1)	模型(2)	模型(3)	模型(4)	模型(5)	模型(6)
资源依赖	-67.048	-67.048	-68.366	-68.366	-88.478	-80.473
	(0.345)	(0.267)	(0.340)	(0.253)	(0.375)	(0.426)
经济条件	-1.320	-1.320	-1.328	-1.328	1.104	0.537
	(0.446)	(0.345)	(0.445)	(0.348)	(0.589)	(0.801)
人口规模	57.593 **	57.593 ***	59.040 **	59.040 ***	35.569 *	31.033
	(0.047)	(0.001)	(0.048)	(0.001)	(0.091)	(0.157)
_cons	-305.944 ***	-305.944 ***	-330.843 **	-330.843 ***	-198.402 **	-42.844
	(0.004)	(0.000)	(0.038)	(0.009)	(0.029)	(0.837)
Obs	155	155	155	155	124	124
R^2	0.003 1	0.003 1	0.003 2	0.003 2		

注：括号内为 P 值。

表 5 - 66　　　　　　　　　　　　媒体监督的临近莫兰指数

MTYL	指标值	2012	2013	2014
二元相邻权重矩阵	临近莫兰指数估计值	0.074	0.019	0.068
	标准差	0.109	0.117	0.113
	Z 统计量	2.024	2.212	2.107
	P 值	0.010	0.003	0.003
空间距离权重矩阵	临近莫兰指数估计值	0.046	0.017	0.007
	标准差	0.037	0.034	0.033
	Z 统计量	2.087	1.471	1.232
	P 值	0.018	0.071	0.109

局域空间关联性分析。莫兰指数散点图显示大部分城市位于第一象限
（HH）和第三象限（LL）。2014 年有 10 个省份位于第一象限，有 10 个省
份位于第三象限，合计占样本总数的比重为 64.52%；2013 年有 11 个省
份位于第一象限，有 10 个省份位于第三象限，合计占样本总数的比重为
67.74%；2012 年有 10 个省份位于第一象限，有 8 个省份位于第三象限，
合计占样本总数的比重为 58.06%；2011 年有 10 个省份位于第一象限，
有 9 个省份位于第三象限，合计占样本总数的比重为 61.29%；2010 年有
10 个省份位于第一象限，有 10 个省份位于第三象限，合计占样本总数的
比重为 64.52%；莫兰指数散点图表明，对政府受到的媒体关注度存在显
著的空间正相关性，呈现一定程度上的聚集效应，高媒体关注度城市被高
媒体关注度的邻近城市所围绕，低媒体关注度城市被低媒体关注度的邻近
城市所围绕。

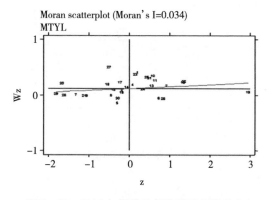

图 5 - 22　2014 年媒体监督的莫兰指数散点

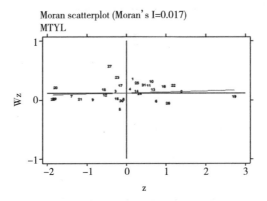

图 5 - 23　2013 年媒体监督的莫兰指数散点

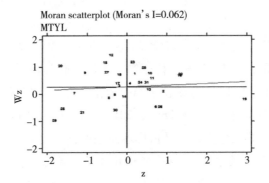

图 5 - 24　2012 年媒体监督的莫兰指数散点

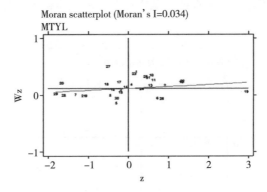

图 5 - 25　2011 年媒体监督的莫兰指数散点

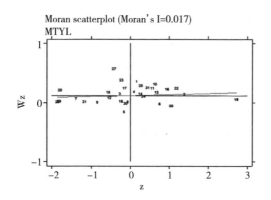

图 5 - 26 2010 年媒体监督的莫兰指数散点

③空间效应模型选择的 LM 检验。

Lm-lag 的值及 Lm-error 的值均在 1% 的置信水平上是显著的, 说明地方政府财务信息披露质量同时存在空间误差自相关和空间滞后依赖效应。

表 5 - 67   LM 检验结果

变量	SLX
媒体监督	0. 007 * (0. 047)
滞后一期媒体监督	0. 051 * (0. 016)
产业结构	0. 028(0. 089)
政府规模	0. 014 * (0. 007)
经济增长	0. 001(0. 513)
城镇化程度	13. 812(0. 352)
资源依赖程度	93. 565 * (0. 042)
_cons	21. 097(0. 078)
LM-lag	3. 764 *
LM-error	3. 834 *
Obs	155
R^2	0. 408
Log likelihood	- 105. 896

④空间计量模型的回归结果分析。

表 5 - 68 为空间滞后模型（SAR）与空间误差模型（SEM）的回归结果。空间误差系数与空间滞后系数都在 10% 水平上显著, 说明存在空间依

赖性。空间滞后系数为正，说明某省政府财务信息披露质量提高，相邻省份政府财务信息披露质量也会跟着提高。这意味着，邻近省份可以从该省份的政府财务信息披露质量提高中获得积极的溢出效应。媒体关注度的系数及滞后一期媒体关注度的系数均显著为正，说明考虑了空间效应后，媒体关注程度对政府财务信息披露质量仍然有显著的促进作用。对于其他解释变量，空间计量的引入提高了传统变量估计系数的大小和显著性，这表明解释变量的增加并未影响本节实证模型与理论预期的一致性，并进一步验证了空间变量引入对解释政府财务信息披露质量的适用性。

表 5 – 68　　　　　　　　　　空间模型中估计结果

变量	SAR 空间滞后模型	SEM 空间误差模型
媒体监督	0.052 * (0.014)	0.051 * (0.016)
滞后一期媒体监督	0.016 * (0.029)	
产业结构	− 0.600(0.053)	− 0.542(0.113)
政府规模	− 0.009(0.144)	− 0.009(0.149)
经济增长	0.032(0.825)	0.004(0.825)
城镇化程度	36.481 * (0.017)	35.946 * (0.033)
资源依赖程度	127.566 * (0.040)	111.452 * (0.049)
_cons	138.680 * (0.000)	125.806 * (0.000)
空间滞后项参数	3.934 * (0.047)	
空间误差项参数		3.657 * (0.050)
Obs	155	155
R^2	0.550	0.374
Log likelihood	− 115.314	− 117.242

　　⑤空间效应的稳健性检验。

　　为了克服内生性，将变量滞后一期，回归结果如表 5 – 69 所示。本节的检验结果具有良好的稳健性。主要体现在：政府财务信息披露质量在省份之间呈现出显著的空间关联性。同时还发现，政府受到的媒体监督对政府财务信息披露质量的影响是显著正向的。

表 5 – 69

表 5 – 69　　　　　　　　　　　　内生性稳健性结果

变量	SAR 空间滞后模型	SEM 空间误差模型
媒体关注度	0.016 * (0.039)	0.007 * (0.047)
滞后一期媒体关注度	0.011 * (0.004)	
产业结构	– 0.198(0.454)	0.028(0.089)
政府规模	– 0.007(0.176)	0.014 * (0.007)
经济增长	0.001(0.466)	0.001(0.513)
城镇化程度	0.075(0.061)	13.812(0.352)
资源依赖程度	144.600 * (0.008)	93.565 * (0.042)
空间滞后项参数	8.856 * (0.003)	
空间误差项参数		4.763 * (0.042)
_cons	50.060(0.061)	21.097(0.078)
Obs	155	155
R^2	0.612	0.408
Log likelihood	– 106.657	– 105.896

　　进一步考虑空间距离权重矩阵 W2，来检验上述分析得到的空间计量结果是否只是个统计（程序）现象。由表 5 – 70 可知，总的来说，基于 W2 矩阵得到的回归结果跟表 5 – 68 的结果基本一致，表示了结果的稳健性。主要体现在：政府财务信息披露质量在省份之间呈现出显著的空间关联性。基于新的空间权重矩阵，同样发现媒体关注程度对政府财务信息披露质量的影响是显著正向的。

表 5 – 70　　　　　　　　空间矩阵变换的稳健性回归结果

变量	SAR 空间滞后模型	SEM 空间误差模型
媒体关注度	0.052 * (0.014)	0.016 * (0.039)
滞后一期媒体关注度	0.020(0.068)	
产业结构	– 0.600 * (0.050)	– 0.198(0.454)
政府规模	– 0.009(0.144)	– 0.007(0.176)
经济增长	0.032(0.825)	0.001(0.466)
城镇化程度	36.481 * (0.017)	0.075(0.061)
资源依赖程度	127.566 * (0.040)	144.600 * (0.008)
空间滞后项参数	3.934 * (0.047)	
空间误差项参数		3.856 * (0.048)

变量	SAR 空间滞后模型	SEM 空间误差模型
_cons	138.680 * (0.000)	50.060(0.061)
Obs	155	155
R²	0.550	0.612
Log likelihood	−115.314	−106.657

将政府财务信息披露质量改用《中国财政透明度报告》的省级政府财政透明度指数的二级指标"一般公共预算信息披露得分"来衡量。表5－71的结果显示，本节的检验结果具有良好的稳健性。主要体现在：政府财务信息披露质量仍然存在显著的空间相关性，并且媒体监督对政府财务信息披露质量的影响是正向的，但不显著。

表5－71　　　　　　　　变量替换的稳健性检验结果

变量	SAR 空间滞后模型	SEM 空间误差模型
媒体关注度	0.020(0.085)	0.020(0.081)
滞后一期媒体关注度	0.007 * (0.031)	
产业结构	−0.144(0.063)	0.063(0.068)
政府规模	0.007 * (0.041)	0.007 * (0.014)
经济增长	0.001 * (0.024)	0.001 * (0.000)
城镇化程度	11.662(0.385)	12.181(0.169)
资源依赖程度	89.573 * (0.012)	84.020 * (0.010)
空间滞后项参数	3.607 * (0.025)	
空间误差项参数		3.717 * (0.023)
_cons	66.932 * (0.010)	14.213(0.089)
Obs	155	155
R²	0.401	0.851
Log likelihood	−110.169	−105.691

（5）媒体监督对政府财务信息披露质量影响的门槛效应分析。

表5－72列示了因变量为政府财务信息披露质量，自变量及门槛变量为媒体监督，进行门槛存在性的检验结果。单门槛、双门槛和三门槛的P值分别为0.001 0、0.016 0和0.113，说明适合采用双门槛进行后续回归。

表 5 - 72 门槛存在性判断与门槛数估计

门槛	F 值	P 值	10%	5%	1%
单门槛	18. 218 ***	0. 001 0	2. 678 2	4. 119 28	10. 010 0
双门槛	6. 448 8 **	0. 016 0	2. 797 9	4. 064 60	7. 043 2
三门槛	0. 000 0	0. 113 0	0. 000 0	0. 000 00	0. 000 0

表 5 - 73 列示了双门槛模型的门槛值及对应的置信区间,第一、二门槛值分别为 2. 477 0 和 2. 523 8,对应的置信区间分别为 [2. 477 0,2. 542 5],[2. 112 5,3. 037 8]。

表 5 - 73 门槛值估计结果

门槛值	估计值	95% 置信区间
门槛值 $\gamma 1$	2. 477 0	[2. 477 0,2. 542 5]
门槛值 $\gamma 2$	2. 523 8	[2. 112 5,3. 037 8]

双门槛面板模型中,因变量为政府财务信息披露质量,自变量及门槛变量为媒体监督,回归结果如表 5 - 74 所示。模型(1)为考虑异方差后的稳健性固定效应模型;模型(2)为常规固定效应模型。

表 5 - 74 门槛面板模型系数估计结果

变量	模型(1)	模型(2)
MTYL_1	41. 545 0 ***	41. 545 0 ***
	(2. 674 9)	(3. 010 0)
MTYL	53. 166 7 ***	53. 166 7 ***
	(3. 247 2)	(3. 698 2)
MTYL_3	62. 150 4 ***	62. 150 4 ***
	(3. 593 0)	(4. 224 0)
ZFGM	- 19. 308 8 ***	- 19. 308 8 ***
	(- 3. 299 6)	(- 4. 256 0)
CYJG	10. 981 8	10. 981 8
	(0. 962 5)	(0. 668 6)
GGDP	0. 371 6 **	0. 371 6 *
	(2. 042 4)	(1. 680 0)

变量	模型（1）	模型（2）
CZHL	147. 956 7 ***	147. 956 7 ***
	(5. 064 6)	(3. 479 0)
ZYYL	- 99. 952 5 *	- 99. 952 5
	(- 1. 948 8)	(- 1. 540 9)
PGDP	- 1. 265 7	- 1. 265 7
	(- 0. 920 0)	(- 0. 804 2)
XQRK	- 35. 376 9	- 35. 376 9
	(- 1. 170 2)	(- 1. 097 1)

从模型（1）来看，门槛效应的三个区间的系数分别为41.545 0、53.166 7、62.150 4，均在1%的水平上显著正相关。这说明，在目前的媒体监督总体水平还不太高的情况下，媒体监督的不断增强，能越来越促进政府财务信息披露质量的改进。未考虑异方差的模型（2）同样得出了一致的结论。

由上述双门槛回归结果可知，媒体监督与政府财务信息披露质量显著正相关，而且媒体监督越高，正相关系数越大，促进作用越大。考察三个区间的样本分布分别为24、2和129，说明目前媒体监督较好地促进了政府财务信息披露质量的提升。

表5-75 门槛变量媒体监督各区间的各变量的均值

变量	低于第一门槛值的均值	介于第一、二门槛值的均值	高于第二门槛值的均值
GRADE	35. 204 6	22. 100 0	31. 359 1
ZFGM	1. 831 3	2. 344 6	2. 499 8
CYJG	0. 596 6	0. 607 1	0. 514 7
GGDP	13. 738 8	32. 750 0	10. 065 2
CZHL	0. 582 0	0. 423 8	0. 392 0
ZYYL	0. 045 5	0. 010 7	0. 041 5
PGDP	4. 519 7	4. 146 8	5. 185 3
XQRK	2. 617 7	2. 446 5	3. 563 3
MTYL	2. 234 8	2. 499 5	2. 850 8
Obs	24	2	129

5. 2. 1. 4　小结

基于 2010～2014 年的省际面板数据，通过空间数据分析方法了解所要研究时期内政府财务信息披露质量在各省份的集聚格局，在此基础上建立空间计量模型来对政府财务信息披露质量的空间关联性进行实证分析。实证结果表明：一是各省政府受到的媒体监督和政府财务信息披露质量均存在明显的空间关联性，两者在空间集聚类型和区域分布上几乎一致，媒体监督程度高值（低值）集聚区基本上也是政府财务信息披露质量的高值（低值）集聚区，媒体监督是造成政府财务信息披露质量空间集聚呈现"结块效应"特征的主要原因。二是空间计量模型结果发现，当一个省份的邻近省份提高政府财务信息披露质量时，该省也倾向于提高政府财务信息披露质量，即政府财务信息披露质量具有积极的溢出效应。

利用门槛效应模型分析媒体监督对政府财务信息披露质量的影响发现，媒体监督对政府财务信息披露质量的影响存在双门槛效应，而且三个阶段的门槛系数均显著为正，并且正相关系数不断增大。这说明在目前媒体监督水平下，不断提升媒体监督水平，能越来越促进政府财务信息披露质量的提升。

5. 2. 2　财政幻觉

近几年来，我国社会公众的纳税人意识以及公民权利意识大有提高。因此，对税收领域呈现出前所未有的关注以及对财税问题知情权、参与权、表达权和监督权的强烈渴望。然而，由于政府和公民双方信息不对称以及制度设计和社会环境等一系列因素的影响，在一定程度上存在财政幻觉效应。我国正在步入全面深化改革的新阶段，党的十九大报告也要求深化财税体制改革。基于上述背景，通过选择不同指标来衡量"财政幻觉"，来检验财政幻觉对地方政府财务信息披露质量的影响，并提出相应的政策建议。

财政幻觉是指由于财政收支过程具有混沌性，导致纳税人对税收负担产生错觉——通常低估税收价格。这导致纳税人增加了公共产品的需求，导致了公共支出规模增加。John Stuart Mill 首次提到财政幻觉，他认为直接税容易观察，间接税则经常被忽视，导致纳税人经常低估自己的实际税负，导致"财政幻觉"的产生。

5. 2. 2. 1　文献综述与假设提出

近几十年来，人们逐渐关注"财政幻觉"并进行实证研究。国外，有关财政幻觉的研究相对比较成熟。奥次（Oates）首次用税收弹性衡量财政幻觉。Mourao（2008）采用理论模型分析了财政幻觉对经济增长率的负向影响。Buehn 等（2012）通过跨国数据的 MIMIC 模型分析发现，财政幻觉负向影响隐性经济。Gérard 和 Nganguéé（2015）采用非洲国家面板数据实证分析发现，财政幻觉显著正向影响公共赤字。

研究财政幻觉的国内文献相对较少。首先，部分文献进行了理论分析。张铭洪、罗振华（2002）将财政幻觉分为三类：政府债务融资所产生的幻觉，税收体系内生的幻觉，政府间转移支付所产生的幻觉。徐诗举（2009）将财政幻觉分为财政制度派生的幻觉与政府主动创造的幻觉，悲观幻觉与乐观幻觉。于红濮（2012）介绍了财政幻觉假说的相关内容，并且认为财政幻觉是通过财政收入和财政支出共同创造的。孟庆瑜和吕庆明（2014）认为，财税制度安排可以产生两种财政幻觉：分别是乐观的财政幻觉与悲观的财政幻觉，在财政民主的背景下，制度选择过程中可以借助财税制度产生的悲观的财政幻觉来觉醒纳税人的民主观念和权利意识。郑育礼（2014）从税收角度阐述了财政幻觉的成因，有以下三个方面：间接税的隐蔽性，税制结构的弹性程度和税制结构的复杂程度。其次，在实证分析方面，刘金全、潘雷和何筱薇等（2004）实证分析发现，我国财政支出受到财政幻觉的影响。巢雅琳和李茜（2013）沿用刘金全等的思路把财政幻觉分为赤字幻觉与预期幻觉，以上海市为例，运用时间序列计量分析方法，验证了以上海市为代表的地方政府存在财政幻觉。文娟和沈映春（2008）认为，财政幻觉包括赤字幻觉与预期幻觉，我国年度时间序列数据实证表明，财政幻觉影响政府规模，其中预期幻觉显著正向影响政府规模，赤字幻觉不显著影响政府规模。孙琳和汤蛟伶（2010）实证验证了税制结构财政幻觉影响政府规模。孙群力、李永海（2016）运用 MIMIC 模型测算了我国地区财政幻觉指数，研究发现财政幻觉的影响因素包括间接税占比、财政负担水平、自我就业率、税收 HHI 指数、CPI 指数、教育水平等；还发现较高的财政幻觉则不利于财政透明度的提升。李春根和徐建斌（2015）采用地级市数据与个体数据实证分析税制结构方面的财政幻觉效应。付文林和沈坤荣（2012），范子英和张军（2010）实证分析了转移支付对财政幻觉的影响。

通过文献的整理发现，目前有关研究财政幻觉以及政府财务信息披露质量的关系的文献几乎没有，多数文献都是研究财政幻觉产生的原因。因此，本节通过财政收入与财政支出的比作为衡量财政幻觉的指标，首次实证分析了财政幻觉对于地方政府财务信息披露质量的影响，填补了前人研究的空白。

Mourao（2008）发现财政幻觉负向影响财政透明度。Afonso（2014）认为，财政幻觉是不利于财政透明度的改进，财政幻觉是财政不透明的根源。财政幻觉越严重，纳税人就更难透彻理解政府财务信息，而且地方政府也缺乏主动公开财务信息的意愿，即使公开了，也都流于形式，用走过场应付公众，政府部门或者将公开的预算弄得更加复杂、晦涩难懂，以谋求特定群体或者个人的利益，从而给人们制造更多的财政幻觉，使尽可能多的人在此信息迷宫前望而却步，阻碍政府财务信息披露质量的改善。基于此，提出以下假设 5 - 2 - 2 - 1：财政幻觉负向影响政府财务信息披露质量。

5.2.2.2 研究设计

（1）样本选取和数据来源。

选取 2007~2013 年 30 个省份为研究样本（西藏自治区除外），最后得到截面数量为 30、数据长度为 7 的面板数据，共计 210 个观测值。政府财务信息披露质量数据来源于上海财经大学发布的财政透明度指数，其他数据来自《中国统计年鉴》。

（2）模型设定与变量定义。

为检验本节提出的假设，构建了以下线性模型：

$$FT = \alpha_0 + \alpha_1 HJ + \alpha_2 EDU + \alpha_3 GDP + \varepsilon \qquad (5-2-2-1)$$

因变量：政府财务信息披露质量。以上海财经大学 2007~2013 年中国省级财政透明度评分作为因变量。

自变量：财政幻觉。借鉴刘金全、潘雷（2004）的做法，采用赤字幻觉与预期幻觉两个指标衡量财政幻觉。本节采用财政收入与财政支出比率来度量"赤字幻觉"，即个体对赤字形成的真实原因不了解从而低估实际税负。该比值越小，表明个体对公共产品的需求越大，越容易形成赤字，财政幻觉水平就越高。此外，用财政收入占社会商品零售总额的比重来度量"预期幻觉"，即税收中的可预期原因与不可预期原因所导致的理解不同。以财政收入衡量纳税人的预期税负，以社会商品零售总额衡量纳税人不可预期税负。该比值越大，说明纳税人能够更好地预期自己所承担的税负，财政幻觉水平就越低。

控制变量。一是公民受教育程度。通常受过高等教育的居民更加关心政府行为，对政府信息公开的需求越多，会更多地参政议政。来自受过高等教育居民的政府信息公开的压力比来自没受过高等教育的居民的压力要大很多。二是地区人均 GDP。根据公共选择理论，公民都是"理性的经济人"，是在权衡预期获得的收益以及所要付出的成本的权衡的基础上做出参政议政决定。然而公民很难去预期获得的收益，因此参政议政的决定主要取决于他所付出的成本。通常居民收入越高，越有时间和经济能力参政议政，政府财务信息需求更多，这将推动政府财务信息公开。本节对地区人均 GDP 取了对数以消除异方差的影响。

上述各变量的定义如表 5 – 76 所示。

表 5 – 76   变量定义表

变量类型	变量名	变量定义
政府财务信息披露质量	FT	来自《中国省级财政透明度报告》
赤字幻觉	HJ1	财政收入/财政支出
预期幻觉	HJ2	政府财政收入/社会商品零售总额
公民受教育程度	EDU	拥有大专以上学历的公民百分比
人均 GDP	GDP	地区人均 GDP 的对数

5.2.2.3 实证结果分析

（1）描述性统计。

由表 5 – 77 可知，FT 的最小值为 0.000 6，最大值为 0.777 0。表明各地区的政府财务信息披露质量存在较大差异。HJ1 的最小值为 0.148 3，最大值为 0.950 9；HJ2 的最小值为 0.137 5，最大值为 0.539 1。表明各地区赤字幻觉和预期幻觉均存在较大差距，说明各地区的财政幻觉水平存在显著差异。EDU 的最小值为 0.030 6，最大值为 0.412 1，表明不同地区的公民受教育程度也存在较大差异；人均 GDP 的最小值为 8.841 4，最大值为 11.509 0，表明各省人均 GDP（取对数）差异较大。

表 5 – 77   描述性统计

变量	最小值	最大值	平均值	中位数	标准差
FT	0.000 6	0.777 0	0.236 0	0.214 8	0.138 2
HJ1	0.148 3	0.950 9	0.518 7	0.450 0	0.202 0
HJ2	0.137 5	0.539 1	0.294 0	0.273 0	0.093 5
EDU	0.030 6	0.412 1	0.099 5	0.085 4	0.060 8
GDP	8.841 4	11.509 0	10.312 0	10.312 4	0.540 0

（2）相关性分析。

表 5 – 78 为各变量的相关系数表，从结果可以看出：①政府财务信息

披露质量与 HJ1 的相关系数在 10% 的水平上显著为正，说明赤字幻觉水平越高，政府财务信息披露质量越低；②政府财务信息披露质量与 HJ2 的相关系数在 10% 的水平上显著为正，说明预期幻觉水平越高，政府财务信息披露质量越低；③居民受教育水平、人均 GDP 与政府财务信息披露质量的相关系数分别在 5% 和 1% 的水平上显著为正，说明该地区的居民受教育程度越高、人均 GDP 越高，其政府财务信息披露质量越高。④HJ1 与 HJ2 的相关系数在 1% 的水平上显著为正，为避免多重共线性问题，分别对 HJ1 和 HJ2 进行了回归。

表 5 –78　　　　　　　　各变量的相关系数矩阵

变量	FT	HJ1	HJ2	EDU	GDP
FT	1.000				
HJ1	0.116 *	1.000			
HJ2	0.122 *	0.190 ***	1.000		
EDU	0.140 **	0.577 ***	0.524 ***	1.000	
GDP	0.264 ***	0.718 ***	0.345 ***	0.746 ***	1.000

（3）多元回归分析。

为了防止财政幻觉的两个指标存在多重共线性，将财政幻觉两个指标分别对政府财务信息披露质量进行回归。Hausman 检验表明，应采用固定效应模型。回归结果如表 5 – 79 所示。栏（1）和栏（2）为分别以 HJ1 和 HJ2 为财政幻觉指标的多元回归结果，模型的 R^2 均在 0.2 以上，F 值均通过了显著性检验，表明模型具有一定的解释力。HJ1 和 HJ2 分别在 1% 和 5% 的水平上显著为正。这表明赤字幻觉和预期幻觉与地方政府财务信息披露质量显著负相关（HJ1 与 HJ2 的值越大，表明财政幻觉水平越低），即财政幻觉水平越高，越不利于改进政府财务信息披露质量。

表 5 –79　　　　　　　　回归结果分析

变量	(1) FT	(2) FT
HJ1	1.291 *** (4.43)	

变量	(1) FT	(2) FT
HJ2		0. 812 ** (2. 34)
EDU	1. 46 ** (2. 29)	1. 428 ** (2. 16)
GDP	0. 074 * (1. 61)	0. 005 (0. 09)
observations	210	210
R – squared	0. 263	0. 205
F – value	20. 99 ***	15. 23 ***

注: 括号内为 t 值。

（4）稳健性检验。

财政幻觉指标的变换。孙群力、李永海（2016）基于 MIMIC 模型测算出了 2006～2013 年各省的财政幻觉指数，直接用该数据替代前文中提到的两个衡量财政幻觉的指标。检验结果的符号一致，但不显著。

政府财务信息披露质量变量替换。前文是直接用上海财经大学的财政透明度报告中的数据，为了检验一下前文所得结果的稳健性，将财政透明度值从大到小进行排序，等分成十组，依次赋值 0 到 9，再除以 9。回归结果基本相同。

5. 2. 2. 4　小结

本节利用 2007～2013 年的省级面板数据分析了财政幻觉对政府财务信息披露质量的影响。实证结果表明：财政幻觉水平越高，纳税人对所承担的税收负担越是不能看清或者算清，有些情况下纳税人甚至可能不知道税收的存在，虽然这种情况在一定程度上降低税负痛苦，但这给政府本身创造了可乘之机，财政幻觉造成的政府财政支出的扩大，会容易导致地方政府不将税收用于提供公共产品的提供，而是用于扩大自身规模或者满足官员本身的利益，在这种情况下地方政府会想方设法去隐藏或者没有动力和意愿去主动公开相应的更详细的财政收支的相关信息，反而尽力去创造财政幻觉，这使得社会公众很难透彻理解财政收支信息，不利于政府财务信息的公众监督作用的发挥，不利于政府财务信息披露质量的改进。

5.2.3　公众集聚度

在目前关于财政透明度的研究中，大多基于国家机构以及媒体、舆论的视角研究财政透明度与资源分配，政府治理行为的联系，鲜有文献从公众视角分析公众集聚度与政府财政透明度的关系，本节基于分析宏观背景下各个省份的公众特征，设定不同的测量维度，通过省级面板分析了公众集聚度与政府财务信息披露质量的关系。

5.2.3.1　文献综述与假设提出

Piotrowski、Ryzin（2007）认为，公众及其代表的压力会促进政府公开信息。Kopits、Craig（1998）从公众角度界定了财政透明度：向公众公开财政信息，而且公开的信息具有这些质量特征：完整性、相关性、可靠性、及时性、可比性、可理解性。这些信息符合决策有用观，方便信息利益相关者做出理性决策。

公众作为理性的经济人，其是否参与选举与监督政府取决于其成本收益分析。Ingram 认为，提升选民集聚度能大幅降低选民的监督成本，刺激选民参与监督。从利益集团理论可以解释公众集聚度对政府财务信息披露质量的促进作用。通常单个选民很难影响选举结果，所以多数选民选举的收益不大，选举的成本却既定，所以基于成本收益分析，单个选民通常缺乏选举的动机。但是单个选民可以通过利益集团来选举，降低了选举成本。而工业化、城镇化、教育等能改进公众集聚度，产生不同阶层的利益集团，利益集团作为一个整体，边际成本更低，监督动机增强。因此，提高公众集聚度后，公众获取政府财务信息的需求增加。所以，公众集聚度能促进政府财务信息披露质量的提升。

政府作为理性的经济人，也会基于成本收益分析来进行财务信息公开决策。一方面，政府公开财务信息，能履行公共受托责任，更容易得到上级政府和社会公众的支持和认可。但信息披露也是有成本的，包括直接的披露成本和披露信息所产生的监督成本。当公众对政府公开信息的需求增加时，政府部门披露信息的成本能够得到补偿。在披露会计信息的边际收益大于边际成本时，政府部门就会倾向于公开财政信息。例如，公众关注度的提高会使该地区的政府官员得到更多的晋升机会。俞乔等（2013）认为，财政透明是缓解政府与公众信息不对称的重要方式。透明政府能增强政府的服务性和责任性，提高决策的合理化程度提高政府财政资金使用的公开性和透明度，是保证公共资源的使用效率和效果的重要途径。

综上所述，公众集聚度的提高是公民预期监督收益高于预期成本，有利于激发公众对政府信息公开的要求，政府部门在更集中的公众监督和舆论压力下会提高政府财务信息披露质量。由此提出假设5－2－3－1：公众集聚度正向影响政府财务信息披露质量。

5.2.3.2　研究设计

（1）样本选择和研究方法。

将2006～2011年31省级政府为研究样本，政府财务信息披露质量数据来源于上海财经大学公共政策研究中心2009～2013年在《中国财政透明度报告》中发布的地方政府财政透明度数据。公共聚集度相关指标和控制变量选自《中国财政年鉴》，《中国统计年鉴》和《中国区域经济统计年鉴》。删除指标不全的样本后，最终得到186个观测值。在此基础上采用多元回归方法，分别检验了单一公众聚集度与地方政府财务信息披露质量的关系。由于各个自变量间存在很强的相关性，因此使用主成分分析法通过提取公共因子（TCP）与政府财务信息披露质量回归进行稳健性检验；同时为了消除异方差的影响，采用财政透明度的对数（LnGT）作为财政透明度的替代新指标进行稳健性检验。

（2）模型与变量。

为了检验本节的假设，构建以下模型进行检验：

$$GT = \alpha_0 + \beta_1 MPPR + \beta_2 Net + \beta_3 CPR + \beta_4 SPR + \beta_5 POR + \beta_6 \sum Controls + \varepsilon$$
$$(5 - 2 - 3 - 1)$$

因变量。政府财务信息披露质量（GT）。仍然选择上海财经大学发布的财政透明度指数。

自变量。Zimmerman建议用企业镇衡量选民集聚度。Ingram的公众集聚度包括三个指标：地域集聚度（城市化水平）、教育集聚度（中学年数）、经济集聚度（人均收入）。参考王芳等人对公众集聚度的定义，结合本国实际发展状况，选取以下四个维度来衡量公众集聚度。①信息集聚度（MPPR、Net）。衡量指标为移动电话普及率和网络普及率。②地域集聚度（CPR）。衡量指标为城市化水平。③教育集聚度（SPR）。衡量指标为每万人口中高校在校学生数。④经济集聚度（POR）。衡量指标为规模以上的工业企业总产值占该地区总产值的比重。

控制变量。①地区规模（LnP）。衡量指标为地区人口总数的自然对数，预期系数符号为正。②外商投资占比（FDI）。衡量指标为外商投资工业总产值占全部工业总产值的比重，预期系数符号为正。③人大的需求（FOR）。衡量指标为财政支出与财政收入的比例。

表 5 – 80　　　　　　　　　　　　　　变量定义表

变量名称	符号	变量定义和说明
政府财务信息披露质量	GT	财政透明度总分
地域集聚度	CPR	城市人口/总人口
经济集聚度	POR	规模以上工业总产值/省总产值
教育集聚度	SPR	地区每万人口中高等学校在校人数
信息集聚度之一	MPPR	移动电话用户数占地区总人口人数的比重
信息集聚度之二	Net	网络端接口占地区总人口户数的比重
地区人口规模	LnP	年末总人口的对数
外商直接投资	FDI	外商投资工业总产值/全部工业总产值
人大需求	FOR	财政支出/财政收入

5.2.3.3　实证结果分析

（1）描述性统计数据。

从表 5 – 81 可以看到，政府财务信息披露质量的平均值是 25.74，最小值为 0.34，最大值为 77.70，说明大部分地区财政透明度偏低，教育集聚度的最小值为 58.97，最大值为 357.86，标准差为 62.80，说明各地区的教育水平发展极度不均衡。这说明各省的城镇化、教育水平、经济发展水平和信息化均存在明显差异，导致各省的公众集聚度也存在较大差异。

表 5 – 81　　　　　　　　　　　　　描述性统计

变量	样本量	最小值	最大值	平均值	标准差
GT	186	0.340	77.700	25.744	9.732
MPPR	186	0.173	1.276	0.553	0.228
Net	155	0.018	0.356	0.092	0.070
SPR	186	58.969	357.861	160.651	62.802
CPR	186	0.226	0.893	0.490	0.147
POR	186	0.115	2.222	1.254	0.434
LnP	186	5.638	9.260	8.072	0.864

变量	样本量	最小值	最大值	平均值	标准差
FDI	186	0.016	0.658	0.206	0.173
FOR	186	1.052	15.624	2.663	2.378

（2）相关性分析。

表 5-82 主要列出了各个主要变量之间的 Pearson 相关系数。政府财务信息披露质量（GT）与公共集聚度的各个衡量指标 MPPR、NET、CPR、SPR、POR 的相关系数普遍为正，说明政府财务信息披露质量与公众集聚度呈正相关，即公众集聚度越高，政府财务信息披露质量越高。衡量公众集聚度的五个单一维度指标 MPPR、NET、CPR、SPR、POR 之间呈显著正相关，说明一个地区的经济、教育、城市化和信息化的水平不是相互独立的，其中，衡量信息集聚度的两个指标 MPPR 和 Net 系数为 0.90，在 1% 的水平上显著正相关。政府财务信息披露质量和外商投资占比在 1% 的水平相关系数显著为正，说明外商的投资占比越高，政府财务信息披露质量越高。

（3）多元回归分析。

表 5-83 列出了公众聚集度各二级指标对政府财务信息披露质量影响的回归结果。Hausman 检验发现下表的模型（1）至模型（5）的 P 值均接近零，均适合选择固定效应模型进行回归。所有自变量的 VIF 值都不超过 5，说明模型具有一定的解释力。从表 5-83 中可以看出，MPPR、NET、CPR、SPR 在 1% 的水平上显著为正，POR 在 5% 的水平上显著为正。这说明，公众集聚度的四个二级指标都与政府财务信息披露质量显著正相关。这可以解释为，当公众集聚度的各个具体方面改进后，公众对政府财务信息披露质量的需求显著增强，从而使得政府财务信息披露质量得到提高。

表 5 - 82

相关性分析

变量	GT	MPPR	Net	POR	SPR	CPR	LnP	FDI	FOR
GT	1.000 0								
MPPR	0.300 3***	1.000 0							
Net	0.317 1***	0.907 8***	1.000 0						
POR	0.084 0	0.430 4***	0.457 4***	1.000 0					
SPR	0.107 0	0.588 4***	0.664 0***	0.394 6***	1.000 0				
CPR	0.140 0*	0.792 3***	0.837 5***	0.522 4***	0.790 9***	1.000 0			
LnP	0.080 0	-0.087 0	-0.004 0	0.504 1***	0.004 0	-0.026 0	1.000 0		
FDI	0.210 0	0.574 6***	0.649 4***	0.419 3*	0.535 5***	0.747 4***	0.004 0	1.000 0	
FOR	-0.140 0*	0.260 3***	0.316 7***	0.614 9***	0.372 9***	0.493 1***	0.617 5***	0.359 6***	1.000 0

表 5 - 83　　　单一公众集聚度与政府财务信息披露质量（GT）的多元回归结果

变量	模型(1)	模型(2)	模型(3)	模型(4)	模型(5)
MPPR	25.00 *** (2.97)				
Net		90.35 *** (4.53)			
CPR			110.6 *** (3.41)		
SPR				0.201 *** (3.49)	
POR					13.27 ** (2.58)
LnP	12.29(0.91)	-8.240(-0.55)	29.64 * (1.85)	60.52 *** (3.41)	45.43 ** (2.44)
FDI	17.21(0.85)	27.81(1.35)	13.43(0.59)	9.493(0.54)	-5.118(-0.21)
FOR	-2.280(-0.68)	0.775(0.40)	-0.497(-0.20)	-1.969(-0.58)	0.799(0.22)
Adj - R^2	0.204	0.273	0.154	0.210	0.0981
F - Vaule	4.352	7.010	4.750	5.153	4.802
模型	FE	FE	FE	FE	FE

（4）稳健性分析。

①因子分析得到公众集聚度综合指标。

通过对 MPPR、Net、CPR、SPR、POR 各个变量的 Pearson 相关性分析，结果表明各种公共集聚度指标之间存在很强的正相关性，且在 1% 水平显著。为避免公众集聚度二级指标同时放入回归会与财政透明度产生严重的多重共线性，对公众集聚度采用因子分析，提取公因子作为公众集聚度的综合指标进行稳健性分析。从表 5 - 84 可以看出，在对五个公众集聚度二级指标提取公因子后，得到一个特征值大于 1 的公因子，且累计解释的方差为 73.30%。因此我们将得到的该公因子作为公众集聚度的综合指标（TCP）。

表 5 - 84　　　　　　　　　　总方差解释

成分	初始特征值			提取载荷平方和		
	总计	方差百分比	累积%	总计	方差百分比	累积%
1	3.665	73.297	73.297	3.665	73.297	73.297

为了进一步分析公众集聚度在整体上是否影响财政透明度，通过检验

综合公众集聚度（TCP）与政府财务信息披露质量之间的相关性，从表 5-85可以看出，VIF 值均不超过 3，说明模型具有一定的解释力。TCP 在 1% 的水平上显著为正，说明公众集聚度综合指标显著正向影响政府财务信息披露质量。因此，无论是公众集聚度的分项二级指标，还是公众集聚度综合指标，均显著正向影响政府财务信息披露质量。说明提高某一地区的经济、教育、城市化和信息化水平，能增强公众对政府财务信息披露质量的需求，进而促进政府财务信息披露质量的提高。在采用了经济、教育、信息化和城市化等单一维度的综合指标（TCP）度量的公众集聚度进行检验后，得到了较为一致的回归结果，说明本节关于公众集聚度的增加有利于政府财务信息披露质量的提高，这一假设的研究结论是稳健的。

表 5-85　　　　　综合公众集聚度与财政透明度的多元回归结果

变量	财政透明度	VIF
TCP	7.686 *** (-4.38)	2.38
LnP	14.523(-1.10)	1.83
FDI	16.453(-0.82)	2.09
FOR	0.147(-0.09)	2.31
Adj-R^2	0.2531	
F-Vaule	6.27	

②因变量的指标替换。

该检验以财政透明度总体得分的对数重新度量政府财务信息披露质量，以消除异方差的影响。表 5-86 是公众聚集度各二级指标分别与财政透明度的对数（LnGT）进行多元回归的分析结果，通过 Hausman 检验发现模型的 P 值都接近零，因此使用固定效应模型进行回归；所有自变量的 VIF 值都不超过 5，说明模型具有一定的解释力。从表 5-86 可以看出，MPPR、Net、CPR、SPR 在 1% 的水平上显著为正，POR 在 5% 的水平上显著为正，说明公众集聚度各二级指标都与重新度量的政府财务信息披露质量显著正相关。针对得到的较为一致的回归结果，说明本节关于公众集聚度的增加有利于政府财务信息披露质量的提高，这一假设的研究结论是稳健的。

表 5 - 86　　　单一公众集聚度与政府财政透明度（LnGT）的多元回归结果

变量	(1)	(2)	(3)	(4)	(5)
MPPR	0.8229 *** (3.31)				
Net		4.208 *** (3.48)			
CPR			5.196 *** (3.93)		
SPR				0.073 *** (3.75)	
POR					0.491 ** (2.01)
LnP	−0.022(−0.02)	−0.183(−1,32)	0.345 * (0.38)	1.619 ** (1.77)	1.074(1.15)
FDI	0.183(0.12)	0.611(0.38)	0.439(0.29)	0.006(0.00)	−0.516(−0.34)
FOR	−0.156(−1.26)	−0.069(−0.52)	−0.124(−1.05)	−1.573(−1,29)	−0.057(−0.47)
Adj − R^2	0.3764	0.1053	0.2736	0.2452	0.1852
F − Vaule	3.34 **	3.27 **	4.48 ***	4.13 ***	1.58

5.2.3.4　小结

本节利用 31 个省份、自治区和直辖市的数据构建面板数据模型，研究了公众集聚度是否影响政府财务信息披露质量。结果发现，公众集聚度的二级指标改进或公众集聚度的综合指标改进，均显著正向影响政府财务信息披露质量。因此，为公众提供政府工作动态的相关信息，有利于增进社会关怀，增强与民众进行信息的交换，从而扩大公民的参与度，提高政府自身的透明度。

5.3　信息提供者因素

5.3.1　创新驱动

5.3.1.1　文献综述与假设提出

肖尤丹（2015）认为，政府创新是指政府为了应对环境变化以及寻找问题的解决办法而采用某些"新内容"的过程，目的是改进公共服务、提升公共价值。从这个角度看，创新驱动促进了政府财务信息披露质量的提升。

创新氛围是政府官员对于政府部门是否有意愿进行财务创新的感受，它影响着创新的实现。对于政府财务透明而言，这个过程涉及成员之间的讨论和共识，这意味着，政府创新氛围越强，政府财务信息披露质量越高。由此提出假设 5 - 3 - 1 - 1：区域创新驱动和政府财务信息披露质量呈正相关。

5.3.1.2 研究设计

本节的解释变量选取中国 30 个省份 2009 ~ 2012 年的数据（由于信息完整性和社会经济制度差异，此数据不包括西藏自治区、台湾、香港和澳门），被解释变量财政透明度选取自 2010 ~ 2013 年。数据来自各年中国统计年鉴、政府网站、研究报告等。

政府财务信息披露质量。仍然采用上海财经大学发布的财政透明度指数。

根据以往文献，创新氛围的衡量指标为"地方政府创新奖"与"地方政府网站信息公开领先奖"的获奖情况。地方政府创新奖的数据来源于中国地方政府创新奖官网，地方政府网站信息公开领先奖的数据来源于中国优秀政府网站推荐及综合影响力评估结果通报官网。获奖情况在一定程度上能反映该政府的创新驱动程度。得到其中一个奖项即赋值为 1，若同年获得两个奖项，则赋值为 2。

根据政府财务信息披露质量的影响因素文献，还选取了一些控制变量指标。领导意愿数据来源于省级领导人的简历与地方年度报告的内容。同时收集记录各省领导人的年龄、任期和是否换届第一年。公民的信息通过搜集中国年鉴的数据，并计算出统计数据的抽样比例。地区老龄化比例来自 2009 ~ 2012 年《中国统计年鉴》，由 65 岁以上人口占省总人口确定。地区城镇化比例数据均来自《中国统计年鉴》。电子政务化数据来源于中国软件测评中心的"中国政府网站绩效评估报告"。

表 5 – 87 变量计算方法

变量名	变量代码	计算方法
政府财务信息披露质量（百分制）	Transparency	财政透明度（1180 总分）×100/1180
创新氛围	Inovation	两奖项数量加总
省长年龄	Age	省长年龄
任期	RQ	任期第一年为 1，其他依次
换届	HJ	换届第一年为 1，其余为 0
电子政务化	ELE	网站数据
城镇化人口比重（%）	Urban	城镇人口/总人数
老龄化程度（%）	Old	65 以上人数/总人数
人均税收（log）	Tax	各省税收除以人数，再取对数
财政赤字比例	Lev	（财务支出 – 财务收入）/财务收入

5.3.1.3 实证结果分析

（1）描述性统计。

使用 STATA 对数据进行统计描述，结果如表 5 - 88 所示。各省地方政府的财务信息披露质量平均值为 25.40，最小值 14.00，最大值 77.70，标准差为 10.34，说明各省政府财务信息披露质量差别比较明显。各省省长年龄的平均值为 57.75，最小值 35，最大值 66，标准差为 5.55，说明省长年龄之间差别不大，这也与我国对于省长年龄的要求符合。城镇化比例的最小值为 29.88，最大值 89.31，标准差为 13.75，说明地区城镇化差异各省之间较大。地区老龄化比例的平均值为 8.98，标准差为 1.64，最小值 5.47，最大值 14.08。地区人均 GDP 的最小值为 9.31，最大值为 11.42，标准差为 0.47，说明地区人均 GDP 的差异不大。财政赤字比例的差异尤其明显，最小值为 - 0.51，最大值为 5.74，差异非常明显。地区人均税收的标准差为 0.69，差别较小。地区电子化政务水平标准差为 15.49，差异较大。

表 5 - 88　　　　　　　　　　　　描述性统计

变量	变量代码	观测数	均值	标准差	最小值	最大值
政府财务信息披露质量	Transparency	120	25.40	10.34	14.00	77.70
创新氛围	CX	120	0.45	0.65	0.00	2.00
省长年龄	Age	120	57.76	5.55	35.00	66.00
任期	RQ	120	3.31	1.85	1.00	10.00
换届	HJ	120	0.17	0.37	0.00	1.00
电子政务化	ELE	120	50.03	15.49	14.42	82.20
城镇化人口比重(%)	Urban	120	52.59	13.75	29.88	89.31
老龄化程度(%)	Old	120	8.98	1.64	5.47	14.08
人均税收(log)	Tax	120	7.99	0.69	6.53	9.68
财政赤字比例	Lev	120	1.30	1.08	- 0.51	5.74

（2）相关性分析。

由表 5 - 89 的相关性分析可以看出，数据基本处于相关性较低的状态。赤字率与较多变量存在相关性，包括创新氛围，城镇化比率，电子政务化，税收四个变量。电子政务化与省长年龄，赤字率和创新氛围等因素有相关性。

表 5 - 89 内部因素相关性分析表

变量	Trans	age	HJ	CX	urban1	ELE	tax1	lev
Trans	1.000 0							
age	-0.172 5 *	1.000 0						
HJ	0.070 0	-0.164 4	1.000 0					
CX	-0.095 6	0.128 5	-0.036 0	1.000 0				
Urban	0.065 4	0.098 7	-0.081 9	0.295 7 *	1.000 0			
ELE	0.131 1	0.337 7 **	-0.012 9	0.338 4 **	0.478 9 **	1.000 0		
tax1	0.164 6 *	0.083 4	-0.040 1	0.328 3	0.852 4 **	0.406 3 **	1.000 0	
lev	-0.132 8	-0.149 1	0.040 1	-0.342 5 **	-0.627 1 **	-0.455 4 **	-0.589 1 **	1.000 0

（3）回归结果分析。

运用豪斯曼检验发现，本节适合使用随机效应模型，回归结果如表 5 - 90所示。

模型（1）中，地区省长年龄与政府财务信息披露质量显著负相关；电子政务化程度与政府财务信息披露质量显著正相关，这说明地区官员随着年龄的增长，越来越看重财务公开对其造成的负面影响。随着年龄增加晋升激励作用逐年减少，财务公开力度逐步降低。

模型（2）研究了官员特质对地区政府财务信息披露质量的影响情况。说明省长年龄、任期均对地区政府财务信息披露质量有显著影响。同时，任期具有一定程度的正相关性。作者认为，上任初期，政府官员会先了解情况，不会大量公布财务信息。随着任期的延长，为体现上级调派的正确性，官员会加大任职省份的财务信息公开力度，为政治晋升加分。换届并没有特别明显的影响，这可能是由于研究数据年限只有 4 年，而这 4 年中大部分区域地方官员更替过于频繁。

模型（3）是将所有的官员特质控制之后对剩下的内部因素做回归分析的结果。结果显示，区域电子政务化程度对政府财务信息披露质量有显著的正向影响，系数为 0.19（P < 0.1）。这主要是因为这一指标不仅体现出一个区域资源的经济发展程度，还能体现出一个区域政府的办公效率，而这些都与高透明度的财务体系密不可分。

模型（4）验证了整体资源潜质在控制官员特征的前提下对政府财务信息披露质量的影响。区域城市化程度和税收都与政府财务信息披露质量具有显著的正相关性，系数分别为 0.36（P < 0.05）和 7.65（P < 0.01）。

说明在只考虑资源的条件下，财务资源（税收）和区域经济发展水平呈现出了非常大的显著性。说明地区资源对地区政府财务信息披露质量具有很大的影响，是区域的重要财富。

模型（5）是控制了其他因素之后，只关注创新氛围这一指标对政府财务信息披露质量的影响结果。结果显示，地方政府创新奖和政府网站信息公开领先奖的总数量与区域政府财务信息披露质量之间并没有显著的关系，考虑到地方政府创新奖和政府网站信息公开领先奖在颁奖方式、考核指标、重要程度都有不同，用总奖项数量来侧面体现创新程度还是有失偏颇，同时，获得该奖项的省份只是少数省份（不到变量总数的1/3）。由此可以解释为何与政府财务信息披露质量还暂不存在显著的相关性。

模型（6）是在控制其他因素的前提下对政府赤字率进行回归分析，结果显示，政府赤字率越高即某种程度上绩效越差，政府财务信息披露质量越低，由于只设定了赤字率这一单一指标，在衡量政府执政绩效时并不是面面俱到，所以只产生了一定程度的显著性，系数为 - 0.165（P 值 0.149）。

表 5 - 90　　　　　　　　内部因素对地区财政透明度的影响

变量	Model(1)	Model(2)	Model(3)	Model(4)	Model(5)	Model(6)
Age	- 0.953 73 ***	- 0.390 38 **				
RQ	0.851 218	1.146 266 *				
HJ	2.863 665	3.632 296				
CX	- 1.726 99		- 2.57(0.180)		- 1.70(0.362)	
urban	0.085 72		0.29(0.201)	0.36(0.021) **		
ELE	0.224 345 **		0.19(0.071) *	0.051(0.15)		
Tax	- 0.768 84		6.23(0.243)	7.65(0.001) ***		
Lev	- 1.027 73		- 0.35(0.846)			- 0.1(0.149)
R^2	0.222 1	0.077 5	0.055 4	0.058 6	0.0091	0.017 6

5.3.1.4　小结

本节采用省级面板数据实证分析了创新驱动对政府财务信息披露质量的影响。研究发现，目前创新驱动对政府财务信息披露质量的促进作用还不明显。说明创新驱动还没有充分发挥作用，后续应该加强政府的创新驱动。

5.3.2 政府审计

政府财务信息公开是打造透明政府与公信政府的重要基础，是现代政府发展的内在需求，也是保障公民监督等权利的必要前提。政府的财务信息披露成为代理人和委托人之间沟通的桥梁，改善两者之间信息不对称的情况，公众从披露的信息中获得参与国家监督的动力，这样政府才能在公众的监督下更好地履行受托义务（邹晶，张涛，曹界国，2012）。

提高政府财务信息披露质量需要引入高效的监督机制，包括公众监督、媒体监督、人大监督、纪委监督和政府审计监督等。政府审计是提高政府财务信息披露的专门监督手段（秦荣生，2007）。

2013年6月，国务院总理李克强在视察审计署时表示，要进一步强化审计工作，念好权力监督的"紧箍咒"，促进廉洁政府建设。政府审计能提升政府财务信息披露质量。政府审计作为依法用权力监督制约权力的行为，是国家治理的重要组成部分（吴秋生，上官泽明，2015），也是提升政府财务信息披露质量的监督环节，对于提高政府财务信息披露质量起着很重要的促进和保证作用。另外，审计监督可以提高政府财务信息的真实性与透明度，满足的政府财务信息需求，从而更好地了解政府并进行监督。

目前，国内外学者对于政府审计和政府财务信息披露质量有一定的研究成果，但大部分停留在理论层面，相关的实证分析比较缺乏。本节基于2010~2013年30个省、直辖市和自治区的面板数据，对政府审计监督和政府财务信息披露质量进行实证研究，以期获得有益的经验证据。

5.3.2.1 文献综述与假设提出

在公共财务体制下，社会公众作为纳税人以税款的方式将自己的一部分财产交给政府，政府为社会公众提供无法由市场提供的公共产品，从而产生一种委托代理的关系，政府作为受托者，社会公众作为委托者和消费者，社会公众有权监督政府财务支出（黄溶冰，2015）。公共受托经济责任理论指出，政府作为受托管理公共经济资源的一方，有义务说明并履行披露资源管理计划、经营、财务等相关信息，公众作为监督方可以督促政府财务信息，但由于存在信息不对称，可能产生信息提供方的逆向选择或道德风险问题。激励与监督是解决信息不对称的有效措施，而政府审计通过鉴证职能可以对政府财务信息进行有效监督（谢柳芳，韩梅芳，2016）。提高政府财务信息质量的一个重要表现就是更全面、更详细的进行信息披露，增强政府财务信息公开的效果，提高财政透明度。

政府审计主要的审计对象是包括在政府部门在内的公共部门，且政府审计制度被写入宪法，使得政府审计具有法律上的独立性与权威性，使得政府审计成为有效监督财政透明度和提高政府财务信息披露中最需要的独立第三方（李江涛，刘雷，2014）。政府审计监督是一种日常性的持续监督，审计工作始终关注国家财务，最有条件发现财务资金违规使用的现象，审计人员拥有履行监督职能的专业能力和人员优势，并且审计机关独立于被审计单位，能够更公正客观的揭示问题（黄溶冰，赵谦，2015），政府审计监督对于提高政府财务信息披露质量有着非常积极的影响和先天优势。政府审计可以监督财政透明度相关政策的规范执行，可以为政府提供财务信息的真实可靠进行独立保证，也可以促进财政透明度相关政策规范的改善，促进相关内部控制的完善。所以，本节提出假设5－3－2－1：政府审计与政府财务信息披露质量正相关。

为了更好地履行监督职能，政府审计部门既要加大审计的投入力度，又要及时发现被审计单位存在的各种违规违纪使用资金的行为，还要根据权限做出处理处罚决定，并督促被审计单位及时进行改正。即政府审计监督能力的有效发挥取决于政府审计监督的投入力度、执行力度和报告力度。基于此，本节提出三个研究子假设：

假设5－3－2－1a：政府审计监督的投入力度对于提高政府财务信息披露质量有积极作用。

假设5－3－2－1b：政府审计监督的执行力度对于提高政府财务信息披露质量有积极作用。

假设5－3－2－1c：政府审计监督的报告力度对于提高政府财务信息披露质量有积极作用。

5.3.2.2　研究设计

（1）变量选择与样本来源。

本节选择了除西藏自治区外的30个省2011～2015年的数据作为研究样本。

基于数据的可获得性和以往文献，本节以财政透明度水平作为政府财务信息披露质量的替代指标。

政府审计监督。政府审计监督投入力度的衡量指标为被审计单位数，被审计单位数量越多，表明政府审计覆盖范围越宽，政府审计监督投入力度越大。政府审计监督执行力度的衡量指标为审计机关披露的违规金额，审计机关披露的违规金额越多，通常表明政府审计监督的执行力度越大。政府审计监督报告力度的衡量指标为审计提交报告数。政府审计的相关数据来自 2010～2014 年《中国审计年鉴》，并采用手工方法收集数据。由于西藏地区 2013 年的审计相关数据缺失，所以本节剔除了西藏自治区。

参考相关文献，控制变量包括地区人口规模、地区教育水平（每 10 万人口中高等学校在校生人数的自然对数）、贸易开放度（外商投资企业进出口总额（千美元）的自然对数）、城市化水平（地区城镇人口数的自然对数）。相关数据来源于国家统计局数据库相关指标统计资料。

表 5 - 91 说明了变量的相关定义、变量符号和相关代替指标。

表 5 - 91　　　　　　　　　　　　变量定义表

项目	变量名称	变量符号	变量定义
因变量	政府财务信息披露质量	PLZL	财政透明度指数
自变量	政府审计监督的投入力度	SJTR	Ln（被审计单位数）
	政府审计监督的执行力度	SJZX	Ln（违规金额）
	政府审计监督的报告力度	SJBG	Ln（审计提交报告数）
控制变量	人口规模	RKGM	Ln（地区人口总数）
	教育水平	JYSP	每 10 万人口中高等学校在校生人数的自然对数
	贸易开放程度	MYKF	外商投资企业进出口总额的自然对数
	城市化水平	CSH	地区城镇人口数的自然对数

（2）模型设定。

由于政府审计监督包括投入力度、执行力度和报告力度三个方面，分别构建三个模型，分析政府审计监督对政府财务信息披露质量的影响。

模型一：$PLZL = \alpha_0 + \beta_1 SJTR + \beta_2 RKGM + \beta_3 JYSP + \beta_4 MYKF + \beta_5 CSH + \varepsilon$

模型二：$PLZL = \alpha_0 + \beta_1 SJZX + \beta_2 RKGM + \beta_3 JYSP + \beta_4 MYKF + \beta_5 CSH + \varepsilon$

模型三：$PLZL = \alpha_0 + \beta_1 SJBG + \beta_2 RKGM + \beta_3 JYSP + \beta_4 MYKF + \beta_5 CSH + \varepsilon$

5.3.2.3　实证结果分析

（1）描述性统计。

由表 5 - 92 可知，PLZL 的均值为 31.414，最小值为 14，最大值为 77.7，标准差为 12.403，这说明省级政府财务信息披露质量整体水平不高，且各省市之间的差异较大。SJTR 转换为原始值后，最大为 13895，最小为 410，这说明各个地区被审计单位数的差异非常大，可能受地区大小影响，也有可能受审计监督力度的影响。SJZX 的均值为 13.613，标准差为 1.343，最小值为 29.248，最大值为 16.505，说明政府审计监督执行力度差异较大。SJBG 转换为原始值后，最大为 25723，最小为 658，说明各地区审计提出报告数也存在很大的差异。

表 5 - 92   描述性统计

变量名	样本数	均值	标准差	最小值	最大值
PLZL	120	31.414	12.403	14.000	77.700
SJTR	120	8.263	0.874	6.016	9.539
SJZX	120	13.613	1.343	9.248	16.505
SJBG	120	8.861	0.863	6.489	10.155
RKGM	120	8.181	0.743	6.333	9.273
JYSP	120	7.736	0.333	6.987	9.272
MYKF	120	7.533	0.745	5.529	8.884
CSH	120	15.303	2.406	9.898	19.274

（2）相关性分析。

表 5 - 93 主要列示了主要变量之间的 Pearson 相关系数。由该表可以看出，SJTR 与 PLZL 之间是负相关关系，这说明被审计单位数越多，政府财务信息披露质量越差，和预测的不一致，可能是由于政府部门财务信息披露质量差的现象比较普遍，所以政府审计监督的单位数越多，发现的政府财务信息披露的问题越多，政府财务信息披露质量才会更差。SJZX 和 PLZL 在 5% 水平上呈正相关关系，政府审计查出的违规金额越多，说明政府审计监督的执行力度越大，对政府财务信息披露质量的促进作用越大，验证了本节假设 5 - 3 - 2 - 1b。SJZX 和 PLZL 之间虽存在正相关关系，但是系数过低，相关关系并不是很显著。

表 5 - 93   相关性分析

变量	PLZL	SJTR	SJZX	SJBG	PKGM	JYSP	MYKF
PLZL	1.000						
SJTR	-0.036	1.000					
SJZX	0.213 **	0.655 *	1.000				
SJBG	0.032	0.932 *	0.620 *	1.000			

变量	PLZL	SJTR	SJZX	SJBG	PKGM	JYSP	MYKF
RKGM	0.173*	0.776*	0.605*	0.828*	1.000		
JYSP	0.045	-0.323*	-0.011	-0.261*	0.008	1.000	
MYKF	0.038	0.602	0.515*	0.677*	0.952*	0.246*	1.000
CSH	0.048	-0.049	0.067	0.068	0.446	0.618*	0.656*

（3）回归结果分析。

表 5-94 为多元回归模型结果，SJZX 和 PLZL 在 5% 水平上呈正相关关系，说明违规金额披露数量越大，国家审计执行力度越大，政府财务信息披露质量会越高，在这个回归模型中，控制变量 RKGM 在 5% 的水平上和 PLZL 负相关，这说明，地区规模越小，查处的违规金额越多，政府审计监督的执行力越大，政府财务信息披露程度越高。同时，控制变量 MYKF 在 10% 的水平下和政府财务信息披露质量正相关，说明对外贸易投资的力度越大，违规金额查处的金额越大，政府财务信息披露程度越高，由此验证了假设 5-3-2-1b。SJTR 和 PLZL 之间也不存在显著的回归关系，说明政府审计监督投入并不能很有效地提高政府财务信息披露质量。另外，SJBG 和 PLZL 之间并不存在显著的相关关系，这说明政府审计监督提出的审计意见条数越多不一定能提高政府财务信息披露质量，可能的原因是虽然政府审计提出了建议，但是相应需要整改的政府部门并没有做出相应的调整，所以两者的相关性不明显。

表 5-94　　　　　　　　　多元回归分析

变量	模型一	模型二	模型三
SJTR	-0.271		
SJZX		2.359**	
SJBG			2.683
RKGM	-12.942	-20.408**	-15.150
JYSP	-3.241	-6.870	-3.376
MYKF	15.076	11.058*	16.249
CSH	-0.759	-0.374	-0.696

5.3.2.4 小结

本节采用30个省份的面板数据，分析政府审计监督对政府财务信息披露质量的影响。实证结果发现，政府审计监督的执行力度有利于提升政府提高财务信息披露质量，而政府监督的投入力度和报告力度却没有起到提高政府财务信息披露质量。这说明，政府审计监督仅仅停留在督促方面并不能起到作用，需要提高相应的处罚和惩戒力度才能引起政府部门的重视，改进自身政府财务信息披露质量。政府审计监督的鉴证职能，通常会对审计的政府财务报告出具审计报告，审计报告通常会对政府财务信息披露问题提出具体的建议，并且应该加大罚款和惩治力度，不能做"纸老虎"，让政府觉得有恃无恐，应该加大政府审计监督的执行力度，而不能仅仅停留在监督而不纠正的功能上。

5.3.3 政府竞争

5.3.3.1 文献综述与假设提出

财政是国家治理的基础与重要支柱，政府财务信息披露质量是提升和改善政府治理能力的重要保证，财政透明建设是完善国家治理体系的重要前提与保证。因此，很多学者关注对政府财务信息披露质量的研究，从不同的角度研究政府财务信息披露质量的影响因素。

刁伟涛（2016）运用空间面板模型实证研究了在考虑经济增长的空间关联性后，中国地方政府债务对于经济增长仍是有促进作用的，但是其空间溢出效应不明显。马大来和陈仲常（2015）发现，中国的银行竞争结构不仅主要存在着空间依赖性的特征，同时也有空间异质性的表现。张蕊和朱建军（2016）研究发现，中央调任官员有利于提升地方财政透明度；地方官员任期越短，年龄越小，财政透明度越高。王永莉和梁城城（2015）实证分析了经济环境和社会环境对我国财政透明度的影响，研究发现经济增长显著正向影响财政透明度，财政自给率、财政支出分权和非税收入比重都显著负向影响财政透明度；失业率与城乡收入差距显著负向影响财政透明度；网络普及率、城镇化水平显著正向影响财政透明度。黄寿峰和郑国梁（2015）提出财政透明度的提高能够抑制腐败，但目前作用相对有限，贸易开放度、民营化、公务人员工资及政府规模对腐败有显著负影响，教育水平和经济发展水平对腐败没有影响；辛兵海和张志超（2014）提出我国资源依赖程度较高的城市，具有较低的财政透明度。肖鹏和阎川（2013）发现，财政透明度与受高等教育比例、地区网民比例、人均

GDP、人均 FDI 正相关；并且财政赤字越小，财政透明度越高。张鼎祖和刘爱东（2015）实证发现，我国地方审计机关效率存在空间依赖；制度环境越完善的地区，地方审计机关纯技术效率越低；地方政府间竞争越激烈，地方审计机关效率越低。李燕、陈金皇（2018）通过空间计量模型实证分析了省级政府竞争对省级政府财政透明度的影响。

（1）政府财务信息披露质量存在空间依赖。

空间计量经济学理论认为，空间依赖（spatial dependence）是指由于空间位置的亲缘关系而使空间单元在某一属性的观察值之间存在相互依赖关系。张伟丽（2014）实证分析了中国经济增长具有区域经济增长趋同的特点。刘畅（2012）研究发现，经济增长与空间集聚是不可分离的统一体。王永莉和梁城城（2015）研究发现，经济增长对财政透明度有显著的正影响。根据第三章政府财务信息披露质量的空间地图可知，政府财务信息披露质量存在空间相关性。由此提出假设 5－3－4－1：政府财务信息披露质量存在空间相关性。

（2）政府竞争与政府财务信息披露质量。

段龙龙和胡春（2015）发现，随着地方政府收入型分权与自主型分权的渐进式增长，分权引发的晋升锦标赛通过强化财政竞争行为助长了地方官员腐败。刘亚平（2006）发现，分权化改革并未带来地方政府间竞争，而是改变了地方政府竞争时争夺稀缺资源的方式，这种竞争不利于政府财务信息披露质量的提升。因此提出假设 5－3－3－2：政府竞争负向影响财政透明度。

5.3.3.2 研究设计

（1）模型说明。

由第三章可知，政府财务信息披露质量存在空间相关性。所以，考虑政府竞争对政府财务信息披露质量的影响时，需要采用空间计量模型进行回归。首先不考虑空间因素，使用 OLS 模型回归，然后建立空间滞后模型（SAR）和空间误差模型（SEM）。

（2）变量说明。

政府财务信息披露质量（FT）。根据上海财经大学《中国财政透明度报告》整理出来，用 Ft 表示。

政府竞争（GovComp）。省级政府竞争是指各省政府，为了更好地提供公共服务和吸引外资而在多方面开展的竞争。财政分权是指中央政府赋予地方政府在债务安排、税收管理和预算执行方面一定的自主权。很多学者认为，财政分权在一定程度上会加剧地方政府间的竞争。借鉴 Xieetal.

(1999)，陈晓玲与李小庆（2013）的做法，采用地方财政支出占全国财政支出的比重衡量政府竞争，预期符号为负。

控制变量。根据已有文献，选取以下控制变量，并且运用逐步回归法，剔除了一些具有多重共线性的控制变量，最后剩余下面9个控制变量。①地方财政收入（FinancialIncome）：地方财政统计总收入越高，意味着公共资金的量越大，越容易出现违规现象，进而政府官员有更大的动机降低地方政府财务信息披露质量，预期符号为负。②出生率（BirthRate）：出生率越高的省市，一定程度上人口密度越高，会有更多的人监督政府的各种行为，一定程度上会改善政府的政治行动能力，使得地方政府违规操作的概率降低，进而官员也就不必通过降低政府财务信息披露质量掩盖一些违规操作，最终提升政府财务信息披露质量，所以预期符号为正。③地区生产总值（GGDP）。地区生产总值高，一般认为此指标可以衡量地区的经济发展状况，所以GGDP越高的地区，政府财务信息披露质量越高，预期符号为正。④地级市数（PrefectureLevelCity）：地级市是我国第二级行政区划之一，因其行政建制级别与地区相同，进入21世纪以来地级市已逐渐取代地区成为地级行政区的主体。地级市多的省，涉及的层层报的更多，尤其是一些离省会远的城市，管理起来会花费更多的人力，因此可能会导致政府财务信息披露质量比较低。⑤政府规模（Governmentsize）：用地区财政支出除以地区生产总值来衡量。政府规模越大，公共资金越多，越容易违规，进而政府官员有更大的动机降低地方财政透明度，预期符号为负。⑥外商投资总额（TotInvestOfForeign）：外商通常选择更为透明的地方进行投资，促使地方政府提高其透明度，因此预期符号为正。⑦国有单位平均工资（AvgWageSO）：根据激励的公平理论，工资水平低的地方政府官员更可能通过一些腐败或者暗箱操作降低财政透明度，所以预期符号为正。⑧居民受教育程度（EduLevel Of Residents）：用各个省市每10万人口高等学校平均在校生数（人）来衡量，预期符号为正。⑨制度环境（Institution），是指一系列与政治、经济和文化有关的法律、法规和习俗，即为人们在长期交往中自发形成并被人们无意识接受的行为规范。采用樊纲等提供的"地区市场化进程指数"（张鸣等，2012）。该指标越高，说明地方政府所处的制度环境越好，但制度环境对政府财务信息披露质量具有促进和抑制双效应，所以预期符号待定。

表 5 -95 变量及定义

变量类型	变量描述	名称	变量定义
因变量	政府财务信息披露质量	FT	财政透明度指数
自变量	政府竞争	GovComp	地方财政支出/全国财政支出
控制变量	地方财政收入	FinancialIncome	地方财政收入的自然对数
	出生率	BirthRate	各个省市的出生率
	地区生产总值	GGDP	地区生产总值的自然对数
	地级市数	PrefectureLevelCity	各省的地级市数(4 个直辖市的地级市个数取 1)
	政府规模	Governmentsize	地区财政支出/地区生产总值
	外商投资总额	TotInvest of Foreign	外商投资企业投资总额的自然对数
	国有单位平均工资	AvgWageSO	国有单位平均工资的自然对数
	居民受教育程度	EduLevel of Residents	各个省市每 10 万人口高等学校平均在校生数(人)来描述居民受教育程度,并取对数
	制度环境	Institution	樊纲等提供的"地区市场化进程指数"

(3) 样本选择和数据来源。

本节以 2006 ~ 2014 为考察期间,选择 31 个省级政府为样本,财政透明度数据来源于 2009 ~ 2016 年上海财经大学《中国财政透明度报告》,制度环境数据来自樊纲等提供的"地区市场化进程指数",其他数据均来自《中国统计年鉴》。

5.3.3.3 实证结果分析

(1) 描述性统计及相关性分析。

如表 5 - 96 所示,在描述性统计分析中,在样本期间内,一些省份的财政透明度达到 60 分以上,最高分是海南省 2011 年的得分 77.7 分;而一些省市的财政透明度极低,最低分为 0.06,是内蒙古自治区 2010 年的得分。可见各个省市的地方财政透明度的差异之大。另外,两个解释变量:制度环境和政府间竞争的指标,各个省市的差异也不小,两个指标的变异系数分别是 2.93 和 2.07,反映出各个省市所处的制度环境和政府间竞争是非常不平衡的。

表 5 - 96　　　　　　　　　　　　描述性统计表

Variable	Mean	median	std	min	max	cv	obs
FT	26.33	23.36	15.78	0.06	77.70	1.67	217
Institution	6.35	6.27	2.17	0.00	11.80	2.93	217
GovComp	2.68	2.50	1.29	0.50	6.10	2.07	217
FinancialIncome	7.00	7.17	1.05	3.21	9.00	6.64	217
BirthRate	11.35	11.52	2.60	5.36	16.44	4.36	217
FinancialIncomePer	10.42	10.42	0.51	9.09	11.56	20.44	217
PrefectureLevelCity	9.30	11.00	5.79	1.00	21.00	1.61	217
Governmentsize	0.25	0.21	0.19	0.09	1.29	1.31	217
TotInvest of Foreign	10.51	10.51	1.51	6.28	13.48	6.94	217
AvgWageSO	10.65	10.66	0.33	9.96	11.54	32.31	217
EduLevel of Residents	7.71	7.68	0.35	6.88	8.82	21.76	217

如表 5 - 97 所示，制度环境与财政透明度的相关性为正；政府间竞争与财政透明度的相关性为正，与预期不符，可能是由于相关系数只是两个变量的关系，没有控制其他变量所致。

（2）OLS 回归。

表 5 - 97 对面板数据进行了 OLS 回归，即不考虑空间效应对地方政府财务信息披露质量的影响时，制度环境的系数在 1% 的水平上显著为正，而政府间竞争的系数小于 1% 的水平上显著为负，因此得出制度环境越完善的地区，地方政府财务信息披露质量越高。地方政府间竞争越激烈，地方政府财务信息披露质量越低。而且由表 5 - 98 可得 $R^2 = 0.83$ 以及调整后的 $R^2 = 0.822$ 均接近于 1，说明 OLS 模型拟合效果很好。也可以从表 5 - 97 得出，财政收入越高的省，政府财务信息披露质量越高，出生率越高的省，政府财务信息披露质量越高；外商总投资越多的省，政府财务信息披露质量越低；政府规模越大，政府财务信息披露质量越高。

表 5 – 97

相关系数矩阵表

变量	FT	Institution	GovComp	FinancialIncome	BirthRate	FinancialIncomePer	PrefectureLevelCity	Governmentsize	TotInvestOfForeign	AvgWageSO	EduLevelOfResidents
FT	1.00	0.05	0.04	0.27	0.07	0.33	0.04	-0.03	0.13	0.35	0.11
Institution	0.05	1.00	0.62	0.72	-0.52	0.52	0.28	-0.75	0.87	0.26	0.58
GovComp	0.04	0.62	1.00	0.82	-0.38	0.37	0.68	-0.52	0.75	0.23	0.25
FinancialIncome	0.27	0.72	0.82	1.00	-0.51	0.66	0.47	-0.71	0.88	0.45	0.54
BirthRate	0.07	-0.52	-0.38	-0.51	1.00	-0.52	-0.13	0.46	-0.54	-0.20	-0.68
FinancialIncomePer	0.33	0.52	0.37	0.66	-0.52	1.00	-0.10	-0.32	0.67	0.81	0.72
PrefectureLevelCity	0.04	0.28	0.68	0.47	-0.13	-0.10	1.00	-0.44	0.37	-0.24	-0.11
Governmentsize	-0.03	-0.75	-0.52	-0.71	0.46	-0.32	-0.44	1.00	-0.72	0.08	-0.41
TotInvest of Foreign	0.13	0.87	0.75	0.88	-0.54	0.67	0.37	-0.72	1.00	0.40	0.61
AvgWageSO	0.35	0.26	0.23	0.45	-0.20	0.81	-0.24	0.08	0.40	1.00	0.47
EduLevel of Residents	0.11	0.58	0.25	0.54	-0.68	0.72	-0.11	-0.41	0.61	0.47	1.00

表5-98   OLS 回归系数表

coef	std	err	t	P > ltl	[0.025	0.975]
Institution	3.11	1.01	3.08	0.002 0	1.12	5.10
GovComp	-10.97	1.81	-6.06	0.000 0	-14.53	-7.40
FinancialIncome	21.73	2.71	8.02	0.000 0	16.39	27.08
BirthRate	1.53	0.49	3.12	0.002 0	0.56	2.50
FinancialIncomePer	22.60	4.77	4.74	0.000 0	13.20	32.00
PrefectureLevelCity	0.74	0.25	3.00	0.003 0	0.26	1.23
Governmentsize	53.26	11.05	4.82	0.000 0	31.48	75.05
TotInvest of Foreign	-5.09	1.91	-2.67	0.008 0	-8.86	-1.33
AvgWageSO	-22.64	5.48	-4.14	0.000 0	-33.44	-11.85
EduLevel of Residents	-12.31	3.89	-3.16	0.002 0	-19.98	-4.64

表5-99   OLS 回归系数检验表

Omnibus	12.707	R - squared	0.83
Prob(Omnibus)	0.002 000	Adj. R - squared	0.822
Jarque - Bera(JB)	13.952 000	F - statistic	101.4
Prob(JB)	0.000 934	Prob(F - statistic)	4.21E-74
Durbin - Watson	1.390 000		

（3）SAR 回归。

空间相关性表现出的空间效应可以用不同的模型来刻画。由表5-101 中 LM 的 P 值得出在 10% 的水平下显著，因此认为 SAR 空间模型成立。由表5-100 可知，制度环境的系数为正，但是 P 值很大，所以影响不显著，说明在考虑空间因素（SAR 模型）后，制度环境对地方政府财务信息披露质量的影响不大；而地方政府间竞争的系数为负且在 1% 的水平下显著，说明在考虑空间因素（SAR 模型）后，地方政府间竞争越激烈，地方政府财务信息披露质量越低这个结论仍然成立。在 SAR 模型下，财政收入越高的省，政府财务信息披露质量越高；出生率越高的省，政府财务信息披露质量越高；外商总投资越多的省，政府财务信息披露质量越低；政府规模越大的省，政府财务信息披露质量越高。

表 5 – 100   SAR 回归系数表

变量	Estimate	Std. Error	z value	Pr(> |z|)
(Intercept)	0.04	3.47	0.01	0.991 6
Institution	1.38	1.30	1.07	0.286 6
GovComp	−5.76	1.84	−3.13	0.001 7
FinancialIncome	13.81	3.69	3.74	0.000 2
BirthRate	1.69	0.40	4.27	0.000 0
FinancialIncomePer	22.82	4.24	5.39	0.000 0
PrefectureLevelCity	0.66	0.22	3.04	0.002 3
Governmentsize	37.37	12.58	2.97	0.003 0
TotInvest of Foreign	−3.80	2.16	−1.76	0.078 3
AvgWageSO	−24.49	5.03	−4.87	0.000 0
EduLevel of Residents	−2.98	3.36	−0.89	0.374 7

表 5 – 101   SAR 回归系数检验表

LR test value	8.385 300 00	Asymptotic standard error	0.152 1 700
LR p – value	0.003 782 70	z – value	−3.394 400
Wald statistic	11.522 000 00	ML residual variance	12.045 000
Wald p – value	0.000 687 75	Rho	−0.516 530
LM test value	3.053 800 00	LM p – value	0.080 546

（4）SEM 回归。

由表 5 – 103 中 LR 的 P 值得出在 1% 的水平下显著，因此认为 SEM 空间误差模型成立，由表 5 – 102 制度环境的系数为负，但是 P 值很大，所以影响不显著，说明在考虑空间因素（SEM 模型）后，制度环境对地方财政透明度的影响不大；而地方政府间竞争的系数为负且在 5% 的水平下显著，说明在考虑空间因素（SEM 模型）后，地方政府间竞争越激烈，财政透明度越低这个结论仍然成立。

也可以从表 5 – 102 得出，在 SEM 模型下，财政收入越高的省，财政透明度越高；出生率越高的省，财政透明度越高；政府规模越大的省，财政透明度越高；外商总投资越多的省，财政透明度越高。

对于均考虑空间因素的 SAR 模型和 SEM 模型，由于后者的 P 值更小，认为 SEM 模型更显著，所以本书最终应选择 SEM 的空间计量模型来研究地方政府竞争与财政透明度的关系。

表 5 - 102   SEM 回归系数表

变量	Estimate	Std. Error	z value	Pr(> |z|)
（Intercept）	0. 30	2. 84	0. 11	0. 914 9
Institution	- 0. 54	1. 01	- 0. 53	0. 593 7
GovComp	- 3. 49	1. 59	- 2. 20	0. 028 1
FinancialIncome	4. 80	2. 96	1. 62	0. 105 0
BirthRate	1. 45	0. 24	5. 98	0. 000 0
FinancialIncomePer	18. 13	2. 62	6. 93	0. 000 0
PrefectureLevelCity	0. 40	0. 17	2. 36	0. 018 2
Governmentsize	12. 92	11. 41	1. 13	0. 257 4
TotInvest of Foreign	0. 69	1. 54	0. 45	0. 656 1
AvgWageSO	- 16. 11	3. 58	- 4. 50	0. 000 0
EduLevel of Residents	- 5. 63	2. 52	- 2. 23	0. 025 7

表 5 - 103   SEM 回归系数检验表

LR test value	12. 202	Asymptotic standard error	0. 182 82
LR p - value	0. 000 477 34	z - value	- 6. 745 50
Wald statistic	45. 502	ML residual variance	8. 095 20
Wald p - value	1. 53E - 11	Lambda	- 1. 233 20

（5）稳健性检验。

政府竞争的指标替换。政府竞争改用外商投资总额替代。由于政府竞争的一个重要方面是吸引外资，因此很多文献用外商直接投资来衡量地方政府竞争。替换政府竞争指标重新回归，主要结论均不变（如表 5 - 104所示）。

表 5 – 104　　　　　　　　　　稳健性检验回归系数表

coef	std	err	t	P > |t|	[0.025	0.975]
Institution	1.34	1.05	1.28	0.202 0	− 0.72	3.40
TotInvestOfForeign	− 6.73	2.05	− 3.29	0.001 0	− 10.76	− 2.70
FinancialIncome	12.28	2.40	5.12	0.000 0	7.55	17.01
BirthRate	1.74	0.53	3.28	0.001 0	0.70	2.79
FinancialIncomePer	22.76	5.16	4.41	0.000 0	12.58	32.94
PrefectureLevelCity	− 0.15	0.22	− 0.67	0.504 0	− 0.57	0.28
Governmentsize	21.64	10.55	2.05	0.041 0	0.85	42.43
AvgWageSO	− 19.25	5.90	− 3.26	0.001 0	− 30.88	− 7.62
EduLevel of Residents	− 6.93	4.10	− 1.69	0.093 0	− 15.01	1.16

表 5 – 105　　　　　　　　　　稳健性检验回归系数检验表

Omnibus	15.796	R – squared	0.8
Prob(Omnibus)	0.000 000	Adj. R – squared	0.792
Jarque – Bera(JB)	18.202 000	F – statistic	92.67
Prob(JB)	0.000 112	Prob(F – statistic)	8.14E − 68
Durbin – Watson	1.245 000		

　　缩小样本量,以 2009 年为界限,将样本量分为 2004~2009 年和 2010~2014 年,分别回归检验前面的假设,主要结论均不变。

5.3.3.4　小结

　　本节以 2006~2014 年 31 个省级政府为样本,运用空间计量模型实证检验了政府竞争对地方政府财务信息披露质量的影响,研究发现,地方政府财务信息披露质量存在空间依赖;地方政府间竞争越高,会损害地方政府财务信息披露质量。

5.3.4　政府规模

5.3.4.1　文献综述与假设提出

　　政府规模大小会产生多种后果,已有文献分析了政府规模对多个方面的影响:产业结构(佟孟华等,2018)、经济增长(潘凤,2018;张宽等，2018；丁娇，2016；李银秀，2015；安娜，2015；张勇、古明明，2014；黄险峰、傅书勇，2014）、腐败（邓雪琳、孙宗峰，2018；罗也驰等，2015）、企业家精神（刘生龙、龚锋，2017）、公共服务成本效益（龚璞、杨永恒，2017）、工业企业资本效率（石先进、赵惠，2017）、资源配置效率（朱荟、张天华，2016）、居民幸福感（陈工等，2016）、技术进步（任为，2015）等，其中研究政府规模对经济增长影响的文献最多。

目前没有专门研究政府规模与政府财务信息披露质量关系的文献，大多在分析政府财务信息披露质量的影响因素的文献中，将政府规模作为控制变量。何玉与唐清亮（2011）及何玉与王开田（2012）均实证分析发现，政府规模与政府财务信息披露质量显著正相关。[1][2] 何玉、杜威（2012）通过地级市数据的实证分析发现，政府规模对政府财务透明度的影响结论因政府财务透明度的衡量指标不同而呈现不同的影响：不显著正相关、显著正相关、不显著负相关。[3] 刘子怡、陈志斌（2016）通过2006～2012年省级面板数据实证分析发现，政府规模与政府会计信息披露的关系结论随政府会计信息披露指标的变化而变化：不显著正相关、显著正相关、不显著负相关。[4] 张曾莲、王卓（2017）通过2009～2013年的省级面板数据分析发现政府规模与政府财务信息披露质量不显著负相关。[5]从这些文献可知，目前对政府规模影响政府财务信息披露质量的结论并不一致，可能的解释是政府规模对政府财务信息披露质量的影响是非线性的，已有文献样本分别处于非线性的不同区间，导致结论的不同。由此提出假设 5 - 3 - 4 - 1：政府规模对政府财务信息披露质量的影响是非线性的。

由第三章可知，政府财务信息披露质量存在空间相关性，作者认为，考虑该空间相关性后，政府规模对政府财务信息披露质量的影响仍然是非线性的，这是本节的假设 5 - 3 - 4 - 2。

① 何玉，唐清亮. 中国地方政府财务信息网络披露影响因素分析 [J]. 重庆工商大学学报（社科版），2011 (5).

② 何玉，王开田. 政府财务信息网络披露：评价模型与影响因素 [J]. 财经理论与实践，2012 (1).

③ 何玉，杜威. 中国地方政府财务透明度影响因素研究 [J]. 南方经济，2012 (8).

④ 刘子怡，陈志斌. 市场环境、晋升激励与政府会计信息披露 [J]. 财务研究，2016 (1).

⑤ 张曾莲，王卓. 政府财务信息披露质量提升的影响研究 [J]. 地方财政研究，2017 (7).

5.3.4.2　研究设计

（1）变量定义。

因变量：政府财务信息披露质量（Grade）。仍然为上海财经大学发布的财政透明度指数。

自变量：政府规模（ZFGM）。采用该省年末人口/该省面积的对数来反映。

控制变量。结合已有文献，本节选取财政赤字、财政分权、资源依赖、对外开放、经济条件、城镇化、产业结构、人口规模、经济增长作为控制变量。

（2）普通非线性面板回归模型设计。

普通非线性面板模型中政府财务信息披露质量 $= \alpha + \beta_1$ 政府规模 $+ \beta_2$ 政府规模$^2 + \beta_3$ 产业结构 $+ \beta_4$ 财政分权 $+ \beta_5$ 资源依赖 $+ \beta_6$ 对外开放 $+ \beta_7$ 经济增长 $+ \beta_8$ 城镇化 $+ \beta_9$ 人口规模 β_{10} 经济条件　　　　　　（5－3－4－1）

（3）样本与数据。

本节的研究对象是 2010~2014 年除港澳台外的 31 个省级政府。政府财务信息披露质量数据来自 2012~2016 年的《中国财政透明度报告》，其他数据来自《中国统计年鉴》、各省年鉴等。

5.3.4.3　实证结果分析

（1）描述性统计。

由表 5-106 可知，政府规模的均值为 2.394，标准差为 0.513，说明各省的政府规模存在一定的差异。其他变量的情况与前述章节类似，不再赘述。

表 5-106　　　　　　　　　　描述性统计

变量	观测值	均值	标准差	最小值	最大值
Grade	155	31.835	12.601	10.670 0	77.700
zfgm	155	2.394	0.513	-0.385 0	3.356
zfcz	155	1.006	0.776	0.074 0	3.921
zffq	155	0.555	0.205	0.069 0	0.931
zyyl	155	0.042	0.034	0.000 7	0.121
wstz	155	0.389	0.297	0.000 0	1.199
pgdp	155	5.069	0.626	2.756 0	6.075
czhl	155	0.422	0.246	0.167 0	1.000
cyjg	155	0.529	0.096	0.282 0	0.784

变量	观测值	均值	标准差	最小值	最大值
xqrk	155	3.402	0.544	1.736 0	4.040
ggdp	155	10.927	5.351	2.700 0	54.570

由图 5 - 27 左侧可知，政府规模与政府财务信息披露质量总体呈负相关关系；从图 5 - 27 右侧可知，政府规模与政府财务信息披露质量的非线性拟合呈略微的倒 "U" 型关系。

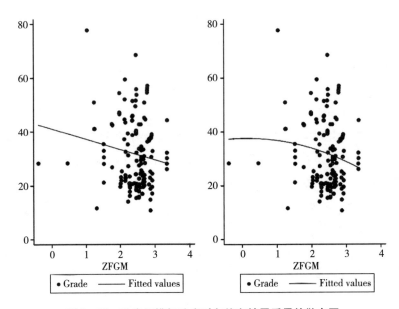

图 5 - 27　政府规模与政府财务信息披露质量的散点图

（2）相关性分析。

由表 5 - 107 的相关性分析可知，各解释变量与因变量存在一定的相关性，可以进行回归；各解释变量之间相关系数全部不足 0.5，说明不存在严重的共线性问题。

（3）静态面板与动态面板的回归结果分析。

首先进行静态面板回归的模型选择。由表 5 - 108 可知，不管是否考虑政府规模的平方项，由 P 值分别为 0.007 9 和 0.000 5 可知，均应选择固定效应模型。

表 5-107

相关性分析

变量	grade	zfgm	zfcz	zffq	zyyl	wstz	pgdp	czhl	cyjg	xprk	ggdp
grade	1.000 0										
zfgm	-0.157 1	1.000 0									
zfcz	-0.161 8	-0.360 9	1.000 0								
zffq	0.113 2	0.492 0	-0.857 0	1.000 0							
zyyl	0.106 9	-0.192 9	0.141 9	-0.267 4	1.000 0						
wstz	-0.118 3	0.239 1	-0.503 3	0.448 4	-0.386 2	1.000 0					
pgdp	0.074 6	0.285 3	-0.229 6	0.148 8	0.017 2	-0.012 1	1.000 0				
czhl	0.164 8	-0.003 4	-0.364 0	0.528 6	-0.216 7	0.358 7	-0.313 2	1.000 0			
cyjg	-0.033 6	-0.296 7	0.306 3	-0.310 0	0.031 9	-0.149 4	-0.218 4	0.325 0	1.000 0		
xqpk	-0.077 4	0.498 2	-0.220 6	0.135 3	0.089 6	0.007 7	0.523 8	-0.628 8	-0.430 6	1.000 0	
ggdp	-0.221 0	-0.126 1	0.422 4	-0.261 9	-0.049 8	-0.123 0	-0.417 8	0.025 4	0.155 8	-0.352 2	1.000 0

表 5 - 108　　　　　　　　　　　　霍斯曼检验

变量	无平方项		有平方项	
	fe	re	fe	re
zfgm	1. 737	- 2. 088	34. 997	29. 553
zfgm^2			- 12. 609	- 10. 663
zfcz	- 6. 208	- 6. 236	- 6. 880	- 6. 398
zffq	- 72. 991	- 41. 616	- 71. 394	- 41. 415
zyyl	- 163. 407	- 65. 305	- 167. 296	- 107. 711
wstz	2. 884	- 9. 166	4. 196	- 4. 111
pgdp	- 0. 142	1. 782	- 0. 191	0. 855
czhl	155. 536	38. 999	166. 869	61. 334
cyjg	6. 356	- 13. 737	11. 887	- 13. 548
xqrk	78. 39	8. 879	68. 407	18. 927
pgdp	- 0. 189	- 0. 114	- 0. 195	- 0. 097
Prob > chi2	0. 007 9		0. 000 5	

由表 5 - 109 可知，由模型（1）和模型（2）可知，政府规模与政府财务信息披露质量均不显著正相关；由模型（3）和模型（4）可知，政府规模的一次项与政府财务信息披露质量显著正相关，政府规模的二次项与政府财务信息披露质量显著负相关，说明两者呈倒"U"型关系，这与图 5 - 27 右侧保持一致。采用动态面板 GMM 模型后，由模型（5）和模型（6）可知，政府财务信息披露质量的滞后项仍然与政府财务信息披露质量显著负相关；不考虑平方项时，政府规模与政府财务信息披露质量不显著负相关；考虑平方项时，政府规模的一次项与政府财务信息披露质量显著正相关，政府规模的二次项与政府财务信息披露质量显著负相关，仍然证明政府规模与政府财务信息披露质量的倒"U"型关系。

表5-109

静态与动态面板的回归结果分析

变量	静态面板				动态面板	
	固定效应 模型(1)	考虑异方差的固定效应 模型(2)	固定效应 模型(3)	考虑异方差的固定效应 模型(4)	GMM 模型(5)	GMM 模型(6)
政府财务信息披露质量的滞后项					-0.441*** (0.001)	-0.421*** (0.000)
政府规模	1.737 (0.582)	1.737 (0.146)	34.997*** (0.000)	34.997*** (0.000)	-7.788 (0.166)	159.027*** (0.000)
政府规模的平方			-12.609*** (0.000)	-12.609*** (0.000)		-47.804*** (0.000)
财政赤字	-6.208 (0.237)	-6.208 (0.164)	-6.880 (0.166)	-6.880 (0.123)	-12.022* (0.080)	-11.136* (0.054)
财政分权	-72.9911*** (0.004)	-72.9911** (0.017)	-71.394*** (0.003)	-71.394** (0.020)	-68.393** (0.031)	-95.955*** (0.000)
资源依赖	-163.4069** (0.043)	-163.4069** (0.036)	-167.296** (0.028)	-167.296** (0.038)	-200.897** (0.049)	-251.534*** (0.004)
对外开放	2.884 (0.718)	2.884 (0.619)	4.196 (0.578)	4.196 (0.467)	-10.2776 (0.488)	5.102 (0.686)

变量	静态面板				动态面板	
	固定效应	考虑异方差的固定效应	固定效应	考虑异方差的固定效应	GMM	GMM
	模型(1)	模型(2)	模型(3)	模型(4)	模型(5)	模型(6)
经济条件	-0.142 (0.932)	-0.142 (0.914)	-0.191 (0.904)	-0.191 (0.886)	1.886 (0.345)	0.619 (0.716)
城镇化率	155.536*** (0.001)	155.536*** (0.000)	166.869*** (0.000)	166.869*** (0.000)	154.493*** (0.005)	221.715*** (0.000)
产业结构	6.356 (0.724)	6.356 (0.776)	11.887 (0.486)	11.887 (0.570)	-21.844 (0.472)	14.835 (0.569)
人口规模	78.39*** (0.006)	78.39*** (0.000)	68.407** (0.012)	68.407*** (0.000)	66.706*** (0.000)	71.178*** (0.000)
经济增长	-0.189 (0.360)	-0.189* (0.082)	-0.195 (0.319)	-0.195* (0.059)	0.027 (0.913)	-0.117 (0.574)
常数项	-252.777** (0.029)	-252.777*** (0.001)	-230.817** (0.035)	-230.817*** (0.004)	-163.823* (0.063)	-322.795*** (0.000)
Obs	155	155	155	155	124	124
R^2	0.2039	0.2039	0.2970	0.2970		

注：括号中为 P 值。

（4）政府规模对政府财务信息披露质量影响的门槛效应分析。

首先进行门槛存在性检验，在此基础上确定门槛值的个数及模型形式。单门槛和双门槛的 P 值分别为 0.0000 和 0.1560，说明适合采用单门槛进行分析。单门槛的门槛值为 1.3090，对应的 95% 的置信区间分别为 [1.3090, 1.5047]。单门槛的 F 值为 26.3591，对应的 90%、95%、99% 置信水平的值分别为 2.7513，4.2169，10.4476。

单门槛模型中，因变量为政府财务信息披露质量，自变量和门槛变量均为财政赤字。表 5-110 中，模型（2）为考虑了异方差的稳健性模型；模型（1）为常规固定效应模型。由模型（1）和模型（2）可知，在政府规模低于单门槛值 1.3090 时，政府规模与政府财务信息披露质量显著正相关；当政府规模高于单门槛值 1.3090 时，政府规模与政府财务信息披露质量不显著正相关。

表 5-110 门槛面板模型系数估计结果

变量	模型（1）	模型（2）
ZFGM_1	28.264 5 ***	28.264 5 ***
	(0.000 0)	(0.000 2)
ZFGM	0.869 9	0.869 9
	(0.760 6)	(0.805 3)
ZFCZ	-1.592 8	-1.592 8
	(0.741 0)	(0.624 5)
ZFFQ	-0.964 3	-0.964 3
	(0.970 9)	(0.972 1)
ZYYL	-85.201 7	-85.201 7
	(0.250 8)	(0.175 4)
WSTZ	0.764 5	0.764 5
	(0.915 7)	(0.851 7)
PGDP	-0.269 9	-0.269 9
	(0.858 9)	(0.833 3)
CZHL	148.473 4 ***	148.473 4 ***
	(0.000 5)	(0.000 0)
CYJG	7.690 2	7.690 2
	(0.637 0)	(0.574 8)

变量	模型（1）	模型（2）
XQRK	77.336 8 ***	77.336 8 ***
	(0.003 0)	(0.000 0)
GGDP	−0.230 5	−0.230 5 **
	(0.220 6)	(0.018 1)
Obs	155	155

注：ZFGM_1 为政府规模低于 1.309 0；ZFGM 为政府规模高于 1.309 0。

由表 5 - 111 可以进一步看出，政府规模低于 1.309 0 的观测值只有 7 个，该区间的政府规模的均值为 0.867 2，对应的政府财务信息披露质量的均值为 44.057 1；政府规模高于 1.309 0 的观测值为 148 个，该区间的政府规模的均值为 2.466 5，对应的政府财务信息披露质量的均值为 31.257 0。从这也可以判断政府规模与政府财务信息披露质量呈倒 U 型关系。

表 5 - 111 　　　　　　　　　在各区间各变量的均值

变量	政府规模低于 1.309 0 时各变量的均值	政府规模高于 1.309 0 时各变量的均值
GRADE	44.057 1	31.257 0
ZFCZ	1.117 8	1.000 7
ZFFQ	0.352 5	0.564 3
ZYYL	0.005 7	0.043 4
WSTZ	0.631 1	0.378 2
PGDP	4.200 0	5.109 9
CZHL	0.726 2	0.407 4
CYJG	0.647 5	0.523 0
XQRK	2.007 3	3.468 4
GGDP	13.968 6	10.782 8
ZFGM	0.867 2	2.466 5
Obs	7	148

（5）政府规模对政府财务信息披露质量影响的空间效应（SEM）分析。

由表 5 - 112 可知，采用空间误差模型（SEM）进行回归中，模型（1）中，政府规模与政府财务信息披露质量显著负相关；模型（2）中，政府规模的一次项与政府财务信息披露质量显著正相关，二次项与政府财务信息披露质量显著负相关，说明考虑空间效应后，政府规模对政府财务信息披露质量的非线性影响仍然显著。

表5-112 空间效应回归结果

变量	模型(1)	模型(2)
ZFGM	-4.668 797 ***	62.099 73 *
	(0.000)	(0.069)
ZFGM^2		-19.229 81 *
		(0.062)
ZFCZ	-1.540 914	0.752 222 6
	(0.501)	(0.791)
ZFFQ	20.485 81	9.008 529
	(0.120)	(0.657)
ZYYL	-16.143 45	-67.235 77
	(0.779)	(0.329)
WSTZ	-13.649 24 **	-7.050 902
	(0.035)	(0.415)
_cons	38.904 69 ***	-104.712 5 **
	(0.000)	(0.050)
Obs	150	150
R-sq	0.1429	0.192 8

注：括号中为P值。

5.3.4.4 小结

本节采用2010~2015年省级面板数据，分析了政府规模对政府财务信息披露质量的影响。静态面板中，不考虑平方项时，政府规模与政府财务信息披露质量不显著正相关；考虑平方项时，政府规模一次项显著为正，二次项显著为负，呈明显的倒U型关系。动态模型中，不考虑平方项时，政府规模的系数不显著为负；考虑平方项时，政府规模一次项显著为正，二次项显著为负，仍呈明显的倒U型关系。政府规模同时为自变量及门槛变量的单门槛模型中，低于单门槛值时，政府规模的系数显著为正，超过单门槛值时，政府规模的系数显著为负。采用空间计量模型回归结果中，不考虑平方项时，政府规模系数显著为负；考虑平方项时，政府规模的一次项显著为正，二次项显著为负。

5.3.5 土地财政

5.3.5.1 文献综述与假设提出

土地财政是财政分权下我国地方政府解决资金问题的重要措施。已有文献从多个维度研究了土地财政的多重后果：公共服务供给（李斌，卢娟，2018）、经济增长（东方，2018；赵扶扬，2017；吴士炜，汪小勤，2017；牛文涛，2016；岳树民，卢艺，2016；郝毅，李政，2017；蔡潇等，2017）、房价（唐云峰，马春华，2017）、居民收入（武鑫等，2017）、公共支出结构（杨晨等，2017）、腐败（齐红倩等，2017）、产业结构（陶长琪，刘振，2017）、地方政府债务（仲凡等，2017）等。

从上述文献可知，土地财政会产生多重经济后果，尤其对经济发展、腐败、政府债务等会产生影响。周卫、陈小君、李文兴（2014）从博弈视角分析了土地财政对政府财务信息披露的影响。[①] 地方政府土地财政不严重时，基于监管要求等，会披露相应的财务信息，地方政府严重依赖土地财政时，政府财务信息披露质量通常会降低。总之，土地财政对地方政府财务信息披露质量的影响是非线性的。这是本节的假设5-3-5-1。

而第三章的分析表明地方政府财务信息披露质量存在空间相关性。考虑该空间相关性后，土地财政对地方政府财务信息披露质量的影响仍然是非线性的。这是本节的假设5-3-5-2。

5.3.5.2 研究设计

（1）变量定义。

因变量：政府财务信息披露质量（Grade）。仍然为上海财经大学发布的财政透明度指数。

自变量：土地财政（tdcz）。采用该省土地出让金除以该省 GDP 来反映。

控制变量。结合已有文献，本节选取财政赤字、产业结构、经济增长、城镇化、资源依赖、媒体监督、财政分权、对外开放和经济条件作为控制变量。

（2）普通非线性面板回归模型设计。

普通非线性面板模型中政府财务信息披露质量 = α + β_1土地财政 + β_2土地财政^2 + β_3财政赤字 + β_4产业结构 + β_5经济增长 + β_6城镇化 + β_7资源

---

① 周卫，陈小君，李文兴. 土地财政风险与地方政府负债比例信息披露的关系研究 [J]. 经济问题探索，2014（6）：178-183.

依赖 $+\beta_8$ 媒体监督 $+\beta_9$ 财政分权 $+\beta_{10}$ 对外开放 $+\beta_{11}$ 经济条件

$$(5-3-5-1)$$

（3）样本与数据。

本节的研究对象是 2010~2014 年除港澳台外的 31 个省级政府。政府财务信息披露质量数据来自 2012~2016 年的《中国财政透明度报告》，其他数据来自《中国统计年鉴》《中国财政年鉴》、各省年鉴等。

5.3.5.3 实证结果分析

（1）描述性统计。

由表 5-113 可知，土地财政的均值为 0.064 2，最小值为 0.020 9，最大值为 0.161 8，说明各省的土地财政差异较大。

表 5-113　　　　　　　　　　　描述性统计

变量	观测值	均值	标准差	最小值	最大值
Grade	150	31.658 8	12.535 9	10.670 0	77.700 0
tdcz	150	0.064 2	0.028 9	0.020 9	0.161 8
zfgm	150	2.437 4	2.437 4	0.449 6	0.384 9
zfcz	150	0.985 2	0.780 3	0.736 8	3.920 9
zffq	150	0.567 7	0.194 4	0.184 3	0.931 3
zyyl	150	0.042 81	0.033 9	0.000 1	0.121 4
wstz	150	0.385 5	0.294 7	0.000 2	1.199 6
pgdp	150	5.082 6	0.631 9	2.756 2	6.074 6
chzl	150	0.418 6	0.249 7	0.167 4	1.000 0
cyjg	150	0.524 8	0.094 9	0.281 9	0.784 1
xqrk	150	3.457 1	0.461 5	2.076 8	4.040 2
ggdp	150	10.760 7	5.333 0	2.700 0	54.570 0

从图 5-28 可知，土地财政与政府财务信息披露质量呈负相关关系，两者的非线性关系不明显。

（2）相关性分析。

由表 5-114 可知，土地财政与政府财务信息披露质量负相关，这与假设相符。解释变量的相关系数基本在 0.5 以下。VIF 检验表明，除了财政分权的 VIF 值 12.10 超过 10 以外，其他解释变量的 VIF 值均在 10 以内，VIF 均值为 4.32。

（3）静态与动态面板回归结果分析。

进行静态面板回归前，先进行霍斯曼检验，不管是否包括土地财政的平方项，从 P 值判断，两个模型均应选择随机效应。

表 5 - 114

相关性分析

变量	grade	tdcz	zfgm	zfcz	zffq	zyyl	wstz	pgdp	czhl	cyjg	xqrk	ggdp
grade	1.000 0											
tdcz	-0.097 6	1.000 0										
zfgm	-0.150 2	0.201 2	1.000 0									
zfcz	-0.178 9	-0.365 7	-0.361 8	1.000 0								
zffq	0.173 4	0.349 4	0.441 1	-0.873 5	1.000 0							
zyyl	0.124 8	-0.359 4	-0.325 1	0.172 0	-0.357 1	1.000 0						
wstz	-0.138 3	0.473 5	0.340 6	-0.533 1	0.525 7	-0.388 2	1.000 0					
pgdp	0.087 7	0.043 5	0.240 7	-0.215 7	0.114 6	-0.004 0	0.001 3	1.000 0				
czhl	0.162 6	0.074 6	0.056 8	-0.379 7	0.595 3	-0.208 0	0.359 8	-0.307 3	1.000 0			
cyjg	-0.055 8	-0.130 1	-0.235 1	0.284 4	-0.256 7	0.072 1	-0.169 6	-0.198 9	0.318 4	1.000 0		
xqrk	-0.042 5	0.122 7	0.353 0	-0.169 0	-0.073 0	-0.007 9	0.062 5	0.552 0	-0.708 6	-0.383 5	1.000 0	
ggdp	-0.238 7	-0.039 4	-0.062 0	0.409 7	-0.224 6	-0.020 8	-0.160 9	-0.406 5	0.012 2	0.127 4	-0.315 1	1.000 0
VIF 值	zffq	czhl	zfcz	xqrk	wstz	cyjg	zfgm	pgdp	zyyl	ggdp	tdcz	Mean VIF
	12.100 0	8.680 0	8.540 0	5.980 0	2.120 0	1.920 0	1.840 0	1.690 0	1.600 0	1.590 0	1.520 0	4.320 0

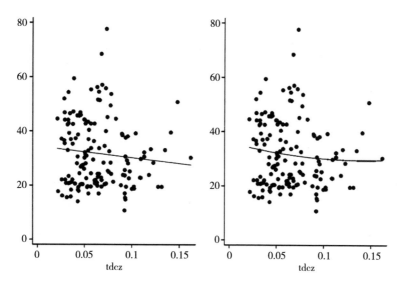

图 5 -28   土地财政与政府财务信息披露质量的散点

表 5 -115   霍斯曼检验

变量	无平方项		有平方项	
	fe	re	fe	re
tdcz	- 32. 078 3	16. 138 1	- 148. 454 7	- 27. 143 6
tdcz^2			655. 330 5	254. 688 5
zfgm	- 0. 730 4	- 5. 355 2	- 0. 2215	- 5. 220 2
zfcz	- 1. 765 5	0. 783 8	- 1. 896 7	0. 671 9
zffq	- 3. 303 9	7. 220 1	- 3. 379 4	6. 895 9
zyyl	- 93. 562 4	- 25. 211 5	- 89. 159 9	- 26. 994 1
wstz	2. 867 7	- 16. 686 0	5. 428 0	- 16. 409 1
pgdp	0. 164 3	1. 173 8	0. 186 8	1. 176 7
czhl	164. 045 9	32. 064 1	171. 038 5	31. 851 2
cyjg	4. 670 6	- 7. 657 1	4. 175 8	- 7. 486 7
xqrk	82. 504 8	12. 371 9	86. 467 9	12. 272 5
ggdp	- 0. 240 7	- 0. 218 3	- 0. 258 0	- 0. 219 7
Prob > chi2	0. 302 1		0. 605 6	

由表 5 -116 可知，模型（1）和模型（2）中，土地财政与政府财务信息披露质量不显著正相关；考虑平方项的模型（3）和模型（4）中，土地财政的一次项系数不显著为负，二次项系数不显著为正，说明土地财政与政府财务信息披露质量的非线性拟合为不显著的 U 型关系，与图 5 -28 右侧吻合。动态模型的模型（5）和模型（6）中，政府财务信息披露质量滞后项的系数仍然不显著为负，与前述章节一致；土地财政的结论与静态面板回归结论一致。

表 5 - 116 静态与动态面板回归

变量	静态面板				动态面板	
	随机效应	考虑异方差的随机效应	随机效应	考虑异方差的随机效应	GMM	GMM
	模型(1)	模型(2)	模型(3)	模型(4)	模型(5)	模型(6)
grade_lag					-0.036 326 4 (0.779)	-0.044 809 2 (0.731)
tcdz	16.138 1 (0.711)	16.138 1 (0.726)	-27.143 62 (0.847)	-27.143 62 (0.884)	83.235 48 (0.329)	-69.898 63 (0.769)
$tcdz^2$			254.688 5 (0.747)	254.688 5 (0.820)		845.787 9 (0.508)
zfgm	-5.355 2* (0.079)	-5.355 2*** (0.000)	-5.220 2* (0.090)	-5.220 245*** (0.000)	-15.766 91** (0.011)	-15.339 06** (0.014)
zfcz	0.783 8 (0.860)	0.783 8 (0.794)	0.671 957 2 (0.843)	0.671 957 2 (0.822)	-4.964 923 (0.543)	-5.162 405 (0.528)
zffq	7.220 1 (0.743)	7.220 1 (0.761)	6.895 9 (0.756)	6.895 989 (0.773)	-30.691 33 (0.685)	-29.913 6 (0.693)
zyyl	-25.211 5 (0.642)	-25.211 5 (0.624)	-26.994 1 (0.621)	-26.994 06 (0.604)	-120.209 6 (0.427)	-117.013 (0.440)

变量	静态面板				动态面板	
	随机效应	考虑异方差的随机效应	随机效应	考虑异方差的随机效应	GMM	GMM
	模型(1)	模型(2)	模型(3)	模型(4)	模型(5)	模型(6)
wstz	-16.686 1**	-16.686***	-16.409 1**	-16.409 1**	-34.701 43	-33.067 3
	(0.012)	(0.005)	(0.015)	(0.012)	(0.131)	(0.154)
pgdp	1.173 8	1.173 8	1.176 7	1.176 742	0.494 678 5	0.512 1
	(0.450)	(0.376)	(0.450)	(0.380)	(0.825)	(0.819)
czhl	32.064 1**	32.064 1*	31.851 08*	31.851 08*	54.278 1	60.476 4
	(0.042)	(0.062)	(0.077)	(0.067)	(0.438)	(0.394)
cyjg	-7.657 1	-7.657 1	-7.486 7	-7.486 7	-30.339 6	-29.865 7
	(0.589)	(0.631)	(0.598)	(0.639)	(0.386)	(0.393)
xqrk	12.371 9	12.371 9	12.272 5	12.272 5*	36.161 2	37.698 9
	(0.104)	(0.061)	(0.111)	(0.065)	(0.307)	(0.289)
ggdp	-0.218 3	-0.218 3	-0.219 7	-0.219 7	-0.027 8	-0.034 3
	(0.243)	(0.279)	(0.242)	(0.280)	(0.919)	(0.901)
_cons	-9.475 3	-9.475 3	-7.680 8	-7.680 8	-26.897 8	-31.192 1
	(0.780)	(0.750)	(0.825)	(0.804)	(0.871)	(0.851)
Obs	150	150	150	150	120	120
R_sq	0.195 4	0.195 4	0.194 3	0.194 3		

（4）门槛面板回归结果分析。

首先进行门槛存在性检验，在此基础上确定门槛值的个数及模型形式。表5-117说明，单门槛和双门槛的P值分别为0.0270和0.0070，三门槛的P值为0.1170，说明适合采用双门槛进行分析。

表5-117 门槛数估计

门槛	F值	P值	10%	5%	1%
单门槛	5.019 0	0.027 0	2.732 7	3.762 7	6.327 5
双门槛	8.346 5	0.007 0	2.450 8	3.814 7	7.490 8
三门槛	2.647 9	0.117 0	2.916 1	4.261 5	6.362 2

由表5-118可知，双门槛中，两个门槛值分别为0.0385、0.0764，对应的95%的置信区间分别位 [0.029 5，0.042 1] 和 [0.028 6，0.117 8]。

表5-118 门槛值估计结果

门槛值	估计值	95%置信区间
门槛值 $\gamma 1$	0.038 5	[0.029 5，0.042 1]
门槛值 $\gamma 2$	0.076 4	[0.028 6，0.117 8]

双门槛模型中，因变量为政府财务信息披露质量，自变量和门槛变量均为土地财政。表5-119中，模型（1）为考虑了异方差的稳健性模型；模型（2）为常规固定效应模型。从两个模型均能发现，土地财政三个区间的系数均与政府财务信息披露质量显著正相关，但系数逐步变小，这说明随着土地财政的依赖程度越来越大，对政府财务信息披露质量的促进作用在逐步降低。

表5-119 门槛面板模型系数估计结果

变量	(1) fe_robust	(2) fe
tdcz_1	478.690 2 *** (0.001 3)	478.690 2 *** (0.000 2)
tdcz_2	240.210 9 *** (0.005 3)	240.210 9 ** (0.010 1)

变量	(1) fe_robust	(2) fe
tdcz_3	97. 229 8 * (0. 085 0)	97. 229 8 (0. 122 7)
zfgm	2. 509 8 (0. 667 3)	2. 509 8 (0. 518 3)
zfcz	− 2. 813 1 (0. 363 1)	− 2. 813 1 (0. 606 9)
zffq	− 12. 556 6 (0. 683 7)	− 12. 556 6 (0. 743 0)
zyyl	− 68. 275 1 (0. 213 9)	− 68. 275 1 (0. 428 6)
wstz	0. 541 5 (0. 961 4)	0. 541 5 (0. 965 4)
pgdp	0. 604 6 (0. 636 5)	0. 604 6 (0. 707 3)
czhl	117. 828 0 *** (0. 000 9)	117. 828 0 ** (0. 026 0)
cyjg	1. 936 1 (0. 891 0)	1. 936 1 (0. 911 6)
xqrk	63. 602 0 *** (0. 000 3)	63. 602 0 ** (0. 035 6)
ggdp	− 0. 111 4 (0. 241 3)	− 0. 111 4 (0. 584 2)
Obs	150	150

注：tdcz_1 表示土地财政低于 0. 038 5；tdcz_2 表示土地财政介于 [0. 038 5，0. 076 4]；tdcz_3 表示土地财政高于 0. 076 4。

由表 5 - 120 可以进一步看出，三个区间的财政透明度指数均值分别为 33. 649 4、32. 632 1、28. 381 0，在逐步变小；而三个区间的土地财政的均值分别为 0. 031 7、0. 056 7 和 0. 102 7，在逐步变大。这与表 5 - 119 的结论一致。处于三个区间的样本数分别为 32、76、42，说明在财政分权和晋升压力下，地方政府越来越依赖于土地财政。

表 5 - 120   在各区间各变量的均值

变量	低于第一门槛值的均值	介于第一、二门槛值之间的均值	高于第二门槛值的均值
grade	33. 649 4	32. 632 1	28. 381 0
zfgm	2. 202 6	2. 449 1	2. 595 3
zfcz	1. 510 3	0. 995 8	0. 566 0
zffq	0. 480 3	0. 541 0	0. 682 5
zyyl	0. 061 7	0. 044 3	0. 025 7
wstz	0. 193 2	0. 360 4	0. 577 4
pgdp	4. 937 1	5. 126 0	5. 115 2
czhl	0. 425 2	0. 386 4	0. 471 7
cyjg	0. 545 3	0. 516 6	0. 524 2
xqrk	3. 259 2	3. 517 7	3. 498 4
ggdp	12. 332 7	10. 100 7	10. 757 1
tdcz	0. 031 7	0. 056 7	0. 102 7
Obs	32	76	42

（5）空间面板回归结果分析。

由表 5 - 121 可知，采用空间误差模型（SEM）进行回归中，模型（1）
中，土地财政与政府财务信息披露质量不显著正相关；模型（2）中，政府
规模的一次项与政府财务信息披露质量不显著负相关，二次项与政府财务信
息披露质量不显著正相关，说明考虑空间效应后，政府规模对政府财务信息
披露质量的平方项非线性影响不显著。

表 5 - 121   空间效应回归结果

变量	模型（1）	模型（2）
tdcz	5. 209 7	- 85. 673 81
	(0. 900)	(0. 637)
$tdcz^2$		529. 389
		(0. 625)
zfgm	- 5. 812 4 ***	- 5. 616 221 ***
	(0. 000)	(0. 000)

变量	模型（1）	模型（2）
zfcz	0.751 93	0.471 206 5
	（0.803）	（0.872）
zffq	9.025 135	8.577 009
	（0.683）	（0.695）
zyyl	−3.434 26	−4.827 377
	（0.951）	（0.931）
wstz	−15.653 42 ***	−15.012 65 **
	（0.005）	（0.016）
pgdp	1.129 409	1.126 495
	（0.413）	（0.420）
czhl	30.008 32 *	29.150 58
	（0.053）	（0.061）
cyjg	−11.316 4	−11.239 96
	（0.450）	（0.445）
xqrk	11.117 97 *	10.703 64 *
	（0.079）	（0.090）
ggdp	−0.177 48	−0.171 842 7
	（0.350）	（0.359）
_cons	−3.068 5	1.722 849
	（0.913）	（0.952）
Obs	150	150
R − sq	0.221 7	0.220 0

（6）稳健性检验。

为了检验结论的稳健性，将人均土地出让金代替土地出让金占 GDP 的比重来衡量土地财政，重新进行静态与动态面板回归。由表 5 − 122 可知，结论与表 5 − 115 基本一致。

表 5 - 122

稳健性检验的回归结果

变量	静态面板				动态面板	
	随机效应	考虑异方差的随机效应	随机效应	考虑异方差的随机效应	GMM	GMM
	(1)	(2)	(3)	(4)	(5)	(6)
grade_lag					-0.075 093 2	-0.087 818
					(0.560)	(0.494)
tcdz1	-14.310 7	-14.310 7**	92.310 3	92.310 3	157.553 8	-28.264 43**
	(0.130)	(0.026)	(0.499)	(0.219)	(0.466)	(0.031)
tcdz4			-5.097 8	-5.097 8	-8.811 291	
			(0.434)	(0.155)	(0.391)	
zfjgm	-1.587 1	-1.587 1	-1.223 7	-1.223 7	-15.340 16**	-15.471 6**
	(0.691)	(0.598)	(0.761)	(0.686)	(0.013)	(0.011)
zfcz	-1.252 2	-1.252 2	-1.198 6	-1.198 6	-4.166 771	-4.442 317
	(0.826)	(0.765)	(0.833)	(0.778)	(0.606)	(0.579)
zffq	-23.264 9	-23.264 9	-20.465 3	-20.465 3	-59.378 93	-65.395 43
	(0.566)	(0.441)	(0.615)	(0.487)	(0.443)	(0.390)
zyyl	-21.634 9	-21.634 9	-26.749 3	-26.749 3	-40.520 71	-15.458 66
	(0.824)	(0.764)	(0.784)	(0.689)	(0.803)	(0.924)
wsfz	0.123 5	0.123 5	1.101 9	1.101 9	-25.884 16	-26.186 29
	(0.992)	(0.994)	(0.933)	(0.951)	(0.268)	(0.252)

变量	静态面板				动态面板	
	随机效应	考虑异方差的随机效应	随机效应	考虑异方差的随机效应	GMM	GMM
	(1)	(2)	(3)	(4)	(5)	(6)
pgdp	-0.111 8 (0.947)	-0.111 8 (0.931)	-0.017 01 (0.992)	-0.017 01 (0.990)	0.059 290 5 (0.978)	0.055 161 3 (0.980)
czhl	99.809 7 (0.102)	99.809 7* (0.071)	90.352 4 (0.146)	90.352 4* (0.093)	30.654 06 (0.657)	20.293 95 (0.769)
cyjg	2.465 (0.892)	2.465 (0.889)	0.398 2 (0.983)	0.398 2 (0.980)	-33.787 82 (0.321)	-34.119 92 (0.312)
xqpk	45.110 1 (0.218)	45.110 1* (0.093)	43.054 1 (0.242)	43.054 1 (0.101)	-33.787 82 (0.752)	2.096 154 (0.956)
ggdp	-0.043 26 (0.858)	-0.043 26 (0.689)	-0.054 0 (0.824)	-0.054 0 (0.594)	0.150 427 4 (0.612)	0.193 046 4 (0.508)
_cons	3.380 25 (0.988)	3.380 25 (0.985)	-544.005 (0.460)	-544.005 (0.219)	-599.632 7 (0.616)	421.386 2 (0.129)
Obs	150	150	150	150	120	120
R_sq	0.164 7	0.164 7	0.169 5	0.169 5		

5.3.5.4 小结

本节采用 2010~2014 年的 30 个省级政府面板数据，分析了土地财政对地方政府财务信息披露质量的影响。静态模型中，不考虑平方项时，土地财政的系数不显著为正；考虑平方项时，土地财政的一次项系数不显著为负，二次项系数不显著为正，说明非线性不明显。动态模型中，不考虑平方项时，土地财政的系数不显著为正；考虑平方项时，土地财政的一次项系数不显著为负，二次项系数不显著为正。双门槛模型中，土地财政的系数在三个区间均显著正相关，但相关系数逐步变小，显著程度逐渐降低，说明土地财政非线性影响政府财务信息披露质量。空间模型中，不考虑平方项时，土地财政的系数不显著为正；考虑平方项时，土地财政的一次项系数不显著为负，二次项系数不显著为正。

5.4 实施障碍因素

5.4.1 财政分权

改革开放以来，我国财政分权制度不断发展，地方政府在国家经济发展建设中的作用越来越重要，关于政府财务信息披露的研究也在逐步深化。财政分权制度一方面赋予地方当局一些收支权利，能够使得地方政府根据自身需要选择适合的政策类型而参与管理；另一方面实现了在我国这样一个大国中央政府与各级地方政府间的分工合作，使政府更接近社会民众的需求。目前中国式的财政分权制度制约着地方政府行为，与政府财务信息披露质量密切相关。考虑在不同程度的财政分权下，地方政府财务信息披露质量的不同变化显得很有必要。过度的财政集权使得权力集中于中央政府，地方政府仅作为中央附属的职能机构，缺乏积极性，没有意愿进行本级政府的财务信息披露。此外，上级政府的监督成本也会大大增加，导致政府财务信息披露质量低下；但第二代财政分权理论表示，当财政分权程度过高，地方政府行为无法得到有效的监督，政府官员有可能在政治决策中进行寻租。此时的财政分权非但不能提高政府财务信息披露质量，反而抑制政府财务信息披露质量的改进。为了发挥财政分权体制的积极作用，各级政府要在财政集权的"收"和财政分权的"放"的财政体制之间寻找平衡，实现政府财务信息真实披露。

地方政府的横向竞争表现在以 GDP 作为主要指标，进行晋升考核体制，类似于"登顶比赛"，且税收、财政支出等指标已被明确识别，因而不同地区的财政分权也会存在空间关联性，并且也会对政府财务信息披露质量产生影响。

5.4.1.1 文献综述与假设提出

Boyne（1990）和 World Bank（2009）提出财政分权能够影响地方政府财政资金的使用效率，减少财政资金的浪费，提高居民公共服务满意度，从而促进政府财务信息披露质量的提高。段龙龙、董雯（2016）假设财政分权与政府财务信息披露质量之间存在关联性，并通过分析 2008 ~ 2014 年省际数据进行了验证。张为杰、姜莱（2012）认为，财政分权可提高政府财务信息披露质量。王永莉、梁城城（2015）采用 2007 ~ 2012年 31 个省份的面板数据进行实证分析，得出了财政分权对政府财务信息披露质量有显著负向影响的结论。韩旺红（2015）利用 2003 ~ 2012 年的30 个省的面板数据进行实证分析。研究财政分权的背景和政府财务信息披露的关系，发现在全国范围内财政分权与政府财务信息披露质量的提高起显著的正相关作用。于君博和王国龙（2016）分析指出，地方政府层面秉承着按照财政分权偏好选择政府治理模式的内在规则。对于省级分权水平和省内分权水平的偏相关分析显示，经济发展越落后时，政府越倾向于对下级政府进行集权，相应财政分权程度就越低；而对省级政府和省内财政分权水平的聚类分析表明，不同地方政府在处理中央与地方政府、省级政府与地方政府间的关系时采取不同的治理模式。综上所述，财政分权对政府财务信息披露质量影响的文献中，规范研究已推导两者的非线性关系，实证研究主要采用普通面板回归，得出两者关系的结论不一致。

（1）财政分权对政府财务信息披露质量的影响存在门槛效应。

财政分权实现了中央与地方在财权和事权上的基本分工，给予地方政府财政收支较大的自主权，形成地方政府间的竞争，能调动地方官员的积极性，这为政府财务信息披露质量提升提供了制度基础。传统的财政分权理论认为，地方政府相对于中央政府而言，对地方政府的情况更加熟悉，更具有信息优势。能够通过改进公共服务提供来提升政府财务信息披露质量。因此，适度的财政分权有利于政府财务信息披露质量的改进。财政分权程度很低时，地方政府成为中央的附属机构，缺乏积极性进行经济建设和政府治理，导致财政支出效率低下，也不利于政府财务信息披露质量的改进。财政分权程度太高时，地方政府自主权过大而难以有效监督，地方官员容易寻租和腐败，政府治理变差，政府财务信息披露质量也跟着下降。因此，财政分权太高或太低均不利于政府财务信息披露质量的提升。

基于此，提出假设 5 - 4 - 1 - 1：财政分权非线性影响政府财务信息披露质量。只有处于某一区间时，财政分权才能有效提升政府财务信息披露质量；反之，当财政权利过于集中时，会抑制政府财务信息披露质量的提高。

（2）财政分权对政府财务信息披露质量的影响存在空间效应。

许海平，傅国华（2013）[①] 通过 1990 ~ 2009 年省际面板数据分析发现，省际财政分权存在空间相关性。段龙龙等（2014）采用 2000 ~ 2012 年的省级面板数据分析发现，财政分权存在空间相关性。不同地区的财政分权可能存在空间关联性，地方政府在晋升考核体制下，在把 GDP 作为主要指标的"登顶比赛"的横向竞争中，相关研究明确识别了税收和财政支出等指标，并且也会对政府财务信息披露质量产生影响。财政分权很可能存在横向竞争或空间关联，是因其作为中央政府、地方政府间重要的经济和财政行为，会对政府财务信息披露质量产生影响。

基于此，提出假设 5 - 4 - 1 - 2：考虑到财政分权与政府财务信息披露质量的空间关联性之后，财政分权对于政府财务信息披露质量的影响仍然是非线性的。

5.4.1.2 研究设计

（1）变量定义。

政府财务信息披露质量（Grade）。选取上海财经大学公共政策研究中心发布的《中国财政透明度报告》中测度的省级政府的财政透明度来衡量政府财务信息披露质量。

财政分权（ZFFQ）。目前财政分权主要有四个衡量指标：边际分成率、财政收入分权、财政支出分权和财政自主度。现有文献指出对于截面或面板数据的研究，更适合采用财政自主度指标。由于本节采用省级面板数据，所以选择财政自主度。财政自主度为省级政府预算内财政收入占预算内财政支出的比重。指标值大于 1 说明地方政府财政自主度较高；指标值小于 1 说明地方政府财政自主度较低；指标值等于 1 说明地方政府刚好自给自足。

根据已有文献，选取政府规模、城镇化率、产业结构、经济增长、资源依赖、人口规模、经济条件作为控制变量。变量的定义见 5.1.1 一节。

---

① 许海平，傅国华. 城乡收入差距与财政分权的空间计量研究 [J]. 经济与管理研究，2013 (6).

（2）基本非线性面板回归模型设计。

不考虑空间计量和门槛效应时，财政分权对政府财务信息披露质量的影响的基本非线性模型为：

政府财务信息披露质量 $= \alpha + \beta_1$ 财政分权 $+ \beta_2$ 财政分权^2 $+ \beta_3$ 开放程度 $+ \beta_4$ 产业结构 $+ \beta_5$ 政府规模 $+ \beta_6$ 资源依赖 $+ \beta_7$ 经济增长 $+ \beta_8$ 城镇化水平

$$(5-4-1-1)$$

（3）样本与数据。

本节的研究对象是近五年 31 个省级政府。省级政府的样本量能够满足定量分析的需求，相关变量的数据易于获取。该样本包含了在地理位置、经济发展、金融深化和居民收入等方面差异显著的地域，具有较强的普遍性和代表性。

政府财务信息披露质量数据来自《中国财政透明度报告》，其他数据分别来自《中国统计年鉴》、各省年鉴等。为了消除变量间内生性的影响，因变量数据较自变量滞后一年，经过手工收集和整理，剔除异常值并进行了缩尾处理。

数据均经过人工检查和 Excel 的逻辑筛查，运用二次指数平滑法填补了部分缺失值。由于变量大多为宏观经济数据，具有较大的波动性，极易导致异方差。为避免异方差对回归结果的影响，对政府规模等指标的数据进行了对数化处理。

5.4.1.3　实证结果分析

（1）描述性统计。

由表 5-123 可知，政府财务信息披露质量的均值为 31.835，最小值和最大值分别为 10.67 和 77.7，表明了各省的政府财务信息披露质量存在较大差异，且整体来看我国政府财务信息披露质量较差；财政分权的均值是 0.555，最大值是 0.931，说明财政自主度较差；政府规模的均值为 2.394，最大值为 3.356，说明各地区间差异并不明显；经济增长即地区 GDP 增速均值为 10.927，最大值为 54.57，最小值为 2.7，说明各地经济增长差异较大。

表 5-123　　　　　　　　　　描述性统计

变量	观测值	均值	标准差	最小值	最大值
Grade	155	31.835	12.601	10.67	77.700
zffq	155	0.555	0.205	0.070	0.931
zfgm	155	2.394	0.513	-0.385	3.356

变量	观测值	均值	标准差	最小值	最大值
cyjg	155	0.529	0.096	0.282	0.784
ggdp	155	10.927	5.351	2.700	54.570
czhl	155	0.422	0.246	0.167	1.000
zyyl	155	0.042	0.034	0.0001	0.121
pgdp	155	5.069	0.626	2.756	6.075
xqrk	155	3.402	0.544	1.736	4.040

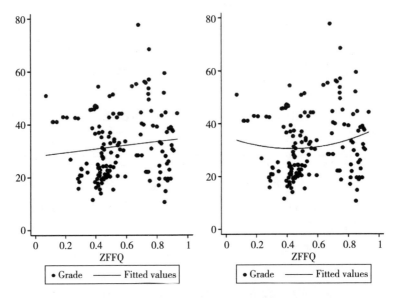

图 5 - 29　财政分权与政府财务信息披露质量的散点图

由图 5 - 29 可知，财政分权与政府财务信息披露质量的散点图线性拟合时，两者呈不太明显的正相关关系；当两者散点图非线性拟合时，两者呈不太明显的"U"型关系。

（2）相关性分析。

通过表 5 - 124 的相关性分析发现，财政分权、外商投资额、政府规模、经济增长均与政府财务信息披露质量显著正相关；产业结构、城镇化率与政府财务信息披露质量正相关，但结果并不显著；资源依赖程度与政府财务信息披露质量不显著负相关。从自变量及控制变量的相关系数及显著程度可知，不存在严重的多重共线性问题。

表 5 - 124 相关性分析结果

变量	Grade	ZFFQ	CYJG	WSTZ	ZFGM	GGDP	CZHL	ZYYL
Grade	1.000							
zffq	0.470*	1.00						
cyjg	0.050	-0.05	1.00					
wstz	0.620*	0.34*	-0.03	1.00				
zfgm	0.390*	0.32*	-0.49*	0.24*				
ggdp	0.310*	0.07	-0.11	0.34*	0.32	1.00		
czhl	0.050	0.05	-0.29*	0.37	0.02	0.01	1.00	
zyyl	-0.100	-0.02	-0.07	-0.10	-0.18*	-0.03*	0.07	1.00

（3）静态与动态面板回归结果分析。

首先进行静态面板回归的模型选择，由表 5 - 125 可知，无论是否考虑财政分权的平方项，霍斯曼检验的 P 值分别为 0.0013 和 0.0008，说明均应选择固定效应模型。

表 5 - 125 霍斯曼检验

变量	无平方项		有平方项	
	fe	re	fe	re
zffq	-62.971	-25.345	-166.137	-110.674
$zffq^2$			132.368	81.401
zfgm	1.332	-1.973	0.611	-2.432
cyjg	4.232	-14.735	1.006	-14.132
ggdp	-0.269	-0.219	-0.323	-0.243
czhl	151.737	35.761	157.657	29.499
zyyl	-148.493	-31.569	-96.162	-18.732
pgdp	-0.353	1.934	-0.248	1.724
xqrk	82.827	8.542	88.378	10.376
Prob > chi2	0.0013		0.0008	

由表 5 - 126 可知，根据模型（1）和模型（2）可知，财政分权与政府财务信息披露质量显著负相关。根据模型（3）和模型（4）可知，财政分权的一次项与政府财务信息披露质量显著负相关，财政分权的二次项与政府财务信息披露质量显著正相关，说明财政分权与政府财务信息披露质量呈"U"型关系，这与两者关系非线性拟合的 U 型散点图一致。由模型（5）和模型（6）可知，政府财务信息披露质量的滞后项均与政府财务信息披露质量显著负相关；模型（5）中，财政分权与政府财务信息披露质量显著负相关，与静态面板的回归结论一致；模型（6）中，财政分权的一次项和二次项均与政府财务信息披露质量不显著相关。

表 5－126　　静态与动态面板的回归结果分析

变量	静态面板				动态面板	
	常规固定效应	考虑异方差的固定效应	常规固定效应	考虑异方差的固定效应	GMM	GMM
	模型(1)	模型(2)	模型(3)	模型(4)	模型(5)	模型(6)
政府财务信息披露质量的滞后项					-0.449*** (0.000)	-0.455*** (0.000)
财政分权	-62.971*** (0.007)	-62.971* (0.061)	-54.475** (0.021)	-54.475* (0.060)	-50.409* (0.094)	-91.215 (0.165)
财政分权的平方			5.690* (0.071)	5.690** (0.042)		66.419 (0.444)
政府规模	1.332 (0.656)	1.332 (0.232)	-0.143 (0.963)	-0.142 (0.909)	-6.418 (0.216)	-6.998 (0.175)
产业结构	4.232 (0.811)	4.232 (0.847)	-0.456 (0.979)	-0.456 (0.982)	-26.529 (0.381)	-31.213 (0.308)
经济增长	-0.269 (0.158)	-0.269** (0.016)	-0.089 (0.676)	-0.089 (0.472)	-0.131 (0.566)	-0.114 (0.616)
城镇化	151.737*** (0.001)	151.737*** (0.000)	128.318*** (0.006)	128.318*** (0.000)	152.712*** (0.006)	139.663** (0.014)

变量	静态面板				动态面板	
	常规固定效应	考虑异方差的固定效应	常规固定效应	考虑异方差的固定效应	GMM	GMM
	模型(1)	模型(2)	模型(3)	模型(4)	模型(5)	模型(6)
资源依赖	-148.493**	-148.493**	-129.353*	-129.353*	-168.63*	-138.519
	(0.050)	(0.044)	(0.087)	(0.054)	(0.092)	(0.198)
经济条件	-0.353	-0.353	-1.080	-1.080	1.801	1.885
	(0.832)	(0.799)	(0.525)	(0.445)	(0.357)	(0.335)
人口规模	82.827***	82.827***	62.040**	62.040***	59.219***	55.391***
	(0.002)	(0.000)	(0.033)	(0.000)	(0.001)	(0.003)
_cons	-272.535**	-273.535***	-234.174**	-234.174***	-163.298*	-143.155
	(0.011)	(0.000)	(0.030)	(0.000)	(0.065)	(0.116)
Obs	155	155	155	155	124	124
R^2	0.192 6	0.192 6	0.215 2	0.215 2		

注：括号中为 P 值。

（4）财政分权对政府财务信息披露质量影响的门槛效应分析。

由表 5 - 127 可知，因变量为政府财务信息披露质量，自变量及门槛变量为财政分权时，门槛存在性检验结果中，单门槛、双门槛和三门槛的 P 值分别为 0.014 0、0.012 0 和 0.263，说明适合选择双门槛进行后续回归。

表 5 - 127   门槛存在性检验

门槛	F 值	P 值	10%	5%	1%
单门槛	6.547 7	0.014 0	2.883 9	4.271 9	7.905 1
双门槛	7.370 3	0.012 0	2.802 9	4.030 7	8.226 0
三门槛	0.000 0	0.263 0	0.000 0	0.000 0	0.000 0

注：F 统计量与 P 值都是 bootstrap 重复 300 次自抽样取得。

由表 5 - 128 可知，双门槛面板模型中，第一、二门槛值分别为 0.482 3 和 0.674 7，对应的置信区间分别为 [0.463 7，0.488 5] 和 [0.594 0，0.848 5]。

表 5 - 128   门槛值估计结果

门槛值	估计值	95% 置信区间
门槛值 $\gamma 1$	0.482 3	[0.463 7,0.488 5]
门槛值 $\gamma 2$	0.674 7	[0.594 0,0.848 5]

构建双门槛模型，其中因变量为政府财务信息披露质量，自变量和门槛变量均为财政分权。表 5 - 129 中，模型（1）是常规固定效应双门槛模型；模型（2）是考虑了异方差后的稳健性固定效应双门槛模型。

从模型（1）和模型（2）的财政分权的三阶段的系数均可以得出，三个阶段的财政分权系数均显著为负，而且随着财政分权程度的扩大，负相关系数逐步变小。这说明现阶段，省级政府逐步扩大财政分权水平，有利于省级政府财务信息披露质量的不断提升。

表 5 - 129   财政分权影响政府财务信息披露质量的双门槛回归结果

变量	模型(1)	模型(2)
zfgm	-4.175 9	-4.175 9
	(-1.191 1)	(-0.680 5)

变量	模型(1)	模型(2)
cyjg	8. 460 3 (0. 502 5)	8. 460 3 (0. 635 8)
ggdp	− 0. 335 8 * (− 1. 848 7)	− 0. 335 8 *** (− 3. 623 9)
czhl	170. 855 4 *** (3. 935 6)	170. 855 4 *** (5. 690 8)
zyyl	− 32. 155 3 (− 0. 414 6)	− 32. 155 3 (− 0. 502 2)
pgdp	− 0. 742 9 (− 0. 466 8)	− 0. 742 9 (− 0. 546 4)
xqrk	93. 460 5 *** (3. 661 9)	93. 460 5 *** (6. 424 5)
zffq_1	− 88. 810 5 *** (− 3. 855 7)	− 88. 810 5 *** (− 4. 861 8)
zffq	− 69. 729 1 *** (− 3. 159 5)	− 69. 729 1 *** (− 4. 125 2)
zffq_3	− 45. 736 1 ** (− 2. 014 0)	− 45. 736 1 ** (− 2. 237 8)

注：zffq_1 为财政分权低于 0. 482 3；zffq 为财政分权介于 0. 482 3 至 0. 674 7；zffq_3 为财政分权大于 0. 674 7。

由上述双门槛模型分析财政分权对政府财务信息披露质量的影响可知，目前总体而言，财政分权不利于政府财务信息披露质量的提升，但财政分权程度的提升，这种负向作用会逐步降低。2010 ~ 2014 年 155 个观测值中，三个区间的样本数分别为 73、31 和 51，说明很多省份还需进一步提升财政分权程度。

表 5 - 130　　　　　　　门槛变量财政分权分组的各变量的均值

变量	低于第一门槛值的均值	介于第一、二门槛值的均值	高于第二门槛值的均值
grade	28. 456 7	33. 843 9	35. 449 8
zfgm	2. 218 4	2. 327 2	2. 686 9
cyjg	0. 560 7	0. 512 0	0. 492 6
ggdp	12. 483 7	9. 018 8	9. 857 8

变量	低于第一门槛值的均值	介于第一、二门槛值的均值	高于第二门槛值的均值
czhl	0.314 2	0.351 3	0.618 6
zyyl	0.052 4	0.044 4	0.024 8
pgdp	4.996 4	5.022 5	5.200 6
xqrk	3.356 6	3.594 5	3.351 4
zffq	0.381 1	0.545 2	0.809 1
Obs	73	31	51

（5）财政分权对政府财务信息披露质量影响的空间效应分析。

①空间效应的模型设计。

由于政府财务信息披露质量存在空间相关性，需要采用空间计量模型进行回归。由于考虑到财政分权对政府财务信息披露质量影响的非线性关系，因此在普通空间效应模型的基础上，补充财政分权的平方项。

空间滞后模型中政府财务信息披露质量 $= \alpha + \beta_1$ 财政分权 $+ \beta_2$ 财政分权 $^2 + \beta_3$ 财政分权滞后一期 $+ \beta_4$ 产业结构 $+ \beta_5$ 政府规模 $+ \beta_6$ 资源依赖 $+ \beta_7$ 经济增长 $+ \beta_8$ 城镇化水平 $+ \beta_9$ 经济条件 $+ \beta_{10}$ 人口规模 $+ \gamma W_{ij}$ 政府财务信息披露质量

$$(5-4-1-2)$$

空间误差模型中政府财务信息披露质量 $= \alpha + \beta_1$ 财政分权 $+ \beta_2$ 财政分权 $^2 + \beta_3$ 产业结构 $+ \beta_4$ 政府规模 $+ \beta_5$ 资源依赖 $+ \beta_6$ 经济增长 $+ \beta_7$ 城镇化水平 $+ \beta_8$ 经济条件 $+ \beta_9$ 人口规模 $+ \gamma W_{ij} \xi$

$$(5-4-1-3)$$

②空间效应的存在性检验。

全局空间相关性检验。表5-131列示了财政分权的莫兰指数、统计量和置信水平，地理分布中具有相似属性的区域单元倾向于聚集在一起，地方政府财政分权存在高值与高值聚集（低值与低值聚集），为正向空间集聚性，并且2010~2014年的对应P值均保持在5%以内，都在10%的置信水平上是显著的，因此得出结论，财政分权存在空间正相关性。根据3.1.1节可知，政府财务信息披露质量也存在空间相关性。

表 5 – 131   财政分权的临近莫兰指数

ZFFQ	指标值	2010	2011	2012	2013	2014
二元相邻权重矩阵	莫兰指数估计值	0.159	0.157	0.274	0.319	0.306
	标准差	0.037	0.033	0.109	0.110	0.109
	Z 统计量	5.151	5.740	2.824	3.212	3.107
	P 值	0.000	0.000	0.002	Q.001	0.001
空间距离权重矩阵	莫兰指数估计值	0.109	0.147	0.128	0.127	0.116
	标准差	0.113	0.115	0.038	0.035	0.035
	Z 统计量	3.023	3.307	4.226	4.562	4.278
	P 值	0.001	0.000	0.000	0.000	0.000

通过 Stata 软件分别绘制财政分权和政府财务信息披露质量的局域莫兰指数的散点图（如图 5 – 30 至图 5 – 34 所示）。财政分权的莫兰指数散点图说明大多数省份位于第一、三象限。2014 年和 2013 年第一象限和第三象限的省份均分别为 9 个和 12 个，合计占样本总数的比重为 67.74%；2012 年第一象限和第三象限的省份分别为 9 个和 13 个，合计占样本总数的比重为 70.97%；2011 年第一象限和第三象限的省份分别为 8 个和 8 个，合计占样本总数的比重为 51.61%；2010 年第一象限和第三象限的省份分别为 8 个和 9 个，合计占样本总数的比重为 54.84%；莫兰指数散点图表明财政分权存在显著的空间正相关性，呈现一定程度上的聚集效应，高财政分权的城市被高财政分权的邻近城市所围绕，低财政分权的城市被低财政分权的邻近城市所围绕。2012 ~ 2014 年莫兰指数逐渐提升，说明从 2012 年开始，财政分权的空间自相关效应逐步加强。

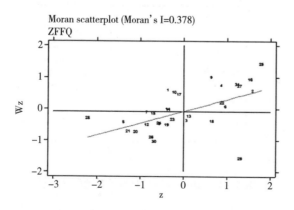

图 5 – 30   2014 年财政分权的莫兰指数散点

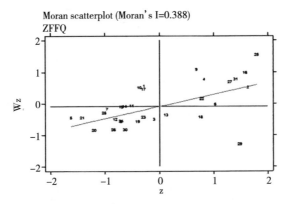

图 5 – 31   2013 年财政分权的莫兰指数散点

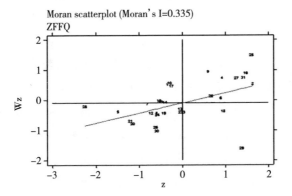

图 5 – 32   2012 年财政分权的莫兰指数散点

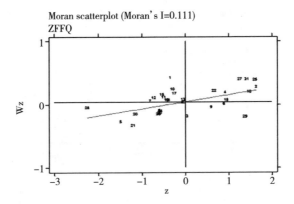

图 5 – 33   2011 年财政分权的莫兰指数散点

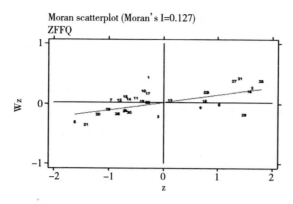

图5-34 2010年财政分权的莫兰指数散点

③空间效应的模型选择LM检验。

通过进一步地进行拉格朗日乘数Lm-lag、Lm-error的空间关联性检验，完全的空间效应仅用一个模型不能准确刻画出来。Lm-lag、Lm-error的值均在1%的置信水平上显著，说明政府财务信息披露质量同时存在空间误差自相关和空间滞后依赖效应。若依据LM检验的判断标准（虞义华，2015），则倾向于选择SAR模型。本节同时考虑SAR和SEM模型。

表5-132　　　　　空间效应模型选择的LM检验结果

变量	SLX
财政分权	5.971(0.071)
财政分权^2	41.569*(0.026)
滞后一期财政分权	26.950*(0.027)
产业结构	-0.058(0.064)
政府规模	-0.01(0.088)
经济增长	0.001*(0.044)
城镇化程度	18.075(0.212)
资源依赖程度	157.224*(0.024)
人口规模	0.001(0.578)
经济条件	0.010*(0.003)
_cons	12.151(0.679)
LM-lag	3.974*
LM-error	2.675*
Obs	155
R^2	0.358
Log likelihood	-114.387

④空间面板模型的回归结果分析。

由表 5-133 可知，空间误差系数与空间滞后系数都在 10% 的水平上显著，说明适合采用空间计量模型。空间滞后系数为正说明如果某省政府财务信息披露质量提升，相邻省份也会跟着提升政府财务信息披露质量。这意味着邻近省份可以从该省份的政府财务信息披露质量提高中获得积极的溢出效应。财政分权的系数及财政分权平方项的系数基本显著为正，说明考虑空间效应后，财政分权程度对政府财务信息披露质量仍然是非线性的。对于其他解释变量，空间效应的引入比非空间回归模型的估计系数更大，显著性更高，说明空间变量引入能更准确地解释政府财务信息披露质量的原因。

表 5-133　　　　　　　　　空间效应模型的回归结果分析

变量	SAR 空间滞后模型	SEM 空间误差模型
财政分权	31.131(0.051)	25.910 * (0.047)
财政分权^2	66.541 * (0.014)	71.833 * (0.010)
滞后一期财政分权	28.786 * (0.025)	
产业结构	-0.714 * (0.034)	-0.824 * (0.024)
政府规模	-0.001(0.137)	-0.01(0.132)
经济增长	0.032(0.749)	0.018(0.880)
城镇化程度	45.749 * (0.004)	49.367 * (0.003)
资源依赖程度	121.426 * (0.048)	117.680 * (0.046)
人口规模	0.003(0.208)	0.001(0.072)
经济条件	0.006 * (0.023)	0.012(0.075)
_cons	133.237 * (0.000)	138.618 * (0.000)
空间滞后项参数	3.974 * (0.047)	
空间误差项参数		2.675(0.102)
Obs	155	155
R^2	0.481	0.467
Log likelihood	-117.482	-117.539

⑤空间效应的稳健性检验。

为了克服内生性，将因变量滞后一期，回归结果如表 5-134 所示。结果显示，本节的检验结果具有良好的稳健性。主要体现在：政府财务信息披露质量在省份之间呈现出显著的空间关联性。考虑了空间关联性后，财政分权对政府财务信息披露质量仍然具有非线性促进作用。

表 5 - 134 　　　　　　　　空间模型中估计结果

变量	SAR 空间滞后模型	SEM 空间误差模型
财政分权	44.101(0.152)	5.019(0.067)
财政分权^2	65.72 * (0.031)	15.671 * (0.048)
滞后一期财政分权	31.736 * (0.013)	
产业结构	- 0.447 * (0.027)	- 0.301(0.533)
政府规模	- 0.001(0.466)	- 0.01(0.388)
经济增长	0.001(0.466)	0.010(0.680)
城镇化程度	11.460(0.061)	7.210 * (0.018)
资源依赖程度	106.251 * (0.015)	126.545 * (0.031)
人口规模	0.003 * (0.039)	0.001(0.102)
经济条件	0.004 * (0.003)	0.012 * (0.005)
空间滞后项参数	8.856 * (0.000)	
空间误差项参数		4.607 * (0.042)
_cons	- 2.70(0.053)	42.417(0.401)
Obs	155	155
R^2	0.407	0.343
Log likelihood	- 113.183	- 113.726

　　鉴于权重矩阵不需要估计，它的设置具有一定的随意性，考虑空间距离权重矩阵 W_2，来检验上述分析得到的空间计量结果是否只是个统计（程序）现象。进一步使用空间距离权重矩阵的设置方法。结果表明，稳健性检验的结果与原有检验结果保持一致，稳健性检验通过，即政府财务信息披露质量在省份之间呈现出显著的空间关联性。

表 5 – 135 空间模型中估计结果

变量	SAR 空间滞后模型	SEM 空间误差模型
财政分权	13. 309 ** (0. 041)	9. 205(0. 059)
财政分权^2	66. 252 * (0. 018)	66. 185 * (0. 020)
滞后一期财政分权	26. 970 * (0. 027)	
产业结构	– 0. 638 * (0. 033)	– 0. 638(0. 065)
政府规模	– 0. 008(0. 201)	– 0. 008(0. 203)
经济增长	0. 015(0. 088)	0. 015(0. 889)
城镇化程度	46. 199 * (0. 005)	46. 152 * (0. 006)
资源依赖程度	109. 527(0. 109)	109. 527(0. 109)
人口规模	0. 009(0. 104)	0. 002(0. 363)
经济条件	0. 004 * (0. 003)	0. 012 * (0. 005)
空间滞后项参数	2. 452 * (0. 017)	
空间误差项参数		1. 995 * (0. 015)
_cons	121. 887 * (0. 000)	119. 153(0. 214)
Obs	155	155
R^2	0. 445	0. 358
Log likelihood	– 118. 495	– 114. 387

　　将政府财务信息披露质量改用《中国财政透明度报告》的省级财政各信息要素透明度评估结果中一般公共预算得分来衡量。政府财务信息披露质量在省份之间呈现出显著的空间关联性，同样发现，财政分权程度对政府财务信息披露质量的影响是非线性的。因而本节的检验结果具有较好的稳健性。

表 5 – 136 空间模型中估计结果

变量	SAR 空间滞后模型	SEM 空间误差模型
财政分权	7. 219(0. 081)	14. 020(0. 219)
财政分权^2	28. 786 * (0. 025)	28. 839 * (0. 019)
滞后一期财政分权	18. 361 * (0. 047)	

变量	SAR 空间滞后模型	SEM 空间误差模型
产业结构	-0.064(0.053)	-0.065(0.085)
政府规模	0.001(0.281)	0.001(0.273)
经济增长	0.001*(0.041)	0.001*(0.048)
城镇化程度	19.723(0.188)	20.014(0.192)
资源依赖程度	84.645*(0.018)	84.498*(0.019)
人口规模	0.021(0.053)	0.006(0.082)
经济条件	0.006*(0.050)	0.012*(0.005)
空间滞后项参数	3.763*(0.042)	
空间误差项参数		0.717*(0.031)
_cons	49.541(0.092)	48.914(0.097)
Obs	155	155
R^2	0.280	0.280
Log likelihood	-112.984	-112.973

5.4.1.4 小结

利用 2010~2014 年的省际面板数据，基于 2010~2014 年 31 个省级政府的面板数据，利用双门槛面板模型，分析财政分权对政府财务信息披露质量的非线性影响。结论表明，三个阶段的财政分权均与政府财务信息披露质量显著负相关，而且随着财政分权程度的提高，负相关系数逐步变小。所以，省级政府逐步扩大财政分权，有利于省级政府财务信息披露质量的提升。

采用空间计量模型讨论财政分权对政府财务信息披露质量的影响。实证分析发现，各省财政分权和政府财务信息披露质量均存在明显的空间关联性，表现在财政分权高值（低值）集聚区与政府财务信息披露质量的高值（低值）集聚区一致，即二者在空间集聚类型、区域分布保持一致，主要原因是财政分权的相对规模造成政府财务信息披露质量空间集聚呈现"结块效应"的特征。当一个省份的邻近省份提高政府财务信息披露质量时，该省也倾向于提高政府财务信息披露质量，即政府财务信息披露质量具有积极的溢出效应。空间效应回归结果发现，财政分权对政府财务信息披露质量的影响仍然是非线性的。

5.4.2 资源依赖

近年来，已有文献开始关注资源依赖对政府财务信息披露质量的影响，但是现有文献大都没有考虑空间相关性。如果某省政府财务信息的披露质量较高时，丰富的自然资源会成为该省的一种福利收入。相反，当一个政府的财务信息披露质量低下并且没有一个很好的问责制时，由于外界无法得到政府相关财务信息，从而不能有效的行使监督权而使该地陷入资源诅咒。为了使资源收入变为造福人民的福利，相关的专家学者想到的最好的政策建议是使财务信息公之于众。由于政府财务信息披露质量低下，使得公众对政府的信任度大打折扣，时常会出现腐败和寻租等问题；此外，政府除了向群众征税以外还有资源租金，这使得他们对民众税收的依赖性降低，进而也会削弱民众要求政府信息公开的压力降低。因此，资源依赖与政府财务信息披露存在非线性关系。

5.4.2.1 文献综述与假设提出

张志超、辛兵海（2014）采用地级市截面数据实证分析了资源依赖对政府财务信息披露质量的影响，结果发现，资源依赖与政府财务信息披露质量显著负相关。分位数回归结果说明，政府财务信息披露质量越高，资源依赖对政府财务信息披露质量的负向影响相对较高。

辛兵海、尚晓贺、陶江（2014）采用地级市面板数据分析发现，资源依赖是我国地方政府信息透明度的一个影响因素，资源依赖降低了政府透明度。

陈隆近、吴亚萍、冯力沛（2018）通过四川县级财政自主权的数据，实证分析了资源依赖对财政透明度的影响：更多的资源与财政透明度负相关。

洪开荣、侯冠华（2017）采用 2010～2014 年的省际面板数据，运用空间计量模型，分析了资源依赖对经济发展的影响。

徐晓亮、程倩、车莹（2017）采用空间动态面板模型分析了区域资源依赖的原因。

Mehlum（2006）通过寻租模型分析认为，当一个地区的政府财务信息披露质量较高且有较好的问责性时，该地所拥有的丰富的自然资源将成为一种福利。然而，当政府财务信息披露质量较低且没有很好的问责性时，由于公众得不到政府财务相关信息，使得他们不能有效地对政府进行监督，最终会将其陷入资源依赖。

阎波（2013）实证分析了政府财务信息公开的外部因素和内部因素，最终指出资源依赖对其影响是比较显著的。

Carpenter 和 Feroz（2001）指出，若从地方政府的角度来看的话，政府财务信息披露所受的外部环境的影响是来自政府所面临的"资源依赖"，而这种依赖经常导致各级政府披露相关的信息。原因如下：地方拥有强烈的发展地区经济的意愿，这会促使他们把一些与资源配置能力以及业绩相关的有利信号披露出来，取得各方的认可。

Heuty 和 Carlitz（2008）根据国际预算合作组织对 85 个国家的财政透明度进行统计分析得出了这样的结论：不像那些资源依赖性较弱的地区，资源依赖性较强的地区的政府财政信息处于相对不透明的状态。

William（2011）采用跨国面板数据实证分析发现，资源依赖与财政透明度负相关。

综上所述，资源依赖对政府财务信息披露质量影响的文献中，已有文献对两者关系的结论并不一致。已有文献关注两者的非线性关系，但没有采用门槛效应模型。目前还没有从空间计量角度分析两者关系。

（1）资源依赖对政府财务信息披露质量的影响存在空间相关性。

在我国，缺乏足够的资源和能力，常被地方官员作为阻碍政府进行财务信息披露，提高财政透明度的一个主要障碍。随着资源禀赋的提高，丰富的自然资源将成为一种福利，从而提高政府由于提高财务信息披露质量成本的支付能力。研究目前的相关文献发现，现有文献大都没有采用空间计量模型分析资源依赖对政府财务信息披露质量的影响，但资源依赖和政府财务信息披露质量均存在空间相关性，应采用空间计量模型分析两者关系。

由此提出假设 5 - 4 - 2 - 1：考虑到资源依赖和政府财务信息披露质量的空间关联性之后，在一定范围内，资源依赖对于政府财务信息披露质量仍是具有正向作用的。

（2）资源依赖对政府财务信息披露质量的影响存在门槛效应。

随着资源禀赋的提高，丰富的自然资源将成为一种福利，政府越来越有能力支付提高财务信息披露质量的成本。但是经研究发现，资源禀赋过高的国家所披露的财务信息质量却很低。原因如下：政府除了对外征税以外，还能获得大量的资源租金收入，这使得他们对资源的依赖性降低，也降低了政府对公众的责任，导致政府财务信息披露质量的降低。

基于此，提出假设 5 - 4 - 2 - 2：资源依赖程度对政府财务信息披露质量的影响是非线性的，存在门槛值。

5.4.2.2 研究设计

（1）变量定义。

因变量：政府财务信息披露质量（Grade）。选择上海财经大学公共政策研究中心所发布的《中国财政透明度报告》中所提到的省级政府的财政透明度来衡量政府财务信息披露质量。

自变量：资源依赖（ZYYL）。采用采矿从业人员占全体从业人员的比重来衡量。具体统计数据来源于《中国城市统计年鉴》。现有文献表示采矿业从业人员比例和资源丰富度间关系是正向的。随着资源禀赋的提高，丰富的自然资源将成为一种福利，政府越来越有能力支付提高信息披露质量的成本。

控制变量。结合已有文献，选取政府规模、城镇化率、产业结构、经济增长作为控制变量。

（2）基本面板回归模型设计。

不考虑空间效应和门槛效应时，基本面板回归模型如下：

政府财务信息披露质量 $= \alpha + \beta_1$ 资源依赖 $+ \beta_2$ 资源依赖$^2 + \beta_3$ 产业结构 $+ \beta_4$ 政府规模 $+ \beta_5$ 城镇化水平 $+ \beta_6$ 经济增长 $+ \varepsilon$

（3）样本与数据。

本节的研究对象是 2010~2014 年 31 个省级政府。政府财务信息披露质量数据来自《中国财政透明度报告》，其他数据分别来自《中国统计年鉴》、各省年鉴等。为了消除变量间内生性的影响，因变量数据较自变量滞后一年，经过手工收集和整理，剔除异常值并进行了缩尾处理。所有数据不仅经过人工核对而且还通过 Excel 软件进行相关的逻辑筛查，并且用二次指数平滑法对少数缺失值进行了处理。除此之外，本节包含了大量的具有较大波动性的宏观经济数据，这会致使异方差问题的产生。因此，出于降低异方差问题对于回归结果的影响的目的，对一些数据采取了对数化处理。

5.4.2.3 实证结果分析

（1）描述性统计。

分析表 5-137 发现，政府财务信息披露质量的均值为 31.3851，最小值和最大值分别为 10.67 和 77.7，这表明了各省的政府财务信息披露质量之间存在着较大差异，且其整体质量较差，政府财务信息披露质量也较差；资源依赖的均值为 0.042，最大值为 0.121；控制变量中，政府规模的均值为 2.394，最大值为 3.356，说明各地区间差异并不明显；经济增长即地区 GDP 增速均值为 10.927，最大值为 54.57，最小值为 2.7，说明各省经济发展差异较大。

表 5 –137		描述性统计			
变量	观测值	均值	标准差	最小值	最大值
grade	155	31. 835 1	12. 601	10. 670 0	77. 700
zyyl	155	0. 042 0	0. 034	0. 000 1	0. 121
zfgm	155	2. 394 0	0. 513	– 0. 385 0	3. 356
cyjg	155	0. 529 0	0. 096	0. 282 0	0. 784
ggdp	155	10. 927 0	5. 351	2. 700 0	54. 570
czhl	155	0. 422 0	0. 246	0. 167 0	1. 000
pgdp	155	5. 069 0	0. 626	2. 756 0	6. 075
xqrk	155	3. 402 0	0. 544	1. 736 0	4. 040

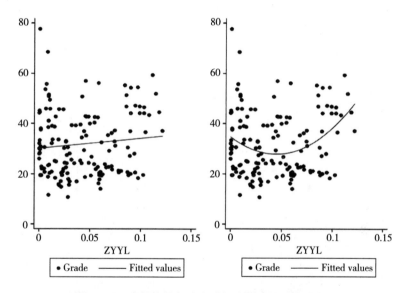

图 5 –35　资源依赖与政府财务信息披露质量的散点

由图 5 – 35 左边可知，资源依赖与政府财务信息披露质量线性拟合时，两者呈不太显著的正相关关系；从图 5 – 35 右边可知，资源依赖与政府财务信息披露质量非线性拟合时，两者呈比较明显的 U 型关系。

（2）相关性分析。

通过表 5 – 138 的相关性分析发现，资源依赖程度、政府规模、经济增长、居民收入均与政府财务信息披露质量显著正相关；产业结构、城镇化率与政府财务信息披露质量正相关，但结果并不显著。

表 5 – 138			相关性分析结果				
变量	Grade	ZFFQ	CYJG	ZFGM	GGDP	CZHL	ZYYL
Grade	1.00						
ZYYL	0.10*	1.00					
CYJG	0.049	– 0.05	1.00				
ZFGM	0.39*	0.32*	– 0.49*	1.00			
GGDP	0.31*	0.07	– 0.11	0.32	1.00		
CZHL	0.05	0.05	– 0.29*	0.02	0.01	1.00	
PGDP	0.29*	0.12	0.07	0.18*	0.07*	0.07	1.00

（3）静态面板与动态面板的回归结果分析。

首先进行静态面板回归模型的选择，由表 5 – 139 可知，不添加资源依赖平方项的霍斯曼检验的 P 值为 0.101 2，应选择随机效应模型；有资源依赖平方项的霍斯曼检验的 P 值为 0.032 9，应选择固定效应模型。

表 5 – 139			霍斯曼检验	
变量	无平方项		有平方项	
	fe	re	fe	re
zyyl	– 132.149	– 4.510	– 416.652	– 122.566
$zyyl^2$			2193.836	1059.851
cyjg	3.959	– 10.095	11.964	– 7.283
zfgm	– 0.398	– 2.509	– 0.340	– 2.509
ggdp	– 0.136	– 0.241	– 0.169	– 0.266
czhl	59.860	13.436	59.856	10.299
pgdp	1.329	1.923	0.791	1.755
Prob > chi2	0.1012		0.0329	

由表 5 – 140 可知，模型（1）和模型（2）中，资源依赖均与政府财务信息披露质量显著负相关，这与线性拟合的散点图中不显著的正相关结论不同。在模型（3）和模型（4）中，由于考虑异方差的固定效应模型结论更准，按模型（4）解释，资源依赖的一次项显著为负，二次项显著为正，说明资源依赖与政府财务信息披露质量呈 U 型关系，这与非线性拟合的两者关系的散点图的 U 型一致。由动态面板模型可知，政府财务信息披露质量的滞后项均与政府财务信息披露质量显著负相关；模型（5）中，资源依赖与政府财务信息披露质量不显著负相关；模型（6）中，资源依赖的一次项与二次项均与政府财务信息披露质量不显著负相关。

表 5-140 静态与动态面板的回归结果分析

变量	静态面板				动态面板	
	常规随机效应 模型(1)	考虑异方差的随机效应 模型(2)	常规固定效应 模型(3)	考虑异方差的固定效应 模型(4)	GMM 模型(5)	GMM 模型(6)
政府财务信息披露质量的滞后项					-0.367*** (0.000)	-0.362*** (0.001)
资源依赖	-4.510 (0.920)	-4.510 (0.919)	-449.761* (0.052)	-449.761** (0.012)	-98.619 (0.340)	-23.413 (0.946)
资源依赖的平方			2400.493 (0.164)	2400.493* (0.060)		-709.116 (0.811)
政府规模	-2.509 (0.310)	-2.509 (0.181)	0.005 (0.999)	0.005 (0.997)	-6.728 (0.223)	-6.799 (0.223)
产业结构	-10.095 (0.457)	-10.095 (0.523)	13.807 (0.472)	13.807 (0.505)	-42.549 (0.159)	-49.019 (0.108)
经济增长	-0.241 (0.182)	-0.241 (0.215)	-0.188 (0.322)	-0.188 (0.290)	-0.037 (0.876)	-0.007 (0.978)

续表

变量	静态面板				动态面板	
	常规随机效应 模型(1)	考虑异方差的随机效应 模型(2)	常规固定效应 模型(3)	考虑异方差的固定效应 模型(4)	GMM 模型(5)	GMM 模型(6)
城镇化	13.436* (0.078)	13.436* (0.051)	57.098 (0.081)	57.098 (0.154)	-6.523 (0.796)	-1.299 (0.968)
经济条件					1.817 (0.385)	2.174 (0.312)
_cons	30.589** (0.011)	30.589** (0.012)	14.341 (0.458)	14.341 (0.471)	80.366*** (0.000)	78.327*** (0.003)
Obs	155	155	155	155	124	124
R^2	0.106 3	0.106 3	0.084 8	0.084 8		

注：括号中为 P 值。

（4）资源依赖对政府财务信息披露质量影响的空间效应分析。

①空间效应的模型设计。

空间滞后模型中政府财务信息披露质量 $= \alpha + \beta_1$ 资源依赖 $+ \beta_2$ 产业结构 $+ \beta_3$ 政府规模 $+ \beta_4$ 城镇化水平 $+ \beta_5$ 经济增长 $+ \gamma W_{ij}$ 政府财务信息披露质量 $\hspace{3cm}(5 - 4 - 2 - 1)$

空间误差模型中政府财务信息披露质量 $= \alpha + \beta_1$ 资源依赖 $+ \beta_2$ 产业结构 $+ \beta_3$ 政府规模 $+ \beta_4$ 城镇化水平 $+ \beta_5$ 经济增长 $+ \gamma W_{ij} \xi$ $\hspace{1cm}(5 - 4 - 2 - 2)$

与模型 5 - 4 - 2 - 1 不同的是，模型（5 - 4 - 2 - 1）和模型（5 - 4 - 2 - 2）中通过引入所有解释变量的空间滞后项 X_i 来考察资源依赖影响政府财务信息披露质量的空间相关性。

②空间效应存在性检验。

全局空间关联性分析。计算资源依赖程度的莫兰指数，由表 5 - 141 可知，资源依赖存在正向的空间相关性，即高高集聚或低低集聚，而且各年的对应 P 值均保持在 5% 以内，都在 10% 的置信水平上是显著的，因此，资源依赖程度存在空间正相关性。

表 5 - 141　　　　　　　　　　资源依赖程度临近莫兰指数

指标	二元相邻权重矩阵			空间距离权重矩阵		
	2012 年	2013 年	2014 年	2012 年	2013 年	2014 年
莫兰指数估计值	0.256	0.308	0.273	0.051	0.055	0.051
标准差	0.110	0.120	0.119	0.038	0.035	0.035
Z 统计量	2.637	2.852	2.581	2.201	2.539	2.439
P 值	0.004	0.002	0.005	0.014	0.006	0.007

局域空间关联性分析。资源依赖的莫兰指数散点图说明大多数省份都位于第一、三象限。2014 年有 11 个省份位于第一象限，有 10 个省份位于第三象限，合计占样本总数的比重为 67.74%；2013 年有 10 个省份位于第一象限，有 9 个省份位于第三象限，合计占样本总数的比重为 61.29%；2012 年有 10 个省份位于第一象限，有 9 个省份位于第三象限，合计占样本总数的比重为 61.29%；2011 年有 10 个省份位于第一象限，有 8 个省份位于第三象限，合计占样本总数的比重为 58.06%；2010 年有 10 个省份位于第一象限，有 9 个省份位于第三象限，合计占样本总数的比重为 61.29%；莫兰指数散点图表明，对资源依赖程度存在显著的空间正相关性，呈现一定程度上的聚集效应，高资源依赖程度城市被高资源依赖程度

的邻近城市所围绕，低资源依赖程度城市被低资源依赖程度的邻近城市所围绕。

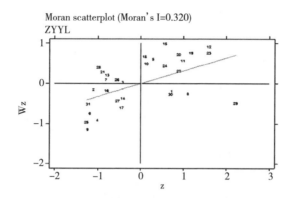

图 5 - 36　2014 资源依赖程度的莫兰指数散点

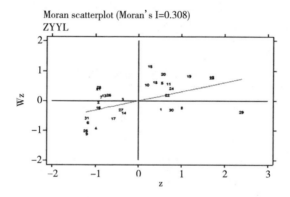

图 5 - 37　2013 资源依赖程度的莫兰指数散点

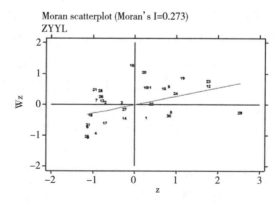

图 5 - 38　2012 资源依赖程度的莫兰指数散点

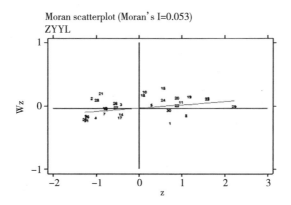

图 5 - 39   2011 资源依赖程度的莫兰指数散点

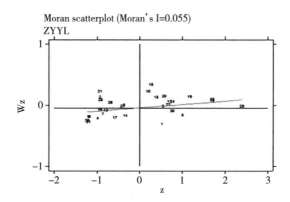

图 5 - 40   2010 资源依赖程度的莫兰指数散点

③空间效应模型选择的 LM 检验。

LM 检验可以用来选择空间误差模型或空间滞后模型。但如果不是这两个空间计量模型，LM 检验就无能为力。因此本节同时考虑 SAR 和 SEM 模型。

表 5 - 142   LM 检验结果

变量名称	SLX
资源依赖程度	153. 868 * (0. 018)
滞后一期资源依赖程度	131. 100 * (0. 009)
产业结构	- 0. 016(0. 053)
政府规模	0. 008(0. 243)

变量名称	SLX
经济增长	0.001 * (0.044)
城镇化程度	18.091(0.212)
_cons	44.802(0.096)
LM-lag	4.112 *
LM-error	3.962 *
Obs	155
R^2	0.277
Log likelihood	-113.062

④空间面板模型的回归结果分析。

由表 5 - 143 可知，空间误差系数与空间滞后系数都在 10% 的水平上显著，说明存在空间效应。空间滞后系数为正数，说明某省提升其财务信息披露质量时，相邻省份也会提升政府财务信息披露质量。这意味着邻近省份可以从该省份的政府财务信息披露质量的提高中获得积极的溢出效应。资源依赖程度的系数及滞后一期资源依赖程度的系数均显著为正，说明考虑了空间效应后，资源依赖程度对政府财务信息披露质量仍然有显著的促进作用。

表 5 - 143　　　　　　　　空间模型中估计结果

变量名称	SAR 空间滞后模型	SEM 空间误差模型
资源依赖程度	127.566 * (0.040)	110.452 * (0.029)
滞后一期资源依赖程度	153.868 * (0.018)	
产业结构	-0.599(0.053)	-0.542(0.113)
政府规模	-0.009(0.144)	-0.009(0.149)
经济增长	0.032(0.825)	0.004(0.825)
城镇化程度	36.481 * (0.017)	35.946 * (0.033)
_cons	138.680 * (0.000)	125.805 * (0.000)
空间滞后项参数	3.934 * (0.041)	
空间误差项参数		3.642 * (0.049)
Obs	155	155
R^2	0.550	0.374
Log likelihood	-115.314	-117.242

⑤空间效应的稳健性检验。

为了克服内生性，将变量滞后一期，回归结果如表5－144所示。结果显示，本节的检验结果具有良好的稳健性。主要体现在：政府财务信息披露质量在省份之间呈现出显著的空间关联性。基于新的空间权重矩阵，同样发现资源依赖程度对政府财务信息披露质量的影响是正向的。

表5－144　　　　　　　　　空间模型中估计结果

变量名称	SAR 空间滞后模型	SEM 空间误差模型
资源依赖程度	144.600 * (0.008)	93.565 * (0.042)
滞后一期资源依赖程度	86.630 * (0.018)	
产业结构	－ 0.198(0.454)	0.028(0.454)
政府规模	－ 0.007(0.176)	0.014 * (0.007)
经济增长	0.001(0.486)	0.005(0.513)
城镇化程度	0.750(0.067)	13.812(0.352)
空间滞后项参数	8.856 * (0.003)	
空间误差项参数		4.607 * (0.021)
_cons	50.060(0.061)	21.097(0.078)
Obs	155	155
R^2	0.612	0.408
Log likelihood	－ 106.657	－ 105.896

进一步考虑空间距离权重矩阵 W_2，来检验上述分析得到的空间计量结果是否只是个统计（程序）现象。总的来说，基于 W2 矩阵得到的回归结果跟表5－145的结果基本一致，表示了结果的稳健性。主要体现在：政府财务信息披露质量在省份之间呈现出显著的空间关联性。基于新的空间权重矩阵，同样发现，资源依赖程度对政府财务信息披露质量的影响是正向的。

表5－145　　　　　　　　　空间模型中估计结果

变量名称	SAR 空间滞后模型	SEM 空间误差模型
资源依赖程度	125.195 * (0.025)	74.107(0.099)
滞后一期资源依赖程度	111.375 * (0.053)	
产业结构	－ 0.648 * (0.021)	－ 0.429 * (0.048)
政府规模	－ 0.009(0.082)	0.008 * (0.044)

变量名称	SAR 空间滞后模型	SEM 空间误差模型
经济增长	0.002(0.638)	0.015(0.295)
城镇化程度	46.773 * (0.001)	38.997 * (0.000)
空间滞后项参数	4.763 * (0.030)	
空间误差项参数		4.142 * (0.034)
_cons	144.099 * (0.000)	109.620 * (0.000)
Obs	155	155
R^2	0.635	0.468
Log likelihood	– 114.339	– 110.020

　　采用财政透明度指数的二级指标"一般公共预算信息披露得分"来衡量政府财务信息披露质量。结果显示，本节的检验结果具有良好的稳健性。主要体现在：政府财务信息披露质量在省份之间呈现出显著的空间关联性。基于新的空间权重矩阵，同样发现，资源依赖程度对政府财务信息披露质量的影响是负向的。

表 5 – 146　　　　　　　　　空间模型中估计结果

变量名称	SAR 空间滞后模型	SEM 空间误差模型
资源依赖程度	89.573 * (0.013)	84.020 * (0.010)
滞后一期资源依赖程度	134.115 * (0.020)	
产业结构	– 0.144(0.053)	0.063(0.683)
政府规模	0.001(0.248)	0.007(0.137)
经济增长	0.001 * (0.024)	0.001 * (0.002)
城镇化程度	11.662(0.038)	12.181(0.169)
空间滞后项参数	3.764 * (0.042)	
空间误差项参数		3.7818(0.038)
_cons	66.932(0.010)	14.213(0.089)
Obs	155	155
R^2	0.401	0.851
Log likelihood	– 110.169	– 105.691

　　（5）财政分权对政府财务信息披露质量影响的门槛效应分析。

　　表 5 – 147 是门槛存在性检验。单门槛和双门槛均在 10% 的水平上显

著，三门槛在 10% 水平上仍不显著，后续采用双门槛进行分析。

表 5 - 147   门槛存在性判断与门槛数估计

门槛	F 值	P 值	10%	5%	1%
单一门槛	3.373 0 *	0.075 0	2.737 1	4.606 7	10.155 4
双重门槛	3.463 6 *	0.063 0	2.717 1	3.891 9	6.761 1
三重门槛	0.000 0	0.160 0	0.000 0	0.000 0	0.000 0

表 5 - 148 显示双门槛模型中，第一、二门槛值分别为 0.000 5 和 0.080 9，对应的 95% 置信区间分别为 [0.000 5, 0.102 5]，[0.005 7, 0.102 5]。

表 5 - 148   门槛值估计结果

门槛值	估计值	95% 置信区间
门槛值 γ1	0.000 5	[0.000 5, 0.102 5]
门槛值 γ2	0.080 9	[0.005 7, 0.102 5]

采用双门槛模型进行回归，因变量为政府财务信息披露质量，自变量及门槛变量为资源依赖程度。表 5 - 149 中，模型（1）是双门槛常规固定效应模型；模型（2）是双门槛考虑了异方差的稳健性固定效应模型。模型（1）、模型（2）均显示，在资源依赖水平低于第一门槛值 0.0005 时，资源依赖与政府财务信息披露质量显著正相关。当资源依赖介于第一、二门槛值之间时，资源依赖与政府财务信息披露程度显著负相关，当资源依赖高于第二门槛值时，资源依赖与政府财务信息披露质量仍呈显著负相关，而且负相关系数更大。这总体说明，资源依赖程度不利于政府财务信息披露质量的提升，主要原因可能有两方面：一是资源依赖程度高的政府经济状况较好，不具有披露政府财务信息的内外压力；二是资源依赖的政府可能存在寻租行为，也倾向于不披露或选择性披露政府财务信息。

表 5 - 149   门槛面板模型系数估计结果

变量	模型（1）	模型（2）
ZYYL_1	446 00 *	446 00 ***
	(1.825 0)	(6.213 2)

变量	模型(1)	模型(2)
ZYYL	−282.660 6 *** (−2.806 4)	−282.660 6 *** (−3.705 1)
ZYYL_3	−195.447 6 *** (−2.635 0)	−195.447 6 *** (−3.546 5)
ZFGM	0.047 3 (0.015 9)	0.047 3 (0.011 2)
CYJG	14.051 8 (0.769 1)	14.051 8 (0.964 9)
GGDP	−0.159 9 (−0.860 4)	−0.159 9 (−1.014 3)
CZHL	43.877 4 (1.353 2)	43.877 4 ** (2.019 4)

根据门槛检验的资源依赖分组，三组的样本数分别为6、122和27。这说明2010～2014年155个观测值中，只有6个观测值的资源依赖能正向促进政府财务信息披露质量提升。

表5-150 资源依赖分组的各变量均值

变量	低于第一门槛值的均值	介于第一、二门槛值的均值	高于第二门槛值的均值
GRADE	34.253 3	30.161 8	38.858 5
ZFGM	3.242 5	0.514 9	2.240 2
CYJG	0.490 7	0.102 8	0.522 9
GGDP	7.205 6	5.362 2	10.102 9
CZHL	0.870 4	0.221 5	0.432 1
ZYYL	0.000 1	0.023 7	0.097 4
Obs	6	122	27

5.4.2.4 小结

采用2010～2014年的省级面板数据，分析资源依赖对政府财务信息披露质量的影响。空间相关性检验表明，资源依赖和政府财务信息披露质量均存在空间相关性，而且两者都是空间正相关。采用空间计量模型回归发现，资源依赖与政府财务信息披露质量显著正相关。

采用双门槛面板模型回归结果表明，总体而言，资源依赖程度不利于政府财务信息披露质量的提升。在资源依赖程度很低时，能提供政府财务信息披露所需的经济资源，而且寻租等可能性较低，资源依赖正向推动政府财务信息披露质量改进。当资源依赖程度高于第一门槛值时，资源依赖程度的作用由正变负，而且负相关系数逐步增大。

5.4.3　行政成本

近年来，经济的发展，社会的进步，政府职能范围逐步扩大，政府行政成本也随之不断提高。政府行政成本是政府在某方面履行行政职能的人、财、物的耗费，支出越多，该行政职能资金越充裕，通常能履行得越好。在政府财务信息披露上，也需要消耗行政成本，资金充裕，政府财务信息披露质量能不断提高。但同时，政府行政成本是一种消耗性成本，而且还有一定的隐秘性，行政成本的结果也不是短期见效的，这就可能导致官员的寻租行为。公众为了监督政府合理使用行政成本，降低三公经费，要求政府披露财务信息，这也导致政府财务信息披露质量的提升。

5.4.3.1　文献综述与假设提出

张曾莲、王卓（2017）通过 2009～2013 年的省级面板数据分析发现，政府行政成本与政府财务信息披露质量显著正相关。[①] 政府行政成本是政府向社会提供一定的公共服务所需要的行政投入或耗费的资源，是政府行使其职能必须付出的代价，是政府行使职能的必要支出，为实现高效的财政透明度提供了经济基础；另外，政府行政成本还包括政府行政决策所付出的代价，这部分代价是不是值得，取决于决策是否正确，如果决策失误，必然会导致不必要的行政成本支出。因此，合理程度的行政成本能够对政府财政透明度的提升起到正向促进作用。而当行政成本过低时，政府没有足够资金对于本地区的经济进行建设，除此之外，过少的行政经费不利于激励官员进行作为，抑制社会各方面的进步，不利于提升人民生活水平。过低的行政成本无法促进政府财务信息披露质量的提升甚至可能会对地方政府财务信息披露质量产生负向影响。同样地，当行政成本程度过高时，地方政府未被有效监督时，政府官员可能会有贪污行为，政府更多地追求自身利益而忽视公众需求，最终导致官员腐败现象严重，政府治理失效。可见，过高的行政成本同样也会抑制政府财政透明度的提升，所以政

---

① 张曾莲，王卓. 政府财务信息披露质量提升的影响研究［J］. 地方财政研究，2017
(7).

府行政成本应处在一个最优的成本区间内,使得政府财政透明度最高。基于此,提出假设5-4-3-1:政府行政成本与财政透明度之间的关系是非线性的。只有达到一定水平时,行政成本才能有效提升财政透明度;当行政成本过低或过高时,都会抑制政府财政透明度的提高。

由第三章可知,政府财务信息披露质量存在空间相关性。考虑财政透明度的空间相关性后,政府行政成本对财政透明度的影响应该仍然具有非线性关系,这是本节的假设5-4-3-2。

5.4.3.2 研究设计

(1)变量定义。

政府财务信息披露质量,仍然采用上海财经大学发布的财政透明度指数。

政府行政支出(Cost)。现有的研究对于行政成本的概念未达成一致的观点,本节将政府行政成本定义为政府在为社会公众提供公共产品和服务、实施行政管理等一系列过程中所消耗的人力物力和财力资源。基于这一定义,本书参照罗文剑(2014)的做法,将政府行政成本定义为一般公共支出、外交支出和公共安全支出之和,取对数后纳入计量模型。

控制变量。①政府腐败程度(CORR)。以每万名公职人员中的腐败立案数作为衡量地区腐败程度的变量。②财政分权(ZFFQ)。选择财政自主度衡量。③对外开放程度(OPEN),采用地区进出口总额与地区GDP之比再对其取对数衡量。④经济增长(UGDP),采用人均GDP衡量。

(2)模型设计。

不考虑空间计量和门槛效应时,政府行政成本对政府财务信息披露质量影响的基本模型为:

政府财务信息披露质量 $= \alpha + \beta_1$ 行政成本 $+ \beta_2$ 行政成本$^2 + \beta_3$ 财政分权 $+ \beta_4$ 开放程度 $+ \beta_5$ 腐败程度 $+ \beta_6$ 经济增长 $+ \varepsilon$

(3)样本与数据。

政府财务信息披露质量数据来自2012~2016年的《中国财政透明度报告》,其他数据分别来自《中国统计年鉴》、各省年鉴等。为了消除变量间内生性的影响,因变量数据较自变量滞后一年,经过手工收集和整理,剔除异常值并进行了缩尾处理。

5.4.3.3 实证结果分析

(1)描述性统计与相关性分析。

从表5-151可以看出,政府财政透明度的均值为33476,最大值为77.7,最小值为11.52,省际财政透明度标准差达到11.772,均值为

33.476，地区间财政透明度差异非常大。政府行政支出取对数后均值为6.21，最小值为4.47，最大值为7.52，可见，各省级政府行政成本整体处于较高水平，且地区间差异较大。省级政府财政自主度均值约为3.6%，财政分权处于中等水平，腐败程度标准差达7.169，均值24.226，表明地区腐败程度不一。

表5-151　　　　　　　　　　描述性统计结果

变量	符号	样本数	均值	标准差	最小值	最大值
财政透明度	GDI	155	33.475 548 0	11.772 322 0	11.52	77.70
政府行政成本	Cost	155	6.218 709 7	0.608 713 8	4.47	7.52
对外开放程度	OPEN	186	7.960 000 0	0.950 000 0	6.32	10.08
经济增长	UGDP	155	10.662 581 0	0.418 163 2	9.71	11.59
财政分权	FD	155	0.036 709 7	0.028 057 8	0.00	0.14
腐败程度	CORR	155	24.225 933 0	7.169 132 7	8.20	48.84

由散点图5-41可验证假设5-4-3-1，政府行政成本与财政透明度之间的关系是非线性的。

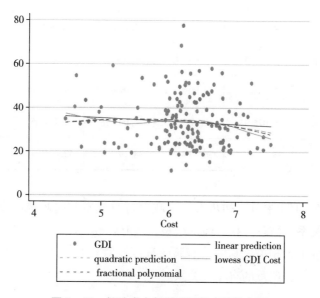

图5-41　行政成本与财政透明度的散点图

政府行政成本数据来自国家统计局网站。图 5 - 41 列示了政府行政成本在各地区间的分布情况，从图中可以看出，政府行政成本规模分布存在较明显的空间格局，西部省份政府的行政成本较东部的低，从西向东呈递增的趋势。为进一步探讨各省政府行政成本在各地区的空间关联性，本书使用莫兰指数刻画政府行政成本的空间关联情况。

借鉴 Shorrocks 提出的夏普利值分解框架，表 5 - 152 给出了 2011 ~ 2015 年各变量对于财政透明度的贡献程度。由表 5 - 152 可知，政府行政成本对财政透明度的贡献率初步说明了合理控制政府行政成本能够在一定程度上促进财政透明度。

表 5 -152　　　　　　　　各变量对财政透明度的贡献程度

指标	2011	2012	2013	2014	2015
Cost 夏普利值	0. 079 53	0. 016 13	0. 067 52	0. 007 53	0. 001 35
贡献率	12. 71%	8. 83%	14. 99%	9. 18%	10. 15%
UGDP 夏普利值	0. 009 74	0. 025 93	0. 002 81	0. 021 35	0. 007 99
贡献率	4. 62%	7. 77%	2. 37%	11. 84%	6. 81%
CORR 夏普利值	0. 029 72	0. 020 59	0. 039 62	0. 014 04	0. 027 41
贡献率	14. 09%	6. 17%	13. 44%	7. 78%	18. 35%
FD 夏普利值	0. 015 98	0. 081 77	0. 004 75	0. 025 56	0. 011 57
贡献率	7. 58%	14. 50%	9. 01%	14. 17%	9. 86%
OPEN 夏普利值	0. 075 95	0. 189 31	0. 003 78	0. 111 85	0. 069 08
贡献率	36. 01%	56. 73%	38. 19%	52. 03%	58. 84%

从表 5 -153 中可以初步看出，政府行政成本与财政透明度间呈显著正向相关关系，财政分权，经济增长，政府腐败程度，对外开放程度均与财政透明度呈负相关，其中政府腐败程度，对外开放水平呈显著负相关，各自变量不存在严重的自相关关系。

表 5 – 153   **主要变量 Person 相关系数**

变量	GDI	Cost	UGDP	CORR	FD	OPEN
GDI	1. 000 0					
Cost	0. 008 7 *	1. 000 0				
UGDP	− 0. 165 3	0. 203 3	1. 000 0			
Corr	− 0. 005 6 *	− 0. 081 9	− 0. 077 0	1. 000 0		
FD	− 0. 011 0	0. 744 9 *	0. 268 6 *	− 0. 025 6	1. 000 0	
OPEN	− 0. 061 7 *	0. 004 6	0. 021 3	0. 094 8	− 0. 052 9	1. 000 0

（2）普通非线性面板回归结果分析。

传统模型中，行政成本对政府财政透明度呈正相关，在经济增长、腐败程度和对外开放上呈负相关，各变量显著性变化不大，加入行政成本的平方项后仍然呈显著正相关，发现上述因素对政府财政透明度的影响方向和效应与假设 5 – 4 – 3 – 1 大致保持一致，即政府行政成本对财政透明度之间的影响具有非线性的关系。

表 5 – 154   **基本非线性面板回归结果**

变量名称	符号	系数	P 值
政府行政成本	Cost	0. 172 711 00	0. 040 9
政府行政成本的平方	Cost_square	0. 015 900 10	0. 036 9
经济增长	UGDP	− 0. 008 052 50	0. 082 6
腐败程度	Corr	− 0. 032 549 60	0. 032 5
财政分权	FD	− 0. 457 277 60	0. 279 0
对外开放	OPEN	− 0. 000 451 76	0. 047 0
Obs		155	
R^2		0. 065 000 00	

（3）门槛效应分析。

表 5 – 155 列示了以财政透明度为被解释变量，政府行政成本同时作为解释变量和门槛变量时，门槛存在性的检验结果。单门槛、双门槛和三门槛的 P 值分别为 0.057、0.090 和 0.003，因此采用三重门槛。

表 5 – 155　　　　　　　　　　　　门槛效应的存在性检验

门槛模型	F 值	P 值	BS 次数	显著性临界值		
				1%	5%	10%
单重门槛	2.466 *	0.057	300	7.944	4.761	2.962
双重门槛	5.641 *	0.090	300	12.355	7.559	5.377
三重门槛	11.222 ***	0.003	300	10.094	6.332	4.229

注：F 统计量和 P 值均为 bootstrap 重复自抽样 300 次得到。

表 5 – 156 列示了三门槛模型的第一、二、三门槛值分别为 6.380、6.260 和 6.120，对应的 95% 下的置信区间分别为 [5.170，7.060]、[5.170，7.410]、[6.050，7.110]。采用 Hasen (1999) 提出的优化搜索方法得到的三个门槛值也是 6.380、6.260 和 6.120。

表 5 – 156　　　　　　　　　　　　门槛值及置信区间

门槛模型	门槛估计值	95% 置信区间
单重门槛(g1)	6.380	[5.170，7.060]
双重门槛(g2)	6.260	[5.170，7.410]
三重门槛(g3)	6.120	[6.050，7.110]

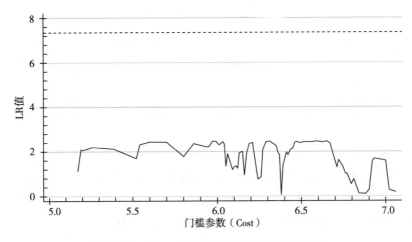

图 5 – 42　第一个门槛值的估计值与置信区间

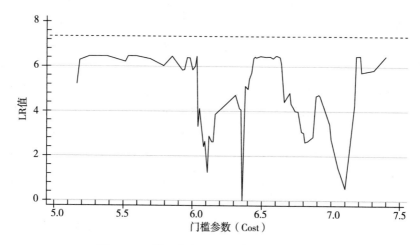

图 5 – 43　第二个门槛值的估计值与置信区间

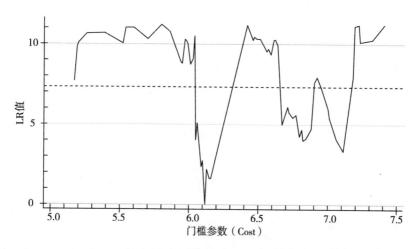

图 5 – 44　第三个门槛值的估计值与置信区间

以政府财政透明度为被解释变量，行政成本水平同时作为解释变量及门槛变量构造三重门槛面板模型的回归结果如表 5 – 157 的模型（1）和模型（2）。由模型（1）可知，行政成本过低时，行政成本无法有效促进当地政府财政透明度的提高。当行政成本程度小于第一门槛值 6.12 时，行政成本与政府财政透明度间的系数为 – 0.618 943，行政成本与政府财政透明度披露质量呈负相关。这表明虽然降低行政成本旨在实现中央地方成本的节约，但当政府拥有的行政经费过低时，地方政府缺乏积极性，无法形成有效激励机制，容易形成政府财政透明度的相对低下，相应行政成本无法促进政府财政透明度的提升。当政府行政成本处于合理区间时，行政成本能够帮助政府财政透明度的提高。行政成本介于第一门槛值和第二门槛值之间，即处于 6.12 和 6.38 之间时，行政成本与政府财务透明度指标间系数为 0.6156781 和 0.6626149，呈显著正相关，表明行政成本在合理区间内会实现政府财务信息透明化达到最高，更大限度地激励地方政府提供更好的社会公众服务，帮助政府财务透明度的提高。政府行政成本过高会对政府财政透明起到抑制作用。当行政成本程度超过第二门槛值 6.38 时，行政成本与政府财政透明度间的系数为 - 0.231006，表明当行政成本的规模超过第二个门槛值而过高时，会抑制政府财政透明的提高。过高的行政成本会导致政府缺乏有效监管且易造成行政经费的浪费，导致政府财政透明度低下。考虑异方差的门槛效应模型（2）结论基本一致。

内生性稳健性检验。由模型（3）和模型（4）可知，将因变量的数据较自变量滞后一年，进行门槛效应检验。结果显示，检验结果具有良好的稳健性：政府行政成本对财政透明度的影响仍然是非线性的。

变量替换稳健性检验。由模型（5）和模型（6）可知，将财政透明度改用一般公共预算得分来衡量。结果显示，检验结果具有良好的稳健性：政府行政成本对财政透明度的影响仍然是非线性的。

表 5 - 157   门槛面板模型系数估计结果和稳健性分析结果

变量	门槛面板模型		内生性稳健性检验		变量替换稳健性检验	
	模型(1)	模型(2)	模型(3)	模型(4)	模型(5)	模型(6)
	fe	fe_robust	fe	fe_robust	fe	fe_robust
UGDP	7.747 528 0	7.747 528 0	4.235 996 0	4.235 996 0	- 0.017 00	- 0.017 0
Corr	- 0.079 338 4	- 0.079 338 4	- 0.002 951 7	- 0.002 951 7	- 5.128 00	- 5.128 0
FD	- 35.008 600 0	- 35.008 600 0	- 0.575 315 8	- 0.575 315 8	- 0.180 43	- 0.1.804 3
OPEN	- 3.584 717 0	- 3.584 717 0	1.475 273 0	1.475 273 0	2.366 40	2.366 4
Cost_1	- 0.618 943 0**	- 0.618 943 0**	- 0.074 215 1	- 0.074 215 1*	- 1.523 40*	- 1.523 4*
Cost_2	0.615 678 1**	0.615 678 1**	0.067 342 8	0.067 342 8	12.893 40	12.893 4
Cost_3	0.662 614 9**	0.662 614 9**	0.045 832 3	0.045 832 3	4.782 30	4.782 3
Cost_4	- 0.231 006 0**	- 0.231 006 0**	- 0.041 586 1*	- 0.041 586 1	- 3.008 30*	- 3.008 3
_cons	8.821 523 0**	8.821 523 0**	31.355 450 0	31.355 450 0	28.677 40	28.677 4

变量	门槛面板模型		内生性稳健性检验		变量替换稳健性检验	
	模型(1)	模型(2)	模型(3)	模型(4)	模型(5)	模型(6)
	fe	fe_robust	fe	fe_robust	fe	fe_robust
Adjust R²	0.029 100 0	0.029 100 0	0.024 200 0	0.024 200 0	0.012 10	0.012 1
Obs	155	155	55	55	55	55
F	1.040 000 0	0.970 000 0				

注: Cost_1（cost < 6.12）、Cost_2（6.12 ≤ cost < 6.26）、Cost_3（6.26 ≤ cost < 6.38）、Cost_4（6.38 ≤ cost）。

（4）空间效应检验。

表 5 - 158 列示了利用二元相邻空间矩阵计算得出 2011 ~ 2015 年政府行政成本的莫兰指数，由表 5 - 156 中可以看出，2011 ~ 2015 年莫兰指数对应的 P 值均在 5% 的水平上显著，表明政府行政成本存在明显的空间正相关关系，整体而言，地方政府行政成本存在正向的空间关联性。

表 5 - 158　　　　　　　　地方政府行政成本的莫兰指数

指标	2011	2012	2013	2014	2015
莫兰指数估计值	0.183	0.161	0.160	0.172	0.175
标准差	0.104	0.103	0.103	0.103	0.103
Z 统计量	2.095	1.891	1.886	1.999	2.028
P 值	0.018	0.029	0.030	0.023	0.021

图 5 - 45 绘出了 2011 ~ 2015 年政府行政成本的局域莫兰指数，从图 5 - 45可以看出，政府行政成本存在空间关联效应。

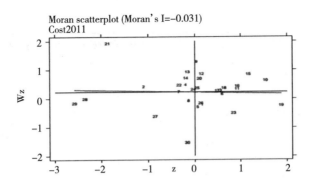

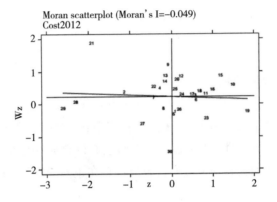

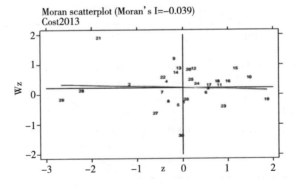

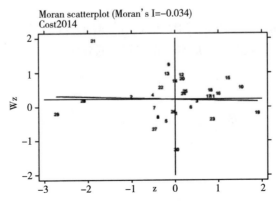

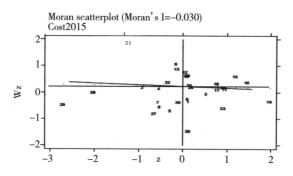

图 5 - 45   2011 ~ 2015 年政府行政成本局域莫兰指数

表 5 - 159 列示了运用空间自回归模型（SAR）、空间误差模型（SEM）和空间杜宾模型（SDM）三种模型进行回归的结果。其中模型（1）、模型（3）、模型（5）是未加入任何控制变量的回归结果；模型（2）、模型（4）、模型（6）是加入控制变量后的回归结果。由模型（1）、模型（3）、模型（5）可初步得出，政府行政成本与财政透明度呈正向相关关系，且模型（3）和模型（4）在 5% 水平下显著，模型（5）和模型（6）在 10% 水平下显著，均通过显著性检验。模型（2）未通过显著性检验。模型（4）和模型（6）中，政府行政成本与财政透明度间关系通过显著性检验。控制变量均未通过显著性检验。此外，所有模型中检验空间关联性的变量 ρ 和 λ 均在 5% 的水平下显著为正，表明了财政透明度在空间上存在较为明显的空间自相关性。

表 5 - 159　　　　　　　　　　　　　**空间面板回归结果**

变量	SAR		SEM		SDM	
	模型（1）	模型（2）	模型（3）	模型（4）	模型（5）	模型（6）
Cost	0.438 7 *	0.412 0	0.620 1 **	0.627 0 **	0.718 6 *	0.752 3 *
$Cost^2$	-0.002 5	-0.001 5	-0.038 1	-0.038 4	-0.042 1	-0.031 0
UGDP		-0.001 7		0.000 1		-0.000 2
CORR		0.000 6		-0.000 4		-0.000 3
FD		-0.298 0		-0.320 0		-0.450 8
OPEN		-0.000 4		-0.012 5		-0.022 1
_cons	2.159 8 *	2.206 2 *	7.206 6 ***	7.302 6 ***	6.555 6 ***	6.674 1 ***

变量	SAR		SEM		SDM	
	模型（1）	模型（2）	模型（3）	模型（4）	模型（5）	模型（6）
ρ	0.467 5 **	0.467 0 **			0.491 8 **	0.482 1 **
λ			0.712 2 **	0.714 5 **		
Adjust R²	0.924 2	0.925 3	0.749 5	0.743 4	0.910 1	0.924 0
Obs	186	186	186	186	186	186
Log – likelihood	179.478 0	179.732 8	209.143 1	209.132 9	218.120 8	220.652 2

空间效应的稳健性检验。考虑空间距离权重矩阵 W2，基于 W2 矩阵得到的回归结果跟前文得到的结果基本一致，表示了结果的稳健性。

表 5 - 160　　　　　　　　空间模型中估计结果

变量	SAR		SEM		SDM	
	（1）	（2）	（3）	（4）	（5）	（6）
Cost	0.125 4 *	0.156 5 *	0.134 5 *	0.110 2 *	0.230 1	0.322 4
Cost²	0.015 4	0.012 2	0.013 4	0.114 5	0.010 9	- 0.020 8
UGDP		- 0.002 5		- 0.001 2		- 0.000 2
CORR		0.003 4		0.000 2		0.002 8
FD		0.248 7		- 0.167 2		1.342 0
OPEN		0.028 9		0.087 6		0.095 4
_cons	1.452 5 **	0.675 2 *	6.890 0 *	7.823 3 ***	2.452 3	8.890 2
ρ	0.673 2 **	0.646 3 *			0.767 5 **	0.367 7
λ			0.935 0 *	0.936 0 ***		
Adjust R²	0.789 2	0.792 3	0.914 3	0.923 3	0.614 4	0.765 4
Obs	186	186	186	186	186	186
Log – likelihood	187.231 2	198.440 2	177.342 1	192.453 2	202.543 9	170.340 2

5.4.3.4　小结

本节采用 31 个省、自治区、市 2011~2015 年的面板数据，通过构建空间面板模型和门槛面板模型分析了地方行政成本对政府行政成本的影响。基于门槛面板模型的分析表明，地方政府行政成本降低时，能够在一定程度上促进政府行政效率增长；当政府行政成本低于 6.12 时，地方政府行政成本抑制政府财政透明度的程度最高；当政府行政成本介于 6.12

与 6.38 之间时，地方政府行政成本对财政透明度的促进作用达到最大，当行政成本超过 6.38 时地方政府行政成本对财政透明度又回到抑制作用。故我国目前政府行政成本普遍偏高，我国应继续节约行政成本，但需要将其控制在合理的范围内，即将行政成本控制在 6.12 与 6.38 之间，既实现对行政成本的节约，又实现对地方政府的激励效应，避免过度减少成本而造成的抑制作用，提高我国政府财政透明度。

基于空间计量模型的进一步分析表明，地方政府行政成本在各地区间的分布存在明显的空间自相关性，运用空间计量模型的实证研究结果显示，整体而言，地方政府行政成本能够促进财政透明度提高。

5.4.4 产业结构

5.4.4.1 文献综述与假设提出

目前没有专门文献关注产业结构对政府财务信息披露质量的影响，主要将产业结构作为政府财务信息披露质量影响因素的控制变量。刘子怡、郝红霞（2015）通过省级面板数据分析发现，产业结构对政府会计信息披露的影响结论随政府会计信息披露衡量指标的变化而变化：不显著负相关、显著负相关、不显著正相关、显著正相关。[①] 刘子怡（2015）通过 2006～2012 年省级面板数据实证分析发现，产业结构与政府会计信息披露的关系结论随政府会计信息披露指标的变化而变化：不显著正相关、显著正相关、不显著负相关、显著负相关。[②] 张曾莲、王卓（2017）通过 2009～2013 年的省级面板数据分析发现，产业结构与政府财务信息披露质量显著正相关。[③] 陈隆近、吴亚萍、冯力沛（2018）通过四川省县级面板数据分析发现，产业结构与财政透明度正相关。[④] 这些文献对产业结构影响政府财务信息披露质量的结论并不一致，可能的解释是产业结构非线性影响政府财务信息披露质量，这些文献的数据处于非线性的不同区间，导致结论的差异。由此提出假设 5 - 4 - 4 - 1：产业结构非线性影响政府财务信息披露质量。

---

① 刘子怡，郝红霞. 媒体压力、治理激励与政府会计信息披露 [J]. 中南财经政法大学学报，2015（6）：10 - 18.

② 刘子怡. 制度环境、腐败与政府会计信息披露 [J]. 中国矿业大学学报（社科版），2015（6）.

③ 张曾莲，王卓. 政府财务信息披露质量提升的影响研究 [J]. 地方财政研究，2017（7）.

④ 陈隆近，吴亚萍，冯力沛. 财政透明度中的资源诅咒——基于四川省县级财政自主性的经验证据 [J]. 中国经济问题，2018（1）.

由第三章可知，政府财务信息披露质量存在空间相关性，考虑该空间相关性后，产业结构应该仍然非线性影响政府财务信息披露质量。这是本节假设 5 - 4 - 4 - 2。

5.4.4.2　研究设计

（1）变量定义。

因变量：政府财务信息披露质量（Grade）。仍然为上海财经大学发布的财政透明度指数。

自变量：产业结构（CYJG）。采用第三产业人员比重来衡量。

控制变量。结合已有文献，本节选取财政赤字、财政分权、资源依赖、对外开放、经济条件、城镇化、人口规模、经济发展、政府规模作为控制变量。

（2）普通非线性面板回归模型设计。

普通非线性面板模型中政府财务信息披露质量 $= \alpha + \beta_1$产业结构$+ \beta_2$产业结构$^2 + \beta_3$财政赤字$+ \beta_4$财政分权$+ \beta_5$经济增长$+ \beta_6$城镇化$+ \beta_7$资源依赖$+ \beta_8$人口规模$+ \beta_9$财政分权$+ \beta_{10}$对外开放$+ \beta_{11}$经济条件

$$(5 - 4 - 4 - 1)$$

（3）样本与数据。

本节的研究对象是 2010 ~ 2014 年除港澳台和西藏自治区外的 30 个省级政府。政府财务信息披露质量数据来自 2012 ~ 2016 年的《中国财政透明度报告》，其他数据来自《中国统计年鉴》《中国财政年鉴》、各省年鉴等。

5.4.4.3　实证结果分析

（1）描述性统计。

由表 5 - 161 的描述性统计可知，产业结构的均值为 0.5286，最小值为 0.2819，最大值为 0.7841，说明各省的产业结构存在较大的差异。其他变量与上述章节类似，不再赘述。

表 5 - 161　　　　　　　　　　描述性统计

变量	观测值	均值	标准差	最小值	最大值
grade	155	31.835 1	12.601 0	10.670 0	77.700 0
cyjg	155	0.528 6	0.095 6	0.281 9	0.784 1
zfcz	155	1.006 0	0.775 9	0.736 8	3.920 1
zffq	155	0.554 7	0.205 0	0.069 9	0.931 3

变量	观测值	均值	标准差	最小值	最大值
zyyl	155	0.041 7	0.033 9	0.000 1	0.121 4
wstz	155	0.389 6	0.297 1	0.000 0	1.199 6
pgdp	155	5.068 8	0.626 4	2.756 2	6.074 6
czhl	155	0.421 8	0.246 3	0.167 3	1.000 0
xqrk	155	3.402 4	0.544 5	1.735 7	4.040 2
ggdp	155	10.926 7	5.350 7	2.700 0	54.570 0
zfgm	155	2.394 3	0.513 3	− 0.384 9	3.355 9

由图 5 − 46 所示产业结构与政府财务信息披露质量的散点图的左侧可知，两者线性拟合时，呈不显著的负相关关系；由两者散点图的右侧可知，两者非线性拟合时，呈比较明显的 "U" 型关系。

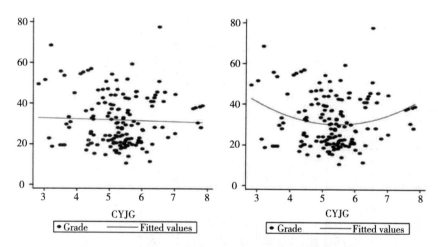

图 5 − 46 产业结构与政府财务信息披露质量的散点图

（2）相关性分析。

由表 5 − 162 的相关性分析可知，产业结构与政府财务信息披露质量的相关系数为 − 0.033 6，两者呈现不显著负相关关系，与线性拟合散点图结论一致。解释变量之间相关系数均不足 0.5，说明不存在严重的共线性问题。

表5-162

相关性分析

变量	grade	cyjg	zfcz	zffq	zyyl	wstz	pgdp	czhl	xqrk	ggdp	Zfgm
grade	1.000 0										
cyjg	-0.033 6	1.000 0									
zfcz	-0.161 8	0.306 3	1.000 0								
zffq	0.113 2	-0.310 0	-0.857 0	1.000 0							
zyyl	0.106 9	0.031 9	0.141 9	-0.267 4	1.000 0						
wstz	-0.118 3	-0.149 4	-0.503 3	0.448 4	-0.386 2	1.000 0					
pgdp	0.074 6	-0.218 4	-0.229 6	0.148 8	0.017 2	-0.012 1	1.000 0				
czhl	0.164 8	0.325 0	-0.364 0	0.528 6	-0.216 7	0.358 7	0.201 3	1.000 0			
xqrk	-0.077 4	-0.430 6	-0.220 6	0.135 3	0.089 6	0.007 0	0.523 8	-0.628 8	1.000 0		
ggdp	-0.221 0	0.155 8	0.422 4	-0.261 9	-0.049 8	-0.123 0	-0.417 8	0.025 4	-0.352 2	1.000 0	
zfgm	-0.157 1	-0.296 7	-0.360 9	0.492 0	-0.192 9	0.239 1	0.285 3	-0.003 4	0.498 2	-0.126 1	1.000 0

（3）静态与动态面板回归结果分析。

进行静态面板回归之前，首先进行面板模型的选择。由表 5 - 163 可知，不管是否考虑产业结构的平方项，均应选择固定效应模型。

表 5 - 163　　　　　　　　　　　　霍斯曼检验

变量	无平方项		有平方项	
	fe	re	fe	re
cyjg	6.356 1	- 13.737	225.875	- 33.698
$cyjg^2$			- 211.836	18.094
zfcz	- 6.208	- 6.236	- 6.458	- 6.019
zffq	- 72.991	- 41.616	- 76.946	- 39.232
zyyl	- 163.407	- 65.305	- 186.524	- 54.275
wstz	2.884	- 9.166	- 0.371	- 9.133
pgdp	- 0.142	1.782	- 0.161	1.802
czhl	155.536	38.999	174.041	37.142
xqrk	78.390	8.879	93.765	8.248
ggdp	- 0.189	- 0.114	- 0.123	- 0.129
zfgm	1.737	- 2.088	4.100	- 2.405
Prob > chi2	0.007 9		0.001 5	

在表 5 - 164 的模型（1）到模型（4）为静态面板模型，其中模型（1）和模型（2）不考虑产业结构的平方项，产业结构与政府财务信息披露质量不显著正相关；模型（3）和模型（4）考虑产业结构的平方项，产业结构的一次项与政府财务信息披露质量正相关，产业结构的二次项与政府财务信息披露质量负相关，说明两者呈倒 U 型关系，这与散点图右侧的 U 型不符，后续进行门槛效应进一步分析。模型（5）和模型（6）为动态面板模型，基本结论与静态面板模型一致。

表 5 - 164

静态与动态面板模型回归结果

变量	静态面板				动态面板	
	固定效应	考虑异方差的固定效应	固定效应	考虑异方差的固定效应	GMM	GMM
	模型(1)	模型(2)	模型(3)	模型(4)	模型(5)	模型(6)
政府财务信息披露质量					-0.441*** (0.001)	-0.356*** (0.01)
产业结构	6.356 (0.724)	6.356 (0.776)	225.875* (0.058)	225.875 (0.143)	-21.844 (0.472)	336.975* (0.076)
产业结构的平方			-211.836* (0.062)	-211.836 (0.173)		-339.459* (0.054)
财政赤字	-6.208 (0.237)	-6.208 (0.164)	-6.458 (0.214)	-6.458 (0.134)	-12.022* (0.080)	-12.996* (0.057)
财政分权	-72.991*** (0.004)	-72.991** (0.017)	-76.946*** (0.002)	-76.946** (0.020)	-68.393** (0.031)	-92.677*** (0.004)
资源依赖	-163.407** (0.043)	-163.407** (0.036)	-186.524** (0.021)	-186.524** (0.017)	-200.897** (0.049)	-308.575*** (0.008)
对外开放	2.884 (0.718)	2.884 (0.619)	-0.371 (0.963)	-0.371 (0.957)	-10.278 (0.488)	-9.776 (0.511)

· 360 ·

变量	静态面板				动态面板	
	固定效应	考虑异方差的固定效应	固定效应	考虑异方差的固定效应	GMM	GMM
	模型（1）	模型（2）	模型（3）	模型（4）	模型（5）	模型（6）
经济条件	-0.142	-0.142	-0.161	-0.161	1.886	1.726
	(0.932)	(0.914)	(0.923)	(0.902)	(0.345)	(0.384)
城镇化率	155.536 ***	155.536 ***	174.041 ***	174.041 ***	154.493 ***	166.783 ***
	(0.001)	(0.000)	(0.000)	(0.000)	(0.005)	(0.003)
人口规模	78.39 ***	78.39 ***	93.765 ***	93.765 ***	66.706 ***	69.569 ***
	(0.006)	(0.000)	(0.002)	(0.000)	(0.000)	(0.000)
经济增长	-0.189	-0.189 *	-0.123	-0.123	0.027	0.2206
	(0.360)	(0.082)	(0.554)	(0.554)	(0.913)	(0.422)
政府规模	1.737	1.737	4.100	4.100	-7.788	-0.526
	(0.582)	(0.146)	(0.224)	(0.269)	(0.166)	(0.923)
常数项	-252.777 **	-252.777 ***	-369.433 ***	-369.433 ***	-163.823 *	-273.058 ***
	(0.029)	(0.001)	(0.005)	(0.003)	(0.063)	(0.009)
Obs	155	155	155	155	124	124
R^2	0.203 9	0.203 9	0.228 2	0.228 2		

注：括号中为 P 值。

（4）产业结构对政府财务信息披露质量影响的门槛效应分析。

首先进行门槛存在性检验，在此基础上确定门槛值的个数及模型形式。表 5 - 165 说明，单门槛、双门槛、三门槛的 P 值分别为 0.015 0、0.015 0 和 0.037 0，均在 5% 的水平上显著，说明适合采用三门槛进行分析。

表 5 - 165　　　　　　　　　　门槛数估计

门槛	F 值	P 值	10%	5%	1%
单门槛	6.075 4	0.015 0	2.429 3	3.367 1	8.166 5
双门槛	6.817 0	0.015 0	2.856 9	4.100 2	7.295 2
三门槛	4.478 9	0.037 0	3.057 1	4.090 6	6.917 8

由表 5 - 166 可知，三门槛中，三个门槛值分别为 0.456 7、0.637 1、0.669 9，对应的 95% 的置信区间分别为 [0.355 1, 0.653 5]、[0.617 4, 0.650 2] 和 [0.653 5, 0.679 7]。

表 5 - 166　　　　　　　　　　门槛值估计结果

门槛值	估计值	95% 置信区间
门槛值 $\gamma1$	0.456 7	[0.355 1, 0.653 5]
门槛值 $\gamma2$	0.637 1	[0.617 4, 0.650 2]
门槛值 $\gamma3$	0.669 9	[0.653 5, 0.679 7]

三门槛模型中，因变量为政府财务信息披露质量，自变量和门槛变量均为财政赤字。表 5 - 167 中，模型（1）为常规固定效应模型；模型（2）为考虑了异方差的固定效应模型。CYJG_1、CYJG_2、CYJG_3、CYJG_4 的系数均不显著为负，但负相关程度各不相同，总体而言，产业结构处于第二、第三门槛值 [0.637 1, 0.669 9] 时，产业结构对政府财务信息披露质量的负向影响最小。

表 5 - 167　　　　　　　　门槛面板模型系数估计结果

变量	模型(1)	模型(2)
CYJG_1	-40.128 1 (0.167 9)	-40.128 1 * (0.096 8)

变量	模型（1）	模型（2）
CYJG_2	−21.763 7 (0.355 9)	−21.763 7 (0.224 2)
CYJG_3	−1.827 7 (0.932 2)	−1.827 7 (0.912 3)
CYJG_4	−38.774 7 (0.065 4)	−38.774 7 * (0.058 5)
ZFCZ	−8.131 8 (0.107 5)	−8.131 8 ** (0.015 8)
ZFFQ	−52.609 3 ** (0.035 8)	−52.609 3 *** (0.008 8)
ZYYL	−198.830 6 ** (0.018 2)	−198.830 6 *** (0.001 8)
WSTZ	10.918 8 (0.181 2)	10.918 8 ** (0.015 8)
PGDP	0.604 9 (0.703 5)	0.604 9 (0.650 2)
CZHL	186.821 5 *** (0.000)	186.821 5 *** (0.000 0)
XQRK	108.400 4 *** (0.000 2)	108.400 4 *** (0.000 0)
GGDP	0.023 2 (0.917 1)	0.023 2 (0.897 3)
ZFGM	12.639 2 *** (0.003 6)	12.639 2 *** (0.006 7)
Obs	155	155

注：CYJG_1 为产业结构介于 [0, 0.456 7]；CYJG_2 为产业结构介于 [0.456 7, 0.637 1]；CYJG_3 为产业结构介于 [0.637 1, 0.669 9]；CYJG_4 为产业结构介于 [0.669 9, 1]。

由表 5-168 可以进一步看出，四个区间的财政透明度指数均值 34.244 8、29.755 9、44.961 1、33.9，财政透明度在这四个区间忽高忽低；而四个区间的产业结构分别为 0.397 1、0.540 9、0.651 5、0.745 7。处于四个区间的样本数分别为 33、104、9、9。根据上面的分析可知，处于最优区间的观测值为 9 个，说明整体而言，目前大多数省份的产业结构并不利于政府财务信息披露质量的提升。

表 5 - 168　　　　　　　　　　产业结构各区间的各变量的均值

变量	[0,0.456 7]	[0.456 7,0.637 1]	[0.637 1,0.669 9]	[0.669 9,1]
GRADE	34.244 8	29.755 9	44.961 1	33.900 0
ZFCZ	0.374 4	1.207 1	1.229 2	0.775 5
ZFFQ	0.745 8	0.488 5	0.450 9	0.723 0
ZYYL	0.021 6	0.053 5	0.012 2	0.009 0
WSTZ	0.509 5	0.352 4	0.407 4	0.362 2
PGDP	5.319 0	5.046 0	4.523 6	4.960 1
CZHL	0.423 3	0.366 1	0.645 1	0.837 2
XQRK	3.628 3	3.436 6	2.730 9	2.850 7
GGDP	9.832 9	10.944 2	11.362 0	14.299 8
ZFGM	2.742 1	2.336 2	1.489 5	2.695 5
CYJG	0.397 1	0.540 9	0.651 5	0.745 7
Obs	33	104	9	9

（5）产业结构对政府财务信息披露质量影响的空间效应（SEM）分析。

由表 5 - 169 可知，采用空间误差模型（SEM）进行回归中，模型（1）中，产业结构与政府财务信息披露质量不显著负相关；模型（2）中，产业结构的一次项和二次项均与政府财务信息披露质量不显著负相关，说明考虑空间效应后，产业结构对政府财务信息披露质量的平方项非线性影响不显著。

表 5 - 169　　　　　　　　　　空间效应回归结果

变量	模型(1)	模型(2)
CYJG	-11.476 43	-8.041 73
	(0.454)	(0.934)

变量	模型(1)	模型(2)
CYJG^2		− 3. 233 863
		(0. 971)
ZFCZ	0. 707 210 5	0. 694 104
	(0. 805)	(0. 814)
ZFFQ	9. 078 713	9. 118 958
	(0. 681)	(0. 674)
ZYYL	− 4. 976 947	− 5. 694 91
	(0. 926)	(0. 924)
WSTZ	− 15. 535 95 ***	− 15. 629 19 **
	(0. 009)	(0. 031)
PGDP	1. 142 683	1. 148 163
	(0. 412)	(0. 421)
CZHL	29. 919 45 *	29. 992 64 *
	(0. 052)	(0. 067)
XQRK	11. 096 86 *	11. 108 92 *
	(0. 079)	(0. 082)
GGDP	− 0. 175 485 7	− 0. 174 215 1
	(0. 348)	(0. 340)
ZFGM	− 5. 850 56 ***	− 5. 830 608 ***
	(0. 000)	(0. 002)
_cons	− 2. 498 56	− 3. 487 248
	(0. 928)	(0. 933)
Obs	150	150
R − sq	0. 221 8	0. 220 6

5. 4. 4. 4　小结

本节采用 2010 ~ 2014 年 30 个省级政府的面板数据, 分析产业结构对政府财务信息披露质量的影响。静态模型中, 不考虑平方项时, 产业结构与政府财务信息披露质量不显著正相关; 考虑平方项时, 产业结构的一次项系数显著为正, 二次项系数显著为负, 说明产业结构非线性影响政府财务信息披露质量。动态模型中，不考虑平方项时，产业结构不显著负向影响政府财务信息披露质量；考虑平方项时，产业结构的一次项系数显著为正，二次项系数显著为负，仍然证明产业结构非线性影响政府财务信息披露质量。三门槛模型中，四个区间的产业结构的系数均不显著为负，但系数大小不断变化；稳健性的三门槛模型中，四个区间的产业结构的系数仍然为负，但首尾两个阶段是显著的。空间模型中，不考虑平方项时，产业结构的系数不显著为负；考虑平方项时，产业结构的一次项和二次项的系数均不显著为负。

5.4.5 转移支付

5.4.5.1 文献综述与假设提出

转移支付制度是我国一项重要的财政制度。目前已有很多文献关注转移支付的不同后果：民生性公共服务（郭世芹，邹杰，2018）、社会均衡发展（靳友雯，2018）、经济发展（王丽艳，马光荣，2018；张凯强，2018；叶金珍，安虎森，2017；戴天仕，2017）、城镇化（张致宁，桂爱勤，2018）、基本公共服务均等化（胡斌，毛艳华，2018；王瑞民，陶然，2017；朱润喜，王群群，2017）、地方公共支出（姜鑫，罗佳，2018）、地方财政效率（吴永求，赵静，2016）等。

很多文献基于信息不对称理论分析了转移支付制度（张翠华，黄小原，2004；刘豫，2012；冯勤超等，2007），也有较多文献提倡建立公开、透明的转移支付制度（王元，2009；常嘉，2008；张晓霞，薛亚军，2007；朱晓峰等，2017）。如果一省比较依赖中央转移支付制度时，通常会按照上级政府的要求披露相关信息，有利于政府财务信息披露质量的提升；当一省严重依赖中央转移支付时，为了逃避上级政府的严格监管，可能会选择性披露财务信息，不利于政府财务信息披露质量的提升。因此，提出假设5-4-5-1：转移支付非线性影响政府财务信息披露质量。

由第三章可知，政府财务信息披露质量存在空间相关性，因此，考虑该空间相关性后，转移支付应该仍然非线性影响政府财务信息披露质量。这是本节的假设5-4-5-2。

5.4.5.2 研究设计

（1）变量定义。

因变量：政府财务信息披露质量（Grade）。仍然为上海财经大学发布的财政透明度指数。

自变量：转移支付（ZYZF）。采用转移支付除以财政支出来衡量。

控制变量。结合已有文献，本节选取财政赤字、产业结构、政府规模、经济增长、城镇化、资源依赖、财政分权、对外开放作为控制变量。

（2）普通非线性面板回归模型设计。

普通非线性面板模型中政府财务信息披露质量 $= \alpha + \beta_1$ 转移支付 $+ \beta_2$ 转移支付 $^2 + \beta_3$ 财政赤字 $+ \beta_4$ 财政分权 $+ \beta_5$ 经济增长 $+ \beta_6$ 城镇化 $+ \beta_7$ 资源依赖 $+ \beta_8$ 财政分权 $+ \beta_{10}$ 对外开放 $+ \varepsilon$ （5 - 4 - 5 - 1）

（3）样本与数据。

本节的研究对象是 2010～2014 年除港澳台和西藏自治区外的 30 个省级政府。政府财务信息披露质量数据来自 2012～2016 年的《中国财政透明度报告》，其他数据来自《中国统计年鉴》《中国财政年鉴》、各省年鉴等。

5.4.5.3 实证结果分析

（1）描述性统计。

由描述性统计可知，转移支付的均值为 46.1452，最小值为 9.3046，最大值为 83.9251，说明各省的转移支付差异较大。其他变量不再赘述。

表 5 - 170   描述性统计

变量	观测值	均值	标准差	最小值	最大值
grade	150	31.658 8	12.535 9	10.670 0	77.700 0
zyzf	150	46.145 2	18.411 6	9.304 6	83.925 1
zfgm	150	2.437 4	0.449 6	0.384 9	3.355 9
zfcz	150	0.985 2	0.780 3	0.073 7	3.920 9
zffq	150	0.567 7	0.194 4	0.184 3	0.931 4
zyyl	150	0.042 8	0.033 9	0.000 7	0.121 3
wstz	150	0.385 5	0.294 7	0.000 2	1.199 6
pgdp	150	5.082 6	0.631 9	2.756 2	6.074 6
czhl	150	0.418 6	0.249 7	0.167 3	1.000 0
cyjg	150	0.524 8	0.094 9	0.281 9	0.784 1

变量	观测值	均值	标准差	最小值	最大值
xqrk	150	3.457 1	0.461 5	2.076 8	4.040 2
ggdp	150	10.760 7	5.333 4	2.700 0	54.570 0

从图 5 - 47 左侧可知，转移支付与政府财务信息披露质量呈不显著的负相关关系；从图 5 - 47 右侧可知，考虑两者非线性关系时，转移支付与政府财务信息披露质量成倒 "U" 型关系。

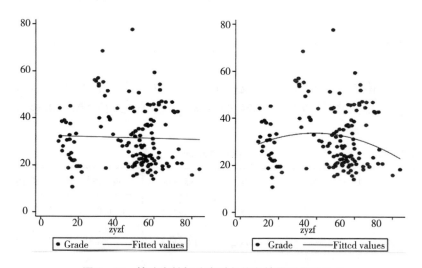

图 5 - 47　转移支付与政府财务信息披露质量的散点

（2）相关性分析。

由相关性分析可知，转移支付与政府财务信息披露质量负相关，系数 - 0.0303 很小，与图 5 - 47 左侧结论一致。解释变量之间的相关性系数大多小于 0.5，但财政分权与转移支付的相关系数 - 0.852 2 很高。进一步进行 VIF 检验，发现财政分权的 VIF 值 15.79 远大于 10，这说明财政分权与转移支付相关程度很高。

相关性分析

表 5-171

变量	grade	zyzf	zfgm	zfcz	zffq	zyyl	wstz	pgdp	czhl	cyjg	xqrk	ggdp
grade	1.000 0											
zyzf	-0.030 3	1.000 0										
zfgm	-0.150 2	-0.569 7	1.000 0									
zfcz	-0.178 9	0.770 4	-0.361 8	1.000 0								
zffq	0.173 4	-0.852 2	0.441 1	-0.873 5	1.000 0							
zyyl	0.124 8	0.493 7	-0.325 1	0.172 0	-0.357 1	1.000 0						
wstz	-0.138 3	-0.568 2	0.340 6	-0.533 1	0.525 7	-0.388 2	1.000 0					
pgdp	0.087 7	-0.282 6	0.240 7	-0.215 7	0.114 6	-0.004 0	0.001 3	1.000 0				
czhl	0.162 6	-0.361 7	0.056 8	-0.379 7	0.595 3	-0.208 0	0.359 8	-0.307 3	1.000 0			
cyjg	-0.055 8	0.295 2	-0.235 1	0.284 4	-0.256 7	0.072 1	-0.169 6	-0.198 9	0.318 4	1.000 0		
xqrk	-0.042 5	-0.202 5	0.353 0	-0.169 0	-0.073 0	-0.007 9	0.062 5	0.552 0	-0.708 6	-0.383 5	1.000 0	
ggdp	-0.238 7	0.311 5	-0.062 0	0.409 7	-0.224 6	-0.020 8	-0.160 9	-0.406 5	0.012 2	0.127 4	-0.315 1	1.000 0
	zffq	zfcz	czhl	zyzf	xqrk	wstz	zfgm	cyjg	pgdp	zyyl	ggdp	Mean VIF
VIF值	15.79	8.48	8.24	8.79	6.20	1.93	1.89	1.88	1.72	1.72	1.61	5.11

（3）静态与动态回归结果分析。

进行静态面板回归前，先进行霍斯曼检验，从 P 值判断，不含转移支付平方项的模型应选择固定效应模型；含转移支付平方项的模型应选择随机效应模型。

表 5 - 172　　　　　　　　　　霍斯曼检验

变量	无平方项		有平方项	
	fe	re	fe	re
zyzf	- 0. 283 3	0. 065 0	- 0. 735 20	1. 004 7
zyzf²			0. 004 34	- 0. 011 1
zfgm	- 1. 462 3	- 5. 277 1	- 1. 541 80	- 4. 616 3
zfcz	- 0. 460 7	0. 538 5	- 1. 169 20	5. 470 3
zffq	- 8. 999 6	10. 867 2	- 11. 492 90	24. 969 1
zyyl	- 66. 856 6	- 34. 247 5	- 75. 688 10	- 19. 286 9
wstz	1. 769 2	- 16. 278 4	1. 510 60	- 17. 046 0
pgdp	0. 450 2	1. 204 2	0. 576 60	0. 789 6
czhl	142. 633 4	32. 757 5	136. 321 20	40. 132 6
cyjg	3. 925 6	- 8. 372 0	3. 617 50	- 12. 282 9
xqrk	66. 772 1	13. 204 5	66. 432 80	14. 151 5
ggdp	- 0. 208 5	- 0. 221 3	- 0. 184 10	- 0. 265 3
Prob > chi2	0. 049 8		0. 196 0	

由表 5 - 173 可知，模型（1）与模型（2）中，转移支付的系数不显著为负，说明整体而言，转移支付不利于政府财务信息披露质量的提升，与散点图 5 - 47 左侧相符；模型（3）与模型（4）中，转移支付的一次项显著为正，二次项显著为负，说明转移支付与政府财务信息披露质量呈倒"U"型关系，与散点图 5 - 47 右侧的结论一致；模型（5）与模型（6）中，政府财务信息披露质量滞后项的系数不显著为负，与前述章节结论一致，转移支付的一次项不显著为正，二次项不显著为负，说明转移支付与政府财务信息披露质量在动态模型下，两者仍呈不显著倒"U"型关系。

表 5-173

静态与动态面板回归

变量	静态面板				动态面板	
	固定效应	考虑异方差的固定效应	随机效应	考虑异方差的随机效应	GMM	GMM
	模型(1)	模型(2)	模型(3)	模型(4)	模型(5)	模型(6)
grade_lag					-0.049 801 4 (0.703)	-0.049 003 (0.709)
zyzf	-0.283 3 (0.401)	-0.283 3 (0.389)	1.004 727 * (0.051)	1.004 727 ** (0.012)	0.028 399 7 (0.955)	0.152 021 9 (0.918)
zyzf^2			-0.011 103 1 * (0.051)	-0.011 103 ** (0.023)		-0.001 216 8 (0.929)
zfgm	-1.462 3 (0.721)	-1.462 3 (0.683)	-4.616 321 (0.133)	-4.616 321 **** (0.0000)	-15.067 29 ** (0.018)	-14.949 08 ** (0.020)
zfcz	-0.460 7 (0.938)	-0.460 7 (0.927)	5.470 293 (0.277)	5.470 293 * (0.097)	-5.931 026 (0.486)	-5.560 935 (0.562)
zffq	-8.999 6 (0.820)	-8.999 6 (0.754)	24.969 12 (0.309)	24.969 12 (0.238)	-18.487 94 (0.805)	-19.169 36 (0.799)
zyyl	-66.856 6 (0.464)	-66.856 6 (0.374)	-19.286 86 (0.717)	-19.286 86 (0.659)	-143.960 8 (0.357)	-140.924 1 (0.389)
wstz	1.769 2 (0.892)	1.769 2 (0.921)	-17.046 1 *** (0.008)	-17.046 1 *** (0.003)	-31.899 37 (0.168)	-31.280 1 (0.197)

续表

变量	静态面板				动态面板	
	固定效应	考虑异方差的固定效应	随机效应	考虑异方差的随机效应	GMM	GMM
	模型(1)	模型(2)	模型(3)	模型(4)	模型(5)	模型(6)
pgdp	0.450 2	0.450 2	0.789 6	0.789 6	0.842 046 9	0.788 398 4
	(0.795)	(0.752)	(0.611)	(0.527)	(0.733)	(0.759)
czhl	142.633 4 ***	142.633 4 ***	40.132 6 **	40.132 6 **	77.139 43	80.661 35
	(0.006)	(0.004)	(0.012)	(0.021)	(0.321)	(0.366)
cyjg	3.925 6	3.925 6	−12.289 6	−12.289 6	−38.306 6	−38.681 7
	(0.830)	(0.835)	(0.381)	(0.465)	(0.272)	(0.270)
xqpk	66.772 1 **	66.772 1 **	14.151 5 *	14.151 5 **	49.362 33	50.741 7
	(0.042)	(0.014)	(0.072)	(0.047)	(0.278)	(0.301)
ggdp	−0.208 5	−0.208 5 **	−0.265 3	−0.265 3	−0.020 900 6	−0.031 4
	(0.324)	(0.039)	(0.156)	(0.114)	(0.940)	(0.921)
_cons	−236.612 6 *	−236.612 6 *	−48.673 1	−48.673 1	−83.158 62	−92.175 3
	(0.097)	(0.070)	(0.272)	(0.181)	(0.704)	(0.710)
Obs	150	150	150	150	120	120
R_sq	0.152 4	0.152 4	0.285 2	0.285 2		

（4）门槛效应面板回归结果分析。

首先进行门槛存在性检验，在此基础上确定门槛值的个数及模型形式。表 5 - 174 说明，单门槛、双门槛和三门槛的 P 值分别为 0.0000、0.0370、0.0860，说明适合采用三门槛进行分析。

表 5 - 174　　　　　　　　　　门槛数估计

门槛	F 值	P 值	10%	5%	1%
单门槛	11.789 7	0.000 0	2.823 5	4.383 1	6.889 7
双门槛	4.863 8	0.037 0	2.536 3	4.142 7	10.953 7
三门槛	2.633 7	0.086 0	2.455 6	3.498 2	7.270 7

由表 5 - 175 可知，三门槛中，三个门槛值分别为 35.783 0、46.117 0、54.728 7，对应的 95% 的置信区间分别为 [13.392 6，70.229 7]、[45.542 9，46.691 1]、[13.392 6，70.229 7]。

表 5 - 175　　　　　　　　　　门槛值估计结果

门槛值	估计值	95% 置信区间
门槛值 $\gamma 1$	35.783 0	[13.392 6,70.229 7]
门槛值 $\gamma 2$	46.117 0	[45.542 9,46.691 1]
门槛值 $\gamma 3$	54.728 7	[13.392 6,70.229 7]

三门槛模型中，因变量为政府财务信息披露质量，自变量和门槛变量均为转移支付。表 5 - 176 中，模型（1）为考虑了异方差的稳健性模型；模型（2）为常规固定效应模型。两个模型均可以发现，ZYZF_1、ZYZF_2、ZYZF_3、ZYZF_4 的系数均显著负相关，并逐步减少，说明随着中央转移支付的逐步增多，政府财务信息披露质量提升的压力逐步增大。

表 5 - 176　　　　　　　　门槛面板模型系数估计结果

变量	模型（1）	模型（2）
ZYZF_1	- 1.599 2 ***	- 1.599 2 ***
	(0.000 6)	(0.000 4)
ZYZF_2	- 1.162 8 ***	- 1.162 8 ***
	(0.004 0)	(0.004 1)

变量	模型（1）	模型（2）
ZYZF_3	-0.771 1**	-0.771 1**
	(0.037 1)	(0.030 1)
ZYZF_4	-0.677 5**	-0.677 5**
	(0.048 9)	(0.040 2)
ZFGM	1.569 5	1.569 5
	(0.690 6)	(0.777 4)
ZFCZ	-1.997 1	-1.997 1
	(0.716 8)	(0.613 3)
ZFFQ	-20.940 5	-20.940 5
	(0.574 8)	(0.436 2)
ZYYL	-79.142 6	-79.142 6
	(0.351 8)	(0.195 1)
WSTZ	2.396 8	2.396 8
	(0.843 4)	(0.817 9)
PGDP	0.462 0	0.462 0
	(0.775 1)	(0.722 7)
CZHL	144.667 2***	144.667 2***
	(0.003 2)	(0.000 1)
CYJG	4.256 0	4.256 0
	(0.804 8)	(0.763 5)
XQRK	57.983 3*	57.983 3**
	(0.059 7)	(0.012 1)
GGDP	-0.145 2	-0.145 2*
	(0.461 6)	(0.097 1)
Obs	150	150

注：ZYZF_1、ZYZF_2、ZYZF_3、ZYZF_4 分别表示转移支付介于 [0, 0.476 0]、[0.476 0, 2.423 7]、[2.423 7, 3.397 6]、[3.397 6, 23.840 5]。

由表 5-177 可以进一步看出，四个区间的政府财务信息披露质量的均值分别为 33.611 2、33.385 0、29.595 3、31.370 5；而四个区间的转移支付的均值分别为 20.200 2、40.676 1、50.866 0、62.620 2。这与表 5-177 的结论一致。处于四个区间的样本数分别为 42、10、40、58。

表 5 - 177　　　　　　　　　　在转移支付各区间各变量的均值

变量	[9.304 6,35.783 0]	[39.783 0,46.117 0]	[46.117 0,54.728 7]	[54.728 7,83.925 1]
GRADE	33.611 2	33.385 0	29.595 3	31.370 5
ZFGM	2.810 6	2.524 0	2.234 1	2.292 6
ZFCZ	0.250 5	0.658 2	0.995 2	1.566 8
ZFFQ	0.808 9	0.627 0	0.501 3	0.428 6
ZYYL	0.017 6	0.042 5	0.049 2	0.056 7
WSTZ	0.558 9	0.756 7	0.376 8	0.201 8
PGDP	5.330 8	4.997 5	5.016 7	4.963 1
CZHL	0.546 5	0.505 4	0.346 7	0.360 5
CYJG	0.465 4	0.539 8	0.547 0	0.550 0
XQRK	3.538 9	3.441 7	3.527 9	3.351 8
GGDP	9.570 3	9.356 8	9.108 3	13.004 3
ZYZF	20.200 2	40.676 1	50.866 0	62.620 2
Obs	42	10	40	58

（5）空间效应面板回归结果分析。

由表 5 - 178 可知，采用空间误差模型（SEM）进行回归中，模型（1）中，转移支付与政府财务信息披露质量不显著正相关；模型（2）中，转移支付的一次项与政府财务信息披露质量显著正相关，二次项与政府财务信息披露质量显著负相关，说明考虑空间效应后，转移支付显著非线性影响政府财务信息披露质量。

表 5 - 178　　　　　　　　　　空间效应回归结果

变量	模型（1）	模型（2）
ZYZF	0.135 482 8	1.088 287 **
	(0.363)	(0.016)
$ZYZF^2$		- 0.011 562 3 **
		(0.044)
ZFGM	- 5.483 438 ***	- 4.724 346 ***
	(0.000)	(0.000)
ZFCZ	0.524 510 4	6.157 746
	(0.852)	(0.118)

变量	模型(1)	模型(2)
ZFFQ	16. 654 28	31. 966 86
	(0. 451)	(0. 112)
ZYYL	−13. 411 74	−0. 766 201 7
	(0. 796)	(0. 987)
WSTZ	−15. 085 37 **	−16. 599 19 ***
	(0. 012)	(0. 003)
PGDP	1. 142 187	0. 659 109 6
	(0. 417)	(0. 606)
CZHL	31. 456 21 **	38. 782 44 **
	(0. 045)	(0. 013)
YJG	−11. 840 06	−16. 289 25
	(0. 430)	(0. 314)
XQRK	12. 774 24 *	13. 686 9 **
	(0. 068)	(0. 042)
GGDP	−0. 184 894 8	−0. 244 183
	(0. 362)	(0. 137)
_cons	−19. 728 36	−52. 036 89
	(0. 606)	(0. 141)
Obs	150	150
R − sq	0. 243 0	0. 306 4

5.4.5.4 小结

本节采用2010~2014年的省级面板数据,分析了转移支付对政府财务信息披露质量的影响。通过平方项面板回归、门槛效应模型和空间效应模型都发现,转移支付非线性影响政府财务信息披露质量。

6 政府财务信息披露质量的治理

按照第五章的实证分析结果，本章从政府财务信息披露质量的四个方面的影响因素（激励因素、信息使用者因素、信息提供者因素、实施障碍因素）出发，优化这四方面的影响因素，进而提升政府财务信息披露质量。

6.1 激发激励因素

6.1.1 适度运用财政赤字

6.1.1.1 各省各年财政赤字的分布区间

根据表6-1各省各年财政赤字的原始数据，画出各省各年财政赤字变化趋势的折线图（如图6-1所示）。从2010～2014年，除了个别省份的个别年度外，各省的财政赤字率整体呈现较为平稳态势。其中，青海省、甘肃省、宁夏回族自治区等几个省份的财政赤字率一直处于较高的水平；而上海市、北京市、江苏省等几个省市的财政赤字率较低。

表6-1   各省各年财政赤字的原始数据

省份	2010 年	2011 年	2012 年	2013 年	2014 年
上海	0. 158 581 0	0. 130 282 0	0. 117 613 9	0. 101 983 0	0. 073 684 0
北京	0. 172 916 0	0. 156 457 0	0. 111 728 8	0. 139 998 0	0. 123 538 0
江苏	0. 183 141 0	0. 167 747 0	0. 156 463 1	0. 152 353 0	0. 136 959 0
新疆	0. 124 535 0	0. 151 033 0	0. 182 723 9	0. 177 530 0	0. 204 028 0
天津	0. 264 762 0	0. 245 445 0	0. 217 720 5	0. 226 127 0	0. 206 810 0

省份	2010 年	2011 年	2012 年	2013 年	2014 年
浙江	0.150 217 0	0.174 111 0	0.171 149 9	0.198 005 0	0.221 899 0
广东	0.308 295 0	0.309 432 0	0.345 405 2	0.310 570 0	0.311 707 0
山东	0.500 959 0	0.446 869 0	0.443 895 2	0.392 780 0	0.338 690 0
福建	0.448 186 0	0.413 087 0	0.335 869 7	0.377 988 0	0.342 888 0
辽宁	0.355 444 0	0.379 641 0	0.329 157 7	0.403 837 0	0.428 034 0
海南	0.411 581 0	0.420 353 0	0.473 424 8	0.429 124 0	0.437 895 0
湖北	0.854 012 6	0.854 012 6	0.854 012 6	0.292 899 0	0.686 151 0
重庆	0.987 098 0	0.897 809 0	0.788 306 7	0.808 520 0	0.719 231 0
江西	1.143 149 0	1.041 197 0	1.009 938 0	0.939 245 0	0.837 29 40
河北	1.152 339 0	1.072 900 0	1.046 221 3	0.993 462 0	0.914 023 0
山西	0.918 656 0	0.927 667 0	0.838 782 7	0.936 678 0	0.945 688 0
河南	1.286 023 0	1.196 578 0	1.247 607 2	1.107 134 0	1.017 690 0
安徽	0.746 321 0	0.840 470 0	1.094 500 3	0.934 619 0	1.028 768 0
湖南	1.598 617 0	1.409 362 0	1.1530 847	1.220 106 0	1.030 851 0
内蒙古	0.932 921 0	0.973 945 0	1.170 936 2	1.014 970 0	1.055·994 0
贵州	1.435 246 0	1.357 372 0	1.352 734 3	1.279 498 0	1.201 624 0
陕西	1.402 315 0	1.340 722 0	1.346 080 6	1.279 128 0	1.217 535 0
云南	0.953 404 0	1.079 457 0	1.361 595 9	1.205 511 0	1.331 564 0
吉林	1.121 221 0	1.201 289 0	1.300 477 6	1.281 357 0	1.361 425 0
四川	1.458 820 0	1.440 063 0	1.395 163 8	1.421 306 0	1.402 548 0
黑龙江	1.102 530 0	1.248 694 0	1.520 690 2	1.394 857 0	1.541 021 0
广西	1.575 866 0	1.567 646 0	1.649 453 6	1.559 426 0	1.551 207 0
西藏	1.629 832 0	1.629 832 0	1.629 832 0	1.629 832 0	1.629 832 0
宁夏	1.800 307 0	1.848 312 0	2.256 851 4	1.896 316 0	1.944 320 0
甘肃	3.280 861 0	3.027 075 0	3.288 771 8	2.773 289 0	2.519 503 0
青海	3.920 981 0	3.692 458 0	2.383 844 3	3.463 936 0	3.235 414 0

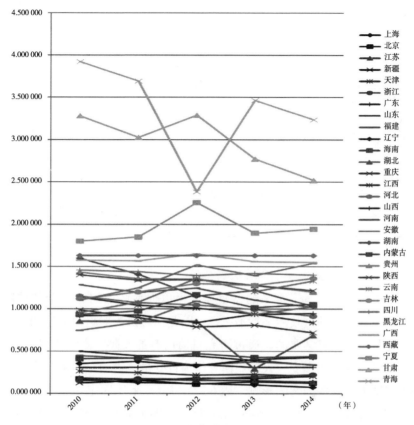

图 6-1 各省财政赤字情况

　　为了了解各省各年财政赤字的具体分布情况，按照两个门槛值将财政赤字分为三个区间，统计每个区间每年的省份数量。结合第五章的门槛回归各区间的系数可知，处于第三区间的省份占 58.71%，这一阶段的财政赤字对政府财务信息披露质量的负向影响最小。但第一阶段的省份也占 34.84%，这一阶段的财政赤字对政府财务信息披露质量的负向作用最大，需要提升财政赤字到第二区间。

表 6 – 2　　　　　　　　　各省各年财政赤字（ZFCZ）的分布区间

区间范围	ZFCZ < 0.450 6	0.450 6 ≤ ZFCZ ≤ 0.851 1	ZFCZ > 0.851 1	合计
区间	第一区间	第二区间	第三区间	
系数	– 64.119 9 ***	– 19.057 5	– 6.605 3	
评价	最不利区间	居中区间	较有利区间	
2010 年	10	2	19	31
2011 年	11	1	19	31
2012 年	10	3	18	31
2013 年	12	1	18	31
2014 年	11	3	17	31
合计数	54	10	91	155
占比	34.84%	6.45%	58.71%	100%

6.1.1.2　财政赤字的影响因素分析

由于处在一个适当水平的财政赤字可以促使政府财务信息的披露质量，然而各个省的财政赤字都不一样，因此作者认为对财政赤字的影响因素进行分析是很有必要的。通过研究目前已有的文献，本节以经济增长、政府规模、城镇化程度、人口规模等作为自变量，进而分析财政赤字率在何种程度上受这些因素的影响。表 6 – 3 列示了采用固定效应模型进行面板回归的结果，结果显示，经济条件提高能够显著促进财政赤字的减少；而人口规模、城镇化水平、政府规模均能够显著提高财政赤字水平。

表 6 – 3　　　　　　　　财政赤字影响因素的面板回归结果

变量	模型（1）	模型（2）
PGDP	– 0.337 ** (0.002)	– 0.337 ** (0.000)
ZFGM	0.199 ** (0.000)	0.199 ** (0.000)
CZHL	1.880 ** (0.000)	1.880 ** (0.000)
XQRK	0.458 *** (0.000)	0.458 *** (0.000)
_cons	3.022 *** (0.036)	3.022 *** (0.021)
Adjust R^2	0.674 2	0.674 2
Obs	155	155

6.1.1.3　财政赤字的控制措施

由 5.1.1 部分可知，财政赤字的均值为 1.006%，最小值 0.074%，最大值3.921%，说明整体而言，我国省级政府财政赤字很低，结合表6-3的分析，财政赤字应该控制在［0.8511%，3.921%］，能促进政府财务信息披露质量的持续提升。进一步分析的结果表明，目前近60%省份的财政赤字率处于最优区间，较适合政府财务信息披露质量的改进。财政赤字率高低的影响因素分析发现，经济条件提高会显著降低财政赤字，而人口规模、城镇化水平、政府规模均能够显著提高财政赤字。

财政赤字作为一种财政制度创新方法，当它处于合理区间时，既能促进财政资金的合理使用，提升财政资金的使用效率，还能增加政府财务信息改进的压力和动力，促进政府财务信息披露质量的提升。我国目前大多数省份的财政赤字均处于适中水平，后续各省可以继续执行一定程度的财政赤字政策。为了充分发挥财政赤字对政府财务信息披露质量的溢出效应，不同的地方应该根据本地的具体情况采用满足当前发展阶段需要的、符合本地标准的财政政策。

第一，财政赤字的规模应控制在适当的范围内，要求政府选择合适的财政政策。如20世纪末时，政府所采取的扩张的财政政策着实推动了经济、社会的高速发展，但是也带来了过度使用财政赤字导致的巨大的债务。这就需要政府适时减少预算支出、增加预算收入，逐步减少对积极财政政策的使用。不过，停止使用该政策的时机非常重要。若过早淡出，会给经济带来不利影响。如果停止时间太晚，会由于政策时滞导致经济在这一时期处于高涨的状态，同时也会导致过大的财政赤字规模及其巨大的债务规模。

第二，很多政府的领导都有一种普遍的倾向，即增加政府支出而不是缩减开支，这种想法不可避免地会驱使他们选择财政赤字。在很多时候，政府的财政支出表现出很大的刚性：该增加的开支很难增加、该降低的却很难降低。如我国的教育和农业发展经费一直提不上去，相反，有关行政管理方面的开支却一直很高。鉴于这种情况，政府应该调整结构，把更多的资金用在我国需要加强的薄弱环节，如农业、社会保障等。同时，对政府部门进行改革从而可以减少行政事业经费和福利开支。

第三，促进本国经济发展是缓解财政赤字的根本之计。加大对财政政策支持力度，稳定中国的经济形势、调整经济结构。加强对税收的征管力度，增加财政收入要坚持依法治税，税务部门要坚定不移地坚持依法行政的理念，加强与外界的涉税信息交流。同时加强征收监督力度，强化代扣缴税收的管理，避免税款流失。

第四，不仅保证财政赤字数据统计的客观性，而且对各级政府之间的赤字责任进行清楚的界定，从而明确财政赤字的风险责任，同时建立健全财政赤字风险预警系统。

6.1.2 将对外开放程度控制在合理水平

6.1.2.1 各省各年对外开放程度的分布区间

由第五章对外开放程度对政府财务信息披露质量的影响可知，对外开放程度太高或太低均不利于政府财务信息披露质量的改进，对外开放程度促进政府财务信息披露质量的合适区间为 $[0.347\,9,\,0.650\,3]$。为了了解各省 2010～2014 年对外开放程度的分布情况，图 6-2 列示了 2010～2014 年各省政府对外开放状况的折线图。从 2010～2014 年，重庆市、辽宁省、西藏自治区和海南省 2010～2014 年对外开放程度较高，但这五年持续下降；上海市这五年对外开放程度较高且一直缓慢上升；其他各省的对外开放程度总体而言比较平稳，呈逐渐平稳上升趋势。

表 6-4　　　　　2010～2014 年各省对外开放程度的原始数据

省份	2010 年	2011 年	2012 年	2013 年	2014 年
安徽	0.444 9	0.480 8	0.507 3	0.571 0	0.578 9
北京	0.475 8	0.462 8	0.449 8	0.437 1	0.423 8
重庆	1.102 2	1.013 2	0.923 2	0.837 3	0.745 3
福建	0.306 0	0.302 9	0.298 8	0.298 9	0.292 7
甘肃	0.001 6	0.001 6	0.008 5	0.001 3	0.015 2
广东	0.415 7	0.403 0	0.393 0	0.371 7	0.367 5
广西	0.110 7	0.106 2	0.082 5	0.135 4	0.073 5
贵州	0.084 1	0.114 8	0.140 5	0.186 0	0.201 9
海南	0.857 0	0.745 1	0.598 7	0.589 9	0.374 8
河北	0.190 6	0.203 2	0.212 5	0.234 7	0.237 5
河南	0.386 5	0.395 3	0.403 9	0.412 8	0.421 4
黑龙江	0.141 8	0.186 0	0.236 9	0.261 0	0.325 3
湖北	0.288 1	0.300 2	0.311 3	0.329 9	0.336 5
湖南	0.276 2	0.299 9	0.323 8	0.347 3	0.371 3
吉林	0.329 7	0.382 1	0.430 5	0.496 1	0.535 9
江苏	0.869 9	0.759 8	0.641 9	0.555 1	0.421 7
江西	0.581 8	0.584 3	0.588 6	0.585 6	0.593 6
辽宁	1.103 0	1.048 5	0.976 3	0.974 9	0.867 3

省份	2010 年	2011 年	2012 年	2013 年	2014 年
内蒙古	0.304 2	0.283 8	0.253 3	0.263 1	0.212 5
宁夏	0.027 3	0.024 2	0.030 1	0.000 2	0.024 0
青海	0.061 4	0.048 1	0.034 3	0.022 2	0.007 6
山东	0.075 3	0.148 7	0.242 8	0.254 0	0.389 5
山西	0.207 7	0.212 8	0.219 0	0.220 4	0.229 0
陕西	0.048 6	0.085 7	0.201 5	0.002 5	0.275 6
上海	0.739 0	0.748 2	0.752 4	0.776 8	0.770 8
四川	0.523 4	0.490 9	0.428 0	0.486 6	0.362 9
天津	1.125 9	1.143 4	1.164 6	1.171 1	1.199 6
西藏	0.989 2	0.751 1	0.476 4	0.347 7	0.000 0
新疆	0.060 0	0.061 6	0.074 7	0.042 1	0.078 0
云南	0.213 5	0.231 4	0.251 6	0.262 2	0.287 3
浙江	0.355 9	0.365 3	0.377 7	0.378 3	0.396 5

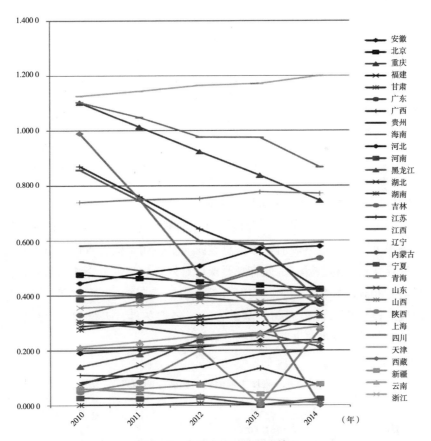

图 6-2　各省对外开放程度情况

为了更好地厘清各省对外开放程度的分布区间，统计 2010～2014 年各省的对外开放程度在 [0, 0.347 9]、[0.347 9, 0.650 3]、[0.650 3, 1] 的分布情况，结果如表 6-5 所示。发现 52.26% 的观测值的对外开放程度较低，最不利于政府财务信息披露质量的提升，这些省份需要提升对外开放水平；27.10% 的观测值的对外开放程度适中，适合政府财务信息披露质量的提升；20.64% 的观测值的对外开放程度太高，也不利于政府财务信息披露质量的改进，这些省份需要降低对外开放程度。

表 6-5　　　　　　　　2010～2014 年各省对外开放程度的分布区间

区间范围	[0,0.347 9]	[0.347 9,0.650 3]	[0.650 3,1]	合计
区间	第一区间	第二区间	第三区间	
系数	-8.758 1	22.592 5 *	-0.999 4	
评价	最不利区间	最优区间	较不利区间	
2010 年	17	7	7	31
2011 年	16	8	7	31
2012 年	16	5	10	31
2013 年	17	10	4	31
2014 年	15	12	4	31
合计	81	42	32	155
比重	52.26%	27.10%	20.64%	100%

6.1.2.2　对外开放的影响因素分析

基于上述分析，对外开放程度在处于合理区间 [34.79%，65.03%] 时能够最大限度地提升政府财务信息披露质量，而不同的省份在对外开放程度上存在较大的差异，因此有必要探讨对外开放程度的影响因素，进而实现对外开放的优化、提高政府财务信息披露质量。表 6-6 列示了采用固定效应模型进行面板回归的结果显示，经济条件、人口规模、政府规模、城镇化率均能够显著提高对外开放程度。

表 6-6　　　　　　　　对外开放程度影响因素的面板回归结果

变量	(1)fe	(2)fe_robust
PGDP	0.016 ** (0.043)	0.016 ** (0.035)
ZFGM	0.023 ** (0.000)	0.023 ** (0.003)
CZHL	0.042 ** (0.021)	0.042 ** (0.015)

变量	（1）fe	（2）fe_robust
XQRK	0.065 *** (0.000)	0.065 *** (0.000)
_cons	0.409 *** (0.000)	0.409 *** (0.000)
Adjust R^2	0.754 2	0.754 2
Obs	155	155

进一步分析表明，各省对外开放程度存在一定的差异，整体来看，对外开放程度处于第一门槛值以下的省份较多。以对外开放程度为因变量的回归结果中，改善经济条件、扩大政府规模、扩大人口规模均有利于提升对外开放程度。

6.1.2.3 对外开放的控制措施

对于对外开放程度低于第一门槛值的地区而言，通过提高城镇化水平、发展经济、增加人民收入等方法实现加快式发展，从而提高对外开放程度。对于对外开放程度很高的地区而言，中央政府需要加强监管，降低政府城镇化率，适当调整地区人口政策、经济发展方向，在当地政府实施控制人口政策，降低人口规模，从而将对外开放程度控制在合理的水平。

同时为了充分发挥对外开放对信息披露质量的溢出效应，各地政府应该积极寻求相互合作。各地区政府应在积极寻求省份、城市间的招商引资合作，维持健康有序的竞争机制。现实中的外商投资额具有空间相关性、集中性，一个省份所吸引的 FDI 会受到周边省份 FDI 流入的影响。有关省份应该把这种跨区域的空间联系利用起来，基于这种关系去寻求促进相互发展的合作机遇，达到一种互惠互利的引资格局。同时，一个城市周边的城市外商投资额越少，这个城市本身能吸引到的外商投资额也越少，对于中西部地区来说，在努力发展自身经济的同时，切实消除地方保护主义，逐步消除资本、技术劳动力等生产要素在城市间互补的限制，同时还要消除各地市场分割，建立统一的区域性大市场，才能扭转外商投资额前期累计不足的劣势。中西部本身经济发展水平低，购买力不足，多个分割的市场是小需求容量，整合后的市场是大需求，扩大了市场规模和容量，能够扩大有效需求，有利于吸引外商投资。各城市要竭尽全力为外商创造一个健康的投资环境，通过公开财务信息来改善外商与政府之间信息不对称的状态，减少恶性竞争，促进城市间经济合作与融合。

每个城市应根据自身优势进行战略引资，深化与跨国公司在价值链上的联系对接，并通过进行劳动力素质技能培训、改善基础设施条件以及强化各个城市之间的合作等系列措施，提高利用外资水平。廉价劳动力优势已不是能够吸引外商投资的筹码，城市要加大基础教育和职业培训的投入，提高劳动人员的整体素质，提升人力资本水平。这些政策才是优化引资结构，提高引资效率的关键。

6.1.3 优化制度环境

针对 5.1.3 部分的研究结果，本节提出相应的四点建议。

第一，加强制度建设，完善各区域的规章制度，让政府的行为有章可依，从而逐渐改善当前的制度环境，提升政府财务信息披露质量。

第二，对政府官员进行适当的与投资相关的教育，让官员自身对投资有一定清晰的认识，从而减少各省域政府在实际管理中的投资冲动，进而对相应的政府财务信息披露质量有正向的影响，从而引起政府有如实披露财务信息的动机，最终提升政府财务信息披露质量。

第三，减少了地方政府投资冲动的同时，需要对当前已投资的项目进行合理的运营，从而创造最大的经济效益，提升当地的经济发展水平，进而改善当地居民的生活水平。

第四，继续完善教育，提升教育质量，从而培养更多优秀的人才，他们的监督和参与将有助于提升地方政府财务信息披露质量。

6.1.4 推进优质制度变迁

针对 5.1.4 部分的研究结果，提出以下建议来推进制度变迁。

第一，加快市场化进程，提高地方政府财务信息披露质量。

第二，培育多元化产权，大力发展混合所有制经济。产权主体的多元化带来的投资主体、利益主体、风险承担多元化，将使现代企业制度得以有效建立，从而实现社会资本的有效增长。国有企业进行产权多元化改革，可以降低国有化程度，进而提高地方政府财务信息披露质量。

6.1.5 合理推进城镇化进程

6.1.5.1 各省各年城镇化的分布区间

根据表 6-7 各省各年城镇化率的原始数据，画出各省各年城镇化率变化趋势的折线图（如图 6-3 所示）。由图可知，海南省、新疆维吾尔自治区、上海市、北京市等省市的城镇化率很高；河北省、江西省、河南省、云南省等省份的城镇化率较低。

表 6 - 7   各省各年城镇化率的原始数据

省份	2010 年	2011 年	2012 年	2013 年	2014 年
安徽	0.273 250	0.276 813	0.280 410	0.283 871	0.287 536
北京	0.943 719	0.944 304	0.944 941	0.945 367	0.946 109
重庆	0.480 606	0.502 636	0.531 949	0.532 126	0.576 007
福建	0.259 478	0.260 252	0.260 805	0.262 240	0.262 352
甘肃	0.345 145	0.342 231	0.340 100	0.334 841	0.334 274
广东	0.349 113	0.378 783	0.404 470	0.446 087	0.463 810
广西	0.249 737	0.254 998	0.260 365	0.265 305	0.270 886
贵州	0.239 385	0.229 749	0.217 469	0.215 765	0.198 197
海南	1.000 000	1.000 000	1.000 000	1.000 000	1.000 000
河北	0.167 339	0.173 115	0.182 514	0.177 425	0.194 067
河南	0.186 764	0.186 706	0.186 367	0.187 150	0.186 250
黑龙江	0.362 915	0.363 107	0.363 547	0.362 998	0.363 931
湖北	0.271 559	0.278 525	0.287 948	0.287 543	0.301 881
湖南	0.204 110	0.202 904	0.201 792	0.200 303	0.199 379
吉林	0.340 427	0.343 674	0.347 664	0.348 681	0.354 158
江苏	0.361 489	0.380 630	0.398 731	0.420 991	0.437 013
江西	0.198 430	0.200 294	0.206 227	0.195 884	0.209 955
辽宁	0.443 951	0.445 924	0.447 281	0.451 101	0.451 227
内蒙古	0.308 184	0.313 476	0.317 303	0.326 992	0.327 887
宁夏	0.404 878	0.409 142	0.416 004	0.412 474	0.424 531
青海	0.588 168	0.523 149	0.461 849	0.385 667	0.331 810
山东	0.326 767	0.317 117	0.302 763	0.307 225	0.283 462
山西	0.279 372	0.281 308	0.281 461	0.288 745	0.285 333
陕西	0.324 660	0.327 524	0.330 971	0.332 085	0.336 699
上海	0.950 842	0.951 293	0.951 728	0.952 224	0.952 630
四川	0.282 465	0.292 096	0.297 450	0.319 909	0.316 711
天津	0.818 392	0.818 447	0.818 657	0.818 246	0.818 767
西藏	0.547 541	0.532 823	0.516 408	0.506 780	0.486 971
新疆	0.979 888	0.979 797	0.979 746	0.979 537	0.979 565
云南	0.224 125	0.223 783	0.223 293	0.223 394	0.222 608
浙江	0.271 441	0.295 325	0.316 076	0.349 359	0.363 845

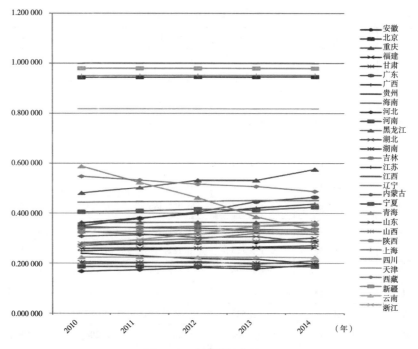

图 6 - 3　各省城镇化情况

　　为了了解各省各年城镇化率的具体分布情况，按照门槛值 0.294 9 将城镇化率分为两个区间，统计每个区间每年的省份数量。而根据第五章门槛效应的结果，处于第一区间的城镇化率最优。由于各省都在逐步加快城镇化进程，第二区间的城镇化率逐年增加，占 62.58%。因此，从促进政府财务信息披露质量的角度，应该适度控制城镇化进程。

表 6 - 8　　　　　　　各省各年城镇化率（CZHL）的分布区间

区间范围	[0,0.294 9]	[0.294 9,1]	合计数
区间	第一区间	第二区间	
系数	217.722 6 ***	187.553 7 ***	
评价	最优区间	次优区间	
2010 年	13	18	31
2011 年	12	19	31
2012 年	11	20	31
2013 年	11	20	31
2014 年	11	20	31
合计数	58	97	155
占比	37.42%	62.58%	100%

6.1.5.2 城镇化的影响因素分析

由于处在一个适当水平的城镇化率可以更好地促使政府财务信息的披露质量提升，然而各省的城镇化率各不相同，因此作者认为，对城镇化率的影响因素进行分析是很有必要的。通过研究目前已有的文献，本节以产业结构、政府规模、财政赤字、经济增长、人口规模、资源依赖、财政分权、对外开放作为自变量，进而分析城镇化率在何种程度上受这些因素的影响。由表 6 - 9 的霍斯曼检验可知，应选择固定效应模型。

表 6 - 9   霍斯曼检验

变量	fe	re
cyjg	- 0.106 8	- 0.112 9
zfgm	0.001 9	0.010 3
zfcz	0.000 8	- 0.005 7
ggdp	0.001 1	0.000 8
zyyl	- 0.432 8	- 0.178 2
xqrk	- 0.434 9	- 0.352 5
zffq	- 0.029 9	0.155 2
wstz	- 0.028 9	0.003 6
pgdp	0.003 9	0.000 7
Prob > chi2	0.000 0	

由表 6 - 10 可知，政府规模、财政赤字、经济增长、经济条件与城镇化率正相关；产业结构、资源依赖、人口规模、财政分权、对外开放与城镇化率负相关。

表 6 - 10   城镇化率影响因素的面板回归结果

变量	(1) fe	(2) fe_robust
cyjg	- 0.106 8 *** (0.000 3)	- 0.106 8(0.22 4)
zfgm	0.001 9(0.766)	0.001 9(0.758)
zfcz	0.000 8(0.943)	0.000 8(0.940)
ggdp	0.001 1 *** (0.000 6)	0.001 1 ** (0.028)
zyyl	- 0.432 8 *** (0.000 7)	- 0.432 8 ** (0.047)
xqrk	- 0.434 9 *** (0.000)	- 0.434 9 *** (0.000)
zffq	- 0.029 9(0.556)	- 0.029 9(0.638)

变量	(1)fe	(2)fe_robust
wstz	− 0.028 9 * (0.074)	− 0.028 9(0.474)
pgdp	0.003 9(0.258)	0.003 9 ** (0.046)
_cons	1.967 *** (0.000)	1.967 *** (0.000)
Adjust R^2	0.360 5	0.360 5
Obs	155	155

6.1.5.3　合理推进城镇化的措施

第一，在要素投入方面，劳动人口集聚是城镇化的重要动力，土地投入是城镇化的基础，资本投入是城镇化的保障，需要协调劳动人口、土地投入和资本投入，适度推进城镇化。

第二，在人口素质方面，我国是城镇化最快的国家，如何适度推进城镇化，消除人口素质瓶颈，合理进行城镇人口布局，在人口数量和质量上有利于城镇化发展。

第三，金融支持方面。我国是城镇化最快的国家，这需要在社保、资源、基础设施等方面的大量投资，财政资金难以满足需要，需要发挥金融支持作用，取得金融机构的长期信贷扶持、促进基础设施资产证券化、专业化管理基础设施投资基金、采用市政债券融资等。

第四，政府作用方面。政府可以加大财政投入，促进城镇化发展。

第五，城镇化存在空间相关性，城镇规模和城镇布局需要均衡发展，促进城镇的空间集聚和产业集聚。

第六，发挥消费对城镇化的促进作用。农村人口城镇化，导致乡村模式变为城镇模式，导致消费升级，进一步促进城镇化。

6.1.6　提升预算科学性

6.1.6.1　各省各年预算科学性的分布区间

由第五章对预算科学性对政府财务信息披露质量的影响可知，预算科学性总体能促进政府财务信息披露质量的提升，但预算科学性的不同区间影响不同。为了了解各省2010～2014年预算科学性的分布情况，图6－4列示了2010～2014年各省预算科学性的折线图。

表 6－11　　　　　　　　2010～2014 年各省预算科学性的原始数据

省份	2010 年	2011 年	2012 年	2013 年	2014 年
安徽	18. 386 110	11. 653 090	9. 015 909	6. 647 455	2. 584 248
北京	4. 725 289	8. 981 532	0. 476 028	0. 854 659	0. 670 944
福建	5. 765 573	5. 341 290	3. 152 851	6. 012 881	2. 893 054
甘肃	14. 986 710	9. 966 231	5. 916 603	2. 590 281	4. 091 159
广东	5. 419 257	3. 833 293	0. 000 000	6. 002 567	3. 497 547
广西	9. 559 709	7. 042 164	5. 839 322	4. 493 777	1. 250 809
贵州	8. 635 452	10. 185 230	5. 757 113	0. 779 171	1. 457 557
海南	9. 188 531	2. 308 009	0. 324 834	15. 155 610	0. 450 199
河北	6. 807 824	4. 574 829	3. 369 989	1. 746 805	3. 412 463
河南	9. 974 517	11. 208 880	4. 631 114	6. 435 240	3. 349 080
黑龙江	5. 737 314	15. 148 110	0. 564 836	2. 865 978	6. 969 900
湖北	2. 300 169	8. 675 037	2. 178 218	0. 786 776	0. 657 992
湖南	6. 247 631	14. 896 480	5. 485 478	3. 832 329	1. 764 194
吉林	7. 016 816	18. 857 780	5. 294 598	0. 455 504	0. 486 962
江苏	6. 484 536	3. 824 887	0. 005 801	1. 098 583	1. 408 517
江西	11. 807 120	8. 691 607	8. 199 039	5. 511 830	2. 536361
辽宁	8. 749 327	9. 706 978	1. 357 966	1. 938 507	8. 770 413
内蒙古	16. 554 520	13. 994 560	1. 561 101	7. 120 943	2. 092 565
宁夏	21. 849 560	20. 192 740	5. 887 256	6. 635 532	1. 738 951
青海	7. 857 013	14. 821 160	5. 369 596	3. 028 679	0. 508 582
山东	6. 869 185	6. 833 761	1. 791 385	2. 877 444	1. 003 018
山西	12. 005 120	9. 930 528	9. 042 588	2. 197 906	1. 245 167
陕西	11. 154 130	23. 840 470	10. 894 050	2. 421 168	1. 535 125
上海	4. 544 157	9. 529 044	0. 162 673	2. 056 450	2. 632 400
四川	16. 544 470	13. 734 910	4. 740 074	3. 462 519	0. 061 090
天津	13. 932 320	15. 540 190	4. 944 262	5. 197 997	2. 608 405
新疆	5. 953 094	7. 142 956	4. 527 102	1. 727 087	2. 079 012
云南	11. 833 240	9. 823 968	2. 850 951	2. 873 456	6. 238 884
浙江	12. 975 810	9. 800 686	0. 616 931	2. 078 527	0. 534 204
重庆	19. 803 170	17. 835 430	3. 463 478	1. 724 505	9. 087 835

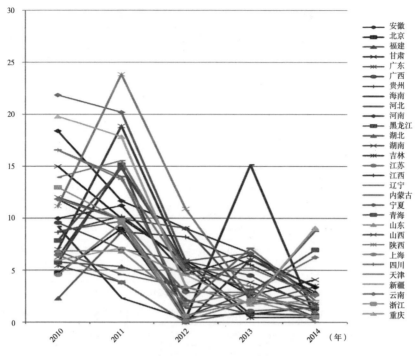

图 6 - 4　各省各年预算科学性情况

　　根据门槛效应的结果，为了更好地厘清各省预算科学性的分布区间，统计 2010 ~ 2014 年各省的预算科学性在各区间的分布情况，结果如表 6 - 12 所示。

表 6 - 12　　　　　　　　2010 ~ 2014 年各省预算科学性的分布区间

区间范围	[0,0.476 0]	[0.476 0,2.423 7]	[2.423 7,3.397 6]	[3.397 6,23.840 5]	合计
区间	第一区间	第二区间	第三区间	第四区间	
系数	47.858 5 **	- 0.464 1	3.306 0 ***	0.025 7	
评价	最优区间	不利区间	次优区间	较好区间	
合计	7	36	14	93	155
比重	4.67%	24%	9.33%	62%	100%

6.1.6.2　预算科学性的影响因素分析

　　冯辉（2017）采用省级面板数据分析发现，地方政府竞争和财政压力均不利于提升地方政府预算编制科学性，控制变量中，GDP 超极化增长、城镇化、财政收入自给率、经济发展水平、失业率有利于促进预算科学性; 产业结构、开放度、通胀率不利于预算科学性。① 借鉴冯辉 (2017) 的研究成果, 本节预算科学性的影响因素包括财政赤字、经济发展、产业结构、城镇化、对外开放、财政分权和经济条件。霍斯曼检验的 P 值为 0.0323, 说明应选择固定效应模型。

表 6 - 13 霍斯曼检验

变量	fe	re
ZFCZ	- 3.229 009	- 2.414 244
GGDP	0.313 106 9	0.172 061 6
CYJG	- 3.535 043	- 4.376 841
CZHL	- 20.124 52	3.188 706
WSTZ	2.696 666	3.157 445
ZFFQ	- 67.466 82	- 19.867 25
PGDP	- 1.286 924	- 0.606 801 6
Prob > chi2	0.032 3	

由表 6 - 14 可知, 财政赤字、产业结构、城镇化、财政分权、经济条件与预算科学性负相关; 经济增长、对外开放与预算科学性正相关。

表 6 - 14 预算科学性影响因素的面板回归结果

变量	(1) fe	(2) fe_robust
ZFCZ	- 3.229 009(0.340)	- 3.229 009(0.388)
GGDP	0.313 106 9 ** (0.011)	0.313 106 9(0.159)
CYJG	- 3.535 043(0.749)	- 3.535 043(0.823)
CZHL	- 20.124 52(0.343)	- 20.124 52(0.574)
WSTZ	2.696 666(0.693)	2.696 666(0.712)
ZFFQ	- 67.466 82 *** (0.001)	- 67.466 82 ** (0.019)
PGDP	- 1.286 924(0.195)	- 1.286 924(0.167)
_cons	60.142 18 *** (0.001)	60.142 18 *** (0.019)
Obs	150	150
R - sq	0.255 7	0.255 7

注: 括号中为 P 值。

---

① 冯辉. 地方政府竞争、财政压力与地方预算编制科学性——基于省级面板数据的分析. [J]. 当代财经, 2017 (4).

6.1.6.3 提升预算科学性的措施

根据预算科学性影响因素的研究发现，为了提升预算科学性，应控制财政赤字、优化产业结构、适度推进城镇化、适度财政分权、控制经济条件；促进经济增长、加强对外开放。

为了提高预算科学性，应严格执行新《预算法》，人大应发挥监督作用，维护预算执行的严肃性与法治性；建立科学的预算制度，逐步实现预算的公开、透明。

为了促进预算科学性，应降低财政预算软约束，进入预算紧约束新时代。

为了促进预算科学性，应确保财政部门具有预算编制的完整权利，提升财政部门统筹协调预算资金的能力，减少财政支出的利益固化。

6.2　提升信息使用者因素

6.2.1　不断提升媒体监督水平

6.2.1.1　各省各年媒体监督的分布区间

考虑到媒体关注度的提升能不断提升政府财务信息披露质量，考察 2010～2014 年各省媒体关注度的折线图。由图 6 - 5 可知，宁夏回族自治区、西藏自治区与新疆维吾尔自治区各年的媒体监督基本均低于第一门槛值；而大多数省份的媒体监督均高于第二门槛值，较好地促进了政府财务信息披露质量的提升。

表 6 - 15　　　　　　　　　　媒体监督的原始数据

年份\省份	2010	2011	2012	2013	2014
安徽	2.794 771	2.819 574	2.856 729	2.844 477	2.906 335
北京	2.910 931	2.944 437	2.970 812	3.025 715	3.037 825
重庆	2.767 571	2.770 073	2.781 037	2.758 155	2.786 041
福建	2.806 551	2.818 857	2.836 324	2.833 147	2.860 937
甘肃	2.728 206	2.744 298	2.757 396	2.782 473	2.789 581
广东	2.871 388	2.901 866	2.942 504	2.942 504	3.003 461
广西	2.419 000	2.415 697	2.423 246	2.387 390	2.416 641

年 省份	2010	2011	2012	2013	2014
贵州	2. 570 454	2. 646 789	2. 721 811	2. 802 089	2. 874 482
海南	2. 405 687	2. 473 077	2. 542 825	2. 603 144	2. 677 607
河北	2. 853 775	2. 882 804	2. 920 123	2. 924 279	2. 978 181
河南	2. 918 874	2. 921 158	2. 929 930	2. 912 753	2. 934 498
黑龙江	2. 750 417	2. 737 627	2. 733 999	2. 693 727	2. 708 421
湖北	2. 892 703	2. 904 734	2. 916 454	2. 929 419	2. 940 516
湖南	2. 726 432	2. 768 990	2. 807 535	2. 862 131	2. 892 651
吉林	2. 728 234	2. 748 767	2. 781 755	2. 764 923	2. 822 822
江苏	3. 045 107	3. 027 983	3. 023 252	2. 968 950	2. 989 005
江西	2. 726 559	2. 748 448	2. 773 786	2. 785 330	2. 817 565
辽宁	2. 662 504	2. 675 617	2. 697 229	2. 684 845	2. 723 456
内蒙古	3. 108 687	3. 138 372	3. 186 391	3. 161 068	3. 245 759
宁夏	2. 184 327	2. 180 294	2. 212 188	2. 100 371	2. 204 120
青海	2. 395 361	2. 441 943	2. 513 218	2. 485 721	2. 606 381
山东	3. 063 034	3. 043 600	3. 026 533	3. 000 000	2. 987 666
山西	2. 765 252	2. 788 655	2. 846 955	2. 765 669	2. 893 762
陕西	2. 830 882	2. 851 786	2. 881 955	2. 875 061	2. 923 762
上海	2. 853 883	2. 867 742	2. 897 077	2. 864 511	2. 924 796
四川	2. 912 981	2. 936 240	2. 959 518	2. 982 723	3. 006 038
天津	2. 718 978	2. 716 851	2. 710 117	2. 721 811	2. 705 864
西藏	2. 065 055	2. 112 542	2. 255 273	2. 017 033	2. 350 248
新疆	1. 798 751	1. 916 854	2. 075 547	2. 071 882	2. 311 754
云南	2. 710 106	2. 736 266	2. 761 928	2. 789 581	2. 814 248
浙江	2. 873 413	2. 886 420	2. 908 485	2. 894 316	2. 934 498

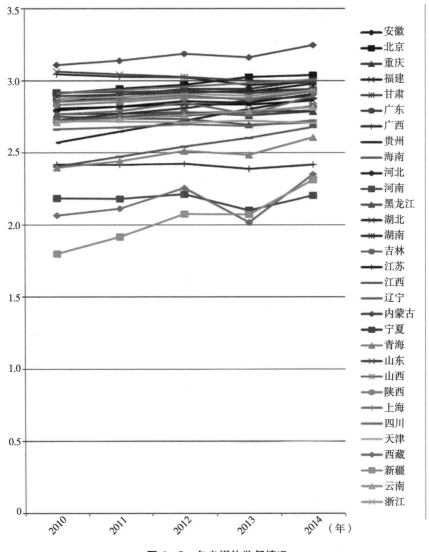

图 6-5　各省媒体监督情况

　　由于媒体监督在三个区间均与政府财务信息披露质量显著正相关，而且正相关系越来越大。而在表 6-16 中，目前 84.52% 的观测值位于最有利于政府财务信息披露质量提升的区间，说明目前媒体监督发挥了较好的作用。

表 6 – 16 各省各年媒体监督的分布区间

区间范围	[0,2.477 0]	[2.477 0,2.523 8]	[2.523 8,?]
区间	第一区间	第二区间	第三区间
系数	41.545 0 ***	53.166 7 ***	62.150 4 ***
评价	第三促进区间	次优促进区间	最优促进区间
2010	6	0	25
2011	6	0	25
2012	4	1	26
2013	4	1	26
2014	4	0	27
合计	22	2	131
比重(%)	14.19	1.29	84.52

6.2.1.2 媒体监督的影响因素分析

目前文献主要关注媒体监督的各种经济后果，极少有文献关注媒体监督自身的影响因素，仅有的文献也多为规范研究。蔡小伟（2016）建议，通过创新提升主流媒体的传播力，从而提升媒体的公信力。董启正（2017）分析了虚假体育新闻对媒体公信力的影响。施从美、江亚洲（2017）分析了政治传播中的媒体运用对主流媒体公信力的影响。

基于上述分析，媒体监督能够最大限度地提升政府财务信息披露质量，而不同省份的媒体监督存在较大的差异，因此有必要探讨媒体监督的影响因素。根据已有文献，将媒体监督作为因变量，将城镇化进程、经济条件、人口规模和政府相对规模作为自变量，分析媒体监督的影响因素。表 6 – 17 是采用固定效应模型进行面板回归的结果，回归结果显示，居民人均收入提高、政府规模扩大、城镇化率加快、人口规模扩大都能够显著加强媒体监督。

表 6 – 17 面板回归结果

变量	(1)fe	(2)fe_robust
PGDP	42.697 * (0.000)	42.697 * (0.000)
ZFGM	26.073 * (0.004)	26.073 * (0.002)
CZHL	5.635 * (0.006)	5.635 * (0.005)
XQRK	0.365 * (0.000)	0.365 * (0.000)
_cons	− 24.319 * (0.000)	− 24.319 * (0.000)
Adjust R^2	0.725 9	0.725 9
Obs	155	155

6.2.1.3　加强媒体监督的措施

各种媒体是政府与公众进行沟通的良好渠道和平台，媒体监督能引导和监督政府提升财务信息披露质量，从而实现媒体的监督职能。从上述回归结果也发现，目前媒体监督对政府财务信息披露质量的提升起到了较大的促进作用。后续可以进一步保障和强化媒体监督职能的充分发挥，充分利用媒体监督来引导和监督政府改进财务信息质量。

同时，为了充分发挥媒体监督对政府财务信息披露质量的溢出效应，各地应完善法律和市场氛围、打造媒体的公信力和品牌。而规范媒体运行的法律保护环境与市场环境，是媒体充分发挥监督职能的前提和保障。目前我国还处于经济转轨进程当中，市场环境和法制环境还不完善，政府干预可能削弱媒体监督的效果。另外，从媒体自身而言，媒体也应不断提高自身素质和能力，塑造良好的品牌，提高媒体的公信力，并积极引导社会舆论，形成共同的监督压力，良性促进政府财务信息披露质量的提升。

6.2.2　削弱财政幻觉

根据 5.2.2 部分的研究结论，提出以下几点削弱财政幻觉效应的建议。

第一，改革完善税制结构，从而可以降低由此带来的"预期幻觉"效应。从我国的税收结构可以看出，税收结构是并不合理的，这其中，间接税（流转税）占了将近70%，而直接税（所得税）只占20%左右。正是由于间接税所占的比重很高，导致纳税人很难去判断自身的税负，由此，应该合理调整税收结构，逐步调高直接税的比重，使得纳税人能够准确去衡量、看清或者算清自身的税收负担，端正纳税人的公共物品偏好水平，从而可以保证国家财政收支信息的可理解性，增强公民的纳税意识，提升财政透明度水平。例如，推进个人所得税以及房地产税等税制改革，提高直接税比重；此外，随着我国"营改增"等一系列流转税改革的完成，会进一步优化税制结构，间接税比重将会不断的降低。

第二，不断的优化整合政府支出结构，从而可以削弱"赤字幻觉"效应。在供给侧结构性改革的实行下，政府在投资以及提供公共物品时，应该增加具有产品性质的政府支出，如基础设施建设和有关民生的工程项目投资等，应该减少非产品性质的公共支出，如社会福利产品生产和休闲设施建设等，从而可以纠正居民对财政收支不对等认识的偏差，进而可以降低公众的财政幻觉程度，提高地方政府财务信息披露质量。

第三，纳税人树立公民权利意识，意识到自己的财政贡献。人民是国家的主人，应该以主人翁的姿态积极关注政府对税收的征管和征用，自觉主动地去学习有关财税相关的信息，自觉监督政府财政支出，对贪污和浪费国家资财的行为进行批评和检举。

6.2.3　提升公众集聚度

针对 6.2.3 部分的研究结果以及目前的社会现状，提出以下几点政策建议：

一方面，完善公民表达意愿的渠道。政府可以通过完善公民表达意愿的途径，建立网络机制实现多元参与，如通过微博、微信等媒体平台进行信息公开，通过网络问卷的形式了解公民对某一问题或事件的观点、态度，通过网络论坛、网络信箱让公民有更多的渠道来发表自己的见解。

另一方面，从制度上引导公民对政府信息的关注。近年来，我国城市化进程加快，经济水平不断提高，政府应该在强化社会公共服务职能的前提下，促进经济发展，提升公众受教育水平，提高公众参政议政的积极性，为公众创造良好的监督反馈机制。

6.3　促进信息提供者因素

6.3.1　提升政府创新驱动能力

从 5.3.1 的研究结论可知，目前政府创新驱动还没有发挥应有的作用，应采取措施提升政府创新驱动能力。

第一，地方政府应加强治理创新体系，重视地区之间创新驱动的协调发展，既要发挥政府创新驱动的引导作用，又要注意政府治理的边界。

第二，政府应科学制定创新政策，加强创新政策执行，促进创新治理的均衡发展，与各政策主体适时沟通协调，加强创新政策执行能力。

第三，发挥创新治理促进创新驱动的作用机制，优化创新治理环境，形成高效的治理格局，促进创新驱动良性发展。

6.3.2　发挥政府审计的监督作用

根据 5.3.2 部分的研究结论，政府审计能促进政府财务信息披露质量的提升。目前提升政府审计质量的文献较多，可以借鉴这些文献的研究成果。

已有较多文献研究了政府审计效率的影响因素。喻采平（2010）采用省级面板数据分析发现，审计任务强度、审计处罚力度、审计执行力度有利于提升政府审计效率；审计信息披露力度不显著影响政府审计效率。[①]公彦德（2014）基于流程再造理论分析了政府审计效率的影响因素：整合资源、合理分工、操作流程简化、审计具有服务性、整合审计资源。[②] 张红（2011）从体制和非体制两方面分析了政府审计效率的影响因素。[③]

也有较多文献研究了政府审计质量的影响因素。赵一迪（2011）分析了政府审计质量不高的原因后，提出了四个建议来提升政府审计质量：改善政府审计管理体制；提升政府审计人员素质和能力；提升政府审计信息化程度，采用先进的政府审计方法，规范政府审计流程；促进相关政府部门的协调配合，构建政府审计质量体系，采用多种政府审计形式。[④] 宋玉（2014）提出了提升政府审计质量的措施：完善政府审计质量的配套法律法规；加强政府审计的独立性；促进政府绩效审计发展；制定政府审计质量控制准则，包括基本准则和具体准则；创新政府审计整改机制；提升政府审计人员业务能力。[⑤] 范雪茹等（2017）采用审计署的审计报告数据，实证分析了政府审计质量的影响因素后，建议加强政府审计的监管力度；加大政府审计资金投入力度。[⑥] 杨雨佳（2017）采用湖北省数据实证分析了政府审计质量的影响因素：公众的政府审计需求、人大的政府审计需求、政府的政府审计需求。[⑦]

6.3.3 优化官员特征

根据 5.3.3 部分的研究结论，政府官员特征会影响政府财务信息披露质量。而目前官员特征的文献主要是官员特征的后果，如地方债膨胀（何杨、王蔚，2015）、地方国企募资变更（曹春方、马连福，2012）、政府

① 喻采平. 政府审计效率影响因素的实证研究 [J]. 长沙理工大学学报（社科版），2010 (5).

② 公彦德. 政府审计效率的影响因素分析——基于流程再造理论视角 [J]. 地方财政研究，2014 (1).

③ 张红. 我国政府审计效率影响因素分析 [J]. 财会通讯，2011 (8).

④ 赵一迪. 政府审计质量影响因素研究 [J]. 内蒙古财经大学学报，2016 (8).

⑤ 宋玉. 政府审计质量影响因素探析 [J]. 西部财会，2014 (12).

⑥ 范雪茹等. 我国政府审计质量影响因素的实证分析——基于 2000—2012 年审计署审计报告数据分析 [J]. 特区经济，2017 (2).

⑦ 杨雨佳. 政府审计质量影响因素研究——以湖北省为例 [J]. 绿色财会，2017 (9).

规制行为扭曲（袁凯华、李后建，2015）、地方政府教育支出偏好（宋冉、陈广汉，2016）、经济增长（余泳泽、杨晓章，2017）等。

目前没有检索到官员特征影响因素的文献。如何优化官员特征，可以参照政府官员管理的相关文件并严格执行，如对于官员的年龄要求、教育背景要求、异地交流要求等。

6.3.4 促进政府合理竞争

由 5.3.4 部分可知，政府竞争会影响政府财务信息披露质量，而目前极少有政府竞争影响因素的文献，已有文献大多关注政府竞争的后果，例如，生产性支出偏向（张莉等，2018）、经济增长（汪立鑫、闫笑，2018）、R&D 投入（罗贵明，2018）、外商直接投资（岳金桂、陆晓晨，2018）等。

根据理论分析，本书分析以下因素对政府竞争的影响：财政分权、预算软约束、城镇化、经济发展、人均固定资产投资、人口密度。

表 6 - 18   变量定义

变量	表示	定义
政府竞争程度	COMP	外商直接投资（FDI）的对数增长率
总财政支出指标	FD_EXP	人均地方政府本年财政支出/人均中央政府本年财政支出
总财政收入指标	FD_REV	人均地方政府本年财政收入/人均中央政府本年财政收入
预算软约束	Grab	地方政府本级预算支出 - 本级政府决算收入
城市化水平	Urban	地区城镇人口占总人口的比重
经济发展水平	Gdprate	GDP 增长率
人均固定资产投资	INV	Log（固定资产投资额/年末总人口数）
人口密度	Popden	年末总人口数/面积

在进行回归分析之前，首先对样本数据进行了 Hausman 检验，结果显示：该样本适用面板随机效应模型。财政分权和预算软约束均在 1% 的显著性下显著为正。地区经济发展水平（Gdprate）和人口密度（Popden）系数均在 10% 的水平下显著为正，表明在控制其他因素不变的条件下，地区经济发展水平越高，人口密度越大，地方政府竞争越强。正如其他文献所说，目前我国中东部经济发达，人口密集地区的政府竞争程度高于西部

落后地区。人均固定资产投资的系数在10%的显著性水平下显著为负，表明人均固定资产投资的增加会导致地方政府竞争程度的下降，这可能是因为人均固定资产多的地区对公共产品的投入较多，相对削弱了支持地方政府竞争的投入。城市化水平在两个模型中都不显著。

表 6 - 19　　　　　　　　　　　　模型回归结果

解释变量	Model 2
FD_rev	0. 123 9 ** (0. 051 7)
Grab	0. 118 8 *** (0. 028 2)
Gdprate	0. 772 0 * (0. 444 0)
Popden	0. 000 1 * (0. 000 1)
Inv	- 0. 103 5 * (0. 050 2)
Urb	- 0. 373 0 (0. 240 8)
Obs	240
Adj. R^2	0. 202 6

　　本部分的研究结论对地方政府间恶性竞争问题的治理具有重要的政策启示，目前我国地方政府竞争加剧，政府将越来越多的资源用于“政绩考核”和“形象工程”的短视行为，从而陷入恶性竞争的陷阱。而对地方政府竞争却缺乏规范的管理，导致恶性竞争升级，给我国经济的可持续健康发展埋下了重大隐患。从以民为本的角度出发，为了适当减弱地方政府之间的竞争尤其是恶性竞争，提出以下建议：

　　第一，中央政府在逐步推进财政分权改革时应从财权与事权相匹配的原则出发，明确各级政府间的事权与支出责任，完善中央和地方财政关系，并建立起科学、高效、规范的财政转移支付制度。中央还可针对不同地区的经济发展水平，科学分配各地区间的财权与事权，使经济发达地区与相对落后地区的财权与事权都能相匹配。同时，可考虑提高中央转移支付的规模与比例以增强地方政府提供公共产品的能力与效率（詹正华和蔡世强，2012）。

　　第二，财政分权能刺激地方政府水平竞争，但预算软约束扩大了地方政府的资源能力，使得地方市场分割、重复建设以及招商引资竞争等陷入恶性竞争的陷阱，并使得这种恶性竞争具有自我实施功能，难以向有序竞争转变。新的财政体制改革必须注意到，如何在硬化地方政府的预算约束的同时，维持地方政府发展本地经济的激励是关键所在。

第三,在新财政体制框架下,在加大转移支付力度和维持地方政府发展本地经济的激励的同时,改变地方政府的预算软约束现状,如将预算外资金纳入预算内收入加以管理,同时完善我国金融体系,避免地方政府通过国有企业向商业银行融资来进行投资。

6.3.5 严格控制政府规模

6.3.5.1 各省各年政府规模的分布区间

根据表 6-20 各省各年政府规模的原始数据,画出各省各年政府规模变化趋势的折线图(如图 6-6 所示)。图中显示,各年各省的政府规模基本持平,另外两个是,海南省 2010~2014 年政府规模急剧扩张,根据指标可知,应该是这几年海南省的人口迅速增加所导致的;青海省 2010~2014 年政府规模下降较快,应该也是人口减少的原因。

表 6-20　　　　　　　各省各年政府规模的原始数据

年 省份	2010	2011	2012	2013	2014
安徽	2.695 799 2	2.695 764 1	2.695 192 6	2.696 766 9	2.695 122 5
北京	2.886 204 9	2.892 138 1	2.897 956 8	2.904 233 9	2.909 823 4
重庆	2.604 269 1	2.606 319 1	2.608 408 4	2.610 340 7	2.612 508 4
福建	2.441 144 3	2.449 103 4	2.456 882 0	2.465 382 9	2.472 800 3
甘肃	1.758 302 0	1.764 109 5	1.768 342 1	1.778 874 5	1.779 957 1
广东	2.666 763 3	2.673 528 7	2.680 090 6	2.687 466 5	2.693 621 4
广西	2.348 483 6	2.351 379 4	2.354 953 2	2.355 815 4	2.360 744 8
贵州	2.461 272 1	2.465 790 3	2.470 351 7	2.474 740 6	2.479 388 1
海南	-0.384 907 0	0.462 571 1	1.030 194 8	2.717 237 7	2.725 151 8
河北	2.573 653 6	2.582 084 2	2.592 487 6	2.594 999 9	2.609 348 9
河南	2.832 686 3	2.831 936 2	2.831 594 7	2.829 618 9	2.830 094 4
黑龙江	1.982 627 1	1.981 164 5	1.979 275 1	1.979 092 9	1.976 350 0
湖北	2.545 247 5	2.545 439 1	2.545 529 0	2.546 024 2	2.545 913 0
湖南	2.537 892 2	2.539 589 8	2.541 392 0	2.542 775 6	2.544 787 1
吉林	2.236 227 9	2.232 452 5	2.228 939 0	2.224 377 7	2.221 388 2
江苏	2.873 863 3	2.871 145 9	2.866 269 6	2.870 029 2	2.860 834 9
江西	2.447 137 1	2.452 206 1	2.458 622 7	2.459 648 8	2.468 760 7
辽宁	2.459 658 5	2.459 628 4	2.459 935 0	2.458 894 6	2.459 874 8
内蒙古	1.523 965 2	1.522 116 6	1.518 908 6	1.521 138 1	1.515 211 3

年 省份	2010	2011	2012	2013	2014
宁夏	2.004 942 7	2.015 990 3	2.028 245 8	2.035 669 8	2.050 341 1
青海	2.541 028 0	2.466 641 6	2.413 165 6	2.276 048 0	2.264 392 8
山东	2.773 690 7	2.776 935 6	2.781 346 0	2.781 094 5	2.787 835 8
山西	2.346 188 9	2.348 816 0	2.350 809 9	2.355 336 6	2.356 064 1
陕西	2.277 286 3	2.277 995 3	2.277 746 7	2.281 328 9	2.279 164 8
上海	3.348 702 5	3.350 484 9	3.352 313 8	3.353 956 6	3.355 878 5
四川	2.635 719 2	2.637 008 9	2.638 299 5	2.639 586 1	2.640 878 8
天津	2.921 162 3	2.923 352 1	2.926 630 5	2.925 554 4	2.931 010 1
西藏	1.234 430 2	1.244 381 4	1.231 979 0	1.308 991 0	1.251 881 5
新疆	2.122 431 9	2.130 019 2	2.137 480 7	2.145 445 0	2.152 655 2
云南	2.148 027 0	2.152 056 4	2.155 609 3	2.161 068 4	2.163 668 2
浙江	2.659 061 6	2.661 252 2	2.663 305 1	2.665 909 2	2.667 686 4

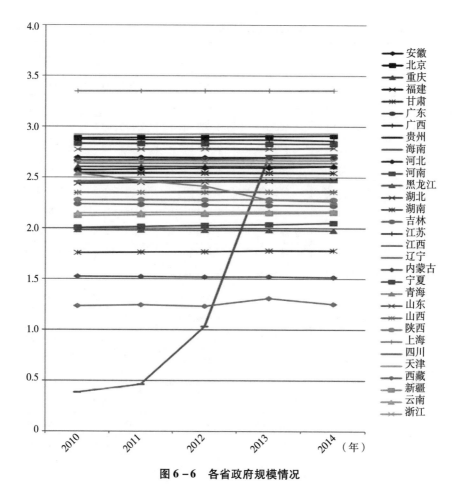

图6-6 各省政府规模情况

为了了解各省各年政府规模的具体分布情况，按照门槛值 1.309 0 将政府规模分为两个区间，统计每个区间每年的省份数量。由 5.3.5 部分的回归结果可知，表 6 - 21 中，能较大程度促进政府财务信息披露质量提升的政府规模的年省份数太少，只有 7 个；大于最优规模的年省份数 138 个，这些年份的省份需要降低政府规模。

表 6 - 21　　　　　　　各省各年政府规模（ZFGM）的分布区间

区间范围	ZFGM < 1.309 0	ZFGM > 1.309 0	合计数
区间	第一区间	第二区间	
系数	28.264 5 ***	0.869 9	
评价	最优区间	次优区间	
2010 年	2	29	31
2011 年	2	29	31
2012 年	2	29	31
2013 年	0	30	31
2014 年	1	30	31
合计数	7	138	155
占比	4.5%	95.5%	100%

6.3.5.2　政府规模的影响因素分析

由于处在一个适当水平的政府规模可以更好地促使政府财务信息的披露质量提升，然而各省的政府规模各不相同，因此作者认为对政府规模的影响因素进行分析是很有必要的。通过研究目前已有的文献，本节以经济增长、城镇化程度、人口规模、产业结构、资源依赖、财政分权、对外开放作为自变量，进而分析政府规模在何种程度上受这些因素的影响。由表 6 - 22 的霍斯曼检验可知，应选择固定效应模型。

表 6 - 22　　　　　　　　　　　　霍斯曼检验

变量	fe	re
cyjg	1.233 5	0.418 8
ggdp	- 0.000 6	0.001 3
czhl	0.401 6	0.625 4
zyyl	- 0.140 7	- 1.003 5
xqrk	- 1.278 3	0.545 8

变量	fe	re
zffq	0.764 2	0.775 0
wstz	− 0.774 2	− 0.320 5
pgdp	0.128 0	0.088 3
Prob > chi2	0.000 0	

由表 6 – 23 可知，产业结构、城镇化率、财政分权、经济条件与政府规模正相关；经济增长、资源依赖、人口规模、对外开放与政府规模负相关。

表 6 – 23　　　　　　　　政府规模影响因素的面板回归结果

变量	(1) fe	(2) fe_robust
cyjg	1.233 5 **	1.233 5
	(0.018)	(0.266)
ggdp	− 0.000 6	− 0.000 6
	(0.916)	(0.738)
czhl	0.401 6	0.401 6
	(0.766)	(0.751)
zyyl	− 0.140 7	− 0.140 7
	(0.951)	(0.936)
xqrk	− 1.278	− 1.278
	(0.114)	(0.165)
zffq	0.764 2	0.764 2
	(0.262)	(0.236)
wstz	− 0.774 2 ***	− 0.774 2
	(0.001)	(0.312)
pgdp	0.128 0 ***	0.128 0
	(0.008)	(0.258)
_cons	5.163 5	5.163 5 *
	(0.112)	(0.072)
Adjust R^2	0.179 0	0.179 0
Obs	155	155

6.3.5.3　政府规模的控制措施

由表 6 – 23 可知，2010 ~ 2014 年只有 4.5% 的观测值处于政府规模的最优区间，其他观测值的政府规模都太大。由于产业结构、城镇化率、财政分权、经济条件与政府规模正相关；经济增长、资源依赖、人口规模、对外开放与政府规模负相关。为了控制政府规模，应降低正相关因素，如产业结构等；应扩大负相关因素，如经济增长等。

6.3.6 减少对土地财政的过度依赖

6.3.6.1 各省各年土地财政的分布区间

表6-24为2010～2014年各省土地财政的原始数据。由图6-7可知，大多数省份2010～2014年对土地财政的依赖逐年增加。其中，重庆市、安徽省、浙江省、江苏省等省市的土地财政较严重；辽宁省、云南省、甘肃省、吉林省、黑龙江省和内蒙古自治区在2010～2014年，土地财政规模在逐年降低。

表6-24 　　　　　　　2010～2014年各省土地财政的原始数据

年 省份	2010	2011	2012	2013	2014
安徽	0.088 429	0.080 166	0.096 845	0.117 804	0.147 658
北京	0.093 447	0.095 709	0.093 120	0.090 001	0.089 425
福建	0.077 249	0.063 911	0.067 580	0.072 232	0.077 903
甘肃	0.032 874	0.056 660	0.046 028	0.037 559	0.031 797
广东	0.029 340	0.025 734	0.036 991	0.052 093	0.073 992
广西	0.044 377	0.042 175	0.042 957	0.043 895	0.045 843
贵州	0.042 880	0.056 640	0.072 619	0.094 809	0.127 486
海南	0.122 412	0.069 909	0.072 921	0.077 374	0.082 923
河北	0.052 776	0.044 447	0.050 946	0.059 143	0.071 041
河南	0.028 206	0.035 287	0.040 382	0.046 701	0.054 121
黑龙江	0.034 376	0.045 317	0.037 925	0.032 714	0.028 635
湖北	0.047 965	0.056 990	0.060 494	0.065 316	0.071 152
湖南	0.031 150	0.043 686	0.045 659	0.048 363	0.051 846
吉林	0.046 867	0.050 954	0.042 852	0.037 256	0.033 454
江苏	0.092 257	0.093 308	0.097 922	0.102 337	0.108 528
江西	0.063 771	0.065 274	0.078 088	0.092 882	0.112 742
辽宁	0.103 845	0.140 817	0.099 965	0.072 430	0.054 640
内蒙古	0.041 808	0.042 526	0.036 235	0.032 053	0.028 752
宁夏	0.053 218	0.060 975	0.064 018	0.067 995	0.074 465
青海	0.035 203	0.035 531	0.034 016	0.032 939	0.032 933

省份 \\ 年	2010	2011	2012	2013	2014
山东	0.064 957	0.056 680	0.059 896	0.063 193	0.068 428
山西	0.028 905	0.032 421	0.039 731	0.050 191	0.065 797
陕西	0.026 210	0.021 832	0.030 292	0.043 305	0.063 586
上海	0.051 270	0.049 393	0.050 384	0.049 982	0.049 625
四川	0.064 985	0.054 150	0.063 137	0.075 603	0.092 562
天津	0.092 467	0.067 864	0.061 508	0.056 756	0.053 866
新疆	0.025 480	0.020 960	0.028 259	0.038 452	0.053 597
云南	0.060 652	0.109 135	0.090 610	0.075 986	0.067 530
浙江	0.131 303	0.093 885	0.102 059	0.109 256	0.119 728
重庆	0.092 471	0.095 938	0.112 741	0.134 766	0.161 768

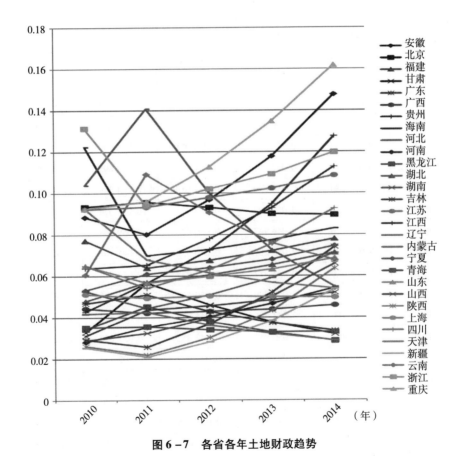

图 6-7　各省各年土地财政趋势

由 5.3.6 部分可知，土地财政在三个区间均与政府财务信息披露质量显著正相关，但系数逐步变小。这表明过分依赖土地财政，不利于政府财务信息披露质量的提升。由表 6-25 可知，三个区间的观测值分别为 32、76 和 42。

表 6-25   2010～2014 年各省土地财政的分布区间

区间范围	[0,0.038 5]	[0.038 5,0.076 4]	[0.076 4,1]	合计
区间	第一区间	第二区间	第三区间	
系数	478.690 2 ***	240.210 9 ***	97.229 8 *	
评价	最优区间	次优区间	较好区间	
2010 年	9	12	9	31
2011 年	6	17	7	31
2012 年	6	16	8	31
2013 年	6	16	8	31
2014 年	5	15	10	31
合计	32	76	42	155
比重(%)	20.65	49.03	30.32	100

6.3.6.2 土地财政的影响因素分析

杜金华等（2018）实证分析了土地财政的影响因素发现，城镇化、国税比重、人口抚养比、人均 GDP 这四个因素正向影响土地财政规模；外商直接投资负向影响土地财政规模。[1] 柴国俊、王希岩（2017）实证分析了开征房产税对降低土地财政的影响，在不同省市影响不同。[2] 根据土地财政影响因素的相关文献，本节选取财政分权、政府竞争、经济发展、城镇化、居民人均储蓄存款、人口增长率、固定资产投资进行分析。样本为 2010～2014 年的 31 个省级政府。

---

① 杜金华等. 我国土地财政规模估算及影响因素研究 [J]. 西部论坛，2018 (1).
② 柴国俊，王希岩. 开征房产税能够降低房价并替代土地财政吗？ [J]. 河北经贸大学学报，2017 (11).

表 6 –26   变量的定义

变量	代码	公式	预期符号
地方土地出让金规模	LTF	采用各地政府当年土地出让金额来衡量	
财政支出分权	SFD	采用地方一般预算支出与国家一般预算支出的比值来衡量	+
财政收入分权	RFD	采用地方一般预算收入与国家一般预算收入的比值来衡量	+
政府间竞争	PCF	采用地方政府吸引外资水平对数来衡量	+
地方经济发展指标	PGDP	采用各地人均实际 GDP 的对数来衡量	+
城镇化水平	UR	采用各地城镇化率来衡量	+
城乡居民人均储蓄存款	PCS	采用人均储蓄存款水平来衡量	+
人口自然增长率	NPGR	采用人口自然增长率来衡量	−
固定资产投资	PFA	采用人均固定资产投资额值来衡量	+

Hausman 检验后结果显示，检测值 chi2 为 17.61，P 值为 0.0484。这表明应采用固定效应模型进行估计，具体回归结果如表 6 – 27 所示。

从模型（1）中可以看出财政支出分权指标和政府间竞争指标均在1% 的统计性水平下显著为正，说明财政分权变量的加入加大了政府间竞争变量对土地财政规模的影响程度。这说明财政分权程度越高，地方政府间竞争越激烈，地方政府官员的晋升激烈越强，地方政府对土地财政的依赖程度越高。人均实际 GDP、城镇化率、人均储蓄水平及人均固定资产投资额均在1% 水平上对因变量土地财政指标显著为正；而人口自然增长率的变化在1% 水平上对因变量显著为负。城镇化率和人均固定资产投资水平均在1% 统计水平上对因变量土地财政指标的相关性显著为正，表明财政分权程度越高、政府间竞争越激烈，各地有更强大的动机选择推广城镇化以及加大固定资产投资以求获得更大的晋升激励，从而对土地财政的依赖程度越高。人均储蓄水平、人口自然增长率指标对因变量没有显著影响，出现与预期不符情形的原因，有待进一步考证。

模型（2）为稳健性检验。加入被解释变量土地财政规模的滞后项后，采用了动态面板模型的广义距估计法（GMM）。根据回归结果可知，在加入土地财政滞后一期的数据后，土地财政的滞后变量不显著，这表明本书研究的两个自变量与因变量之间不存在内生性问题。而财政分权和政府间竞争对土地财政的滞后变量均在1% 水平上显著为正。

表6-27　　　　　　　　　　回归分析结果

变量	模型(1)	模型(2)
LTF _ lag		-0.22(-2.78)
SFD	128.08***	101.36***
	(9.38)	(4.38)
PCF	0.85***	0.56***
	(14.82)	(3.12)
PGDP	-1.38***	0.89(1.13)
	(-4.41)	
UR	3.08***	-4.78**
	(3.14)	(-2.13)
PCS	-0.029(-0.17)	0.86(1.33)
NPGR	0.004(0.22)	-0.63(-1.41)
PFA	0.89***	-0.02(-0.07)
	(5.2)	
- cons	7.59***	12.91***
	(3.09)	(3.19)
F	178.16	
WithinR^2	0.907 1	
N	155	155

注：括号中为 t 统计量。

6.3.6.3　减少对土地财政依赖的措施

针对上述研究结论，提出一些建议：中央政府应制定更加具体规范的土地流转的规章制度来约束地方政府行为，加大对土地流转违法违规的处罚力度；中央应合理划分土地出让金的归属，可以选择各地土地出让金由中央政府与地方政府分成，减少地方政府的热衷程度，同时根据各地事权范围的划分，加大对地方政府转移支付的力度，可以一定程度上降低地方政府寻求预算外收入来增加收入的动力；合理制定政府官员的晋升制度，避免采用单一指标衡量带来的不良影响，约束各地政府"头脑过热"的行为，降低地方政府间竞争的激烈程度，从而使各地经济走上健康合理可持续发展的轨道中。

6.4 克服实施障碍因素

6.4.1 不断提升财政分权水平

6.4.1.1 各省各年财政分权的分布区间

考虑到财政分权与政府财务信息披露质量显著负相关，而且财政分权程度越高，负相关系数越小，说明目前财政分权程度的提升，有利于政府财务信息披露质量的提升。画出 2010～2014 年各省财政分权变化的折线图。由图 6-8 可知，大多数省份的财政分权程度在逐年缓慢扩大，比较有利于政府财务信息披露质量的提升。

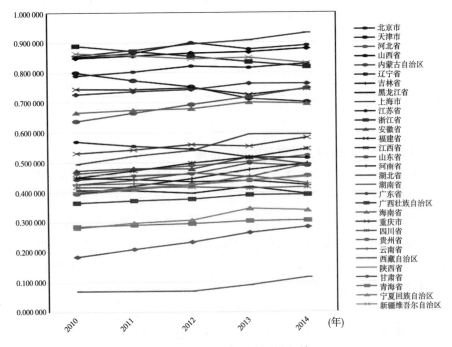

图 6-8　各年省级政府财政分权情况

为了更清楚地了解各年财政分权在双门槛的三个区间的年度分布情况，进行表 6-28 的具体分析。由于财政分权越大，对政府财务信息披露质量的促进作用越大。而低于第一门槛值的观测值在逐年下降，从 2010 年 17 个下降为 2014 年的 11 个；处于第一、第二门槛值之间的个数逐年增加，从 2010 年的 5 个增加倒 2014 年的 9 个；高于第二门槛值的个数也在缓慢增加，从 2010 年的 9 个增加到 2014 年的 11 个。这个趋势有利于政府财务信息披露质量的提升。

表 6-28　　　　　　　　　各省各年财政分权的分布区间

区间范围	[0,0.482 3]	[0.482 3,0.674 7]	[0.674 7,1]	合计
区间	第一区间	第二区间	第三区间	
系数	-88.810 5 ***	-69.729 1 ***	-45.736 1 **	
评价	非常严重阻碍	严重阻碍	比较严重阻碍	
2010 年	17	5	9	31
2011 年	17	5	9	31
2012 年	15	5	11	31
2013 年	13	7	11	31
2014 年	11	9	11	31
合计	73	31	51	155
比重(%)	47.1	20.0	32.9	100

6.4.1.2　财政分权的影响因素分析

基于上述分析，财政分权越大越能提升政府财务信息披露质量，而不同的省份在财政分权程度上存在较大的差异，因此有必要分析哪些因素影响财政分权。

吴木銮、王闻（2011）[①] 采用 1995～2006 年的省际面板，分析省内财政分权的决定因素后得出：获得中央资助越多，省内支出分权越低；经济发展水平与省内财政分权不显著相关；财政依存度、对外开放水平、人口规模与省内财政分权显著负相关。宁家耀、吴自强（2012）[②] 采用县级数据分析了省以下财政分权的影响因素。实证得出：人均收入与财政分权负相关；城镇化水平与财政分权负相关；人口规模与财政分权正相关；资源依赖与财政分权负相关；转移支付与财政分权正相关。王安、魏建（2013）[③] 在控制其他因素的基础上，分析了地方官员结构对省际财政分

---

① 吴木銮，王闻. 如何解释省内财政分权：一项基于中国实证数据的研究 [J]. 经济社会体制比较，2011 (5).

② 宁家耀，吴自强. 省以下财政分权决定因素实证分析：中国的县级数据 [J]. 南通大学学报（社会科学版），2012 (3).

③ 王安，魏建. 地方官员结构与中国省际财政分权 [J]. 经济与管理研究，2013 (10).

· 413 ·

权的影响。实证结果表明：经济发展水平和产业结构与财政分权正相关；城镇化进程和人口规模与财政分权负相关。段龙龙等（2014）[①]实证分析了省际财政分权的影响因素后发现，经济增长、人口素质与规模、政府规模、城乡差距、公共服务供给能力、开放程度、社会民主发展水平均有利于财政分权；城镇化却不利于财政分权。马万里（2015）[②]通过规范分析，建议从制度设计、官员治理、监督机制与人民主权四个方面改进财政分权制度。刘畅、刘冲（2015）[③]分析了灾害对财政分权的影响，在控制了财政上解率、经济发展水平、人口抚养比、产业结构和城乡结构等因素的影响后，发现灾害不利于财政分权；控制变量中，经济发展水平和城乡结构与财政分权负相关，人口抚养比和产业结构却与财政分权正相关。陈志广（2016）[④]分析了政治影响力对财政分权的影响，在控制了县级政府单位数、政府规模、经济发展、城镇化水平、外向型经济、非预算财政、非市场化、人口规模、少数民族地区、西部地区等因素后，发现政治影响力与财政分权负相关。王春华、刘栓虎（2017）采用县级面板数据，分析了转移支付对省内财政分权的影响，在控制了县级财政收入占比、基本公共服务支出和地区GDP的影响后，发现一般性转移支付促进了省内财力下移。

根据已有文献，政府相对规模、经济条件、人口规模和城镇化水平会影响财政分权，选择这些因素作为自变量，进行固定效应回归。结果如表6-29所示。回归结果显示，经济条件、政府规模均能够显著推进财政分权的扩大。

表6-29 面板回归结果

变量	（1）fe	（2）fe_robust
PGDP	0.149 ** (0.000)	0.149 ** (0.000)
ZFGM	0.016 ** (0.000)	0.016 ** (0.000)

① 段龙龙等.中国省际财政分权的决定因素及其空间依赖性［J］.深圳大学学报（人文社科版），2014（7）.

② 马万里.中国式财政分权：一个扩展的分析框架［J］.当代财经，2015（3）.

③ 刘畅，刘冲.灾害冲击、"大饥荒"与内生的财政分权［J］.经济社会体制比较，2015（5）.

④ 陈志广.是中央控制，还是地方独立——政治影响下的财政分权检验［J］.当代经济科学，2016（1）.

变量	（1）fe	（2）fe_robust
CZHL	− 0. 159 ** （0. 000）	− 0. 159 ** （0. 000）
XQRK	− 9. 673 *** （0. 000）	− 9. 673 *** （0. 000）
_cons	− 2. 080 *** （0. 000）	− 2. 080 *** （0. 000）
Adjust R^2	0. 854 2	0. 854 2
Obs	155	155

6. 4. 1. 3　提升财政分权的措施

坚持适度分权，为实现各级政府在财权与事权的均衡，努力在财政分权和财政集权之间寻找均衡点。坚持规范的财政分权，转变政府职能，提高政府管理能力，站在选民的角度加强对政府财政约束机制。当下地方财政分权体制还很不规范。坚持优先分权，为提升公共服务的供给率，公共服务的提供者和受益者要尽可能接近。坚持民主分权，通过民主的渠道充分吸收民主意见，达到共同协商，不断完善财政体制，制订财政方案。坚持法定原则，以完善的法律制度作为财政分权体制的前提，避免"越位"和"缺位"行为的出现。

财政分权理论表明，构建民众的"用脚投票"的权力，通过民众的偏好供应民众满意的公共产品和服务，从而对地方政府的行为给予约束和激励，实现社会福利最大化。实际中居民的"用脚投票"权利发挥不当，很大程度上是上级对本级政府的过强的约束力。同时也是本级政府追求自身利益最大化，一味满足上级政府需求，忽略地方民众的本意，造成非平衡约束机制情形的发生。因而需要不断完善、落实地方财政分权，充分发挥居民的权利，加强对本级政府的约束力，使得地方政府充分满足地区民众的喜好，实现社会福利。

一是由于政府规模与财政分权负相关，为扩大财政分权，应控制政府规模。

二是经济发展与财政分权正相关，为扩大财政分权，应进一步加快经济发展。

三是城镇化水平与财政分权正相关，为了扩大财政分权，应进一步加快城镇化进程。

四是外向型经济与财政分权正相关，为了扩大财政分权，应继续发展外向型经济。

五是非预算财政与财政分权正相关，为了扩大财政分权，应适当增加非预算财政来增加财政收入，以扩大财政支出。

六是市场化进程有利于财政分权，为了进一步扩大财政分权，应进一步加快市场化进程。

七是人口规模有利于财政分权，这与传统的财政分权理论相符。目前放开全面二孩政策增加人口规模的政策，有利于财政分权的扩大。

6.4.2　逐步降低省级政府的资源依赖程度

6.4.2.1　各省各年资源依赖的分布区间

图 6-9 为 2010~2014 年各省政府资源依赖状况的折线图。从 2010~2014 年，各省资源依赖状况整体较为平稳且呈缓慢下降趋势。其中，新疆维吾尔自治区、黑龙江省、内蒙古自治区等几省的资源依赖状况一直处于较高的水平；而海南省、广东省、北京市等地则远低于资源依赖度的门槛值，资源依赖度很低。较多的省政府资源依赖度于门槛值上下。描述性统计的结果可以粗略地看出，整体而言，各省的资源依赖度处于较低的水平。

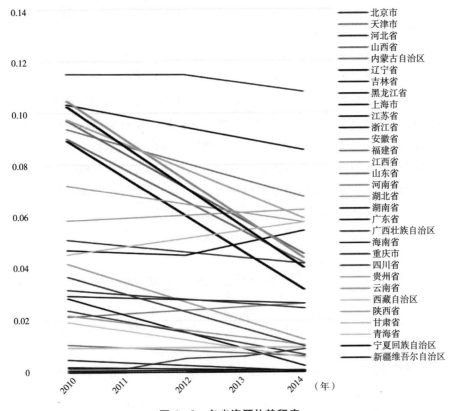

图 6-9　各省资源依赖程度

由于低于第一门槛值的资源依赖与政府财务信息披露质量正相关，后面两个区间的资源依赖与政府财务信息披露质量负相关，而且高于第二门槛值的负相关系数降低了，说明位于第一、二门槛值之间的资源依赖程度对政府财务信息披露质量最不利。对 2010～2014 年各省的资源依赖区间分布进行分析发现，低于第一门槛值的省份太少，大多数省份的资源依赖程度均高于第一门槛值；处于第一、二门槛值的资源依赖省份逐年增加，而这最不利于政府财务信息披露质量的改善。

表 6-30   各省各年资源依赖度的分布区间

年份	[0,0.000 5]	[0.000 5,0.080 9]	[0.080 9,1]	合计
2010	1	20	10	31
2011	1	22	8	31
2012	1	27	3	31
2013	1	27	3	31
2014	2	26	3	31
合计	6	122	27	155
比重	3.87%	78.71%	17.42%	100%

6.4.2.2　资源依赖的影响因素分析

目前已有文献主要分析资源依赖对经济发展等的影响，关于资源依赖影响因素的文献很少。郭根龙、杨静（2017）[①] 采用 15 个资源型地区的 1998～2015 年的面板数据，采用门槛效应模型，分析了金融发展对资源诅咒的影响。周亚平、陈文江（2017）[②] 通过调查数据实证分析了财政转移支付对西部资源依赖认知的影响。徐晓亮、程倩、车莹（2017）[③] 实证分析了区域资源依赖的产生原因后得出：地理位置、资源环境政策、产能过剩、产权制度不合理、资源产业独大、资源环境损失、创新能力低等，都是影响资源依赖的影响因素。

为探讨资源依赖程度的影响因素进而实现资源依赖的优化，提高政府

[①] 郭根龙，杨静. 金融发展能缓解资源依赖吗？——基于中国资源型区域的实证分析 [J]. 经济问题，2017（9）.

[②] 周亚平，陈文江. 财政转移支付与西部资源依赖认知 [J]. 西北师大学报（社科版），2017（5）.

[③] 徐晓亮，程倩，车莹. 中国区域"资源依赖"再检验——基于空间动态面板数据模型的分析 [J]. 中国经济问题，2017（3）.

财务信息披露质量。分析资源依赖程度的影响因素，考虑经济条件、政府规模、城镇化水平和人口规模对资源依赖的影响。表 6 – 32 表明经济条件、人口规模、政府规模均能够显著影响政资源依赖；城镇化率显著加剧了资源依赖。

表 6 – 31　　　　　　　　　　变量及定义

	变量名称	衡量方式
因变量	资源依赖(ZYYL)	采矿从业人员占全体从业人员的比重
自变量	经济条件(PGDP)	人均 GDP 的对数
	政府规模(ZFGM)	年末人口/地区面积再取对数
	城镇化水平(CZHL)	城镇人口/总人口
	人口规模(XQRK)	辖区年平均总人口的对数

表 6 – 32　　　　　　　　　　面板回归结果

变量	(1)fe	(2)fe_robust
PGDP	– 0.045 ** (0.043)	– 0.045 ** (0.035)
ZFGM	– 0.017 ** (0.000)	– 0.017 ** (0.003)
CZHL	0.032 ** (0.021)	0.032 ** (0.015)
XQRK	– 0.024 *** (0.000)	– 0.024 *** (0.000)
_cons	0.611 *** (0.000)	0.611 *** (0.000)
Adjust R^2	0.787 7	0.787 7
Obs	155	155

6.4.2.3　控制资源依赖的措施

对于资源依赖程度低于第一门槛值的地区而言，通过提高城镇化水平实现加快式发展，从而提高对资源的依赖度；适当调整地区人口政策、经济发展方向，在当地政府实施控制人口政策，降低人口规模，进而提升资源依赖程度；资源依赖高于第二门槛值的省份，中央应该加强监管，降低城镇化率，增加人民收入等措施从而将资源依赖程度控制在合理的水平。

为了充分发挥资源依赖对政府财务信息披露质量的溢出效应，各地政府应加快产业结构调整和升级。

6.4.3　合理确定政府行政成本规模

6.4.3.1　各省各年政府行政成本的分布区间

考虑到政府行政成本的各个区间对经济增长状况的不同，我们采用政府行政成本支出这一指标测量 2011～2015 年 31 个省级政府行政成本支出状况，以识别各省政府行政成本支出程度各年的变化情况及是否处于最佳上升的区间。图 6－10 列示了 2011～2015 年各省政府行政成本支出状况的折线图。

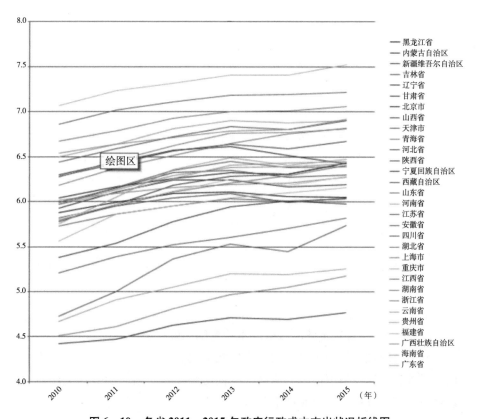

图 6－10　各省 2011～2015 年政府行政成本支出状况折线图

由图 6－10 中可以看出，从 2011～2015 年，各省的政府行政成本支出状况整体较为平稳且呈缓慢上升趋势。其中，海南省、宁夏回族自治区、青海省三个地区的财政自主度低于政府行政成本的第一门槛 6.12 且处于较低的水平，政府行政成本对财政透明度的影响系数较低；而甘肃省、黑龙江省、吉林省、山西省、天津市、重庆市、西藏自治区，以及大多数中西部省份的政府行政成本则介于第一、第二门槛之间，政府行政成本对财政透明度的影响系数较高；安徽省、北京市、福建省、广东省、河北省、河南省、湖南省、湖北省、江苏省、浙江省等较多的省份政府行政成本大于第三门槛值6.38。描述性统计的结果可以粗略地看出，整体而言我国各省份的政府行政成本支出水平处于较高的水平。

为厘清各省份近年来行政成本水平的分布情况，我们对各省份的行政成本水平进行了分类统计，结果如表6-34所示。表中给出了2011~2015年政府行政成本低于6.12、处于6.12~6.38的区间及大于6.38的每一类别的省份数量。整体来看，处于6.12~6.38区间的省份较多，且从2011~2015年，处于高行政成本的省份逐渐上升，行政成本处于中等水平的省份约占50%，表明整体而言我国各省的行政成本规模偏高，进一步验证了我国现阶段行政成本居高不下的现状。

表6-33　　　　　　　　　　年份与省级行政成本区间列联表

年份	行政成本低于6.12		行政成本处于6.12~6.38的区间		行政成本大于6.38	
	省份数	省份%	省份数	省份%	省份数	省份%
2011	5	16.13	21	67.74	5	16.31
2012	5	16.13	16	51.61	10	32.25
2013	4	12.90	15	48.39	12	38.71
2014	4	12.90	16	51.61	11	35.48
2015	3	9.68	15	48.39	13	41.94
合计	21	13.55	78	50.32	51	32.90

6.4.3.2　各省各年政府行政成本的影响因素分析

政府行政成本体现了当地政府在财政支出、公共支出、外交支出的程度，税收程度即政府财政收入水平，进而影响政府支出的能力。全社会固定资产投资的规模本身也是政府行政成本的重要方面。各地政府固定资产投资程度不同，相应政府行政成本也不同；此外，随着我国城市化进程的推进，不同省份的城市化不同，行政成本也不同；各省人口规模不同，人数的增多同样会对政府行政成本产生一定的影响。结合现有文献的研究及数据的可获得性，本书选取税负水平、全社会固定资产投资、城镇化水平、人口规模作为自变量，考察这些变量对政府行政成本的影响。表6-34列示了相关变量及其衡量方式。

表 6 – 34   行政成本的影响因素

	变量名称	衡量方式
因变量	政府行政成本(Cost)	一般公共支出 + 外交支出 + 公共安全支出取对数
自变量	税负水平(Tax)	政府税收收入的对数
	全社会固定资产投资(Invest)	各省全社会固定资产投资的对数
	城镇化水平(UI)	省常住城镇人口/省常住总人口
	人口规模(People)	全省常住人口数的对数

表 6 – 35 列示了采用固定效应模型（SAR）进行面板回归的结果，回归结果显示，税负水平与政府行政成本之间在 1% 水平下显著正向相关；而城镇化水平与政府行政成本之间存在 1% 水平下显著负相关关系；全社会固定资产投资对政府行政成本有显著的正相关关系，而人口规模与政府行政成本间并不存在显著的负相关关系。

表 6 – 35   面板回归结果

变量	(1)fe
Tax	1. 212 ***
Invest	0. 400 ***
UI	− 1. 687 ***
People	− 0. 039
_cons	1. 318 *
Adjust R^2	0. 917 8
Log – likelihood	213. 781 1
Obs	186
ρ	0. 103 *

6.4.3.3   严格控制政府行政成本的措施

基于以上分析，提出以下建议：政府行政支出旨在保证政府履行职责过程中必需的支出，不能一味地压缩行政成本，忽略减少成本的负面作用，而应该根据各省的实际情况将其控制在合理的水平范围内，对行政成本的使用方式进行优化改革，以实现行政支出对政府财政透明度的正向反馈机制；应当完善政府财政透明度的评价体系，在充分考虑各因素后建立起以公众满意度为主的政府透明度评价体系，从而能够对各政府的财政透明度进行合理的评价，在此基础上实现政府财政透明度的稳步提升。

6.4.4 优化产业结构

6.4.4.1 各省各年产业结构的分布区间

根据表 6-36 各省各年产业结构的原始数据，画出各省各年产业结构变化趋势的折线图（如图 6-11 所示）。图中显示，北京市的第三产业人员比重最高，产业结构值最大；海南省在 2010～2014 年的产业结构波动较大。

表 6-36 各省各年产业结构的原始数据

年 省份	2010	2011	2012	2013	2014
安徽	0.631 750 0	0.596 000 0	0.560 8	0.523 4	0.489 3
北京	0.755 866 7	0.762 866 7	0.770 1	0.776 4	0.784 1
重庆	0.527 916 7	0.526 066 7	0.525 4	0.520 0	0.521 7
福建	0.281 966 7	0.302 366 7	0.319 6	0.349 5	0.360 4
甘肃	0.637 183 3	0.615 133 3	0.602 6	0.552 0	0.558 5
广东	0.550 700 0	0.506 300 0	0.480 7	0.379 9	0.391 9
广西	0.669 550 0	0.645 700 0	0.630 5	0.580 7	0.582 8
贵州	0.541 116 7	0.550 766 7	0.561 7	0.567 5	0.581 0
海南	0.638 333 3	0.662 633 3	0.652 8	0.779 5	0.701 4
河北	0.532 900 0	0.539 700 0	0.548 2	0.549 9	0.561 8
河南	0.556 616 7	0.526 266 7	0.506 1	0.445 2	0.445 4
黑龙江	0.464 133 3	0.478 933 3	0.494 5	0.507 0	0.524 1
湖北	0.512 916 7	0.494 266 7	0.479 1	0.450 0	0.441 8
湖南	0.530 100 0	0.535 300 0	0.544 3	0.538 1	0.554 7
吉林	0.600 633 3	0.574 133 3	0.558 9	0.498 6	0.505 9
江苏	0.551 683 3	0.487 833 3	0.442 1	0.323 9	0.314 4
江西	0.519 416 7	0.500 866 7	0.487 3	0.453 8	0.450 2
辽宁	0.511 433 3	0.502 533 3	0.503 2	0.465 6	0.485 4
内蒙古	0.537 950 0	0.541 600 0	0.548 2	0.543 0	0.555 5
宁夏	0.462 850 0	0.517 700 0	0.591 6	0.589 3	0.701 3
青海	0.521 650 0	0.547 900 0	0.534 5	0.679 7	0.587 0
山东	0.410 350 0	0.418 300 0	0.426 9	0.432 9	0.442 8
山西	0.517 516 7	0.516 866 7	0.522 2	0.503 6	0.520 9
陕西	0.615 066 7	0.601 566 7	0.597 3	0.556 1	0.570 3

省份 \ 年	2010	2011	2012	2013	2014
上海	0. 375 916 7	0. 443 166 7	0. 505 7	0. 587 1	0. 640 2
四川	0. 516 683 3	0. 521 133 3	0. 514 2	0. 552 8	0. 523 1
天津	0. 429 033 3	0. 434 033 3	0. 435 5	0. 451 1	0. 445 5
西藏	0. 627 433 3	0. 634 033 3	0. 652 1	0. 624 3	0. 665 3
新疆	0. 528 166 7	0. 541 366 7	0. 554 2	0. 568 5	0. 580 6
云南	0. 496 483 3	0. 513 533 3	0. 533 2	0. 542 4	0. 567 3
浙江	0. 348 616 7	0. 355 066 7	0. 361 7	0. 367 6	0. 374 6

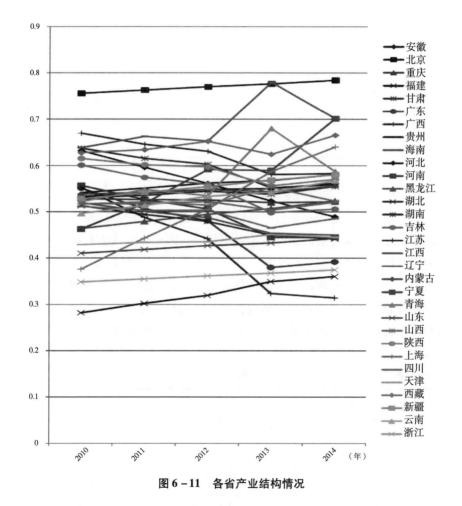

图 6 -11 各省产业结构情况

为了了解各省各年产业结构的具体分布情况, 按照门槛值 0. 456 7、

0.637 1、0.669 9 将产业结构分为四个区间,统计每个区间每年的省份数量。而根据第五章门槛效应的结果,处于第三区间的产业结构最优,目前仅占 6.45%。这表明从促进政府财务信息披露质量提升的角度看,大多数省份还没有处于最优的产业结构。

表 6 - 37 各省各年产业结构(CYJG)的分布区间

区间范围	[0,0.456 7]	[0.456 7,0.637 1]	[0.637 1,0.669 9]	[0.669 9,1]	合计数
区间	第一区间	第二区间	第三区间	第四区间	
系数	-40.128 1*	-21.763 7	-1.827 7	-38.774 7*	
评价	最大阻碍	第三大阻碍	第四大阻碍	第二大阻碍	
2010 年	5	22	3	1	31
2011 年	5	23	2	1	31
2012 年	5	23	2	1	31
2013 年	9	19	1	2	31
2014 年	9	17	2	3	31
合计数	33	114	10	8	155
占比(%)	21.29	7.35	6.45	5.16	100

6.4.4.2 产业结构的影响因素分析

由于处在一个适当水平的产业结构可以更好地促使政府财务信息的披露质量提升,然而各省的产业结构各不相同,因此作者认为对产业结构的影响因素进行分析是很有必要的。通过研究目前已有的文献,本节以政府规模、财政赤字、经济增长、城镇化程度、人口规模、资源依赖、财政分权、对外开放作为自变量,进而分析产业结构在何种程度上受这些因素的影响。由表 6 - 38 的霍斯曼检验可知,应选择固定效应模型。

表 6 - 38 霍斯曼检验

变量	fe	re
zfcz	0.042 1	0.013 3
zfgm	0.037 9	0.016 4
ggdp	0.001 1	0.001 3
czhl	-0.685 8	0.126 0
zyyl	0.372 0	0.199 5
xqrk	-0.024 9	-0.029 6

变量	fe	re
zffq	− 0. 031 6	− 0. 172 1
wstz	0. 057 3	0. 018 6
pgdp	0. 012 3	0. 020 9
Prob > chi2	0. 000 0	

由表 6 − 39 可知，财政赤字、政府规模、经济增长、城镇化、资源依赖、对外开放、经济条件均与产业结构正相关；人口规模、财政分权均与产业结构负相关。

表 6 − 39　　　　　　　　产业结构影响因素的面板回归结果

变量	(1) fe	(2) fe_robust
zfcz	0. 013 3	0. 013 3
	(0. 555)	(0. 606)
zfgm	0. 016 3	0. 016 3
	(0. 293)	(0. 204)
ggdp	0. 001 3	0. 001 3
	(0. 218)	(0. 306)
czhl	0. 126 0	0. 126 0
	(0. 162)	(0. 409)
zyyl	0. 199 6	0. 199 6
	(0. 509)	(0. 719)
xqrk	− 0. 029 6	− 0. 029 6
	(0. 439)	(0. 544)
zffq	− 0. 172 1 *	− 0. 172 1 *
	(0. 096)	(0. 131)
wstz	0. 018 6	0. 018 6
	(0. 585)	(0. 761)
pgdp	0. 020 9 **	0. 020 9 **
	(0. 016)	(0. 043)
_cons	0. 483 3 ***	0. 483 3 ***
	(0. 002)	(0. 002)
Adjust R^2	0. 344 3	0. 344 3
Obs	155	155

6.4.4.3 优化产业结构的措施

根据上述产业结构影响因素分析的结论,从产业结构总体而言负向影响政府财务信息披露质量,因此应控制产业结构的正向影响因素(如财政赤字),并扩大产业结构的负向影响因素(如人口规模)。

6.4.5 灵活运用转移支付

6.4.5.1 各省各年转移支付的分布区间

根据表 6 - 40 的各省各年转移支付的原始数据,绘制图 6 - 12 的各省各年转移支付的折线图。由表 6 - 41 可知,转移支付整体与政府财务信息披露质量,但转移支付负相关程度逐步变小。

表 6 - 40　　　　　　　　2010 ~ 2014 年各省转移支付的原始数据

年 省份	2010	2011	2012	2013	2014
安徽	53. 610 79	54. 360 44	52. 350 06	48. 984 670	51. 946 970
北京	15. 695 63	13. 392 58	13. 901 42	11. 102 020	12. 465 210
福建	33. 870 17	35. 502 10	32. 622 79	29. 113 650	30. 669 350
甘肃	70. 229 70	72. 536 34	73. 040 22	71. 021 550	70. 898 250
广东	17. 968 13	16. 935 52	16. 559 61	15. 354 420	15. 697 050
广西	57. 846 95	62. 486 64	59. 723 78	56. 610 140	59. 681 180
贵州	64. 674 44	67. 851 43	60. 946 44	59. 569 380	56. 876 780
海南	54. 706 57	53. 162 56	48. 567 85	45. 818 150	48. 859 260
河北	48. 893 64	50. 866 88	49. 569 10	46. 766 530	50. 331 940
河南	56. 849 21	58. 504 71	56. 411 20	53. 438 230	55. 582 750
黑龙江	62. 495 41	66. 223 23	63. 981 55	63. 010 830	69. 532 400
湖北	58. 466 00	58. 753 74	55. 194 02	49. 076 700	49. 824 010
湖南	58. 727 27	58. 063 03	57. 373 86	53. 617 600	55. 515 530
吉林	59. 987 18	59. 326 26	59. 602 73	53. 992 050	58. 273 690
江苏	16. 795 89	16. 591 71	16. 220 60	14. 609 270	15. 613 370
江西	58. 077 85	58. 343 33	54. 457 36	49. 256 240	50. 094 340
辽宁	36. 671 70	36. 612 77	34. 578 05	30. 904 780	35. 986 030
内蒙古	50. 726 09	52. 414 18	50. 991 69	48. 049 700	51. 991 070
宁夏	64. 554 55	66. 879 63	62. 308 41	60. 162 700	62. 625 320
青海	80. 077 66	83. 925 08	72. 413 62	69. 868 580	74. 746 500
山东	30. 648 98	33. 064 71	31. 795 31	28. 481 640	30. 278 090

年份	2010	2011	2012	2013	2014
山西	47.480 95	47.948 05	45.381 73	40.665 960	46.910 340
陕西	51.015 66	54.159 43	50.259 91	46.660 270	49.879 970
上海	11.763 35	11.303 79	10.292 74	9.304 625	9.987 881
四川	60.899 06	56.815 73	53.487 91	52.933 900	55.725 120
天津	21.714 95	20.949 38	17.253 54	14.849 330	15.269 720
新疆	66.099 34	65.591 88	63.094 39	60.159 610	61.019 420
云南	56.292 46	59.016 93	57.407 97	52.656 740	53.564 440
浙江	19.010 67	19.913 65	19.912 17	17.720 880	18.728 610
重庆	46.777 27	43.434 08	41.219 36	38.399 430	42.571 610

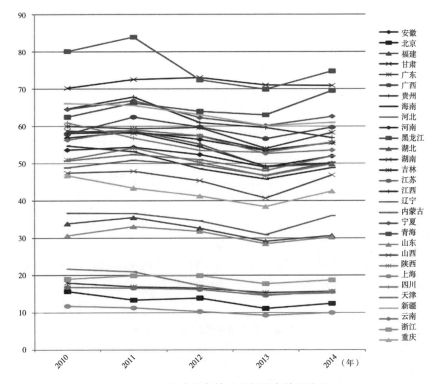

图 6-12　各省各年转移支付分布的折线图

表 6 - 41   **2010~2014 年各省转移支付的分布区间**

区间范围	[9.304 6,35.783 0]	[39.783 0,46.117 0]	[46.117 0,54.728 7]	[54.728 7,83.925 1]
区间	第一区间	第二区间	第三区间	第四区间
系数	-1.599 2 ***	-1.162 8 ***	-0.771 1 **	-0.677 5 **
评价	最大阻碍	第二大阻碍	第三大阻碍	第四大阻碍
合计	42	10	40	58
比重	27.10%	6.45%	25.81%	37.42%

6.4.5.2 转移支付的影响因素分析

由表 6 - 42 霍斯曼检验的 P 值 0.0890 可知，应选择固定效应模型。

表 6 - 42   **霍斯曼检验**

变量	fe	re
zfcz	2.800 102	3.541 742
ggdp	0.071 973 4	0.054 277
cyjg	-4.842 231	-2.158 387
czhl	7.600 119	3.360 448
wstz	5.862 998	-0.066 141 4
zffq	-33.875 23	-55.485 93
pgdp	0.226 578 9	-0.074 319 7
Prob > chi2	0.089 0	

由表 6 - 43 可知，财政赤字、经济增长、城镇化、对外开放、经济条件均与转移支付正相关；产业结构、财政分权均与产业结构负相关。

表 6 - 43   **产业结构影响因素的面板回归结果**

变量	(1)fe	(2)fe_robust
zfcz	2.800 102(0.118)	2.800 102(0.170)
ggdp	0.071 973 4(0.260)	0.071 973 4(0.651)
cyjg	-4.842 231(0.406)	-4.842 231(0.423)
czhl	7.600 119(0.497)	7.600 119(0.540)
wstz	5.862 998(0.105)	5.862 998 * (0.079)

变量	（1）fe	（2）fe_robust
zffq	− 33.875 23 *** (0.002)	− 33.875 23 ** (0.020)
pgdp	0.226 578 9(0.664)	0.226 578 9(0.749)
_cons	57.791 48 *** (0.000)	57.791 48 *** (0.000)
R − sq	0.657 2	0.657 2
Obs	155	155

6.4.5.3　合理控制转移支付的措施

已有较多文献实证分析了转移支付的影响因素，例如，郑浩生等（2014），王广庆等（2012），钟正生，宋旺（2008），刘亮（2011），吴凤武等（2013），董艳梅（2016）等，可以借鉴这些研究成果对于转移支付的改进建议。

由表 6 - 42 可知，虽然转移支付与政府财务信息披露质量始终负相关，但负相关系数逐步降低。根据转移支付影响因素回归结论，应增强转移支付的正向相关影响因素（如财政赤字等），克服转移支付的负向相关影响因素（如产业结构等）。

参考文献

［1］高倚云：《我国财政透明度的度量及改进策略》［J］.《中央财经大学学报》2007 年第 2 期。

［2］丁一文：《提高我国财政透明度的一些建议——基于财政透明度的实践及其效果衡量》［J］.《特区经济》2009 年第 1 期。

［3］杜方：《中国财政透明度的度量及改进对策》［J］.《西北大学学报》（哲学社会科学版）2009 年第 5 期。

［4］赵西卜等：《政府财务信息有用性及需求情况调查报告》［J］.《会计研究》2010 年第 9 期。

［5］崔永红等：《我国政府财务信息披露指数差异分析》［J］.《财会月刊》2011 年第 10 期。

［6］杨丹芳：《中国财政透明度评估（2012）》［J］.《上海财经大学学报》2012 年第 8 期。

［7］陈隆近等：《县级财政透明度调查：基于四川省的初步结果》［J］.《四川师范大学学报》（社会科学版）2015 年第 3 期。

［8］彭启发等：《服务型政府、电子政务与政府财务信息网络披露》［J］.《财会通讯》2015 年第 2 期。

［9］周咏梅：《基于透明度的政府财务信息质量特征体系研究》［J］.《会计与经济研究》2015 年第 5 期。

［10］邓淑莲：《财务公开透明：制度障碍及破阻之策——基于我国省级财政透明度的 7 年调查和评估》［J］.《探索》2016 年第 3 期。

［11］张攀：《社会保障基金的财政透明度研究：面向我国省级政府的分析》［J］.《中国卫生经济》2016 年第 9 期。

［12］陈文川等：《省级政府财务信息网络披露质量研究》［J］.《会计与经济研究》2016 年第 11 期。

［13］李健等：《政府财务信息网络披露质量评价及策略选择》［J］.《会计之友》2016 年第 4 期。

［14］申亮等：《一种测度基层政府财政透明度执行力的新方法》［J］.《数量经济技术经济研究》2016年第6期。

［15］潘俊等：《政府财务信息披露质量评价研究：基于环境起点论的分析》［J］.《会计与经济研究》2017年第11期。

［16］余应敏等：《政府部门网站财务信息披露质量研究》［J］.《经济问题》2017年第9期。

［17］晏晨晖：《论财政透明度、良好公共治理与构建民主财务》［J］.《当代财经》2006年第6期。

［18］黄伯勇：《乡镇财政透明度对乡镇债务的影响分析》［J］.《现代经济探讨》2008年第10期。

［19］李文：《从财政透明度视角看纳税人权利保护》［J］.《税务研究》2009年第6期。

［20］周海彬：《财政透明度与财务监督》［J］.《财会研究》2010年第16期。

［21］孙琳，方爱丽：《财政透明度、政府会计制度和政府绩效改善——基于48个国家的数据分析》［J］.《财贸经济》2013年第6期。

［22］李影等：《财政透明度对腐败影响效应分析》［J］.《地方财务研究》2014年第11期。

［23］刘子怡，陈志斌：《政府财务信息披露、绩效评价与地方政府投资行为》［J］.《人文杂志》2014年第11期。

［24］肖鹏等：《财政透明度的提升缩小了政府性债务规模吗？——来自中国29个省份的证据》［J］.《中央财经大学学报》2015年第8期。

［25］刘子怡，陈志斌：《政府治理效率、财政透明度与政府会计治理工具：信息需求的视角》［J］.《北京工商大学学报（社会科学版）》2015年第11期。

［26］梁城城等：《财政透明度、财务支出分权与财务支出结构——基于省际面板数据的实证研究》［J］.《财会月刊》2015年第23期。

［27］黄寿峰等：《财政透明度对腐败的影响研究——来自中国的证据》［J］.《财贸经济》2015年第3期。

［28］孙琳等：《债务风险、财政透明度和记账基础选择——基于国际经验的数据分析》［J］.《管理世界》2015年第10期。

［29］王永莉等：《财政透明度、财政分权与公共服务满意度——中国微观数据与宏观数据的交叉验证——中国微观数据与宏观数据的交叉验证》［J］.《现代财经》2016年第1期。

［30］李丹等：《财政透明度对财务资金配置效率的影响研究》［J］.《财经研究》2016 年第 2 期。

［31］潘俊等：《财政分权、财政透明度与地方政府债务融资》［J］.《山西财经大学学报》2016 年第 12 期。

［32］李永海等：《提高财政透明度抑制隐性经济规模了吗？——基于省级面板数据的实证分析》［J］.《经济问题探索》2016 年第 3 期。

［33］段龙龙：《中国式税收分权、财政透明度与地方政府民生性支出》［J］.《商业研究》2016 年第 9 期。

［34］潘俊等：《财政透明度与城投债信用评级》［J］.《会计研究》2016 年第 12 期。

［35］吴进进，于文轩：《中国城市财政透明度与政府信任——基于多层线性模型的宏微观互动分析》［J］.《公共行政评论》2017 年第 12 期。

［36］李顺毅：《财政透明度对城镇居民幸福感的影响——基于中国劳动力动态调查的实证分析》［J］.《云南财经大学学报》2017 年第 8 期。

［37］梁城城：《财政透明度促进财政资金使用效率的拐点在哪里？——民生领域财政投资效率的经验验证》［J］.《现代财经》2017 年第 5 期。

［38］邓淑莲，朱颖：《财政透明度对企业产能过剩的影响研究——基于"主观"与"被动"投资偏误的视角》［J］.《财经研究》2017 年第 5 期。

［39］潘修中：《财政分权、财政透明度与地方财政科技投入》［J］.《科学管理研究》2017 年第 2 期。

［40］唐大鹏，常语萱：《政府内部控制、政府财务信息与政府公信力》［J］.《财政研究》2018 年第 1 期。

［41］周咏梅：《财政透明度、信用评级与地方政府债券融资成本》［J］.《江西财经大学学报》2018 年第 1 期。

［42］赵合云：《财政透明度、媒体关注与政府治理效率》［J］.《当代财经》2018 年第 1 期。

［43］葛永波等：《财政透明度衡量问题研究——一个分析框架》［J］.《财务研究》2009 年第 12 期。

［44］郑素芬：《我国政府财务信息的供求分析》［J］.《商业会计》2009 年第 4 期。

［45］曾军平：《政府信息公开制度对财政透明度的影响及原因》

[J].《财贸经济》2011 年第 3 期。

[46] 何玉等：《政府财务信息网络披露：评估模型与影响因素》
[J].《财经理论与实践》2012 年第 1 期。

[47] 张琦等：《预算制度变迁、网络化环境与政府财务信息传导机
制——基于商务部"三公经费"公开的案例研究》[J].《会计研究》
2013 年第 12 期。

[48] 肖鹏等：《中国财政透明度提升的驱动因素与路径选择研
究——基于 28 个省份面板数据的实证分析》[J].《经济社会体制比较》
2013 年第 7 期。

[49] 潘俊等：《环境驱动、冲突协调与政府财务信息披露》[J].
《会计研究》2014 年第 6 期。

[50] 李江涛等：《论政府审计提高财政透明度及防范财政风险的功
能》[J].《财会月刊》2014 年第 4 期。

[51] 辛海兵：《资源依赖降低了财政透明度吗——基于我国 299 个城
市样本的分析》[J].《财贸经济》2014 年第 8 期。

[52] 王芳，张琦：《政府财务信息披露研究：国外文献回顾与启示》
[J].《北京工商大学学报》(社会科学版) 2014 年第 9 期。

[53] 温娇秀：《中国省级财政透明度：变化趋势与提升路径》[J].
《上海财经大学学报》2015 年第 10 期。

[54] 刘子怡等：《媒体压力、治理激励与政府财务信息披露》[J].
《中南财经政法大学学报》2015 年第 6 期。

[55] 申亮：《财政透明度进程中的公众态度与行为研究》[J].《经
济评论》2015 年第 4 期。

[56] 王永莉等：《基于省级面板数据的政府财政透明度影响因素实
证研究》[J].《商业研究》2015 年第 12 期。

[57] 张蕊等：《官员政治激励与地方政府财政透明度——基于中国
省级面板数据的经验分析》[J].《当代财经》2016 年第 1 期。

[58] 张琦等：《新闻的信息增量、审计监督与政府财务信息披露》
[J].《审计研究》2016 年第 6 期。

[59] 刘玉峰等：《政府财务信息披露动因及路径选择》[J].《财会
月刊》2016 年第 2 期。

[60] 戚艳霞等：《政府会计确认基础对财政透明度影响的跨国实证
分析》[J].《财经论丛》2016 年第 1 期。

[61] 柳宇燕等：《政府会计信息有用性影响因素研究》[J].《经济

问题》2018 年第 3 期。

　　[62] 陈隆近等：《财政透明度中的资源诅咒——基于四川省县级财政自主性的经验证据》[J].《中国经济问题》2018 年第 1 期。

　　[63] 李燕，陈金皇：《区域竞争对财政透明度的影响》[J].《地方财政研究》2018 年第 2 期。

　　[64] 王庆东等：《新公共管理与政府财务信息披露思考》[J].《会计研究》2004 年第 4 期。

　　[65] 王满仓等：《关于提高我国财政透明度的探讨》[J].《社会科学辑刊》2005 年第 1 期。

　　[66] 么冬梅：《我国政府财务信息披露问题研究》[J].《商业研究》2006 年第 8 期。

　　[67] 张美娥：《财政透明度的国际比较与中国选择》[J].《西北大学学报》（哲学社会科学版）2006 年第 7 期。

　　[68] 石英华：《发达国家政府财务信息披露对中国的借鉴与启示》[J].《财贸经济》2006 年第 11 期。

　　[69] 刁节文等：《提高我国财政透明度的若干思考》[J].《财会月刊》2008 年第 8 期。

　　[70] 陈世军：《关于提高政府财务信息披露质量的思考》[J].《商业会计》2008 年第 9 期。

　　[71] 何志浩：《广东提高财政透明度的实践探索》[J].《商业时代》2008 年第 29 期。

　　[72] 朱福兴等：《论新公共管理运动对政府财务信息披露制度的影响》[J].《财会研究》2008 年第 3 期。

　　[73] 邓集文：《论政府财务信息披露的原则》[J].《财务与金融》2009 年第 2 期。

　　[74] 张月玲：《我国政府财务信息质量特征的构筑探讨》[J].《会计之友》2009 年第 5 期。

　　[75] 刘笑霞：《财政透明度的国际努力及其对我国的启示》[J].《现代经济探讨》2009 年第 7 期。

　　[76] 赵倩：《财务信息公开与财政透明度：理念、规则与国际经验》[J].《财贸经济》2009 年第 11 期。

　　[77] 李延均：《财政透明度的有效性：基于制度和文化环境的分析》[J].《理论学刊》2009 年第 10 期。

　　[78] 程瑜：《我国财政透明度制度构建研究》[J].《当代财经》

2009 年第 8 期。

［79］张平：《我国财政透明度的现状及其国际比较研究》［J］.《财经理论与实践》2010 年第 9 期。

［80］余应敏等：《基于财政透明度视角的政府财务报告初探》［J］.《中央财经大学学报》2010 年第 1 期。

［81］池昭梅：《政府财务信息质量特征体系研究》［J］.《财会通讯》2010 年第 6 期。

［82］白景明：《提高财政透明度应循序渐进》［J］.《人民论坛》2010 年第 2 期。

［83］凌岚等：《财政透明度的限度与效率：对一个分析框架的诠释》［J］.《当代财经》2011 年第 6 期。

［84］潘俊：《政府财务信息披露理论框架构筑》［J］.《上海立信会计学院学报》2011 年第 5 期。

［85］常丽：《公共财务框架下的政府财务信息供求分析》［J］.《财务研究》2011 年第 12 期。

［86］汪代启等：《产权视角下服务型政府财务信息披露问题研究》［J］.《会计之友》2011 年第 10 期。

［87］常丽：《公共绩效管理与政府财务信息披露全景图的构建》［J］.《财务研究》2012 年第 11 期。

［88］于润雨：《财政透明度的理论阐释》［J］.《财会通讯》2012 年第 22 期。

［89］崔婷等：《政府财务信息披露存在的问题及对策》［J］.《会计之友》2012 年第 3 期。

［90］陈洁：《改善我国政府财务信息表外披露的构想》［J］.《企业经济》2012 年第 10 期。

［91］齐婷：《提高我国财政透明度的对策研究》［J］.《山西财经大学学报》2014 年第 S2 期。

［92］姜宏青等：《财务转型与政府财务信息披露机制研究》［J］.《财务研究》2014 年第 11 期。

［93］胡振华等：《基于 Rubinstein 轮流出价模型的财政透明度博弈分析》［J］.《财务研究》2015 年第 2 期。

［94］邓淑莲等：《中国省级财政透明度存在的问题及改进建议》［J］.《中央财经大学学报》2015 年第 10 期。

［95］吕俊：《绩效评估视角下政府财务信息披露探讨》［J］.《财会

通讯》2016 年第 25 期。

［96］赵瑞芬等：《中国财政透明度的差距与问题》［J］.《经济与管理》2016 年第 9 期。

［97］刘隆，张咏梅：《政府财务信息披露供求机制的博弈分析》［J］.《财会月刊》2017 年第 4 期。